Kurt Haberkorn

Praxis der Mitarbeiterführung

Praxis der Mitarbeiterführung

Ein Grundriß mit zahlreichen Checklisten
zur Verbesserung des Führungsverhaltens

Prof. Dr. Kurt Haberkorn

9., erweiterte Auflage

Kontakt & Studium
Band 241

Herausgeber:
Prof. Dr.-Ing. Wilfried J. Bartz
Technische Akademie Esslingen
Weiterbildungszentrum
DI Elmar Wippler
expert verlag

expert verlag

Die Deutsche Bibliothek – CIP-Einheitsaufnahme

Haberkorn, Kurt:
Praxis der Mitarbeiterführung : ein Grundriss mit zahlreichen Checklisten zur Verbesserung des Führungsverhaltens / Kurt Haberkorn. – 9., erw. Aufl. – Renningen-Malmsheim : expert-Verl., 1999
(Kontakt & Studium ; Bd. 241 : Führungspraxis)
ISBN 3-8169-1748-8

ISBN 3-8169-1748-8

9., erweiterte Auflage 1999
8., erweiterte Auflage 1997
7., erweiterte Auflage 1995
6., erweiterte Auflage 1994
5., erweiterte Auflage 1993
4., erweiterte Auflage 1992
3., durchgesehene Auflage 1990
2., erweiterte Auflage 1990
1. Auflage 1988

Herausgeber-Vorwort

Die berufliche Weiterbildung hat sich in den vergangen Jahren als eine absolut notwendige Investition in die Zukunft erwiesen. Der rasche technologische Fortschritt und die quantitative und qualitative Zunahme des Wissens haben zur Folge, daß wir laufend neuere Erkenntnisse der Forschung und Entwicklung aufnehmen, verarbeiten und in die Praxis umsetzen müssen. Erstausbildung oder Studium genügen heute nicht mehr. Lebenslanges Lernen ist gefordert!
Der Ziele der beruflichen Weiterbildung sind

- Anpassung der Fachkenntnisse an den neuesten Entwicklungsstand
- Erweiterung der Fachkenntnisse um zusätzliche Bereiche
- Fähigkeit, wissenschaftliche Ergebnisse in praktische Lösungen umzusetzen
- Verhaltensänderungen zur Entwicklung der Persönlichkeit und Zusammenarbeit.

Diese Ziele lassen sich am besten durch Teilnahme an einem Präsenzunterricht und durch das begleitende Studium von Fachbüchern erreichen.
Die Lehr- und Fachbuchreihe KONTAKT & STUDIUM, die in Zusammenarbeit zwischen dem expert verlag und der Technischen Akademie Esslingen herausgegeben wird, ist für die berufliche Weiterbildung ein ideales Medium. Die einzelnen Bände basieren auf erfolgreichen Lehrgängen der TAE. Sie sind praxisnah, kompetent und aktuell. Weil in der Regel mehrere Autoren – Wissenschaftler und Praktiker – an einem Band mitwirken, kommen sowohl die theoretischen Grundlagen als auch die praktischen Anwendungen zu ihrem Recht.
Die Reihe KONTAKT & STUDIUM hat also nicht nur lehrgangsbegleitende Funktion, sondern erfüllt auch alle Voraussetzungen für ein effektives Selbststudium und leistet als Nachschlagewerk wertvolle Dienste. Auch der vorliegende Band wurde nach diesen Grundsätzen erarbeitet. Mit ihm liegt wieder ein Fachbuch vor, das die Erwartungen der Leser an die wissenschaftlich-technische Gründlichkeit und an die praktische Verwertbarkeit nicht enttäuschen wird.

TECHNISCHE AKADEMIE ESSLINGEN
Prof. Dr.-Ing. Wilfried J. Bartz

expert verlag
Dipl.-Ing. Elmar Wippler

Vorwort zur 9. Auflage

Die bisherige, seit acht Auflagen bewährte Grundkonzeption dieses Grundrisses zur praktischen Menschenführung wurde auch in dieser Neuauflage beibehalten; die notwendigen theoretischen Ausführungen blieben weiterhin kurz, die praxisbezogenen Anwendungsbeispiele und Checklisten für die tägliche Arbeit wurden abermals erweitert.
Ergänzt wurden aufgrund zahlreicher durchgeführter Seminare insbesondere die Abschnitte „Einführung neuer Mitarbeiter" und „Mitarbeiterbeurteilung". Die Gründe hierfür waren, daß das Gebiet der Einführung neuer Mitarbeiter weiterhin in der Literatur vernachlässigt wird, obwohl die Notwendigkeit hierzu bekannt ist und Mitarbeiterbeurteilungen – nicht zuletzt aus Zeitgründen – immer noch nicht in der erforderlichen Art und Weise durchgeführt werden.

Das Literaturverzeichnis wurde wiederum auf den neuesten Stand gebracht und erweitert, um die Möglichkeit zu geben, noch tiefer in die immer wichtiger werdende Materie der Mitarbeiterführung mit ihren zahlreichen Hilfswissenschaften einzudringen.

Möge auch die 9. Auflage wieder einen so großen Interessentenkreis finden!

Verlag und Autor sind auch weiterhin für Anregungen und Verbesserungsvorschläge aus dem Leserkreis stets dankbar.

Stuttgart, im Oktober 1998 Kurt Haberkorn

Inhaltsverzeichnis

1 Schwierigkeiten und Probleme bei der Menschenführung heute

Mitarbeiter richtig zu führen, ist heute aus folgenden Gründen erheblich schwieriger als früher:

1. Veränderte Einstellung zur Arbeit (Job-Einstellung) und geringe persönliche Bindung an die Arbeit, den Arbeitsplatz und den jeweiligen Betrieb im Gegensatz zur früheren Vorstellung von der patriarchalisch geleiteten Betriebsfamilie.
2. Gesteigerte Ansprüche an das Leben und veränderte Wertvorstellungen in bezug auf bisher schon bekannte Statussymbole (Wohnung, Kleidung, Auto, Reisen, Luxus, Bildung) und damit verbundene höhere Lohn- und Gehaltsforderungen.
3. Größere wirtschaftliche Unabhängigkeit des einzelnen Mitarbeiters vom Unternehmen infolge höheren Einkommens und besserer gesetzlicher und auch freiwilliger Sozialleistungen und infolge der Garantie sozialer Sicherheit durch den Staat.
4. Vergrößerung der persönlichen Freiräume, insbesondere durch bessere Informationen, und zunehmend größere soziale Absicherung gegen mögliche Wechselfälle des Arbeitslebens und Alltags.
5. Geänderte Auffassung in bezug auf statusgebundene Autorität, Titel und Vorgesetztenverhältnis.
6. Verstärkung von Autoritätsproblemen bei der Jugend gegenüber älteren Mitarbeitern.
7. Kritische Einstellung der Mitarbeiter gegenüber ihren Vorgesetzten infolge besserer Informationen.
8. Staatliche Förderung der Aus-, Fort- und Weiterbildung und damit verbunden zeitlich befristetes Ausscheiden einzelner Arbeitnehmer aus dem Betrieb.
9. Veränderungen der gesetzlichen Grundlagen für die Zusammenarbeit im Betrieb (Betriebsverfassungsgesetz, erweiterte Mitbestimmung, betriebliche Partnerschaft).
10. Konjunkturschwankungen wirken sich auf die Arbeitsmarktsituation und mithin auch auf die Einstellung des Arbeitnehmers zur Arbeit stärker als früher aus.
11. Weiter zunehmende Verknappung von qualifizierten Führungskräften und Spezialisten, andererseits Überangebot unqualifizierter und älterer Arbeitnehmer.

12. Fortschreitender einschneidender Strukturwandel in betrieblicher und soziologischer Sicht durch zunehmenden technischen Fortschritt, Automation und EDV, insbesondere in den sogenannten klassischen kaufmännischen Bereichen. Es sind infolgedessen – viel stärker als früher – Wechselwirkungen zwischen betrieblicher und privater Sphäre zu verzeichnen.
13. Wandel im Führungsstil (vom patriarchalischen zum demokratischen Führungsstil) und Einführung neuer Management-Techniken, wie z.B. Management by objectives, by exception, by innovation, by system, by results. Diese Techniken wurden in der Absicht entwickelt, eine stärkere Eigenverantwortung des einzelnen Mitarbeiters zu erreichen, um damit, in Verbindung mit dem Führungsmittel Motivation, einen bestmöglichen Arbeitseinsatz zu gewährleisten.
14. Probleme der Frauenbeschäftigung. Zu nennen sind hier insbesondere Fragen der Doppelbelastung durch Beruf und Haushalt, die besonderen Probleme der jüngeren, in den Arbeitsprozeß eintretenden Mädchen sowie die Schwierigkeiten, die sich bei der Beschäftigung von älteren Arbeitnehmerinnen ergeben können.
15. Die Frau hat in unserer Industriegesellschaft eine andere Rolle als bisher; aus der „Nur-Hausfrau" ist sie im Betrieb eine gleichwertige Mitarbeiterin geworden.
16. Immer eindringlichere Forderungen nach Beachtung und Realisierung des Gleichbehandlungsgrundsatzes von Mann und Frau im Berufsleben (gleiche Einstellungs- und Aufstiegschancen, gleiche Entlohnung für gleiche Leistung).

Wer sich mit Fragen der Personalpolitik und Menschenführung befaßt – und das muß jede Führungskraft tun – muß sich den Herausforderungen stellen, die sich aus diesen Schwierigkeiten und Problemen ergeben.

2 Menschenführung – wichtiger denn je!

Es gibt viele Gründe dafür, sich mit Fragen der Menschenführung zu beschäftigen:

1. In der Rechtsordnung der modernen Industriegesellschaften nimmt das Recht des arbeitenden Menschen im Betrieb einen immer größeren Raum ein. Aus Menschen, die ihre Arbeitskraft für Naturallohn an einen Unternehmer verkauften, die von diesem völlig abhängig und ohne Rechte waren, werden in den modernen Industriegesellschaften Mitarbeiter der Unternehmensführung. Die Anforderungen an diese Mitarbeiter werden immer größer, damit steigt ihr Selbstbewußtsein, und der Zusammenarbeit zwischen ihnen und der Unternehmensführung kommt eine immer größere Bedeutung zu. Ohne den qualifizierten, selbständig denkenden und in eigener Verantwortung arbeitenden Mitarbeiter kommen die hochtechnisierte Wirtschaft und die damit verbundenen Verwaltungen nicht mehr aus. Der Gesetzgeber hat dieser Entwicklung durch die Schaffung zahlreicher Gesetze Rechnung getragen. Der Gesetzgeber hat die Ausführung dieser Gesetze (zur wirtschaftlichen Sicherung des Arbeitnehmers, zur Gewährleistung seiner Mitverantwortung an der Unternehmensführung und seiner Beteiligung am wirtschaftlichen Erfolg „seiner" Firma) weitgehend dem Unternehmen übertragen. Als Folge davon stehen die meisten Unternehmen vor fast unlösbaren Schwierigkeiten: es fehlen ihnen qualifizierte Mitarbeiter, die in der Lage sind, die vielschichtigen Probleme zwischen Betriebsleitung und Mitarbeitern entsprechend den gesetzlichen Vorschriften und zum Wohle von Arbeitgeber und Arbeitnehmer zu lösen.
2. Weiter stellt die schnelle technische Entwicklung insbesondere auch der betrieblichen Personal- und Sozialpolitik neue Aufgaben. Wie einerseits die gesellschaftspolitischen Veränderungen ihren Niederschlag im Betrieb finden, so wirkt andererseits in unserer Industriegesellschaft die betriebliche Personal- und Sozialpolitik über den Betrieb hinaus und beeinflußt die gesellschaftspolitische Situation. Diese Wechselwirkung macht für jede Führungskraft die Beobachtung der Entwicklung und den Meinungs- und Erfahrungsaustausch über die damit zusammenhängenden Probleme notwendig.
3. Die direkten und indirekten Lohn- und Gehaltsarten (längerer Urlaub, Bildungsurlaub, Arbeitszeitverkürzung, Anhebung der Lohnnebenkosten) werden weiter ansteigen.

4. Der Arbeitskräftemangel wird sich noch mehr als bisher bemerkbar machen. Das gilt insbesondere für Facharbeiter und hochqualifizierte Arbeitnehmer.
5. Die Arbeitsmoral wird weiter abnehmen. Dadurch wird sich das Engagement zur Arbeit verringern, und die Fehlzeiten werden sich erhöhen. Insgesamt wird dadurch die Effizienz der Arbeit niedriger werden.
6. Neben weiteren Arbeitszeitverkürzungen werden neue Arbeitsmodelle, wie z.B. Job-Sharing und verschiedene Formen der flexiblen und variablen Arbeitszeit, neue Probleme mit sich bringen.
7. Durch Fortschritte der Automation und weiteres Eindringen der EDV in die „klassischen" kaufmännischen Bereiche wird ein Strukturwandel der Arbeitnehmerschaft in quantitativer und qualitativer Hinsicht eintreten.
8. In nächster Zeit ist aus Altersgründen eine bedeutende Umschichtung der Belegschaft zu erwarten. Diese Umschichtung wird entscheidende Auswirkungen auf die langfristige Personalplanung haben, weshalb eine Prüfung der Alterspyramide jedes Unternehmens dringend erforderlich ist. Der Heranziehung geeigneter Nachwuchskräfte und damit der beruflichen Fort- und Weiterbildung sowie der Umschulung kommen deshalb für die Zukunft besondere Bedeutung zu.
9. Neue Management-Techniken bringen geänderte Anforderungen mit sich, und zwar vornehmlich bei leitenden Angestellten, aber auch bei Sachbearbeitern, in der Meisterebene und zum Teil auch bei gewerblichen Arbeitnehmern.
10. Betriebliche Führungsorganisationssysteme und -modelle sowie damit verbunden neue Führungs- und Arbeitstechniken werden an ausländische Systeme, Modelle und Techniken angeglichen bzw. modifiziert übernommen werden.
11. Die fortschreitende technische Entwicklung und Automation wird einen sozialen Strukturwandel mit sich bringen, der sich in seinen Auswirkungen z.Z. in vollem Umfang noch nicht absehen läßt.
12. Die Gewerkschaften werden einen stärkeren Einfluß auf die Betriebe bekommen. Dadurch wird das Arbeitsleben mehr als bisher politisch werden. Daraus ergibt sich schon für die nahe Zukunft die Notwendigkeit zahlreicher Änderungen im Bereich der Mitarbeiterführung, und zwar insbesondere:

1. Notwendigkeit stärkerer Mobilisierung aller Arbeitnehmer des Betriebes (in Richtung Mitdenken, Mitverantworten und echte betriebliche Partnerschaft).
2. Berücksichtigung moderner Managementtechniken und Führungsgrundsätze.
3. Delegation von Kompetenzen und Verantwortung (höhere Anforderungen an den einzelnen Mitarbeiter).
4. Einführung neuer Organisationsformen (funktionale Matrix-Organisation statt hierarchischer Stab-Linien-Organisation).
5. Einführung kybernetischer Führungsmodelle und -prozesse.
6. Stärkerer Einsatz der EDV und Automation, und zwar insbesondere im Bereich der Verwaltung.
7. Rückgang der Routinetätigkeiten in der Verwaltung und damit verbunden Änderungen im Anforderungsprofil an die Mitarbeiter.
8. Systematischer Aufbau, Einsatz und Auswertung einer langfristigen Personalplanung unter Berücksichtigung innerbetrieblicher Stellenausschreibungen.
9. Forderung nach verstärkter innerbetrieblicher Fort- und Weiterbildung qualifizierter Nachwuchskräfte.
10. Aufbau von dynamischen und leistungsgerechten Entlohnungssystemen.

3 Aufgaben und Zielsetzung moderner Personalpolitik und Personalführung

Die Personalpolitik als wichtiger Teil der gesamten Unternehmenspolitik hat im wesentlichen folgende Aufgaben und Zielsetzungen:

1. Die Art und Weise der Personalführung eines jeden Vorgesetzten und die Arbeitsbedingungen in ihrer Gesamtheit sollen eine Arbeitsatmosphäre schaffen, in der Leistungswille und Mitarbeit des einzelnen gefördert und der Zusammenhalt der Belegschaft gewährleistet werden. Probleme des guten Betriebsklimas und der Kontaktpflege im Betrieb (human relations) spielen hierbei eine entscheidende Rolle.
   Von jedem Vorgesetzten wird zudem erwartet, daß er die Tätigkeiten in seinem Bereich so plant, delegiert, kontrolliert und daß er seine Mitarbeiter so anleitet, daß eine möglichst gute Auslastung aller ihm unterstellten Kräfte gewährleistet ist. Ein Mitarbeiter ist in diesem Sinne gut ausgelastet, wenn man ihm nicht kurzfristig das Maximum abfordert, sondern wenn es ihm ermöglicht wird, auf Dauer eine für ihn und den Betrieb höchstmögliche Leistung zu erbringen. Dazu dürfen die durch das Anforderungsprofil der Stelle bedingten Anforderungen an den Mitarbeiter weder zu hoch noch zu niedrig sein: Sind sie zu hoch, kann der Mitarbeiter die an ihn gestellten Anforderungen nie erfüllen; sind sie zu niedrig, werden seine Leistungen infolge fehlender Erfolgserlebnisse ständig absinken, und es wird sich weder für ihn noch für den Betrieb eine befriedigende Arbeitsleistung ergeben.
2. Das Verhältnis zwischen Vorgesetzten und Mitarbeitern wie auch die allgemeine Zusammenarbeit müssen so geartet sein, daß sich die Mitarbeiter veranlaßt fühlen, ihre Aufgaben nach besten Kräften zu erfüllen und sich für ihre Arbeit in der Firma persönlich ständig weiterzubilden.
   Dazu ist es notwendig, daß der Vorgesetzte
   - für jeden Mitarbeiter bestimmte Leistungsziele unter Berücksichtigung der individuellen Leistungsfähigkeit und der Anforderungen der betreffenden Position aufstellt
   - jedem Mitarbeiter seine Leistungsziele bekanntgibt und sicherstellt, daß diese Ziele erreichbar sind und einen Ansporn darstellen
   - jedem Mitarbeiter geeignete – interne und externe – Aus-, Fort- und Weiterbildungsmöglichkeiten anbieten kann, die ihm helfen sollen, die in ihn gesetzten Erwartungen zu erfüllen und
   - jeden Mitarbeiter im Mitarbeitergespräch über seine Leistungsmöglichkeiten und -schwächen informiert und dabei Lob und Anerkennung ausspricht bzw. konstruktive Kritik übt. Die Anerkennung kann sich ideell,

z.B. durch Worte und Gesten, und materiell, z.B. durch Prämien, bemerkbar machen,

3. Es muß erreicht werden, daß sich jeder Mitarbeiter mit „seiner“ Abteilung wie mit dem Unternehmen identifiziert, so daß ihn ein Erfolg „seiner“ Abteilung oder des gesamten Unternehmens mit Befriedigung erfüllt.
   Erforderlich ist dazu von seiten des Vorgesetzten
   - das Aufzeigen des Einflusses, den die Arbeit des einzelnen z.B. auf Produktion und Verkauf und damit auch auf die gesamte Ertragslage des Unternehmens hat und
   - die Bekanntgabe von besonderen Gruppenleistungen oder Gesamterfolgen, zu denen der einzelne durch seine Leistungen beigetragen hat.
4. Es ist ständig darauf zu achten, daß der echte Personalbedarf durch kurz-, mittel- und langfristige Personalplanung in qualitativer und auch quantitativer Hinsicht gedeckt wird und daß gehobene Positionen nach Möglichkeit durch Nachwuchskräfte aus den eigenen Reihen besetzt werden, die sich als förderungswürdig erwiesen haben.
   Daraus ergeben sich folgende Konsequenzen für Führungskräfte:
   - Begrenzung der Belegschaftszahl dahingehend, daß gegenwärtige Arbeitsaufgaben ordnungsgemäß wahrgenommen werden können und sich zukünftige Ausweitungen und Änderungen im Anforderungsprofil an die zukünftige Aufgabe, soweit sie bereits voraussehbar sind, ebenfalls abdeckenlassen.
   - Einsatz der Mitarbeiter unter dem Gesichtspunkt ihrer Eignung für augenblickliche sowie ihrer Befähigung für die Bewältigung zukünftiger schwieriger Arbeitsaufgaben.
   - Anweisung einer solchen Arbeitsmenge an den einzelnen Mitarbeiter, daß der voll beschäftigt und ausgelastet ist und bleibt.
   - Sicherstellen, daß der Schwierigkeitsgrad der übertragenen Arbeit für jeden Mitarbeiter so gewählt wird, daß er seine Befähigung daran erweisen kann. Es ist nachweisbar, daß man an großen Aufgaben wächst und auf Dauer nur dann eine sehr gute Arbeitsleistung erbringt, wenn man stets leicht überfordert ist.
5. Alle Mitarbeiter müssen die Überzeugung haben, daß sie gerecht und nach einheitlichen Richtlinien geführt werden.
   Dies bedeutet, daß nicht nur Personalführungsgrundsätze und -maßnahmen in sich gerecht sein müssen, sondern auch, daß die Mitarbeiter die Überzeugung haben, daß dem so ist. Diese Überzeugung ist leider keine Selbstverständlichkeit! Es kommt also nicht ausschließlich auf eine gerechte Führung (und Entlohnung) an, sondern darauf, daß die Mitarbeiter das Gefühl haben, daß sie gerecht, d.h. nach einheitlichen und für jeden erkennbaren Grundsätzen, geführt werden.
   Die Mitarbeiter können nicht überzeugt von gerechter, gleichmäßiger Behandlung durch ihre Vorgesetzten sein, wenn letztere nicht für alle Mitarbeiter einheitliche Maßstäbe und Grundsätze anwenden.

Das heißt jedoch nicht, daß der Gleichbehandlungsgrundsatz des Art. 3 des Grundgesetzes, der für das Gebiet des Arbeitsrechtes seine Konkretisierung in § 75 des Betriebsverfassungsgesetzes gefunden hat, zu einer Gleichmacherei führt; Art. 3 gebietet vielmehr, ungleiche Tatbestände auch ungleich zu behandeln; eine Differenzierung nach objektiven Maßstäben ist also nicht etwa unzulässig, sondern sogar notwendig.
Weiter ist zur Verwirklichung der Forderung nach gerechter und einheitlicher Führung notwendig, daß der Vorgesetzte seine Mitarbeiter über solche betrieblichen Verfahrensrichtlinien informiert, die sie persönlich angehen. Dazu gehören beispielsweise:

- Der organisatorische Aufbau (Unterstellungsverhältnisse, Informationspflichten, Aufgaben der Nachbarstellen und -abteilungen).
- Die wesentlichen Arbeitsabläufe.
- Die Arbeitsordnung.
- Das System der Bezahlung.
- Die Grundsätze und Möglichkeiten für Beförderungen.
- Die Grundsätze, nach denen Leistung und Verhalten eines Arbeitnehmers beurteilt werden.
- Personalführungsgrundsätze und -maßnahmen sowie - Führungs- und Arbeitstechniken.

Es ist immer zu bedenken, daß ein unüberlegtes Wort des Vorgesetzten, genau wie eine unüberlegte Handlung, die Wirksamkeit der besten schriftlichen Grundsätze und Prinzipien zunichte machen kann.
Die Kunst der Menschenführung liegt deshalb stets darin, im richtigen Moment das richtige Wort zu finden, und zwar nicht nur im Sinne von Schlagfertigkeit, sondern im Sinne von Motivation, menschlicher Anteilnahme und persönlichem Engagement.
Entscheidend ist weiter, daß bei jeder Anweisung nicht nur das „Was", sondern insbesondere auch das „Wie" und „Warum" bedacht, gesagt und begründet wird.

6. Die Mitarbeiter müssen in der Durchführung ihrer Arbeit das größtmögliche Maß an Selbständigkeit haben, das Stellung und Verantwortung des Vorgesetzten zulassen.
Das Ausmaß der direkten Arbeitsaufsicht durch den Vorgesetzten richtet sich nach der Art der Arbeitsaufgaben und nach den Rangstufen innerhalb des Unternehmens. Diese grundsätzliche Feststellung besagt aber, daß direkte Aufsicht nicht um ihrer selbst willen zu leisten sind, sondern nur insoweit, als es die Aufgabe des Vorgesetzten notwendig macht. Nur mit dieser Führungseinstellung ist Interesse, Mitarbeit und Arbeitsfreude zu wecken und zu erhalten. Der Vorgesetzte hat natürlich dann in die Arbeitsausführung einzugreifen, wenn er der Überzeugung ist, daß eine übertragene Aufgabe unsachgemäß erledigt wird. Denn für alles, was in seinem Bereich geschieht oder nicht geschieht, bleibt der Vorgesetzte im Außenverhältnis allein verantwortlich.

7. Alle Mitarbeiter sind nicht nur nach den Ergebnissen ihrer jetzigen Arbeitsleistung, sondern auch nach ihrer Befähigung zur Übernahme schwierigerer und zukünftiger Aufgaben zu beurteilen und vorzubereiten. Die Beurteilung der Mitarbeiter ist eine Aufgabe des jeweiligen Vorgesetzten, die nicht delegiert werden kann. Der einzelne Mitarbeiter muß wissen, was von ihm nach Quantität und Qualität erwartet wird, d.h. er hat den objektiven Maßstab zu kennen, an dem er gemessen wird.
   Ferner ist es notwendig, jeden Mitarbeiter wissen zu lassen, in welchen Punkten er sich noch verbessern muß. Dies ist Voraussetzung dafür, daß der Vorgesetzte zusammen mit dem Mitarbeiter die für eine Behebung von Schwächen geeigneten Aus-, Fort- und Weiterbildungsmaßnahmen finden kann.
   Es ist zur Realisierung einer effizienten Personalpolitik weiter notwendig, eine ausreichende Anzahl von befähigten Nachwuchskräften zu haben, um freie und frei werdende Positionen im Unternehmen besetzen zu können. Hierzu sind geeignete Mitarbeiter aufgrund ihrer gezeigten Leistungen rechtzeitig entsprechend weiterzubilden. Um aber solche Auswahl sinnvoll treffen zu können, muß jeder Vorgesetzte die Befähigungen und das Interesse einzelner Mitarbeiter an den Anforderungen zukünftiger Positionen. Besondere Befähigungen von einzelnen haben nur dann einen Wert für das Unternehmen, wenn diese den Anforderungen vorhandener Arbeitsplätze im Unternehmen entsprechen.
   Gefährlich ist es jedoch, angehende Führungskräfte und gute Nachwuchskräfte zu „horten"; gibt es zu viele gute, aufstiegsfähige Mitarbeiter, so werden einige von ihnen zwangsläufig früher oder später das Unternehmen wechseln, ein Umstand, der weder personalpolitisch noch aus Kostengründen vertretbar ist und darüber hinaus auch zusätzliche, vermeidbare Unruhe in den Betrieb bringt.
8. Die Auswahl von Bewerbern, Einstellungen, Entlassungen und Beförderungen erfolgen unter den beiden Gesichtspunkten „Eignung" und „Verdienste". Dieser Maßstab ist wiederum den Mitarbeitern bekanntzugeben. Die „Eignung" oder „Nichteignung" ist der Hauptgesichtspunkt, unter dem Versetzungen, Einstellungen, Beförderungen oder Entlassungen vorzunehmen sind.
   „Eignung" bedeutet Eignung für den in Frage kommenden Arbeitsplatz. Es werden also die Ausbildung des oder der Betreffenden, die Kenntnisse, die Berufserfahrung, die körperliche und geistige Befähigung, die zusätzlichen Fähigkeiten mit den „Anforderungen" des Arbeitsplatzes verglichen.
   Obwohl „Eignung" das Hauptkriterium auch für personelle Umsetzungen darstellt, sind hier „Verdienste" ebenfalls zu berücksichtigen.
   „Verdienste" sind im wesentlichen besondere positive Merkmale der Person, wie langjährige und treue Dienste in der Firma und außergewöhnliche Leistungen auf anderen Gebieten.

9. Die Vorgesetzten müssen alle Mitarbeiter über das Geschehen im Unternehmen informieren, soweit es nicht unter Geheimhaltungs- und Vertraulichkeitsvorschriften fällt. Information weckt das Interesse der Mitarbeiter! Die Information der Mitarbeiter ist aus zwei Gründen wichtig: zum einen kann ein Mitarbeiter, der nicht vollständig informiert ist, kein Interesse an seiner Arbeit entwickeln, womit eine wichtige Voraussetzung für hohe Produktivität entfällt; zum anderen hängt die Autorität des Vorgesetzten weitgehend von Intensität und Zeitpunkt seines Informiertseins ab.
   Auf den einzelnen Mitarbeiter bezogen, ergibt sich daraus, daß Interesse an der Durchführung einer gemeinsamen Aufgabe nur zu erreichen ist, wenn der einzelne erfährt, warum und wozu seine Arbeitsleistung wichtig und bedeutsam ist.
10. Alle Mitarbeiter sind bei personellen Umstellungen, Änderungen der Arbeitsaufgabe oder der Arbeitsmittel rechtzeitig und unter Angabe von Gründen zu informieren. Diese Information muß über die gesetzlich durch das Betriebsverfassungsgesetz vorgeschriebene Information und Mitwirkung des Betriebsrates hinausgehen; freiwillige Information, verbunden mit entsprechender Motivation, erhöht die Einsatzbereitschaft des einzelnen Mitarbeiters und führt daher zu höherer Produktivität.
    Wenn jemand mit einer notwendigen Änderung seines Arbeitsplatzes oder seiner gewohnten Arbeitssituation „schlagartig" überfallen wird oder die Angelegenheit nicht durch seinen Vorgesetzten erfährt, so wird seine Reaktion normalerweise negativ sein. Es wird nämlich eine „Schockwirkung" erzeugt, die ein bereitwilliges „Mitgehen" des Betroffenen mit der neuen Regelung meist unmöglich macht.
    Folgen davon werden häufig sein: Verschlechterung des Betriebsklimas, Resistenz, „Krankfeiern".
    Wird der Mitarbeiter über geplante Änderungen dagegen rechtzeitig vorher informiert, und werden ihm die Gründe und die Notwendigkeit der geplanten Änderung erklärt, so kann der Vorgesetzte vernünftigerweise erwarten, daß weiterhin willig mitgearbeitet wird.
    Bei der Planung von Änderungen, zu denen der Mitarbeiter aus seiner Erfahrung etwas sagen könnte, sollte er immer um seine Meinung gefragt werden; in vielen Fällen hat er einen noch besseren Vorschlag.
11. Die Mitarbeiter müssen Achtung und Respekt vor den Fähigkeiten ihres Vorgesetzten haben.
    Die Autorität des Vorgesetzten ruht auf zwei Grundlagen: Den einen Teil seiner Autorität erhält der Vorgesetzte durch seine Stellung im Unternehmen, der zweite Teil wird ihm von „unten" je nach seinem Verhalten und seiner Befähigung zuerkannt. Diesen Teil der Autorität muß er sich erwerben (Persönlichkeit).
    In der heutigen Zeit ist ein „Führen" mittels des ersten Bestandteils der Autorität auf lange Sicht unmöglich. Um sich als Vorgesetzter voll zu bewähren, muß die Autorität von unten hinzukommen. Sie wird einem Vorgesetzten zuerkannt, wenn

- alle Mitarbeiter den berechtigten Eindruck haben, daß er zwar nicht alle Einzelheiten und Spezialitäten ihrer täglichen Aufgaben genau so gut oder gar besser beherrscht als sie (diesen Anschein sollte er sich auch nie geben), daß er aber in ihrem Bereich planen, organisieren, Arbeit einteilen, koordinieren und kontrollieren kann und daß er Schwerpunkte zu erkennen und Wichtiges von Unwichtigem zu unterscheiden vermag. Er muß auf seinem Platz wissen, worauf es ankommt.
- alle Mitarbeiter das Gefühl haben, führungsmäßig bei „ihrem Chef" in den rechten Händen zu sein.

12. Im Ergebnis kann man sagen, daß es Aufgabe der gesamten Personalpolitik und der Personalführung ist, dem Unternehmen im notwendigen Zeitpunkt quantitativ und qualitativ die richtigen Mitarbeiter zur Verfügung zu stellen. Hieraus ergeben sich folgende 4 Aufgaben:
    1. Mitarbeiter gewinnen.
    2. Mitarbeiter fördern.
    3. Mitarbeiter erhalten.
    4. Mitarbeiter optimal einsetzen.

3.1 Forderungen an eine moderne Personalpolitik und Personalführung

An eine moderne Personalpolitik und Personalführung sind folgende Forderungen zu stellen:

1. Notwendigkeit stärkerer Mobilisierung aller Arbeitnehmer des Betriebes (in Richtung Mitdenken, Mitverantworten und echte betriebliche Partnerschaft).
2. Berücksichtigung moderner Managementtechniken und Führungsgrundsätze.
3. Delegation von Kompetenzen und Verantwortung (höhere Anforderungen an den einzelnen Mitarbeiter).
4. Einführung neuer Organisationsformen (funktionale Matrix-Organisation statt hierarchischer Stab-Linien-Organisation).
5. Einführung kybernetischer Führungsmodelle und -prozesse.
6. Stärkerer Einsatz der EDV und Automation, und zwar insbesondere im Bereich der Verwaltung.
7. Rückgang der Routinetätigkeiten in der Verwaltung und damit verbundenen Änderungen im Anforderungsprofil an die Mitarbeiter.
8. Systematischer Aufbau, Einsatz und Auswertung einer langfristigen Personalplanung unter Berücksichtigung innerbetrieblicher Stellungsausschreibungen.
9. Forderung nach verstärkter innerbetrieblicher Fort- und Weiterbildung qualifizierter Nachwuchskräfte.
10. Aufbau von dynamischen und leistungsgerechten Entlohnungssystemen.

3.2 Instrumente moderner Personalpolitik und Personalführung

Instrumente moderner Personalpolitik und Personalführung sind insbesondere:

1. Personalplanung.
2. Einführung neuer Mitarbeiter.
3. Information und Kommunikation.
4. Kooperation, Führung.
5. Motivation.
6. Systematische Beurteilung.
7. Konfliktmanagement.
8. Lohn- und Gehaltspolitik.
9. Sozialpolitik.
10. Verbesserung des Betriebsklimas.

Hilfswissenschaften sind Betriebspsychologie, Arbeitspsychologie und Berufspsychologie.
Die Betriebspsychologie als wichtigster Teil der Wirtschaftspsychologie beschäftigt sich mit den psychischen Gegebenheiten und den zwischenmenschlichen Beziehungen im Betrieb. Sie kann auch als Sozialpsychologie des betrieblichen Lebens definiert werden. Dabei ist unter soziologischen Gesichtspunkten der Betrieb nach Dahrendorf als Zwangs- oder Zweckverband anzusehen. Zielsetzung der betriebspsychologischen Forschung ist es, aufzuzeigen, weswegen eine unvollkommene Anpassung zwischen Mensch und Betrieb erfolgt und welche Störfaktoren hierfür maßgebend sind.

Als Ergebnis soll ein optimales Verhältnis zwischen Mensch und Betrieb hergestellt werden.
Die Betriebspsychologie ist bezüglich ihrer Zielsetzung eng mit der Arbeitspsychologie verbunden.
Aufgabe der Arbeitspsychologie ist es, den Arbeitsvollzug zu untersuchen, sofern psychische Bedingungen relevant sind.
Ziel ist mithin, zu einer Steigerung der Arbeitsleistung durch Ausschaltung aller vermeidbarer Hemmungen und Begünstigung aller arbeitsfördernder Einflüsse zu kommen, und zwar bei weitgehender Schonung des Arbeitenden selbst.
Die Berufspsychologie als ein besonderes Teilgebiet der Arbeitspsychologie hat zunächst zum Gegenstand, die Arbeitsbedingungen und vor allem die seelischen Anforderungen der einzelnen Berufe zum Zweck der Eignungsbegutachtung zu untersuchen.
Darüberhinaus erforscht sie weiter allgemein die Zusammenhänge von Mensch und Beruf und die sich daraus ergebenden Auswirkungen für Betrieb, Individuum und menschliche Gesellschaft.

4 Personalpolitik als Teil der Unternehmenspolitik und als Führungsfunktion

Personalpolitik ist nicht Selbstzweck einer Abteilung, sondern ein Teil der gesamten Unternehmenspolitik. Aufgabe der Personalpolitik und Personalführung ist es, nach vorgegebenen Zielen der Unternehmensführung zum richtigen Zeitpunkt Personal zu finden, zu fördern, zu erhalten und optimal einzusetzen. Daraus ergibt sich, daß die Personalpolitik in die allgemeinen Ziele der Unternehmensführung einzugliedern ist: Sie gehört neben den Gebieten Entwicklung, Planung, Produktion, Organisation, Verwaltung, Vertrieb, Werbung und Rechnungswesen zum wesentlichen Bestandteil der Unternehmenspolitik. Von den von Copeman[1] aufgestellten 12 Geboten der Unternehmensführung gehören die im folgenden sechs wiedergegebenen dem wichtigen Bereich der Personalpolitik an.

Das vierte Gebot
Die laufenden Tätigkeiten der verschiedenen Abteilungen und Teilbereiche eines Unternehmens sollen durch das betriebliche Informationssystem koordiniert werden. Es sollte aus jenen wesentlichen und regelmäßigen Berichten bestehen, durch die die Abteilungen eines Betriebes in die Lage versetzt werden, bei der Bereitstellung von Gütern und Dienstleistungen zusammenzuarbeiten.

Das achte Gebot
Die Verantwortung für die Arbeitsleistung sollte auf verschiedene Weise delegiert werden:

a) Durch genaue Anweisungen hinsichtlich der Art der Ausführungen,
b) durch allgemeine Richtlinien und Informationen, wobei dem Betreffenden die Verantwortung für Details hinsichtlich der Art der Arbeit und der Ausführung überlassen bleibt,
c) durch Ausbildung; dadurch wird der Betreffende in die Lage versetzt, ganz bestimmte Arbeiten in einer ganz bestimmten Art und Weise zu erledigen,
d) durch eine Kombination von zwei oder drei dieser Verfahren.

Die beste Kombination zur Erzielung eines größtmöglichen Delegationserfolges variiert entsprechend den Umständen, vor allem entsprechend der Art der Arbeit, der Häufigkeit und dem Ausmaß der voraussichtlichen Arbeitsänderung sowie entsprechend dem Mitarbeitertyp, an den delegiert werden soll.

1 Copeman, S. 39 ff

Das neunte Gebot

Informationen zum Zweck unternehmerischer Entscheidungen sollen entlang der Führungshierarchie bis zu jener Stufe weitergeleitet werden, wo die Führungskraft

a) über genügend Machtbefugnisse, Erfahrungen und Geschick zur Entscheidungsbildung verfügt und
b) in ausreichendem Maße für die Koordination der von der Entscheidung betroffenen Abteilungen, Funktionen und Betriebe voll verantwortlich ist.

Das zehnte Gebot

Der Grad der Arbeitsbereitschaft und Begeisterung einer Führungskraft sollte durch die drei wichtigsten finanziellen Faktoren bestimmt werden:

a) Durch das Maß, in dem das Gehalt bisher gestiegen ist.
b) Durch die Aussichten auf weiteres Anwachsen.
c) Durch die Angst vor einem geringeren Einkommen.

Das elfte Gebot

Ein wesentliches Moment bei der Bestimmung des Arbeitserfolges einer Führungskraft soll im Verhältnis der für Kommunikation aufgewandten zu der für schöpferische Arbeit verwandten Zeit liegen. Für jede bestimmte Arbeit einer Führungskraft gibt es ein optimales Verhältnis. Sinkt das Verhältnis unter dieses Optimum ab, so leidet der Erfolg der Führungskraft unter unzureichender Kommunikation und infolgedessen unter Koordinationsschwächen. Liegt das Verhältnis dagegen über dem Optimum, beeinträchtigt der Mangel an individueller Zeit für schöpferisches Arbeiten den Erfolg.

Das zwölfte Gebot

Für die Bestimmung des Standards der persönlichen Integrität einer Führungskraft soll das Niveau seiner persönlichen Fähigkeit im Vergleich mit dem anderer von ausschlaggebender Bedeutung sein. Jeder einzelnen Arbeitssituation einer Führungskraft entspricht eine optimale Relation hinsichtlich des Könnens. Jede wesentliche Abweichung von dieser Relation bringt im Zweifel eine Verschlechterung der Beziehungen innerhalb der Gruppe.

5 Was ist Führung?

Führung ist die ziel- und ergebnisorientierte Steuerung menschlichen Verhaltens in sozialen Zwecksystemen und -verbänden unter Berücksichtigung der effektiven wirtschaftlichen, finanziellen und sachlichen Gegebenheiten mit der Absicht, die Ziele der Institution so weitgehend als möglich mit denen der in ihnen tätigen Mitarbeiter in Übereinstimmung zu bringen.
Die Effizienz der Führung wird daher im einzelnen hauptsächlich von folgenden Faktoren abhängen, die sich wiederum gegenseitig beeinflussen, und zwar von

1. Der Persönlichkeitsstruktur von Führer und Geführten.
2. Der Führungsstruktur.
3. Motivierenden Faktoren.
4. Der Führungssituation.

Zur Persönlichkeitsstruktur gehören insbesondere: Motive, Eigenschaften, Fähigkeiten, Erfahrungen und Erwartungen.
Die Führungsstruktur wird geprägt durch Stil, Methode, Instrumente, Organisation und Prozeßabläufe.
Zu den motivierenden Faktoren gehören als Führungsmittel insbesondere Anreize, Belohnungen, aber auch konstruktive Kritik, Sanktionen und Forderungen.
Die Führungssituation endlich wird wesentlich beeinflußt durch Zielsetzung, Art und Anforderungen der Aufgaben, äußere Arbeitsumstände, Gruppenstruktur, soziale Beziehungen und Rollenverteilungen, Autoritätsstruktur, Macht, Konfliktsituationen, Betriebsklima, Streß, Informationswesen und Kommunikationsstruktur.
Führung ist deshalb heute in Anbetracht der wachsenden äußeren Abhängigkeiten, verbunden mit der durch verschiedene Auffassungen von Unternehmenszweck und Arbeitsinhalt differierenden Anschauungen, bereits als eine Kunst anzusehen, wenn man die Kongruenz von Arbeitgeber- und Arbeitnehmerzielsetzung als wesentlichen Teil der Führungsfunktion ansieht. Der Bereich der Menschenführung mit dem Ziel, diese unter verschiedenen Aspekten optimal einzusetzen, wird deshalb stärker als bisher Aufgabe eines jeden Vorgesetzten sein, und man könnte deshalb das Wesen der Führung, bezogen auf den Bereich der Mitarbeiterführung und -förderung, mit folgendem Wort von Gottfried Keller kennzeichnen:

Studiere die Menschen,
nicht um sie zu überlisten
und auszubeuten,
sondern um das Gute
in ihnen aufzuwecken
und in Bewegung zu setzen.

5.1 Was heißt führen?

Führen heißt:

- Vorbild sein in dienstlichen und privaten Angelegenheiten,
- im richtigen Zeitpunkt mit dem richtigen Mittel, auf dem richtigen Weg und zu geringsten Kosten informieren,
- durchsetzen und überzeugen,
- persönliche Autorität sein, sich nicht auf statuäre Autorität berufen,
- kooperativ führen,
- die Motive der Mitarbeiter für ihre Arbeit kennen,
- Mitarbeiter gleich behandeln, aber nicht gleichmachen,
- Mitarbeiter leicht überfordern,
- Mitarbeitern echte Aufstiegschancen bieten,
- Mitarbeiter regelmäßig und nach möglichst objektiven Kriterien beurteilen,
- Mitarbeiter fördern,
- für leistungsgerechte Entlohnung sorgen,
- Zeit für die Mitarbeiter haben, und zwar in dienstlichen und auch privaten Angelegenheiten,
- eigene Fehler eingestehen, sich ggf. entschuldigen,
- konstruktive Kritik der Mitarbeiter herausfordern und aus ihr Konsequenzen ziehen,
- bewußt die Führungsmittel Lob und Tadel (bzw. konstruktive Kritik) einsetzen,
- großzügig sein und auch mal „ein Auge zudrücken“,
- nicht nur Arbeit, sondern auch Verantwortung delegieren,
- für die Mitarbeiter im Außenverhältnis einstehen, wenn mal etwas schiefgegangen ist,
- von oben erhaltenes Lob an die Mitarbeiter weitergeben,
- nach einheitlichen und gerechten Richtlinien führen,
- die Mitarbeiter an der Zielfindung beteiligen,
- Mitarbeiter mobilisieren,
- moderne Arbeitstechniken und Ideenfindungsverfahren einsetzen,
- mittelfristige Personalplanung mit der Fort- und Weiterbildung koppeln,
- dem neuen Mitarbeiter in der ersten Zeit Einführungshilfen geben,
- Entlohnungssystem dynamisch und leistungsgerecht gestalten helfen,
- Mitarbeiter motivieren mit dem Ziel der Identifikation mit der betrieblichen

Zielsetzung (wichtig: die Zielsetzung muß vorhanden sein!),
- Konflikte rechtzeitig erkennen und für den Betrieb positiv ausnutzen,
- das betriebliche Vorschlagswesen fördern,
- den Kontakt zu den Mitarbeitern fördern, ohne dabei kumpelhaft zu werden,
- auf die richtige Zusammensetzung der Arbeitsgruppe im soziologischen Sinne achten,
- für klare Stellenbeschreibungen sorgen, um dadurch Kompetenzkonflikte zu vermeiden,
- ausländische Führungsmodelle und Arbeitstechniken nur im Denkansatz übernehmen und sie für den eigenen Betrieb modifizieren,
- kostenbewußt für sich denken und das nicht nur von den Mitarbeitern verlangen,
- entscheidungsfreudig sein, wenn eine Sache entscheidungsreif ist,
- auch unangenehme Entscheidungen selbst treffen und diese nicht etwa aufs Team schieben,
- keinen Sinn für „Radfahren", „Zuträgerei" und „Vetterleswirtschaft" haben,
- immer begründen, statt nur befehlen,
- den Urlaub gerecht planen und unter den Mitarbeitern aufteilen,
- neue Mitarbeiter nicht mit falschen Versprechungen in den Betrieb locken,
- Mitarbeiter nach konstruktivem Mitarbeitergespräch auf ihre Schwächen aufmerksam machen und sie auf anderen Arbeitsplätzen einsetzen,
- schlechte Mitarbeiter nicht wegloben,
- Verbesserungsvorschläge der Mitarbeiter nicht abwürgen,
- Verbesserungsvorschläge der Mitarbeiter nicht als die eigenen ausgeben,
- qualifizierte Mitarbeiter für mehrere Arbeitsgänge ausbilden,
- qualifizierten Mitarbeitern Aufstiegschancen (auch in anderen Abteilungen) nicht verbauen,
- für optimale Arbeitsplatzgestaltung sorgen (Ergonomie, Unfallsicherheit, Humanisierung, persönliche Gestaltung),
- Mitarbeiter Arbeitsplätze und Arbeitsabläufe weitgehend selbst gestalten lassen,
- weitgehend auf permanente Kontrollen verzichten und stattdessen den Mitarbeiter zur Eigenkontrolle mit Berichterstattungspflicht verpflichten,
- positiv denken.

Hauptaufgaben der Führung sind mithin insbesondere

- Ausschöpfen des Mitarbeiterpotentials,
- optimale Mitarbeiterinformation,
- Behandlung der Mitarbeiter als Partner,
- gemeinsame Zielvereinbarung,
- Delegation von Verantwortung,
- Erteilung entsprechender Vollmachten,
- Anerkennung von erbrachten Leistungen,
- Aufzeigen von Zukunftsperspektiven,
- leistungsgerechte Entlohnung.

Hieraus ergibt sich, daß Fachwissen allein längst nicht mehr ausreicht. Gefordert wird von einer Führungskraft heute insbesondere:

- Einsatzbereitschaft,
- Engagement,
- Führungsfähigkeit,
- Leistungsmotivation,
- Kooperationsfähigkeit,
- Durchsetzungsvermögen,
- Entscheidungsfähigkeit
- Problemlösungsfähigkeit,
- Innovationsfähigkeit,
- Kreativität,
- physische und psychische Belastbarkeit.

5.2 Allgemeine Ziele der Führung

Die allgemeinen Ziele der Führung und damit die Funktionen des Management können in den Bereichen

- Planung,
- Entwicklung,
- Organisation,
- Personalpolitik,
- Personal,
- Verwaltung,

wie folgt zusammengefaßt werden:

5.2.1 Bereich Planung

Ziel:
Formulierung wohlüberlegter Pläne und Ziele für Kurz-, Mittel- und Langzeitabschnitte, die alle organisatorischen Maßnahmen und Aufwendungen enthalten, als Grundlage für die Autorisierung und Anleitung zur Durchführung sowie als Leistungsmaßstab.

Hauptaufgaben:

1. Klare Erfassung der wirtschaftlich notwendigen und vertretbaren Ziele.
2. Überlegte Planung, die die Erfüllung sicherstellt.
3. Richtige Analyse der personellen, sachlichen und finanziellen Aufwendungen.
4. Sicheres Urteilsvermögen über die Zweckmäßigkeit und den Umfang der Vorhaben.

5. Wirksame Beteiligung der Mitarbeiter an ihrem Programmteil.
6. Richtige Koordinierung des Programms.
7. Überprüfung der Zwischen- und Gesamtergebnisse an den gesetzten Leistungsmaßstäben und -zielen, wobei Voraussetzung ist, daß die – gemeinsam – gesetzten Leistungsmaßstäbe realistisch – nicht utopisch – sind.

5.2.2 Bereich Entwicklung

Ziel:
Planung, Förderung und Anwendung von Verbesserungen für die tägliche Arbeit und Zukunftsvorhaben.

Hauptaufgaben:

1. Klare Erkenntnis der Notwendigkeit und Grenzen der Entwicklungsvorhaben.
2. Sorgfältig geplantes Entwicklungsprogramm mit klar definierten Zielen.
3. Förderung des Mitdenkens aller Mitarbeiter durch ein gut organisiertes Verbesserungsvorschlagswesen.
4. Ausrichtung nach der Spitze der betreffenden Branche und besondere Aktivität bei der Verwirklichung dieser Ziele.
5. Richtige Koordination aller Entwicklungs- und Verbesserungsvorhaben.
6. Periodische Überprüfung der Entwicklungspläne und ihrer Ergebnisse.

5.2.3 Bereich Organisation

Ziel:
Entwicklung und Erhaltung einer flexiblen modernen Organisation, durch die das Unternehmen am zweckmäßigsten gelenkt und überwacht und den jeweiligen Marktgegebenheiten angeglichen werden kann.

Hauptaufgaben:

1. Schaffung einer Struktur, die die Führung erleichtert und das Überlappen von Funktionen und Doppelgleisigkeit in der Bearbeitung vermeidet.
2. Klare Definition von Aufgaben, Verantwortung und Vollmachten für jede Position.
3. Richtige Delegation von Verantwortung (nicht nur Arbeit, sondern auch von Kompetenzen und Vollmachten), um Entscheidungen auf der noch vertretbaren untersten Ebene zu ermöglichen.
4. Zweckmäßige Koordinierung der Aufgaben innerhalb der Gesamtorganisation und den einzelnen Bereichen.

5.2.4 Bereich Kosten

Ziel:
Ein wirtschaftlich vertretbares Minimum an Kosten und Personal zu erzielen, das sich mit den zu verfolgenden Zielen vereinbart.

Hauptaufgaben:

1. Periodische Analyse und Prüfung aller Vorgänge auf ihre sachliche Berechtigung.
2. Ausschaltung aller überflüssigen und vermeidbaren Arbeiten und Aufwendungen.
3. Einführung der geeignetsten Methoden, Normen und Maßstäbe zur Erzielung der optimalen Leistung bei geringsten Kosten.
4. Laufende Kontrolle, die einen periodischen Leistungsvergleich und die Abstellung von Mängeln und Mißständen im Entstehen ermöglicht.
5. Richtige Koordinierung der Programme zur Kosten- und Leistungsüberwachung.

5.2.5 Bereich Personalpolitik

Ziel:
Sicherung einer fairen und angemessenen Behandlung aller Mitarbeiter, so daß diese zu den besten Leistungen bereit und in der Lage sind.

Hauptaufgaben:

1. Überlegte Lohn-, Gehalts- und Sozialpolitik.
2. Beobachtung der Personalpolitik der Konkurrenz.
3. Schaffung zweckmäßiger Arbeitsbedingungen.
4. Wirkungsvolle Überwachung unter Beachtung der Persönlichkeitsrechte und der Gefühle des Mitarbeiters.
5. Ständige Kontrolle der Lohnstruktur zur Sicherstellung einer gerechten Lohnpolitik.
6. Aufrechterhaltung eines engen Kontaktes mit den Mitarbeitern.
7. Wirksame Autorität, die auch Auswirkungen auf eine positive Arbeitsmoral haben sollte.
8. Vertrauen und Achtung für- und untereinander.
9. Richtige Koordinierung der gesamten Personalpolitik.

5.2.6 Bereich Personal

Ziel:
Richtige Auswahl und ständige Fortbildung des Personals, damit die Besetzung aller Stellen im Unternehmen durch voll qualifizierte Mitarbeiter jetzt und für die Zukunft sichergestellt ist.

Hauptaufgaben:

1. Angemessene Überwachung der optimalen Auswahl bestqualifizierten Personals in erster Linie aus den eigenen Reihen (Motivation).
2. Ständige Weiterbildung, um den Anforderungen der gegenwärtigen Stellung voll zu entsprechen und um zu gewährleisten, daß die sich ändernden Anforderungen erfüllt werden können.
3. Laufende Beurteilung der vorhandenen Qualifikation.
4. Überwachung der Beförderungspolitik zur Sicherstellung der Auswahl der geeignetsten Mitarbeiter.
5. Koordination der gesamten Personalschulung und des Entwicklungsprogrammes.

5.2.7 Bereich Verwaltung

Ziel:
Sicherstellung einer voll wirksamen und harmonischen Erfüllung aller Aufgaben.

Hauptaufgaben:

1. Klar formulierte Geschäftspolitik.
2. Wirksame Koordinierung und Kontrolle der Ergebnisse.
3. Beaufsichtigung des Geschäftsablaufes, ohne damit die Mitarbeiter von ihrer Verantwortung zu entlasten.
4. Betonung der persönlichen Verantwortung, die zur Entlastung der Leitung beitragen soll.
5. Aktive und richtige Kooperation zur Förderung des Gesamtunternehmens.
6. Erhaltung von guten „Public Relations“.
7. Richtige Koordinierung aller Arbeiten und Aufgaben.

Zur Verwirklichung dieser Zielsetzung ist darüber hinaus – gleich nach welchem Management-System geführt wird – erforderlich, daß dem Management eine Kontrollfunktion zugeordnet wird und diese ihm auch bei weitgehender Selbständigkeit aller Mitarbeiter, z.B. beim System Management by exception und selfcontrol, erhalten bleibt. Endlich wird es zur Zielsetzung der Führung gehören, zu innovieren, motivieren und repräsentieren.

5.3 Warum ändern wir eigentlich manches nicht?

So wie wir es jetzt machen, ist es doch o.k. Uns fehlen die Leute. Das haben wir schon mal ausprobiert. Das verstößt gegen die Tradition. Das ist nur eine Modeerscheinung. Wir haben nicht genügend Zeit. Vielleicht funktioniert es, vielleicht auch nicht. So etwas haben wir noch nie getan. Dazu hat keiner den Mut. Am Ende wird wieder nichts passieren. Uns fehlen die Voraussetzungen. Es ist unrealistisch. Es ist zu teuer. Das funktioniert doch nie. Das Tagesgeschäft geht vor. Was bringt uns das? Das ist zu radikal. Mir fehlt die Entscheidungskompetenz. Das ist gar nicht zu bewältigen. Da ist alles viel zu visionär.

5.4 Besonderheiten bei der Führung von Frauen

5.4.1 Physiologische Schwächen der Frau – Folgerungen für Arbeitseinsatz und Arbeitsplatzgestaltung

Die Kenntnis der physiologisch bedingten Schwächen der Frau ist notwendig, um daraus die erforderlichen Schlußfolgerungen zu ziehen, um zu einem optimalen Arbeitseinsatz bei einer entsprechenden Arbeitsplatzgestaltung zu kommen.
Im wesentlichen sind für Arbeitsplatzgestaltung und Arbeitseinsatz folgende Faktoren zu berücksichtigen:

Körpergröße, Muskelkraft, Sauerstoffversorgung, Skelettbau, Reaktionszeit und allgemeine physiologische Funktionen der Frau.

5.4.1.1 Körpergröße

Im Durchschnitt sind Frauen 13 cm kleiner als Männer, und ihre Arme und Beine sind durchschnittlich 10 % kürzer als die des Mannes.

Daraus folgt für die Arbeitsplatzgestaltung, daß männliche Arbeitsplätze in den meisten Fällen für Frauen ungeeignet sind: Sitzhöhe und/oder Höhe des Arbeitsplatzes müssen verändert werden, Fußhebel und Pedale müssen geändert und infolge der geringen Reichweite der Arme müssen verlängerte Handgriffe, ggf. auch andere oder zusätzliche Werkzeuge, geschaffen werden. U. U. stimmen aus diesen Gründen im Bereich der Produktion auch nicht mehr die ursprünglich für Männer festgelegten Arbeitszeiten, so daß eine neue Zeitaufnahme erfolgen muß.

Weiter ist zu beachten, daß insbesondere südländische Gastarbeiterinnen im Durchschnitt wiederum kleiner als deutsche Frauen sind, so daß für diese ebenfalls neue Arbeitsplätze bzw. Werkzeuge oder Vorrichtungen geschaffen werden müssen.

5.4.1.2 Muskelkraft

Es ist nachgewiesen, daß die Muskelkraft der Frau durchschnittlich nur etwa 50–65 % der des Mannes ausmacht. Noch entscheidender ist jedoch, daß die Muskeln der Frau – physiologisch bedingt – leichter zerreißbar als die des Mannes sind und (was für das Training und die Gewöhnung an eine bestimmte Arbeit von besonderem Interesse ist), daß die Muskeln weitaus schlechter trainierbar (30 %) als die des Mannes sind.

Daraus folgt, daß für Frauen keine Gewöhnung an Schwerarbeit möglich ist. Der Gesetzgeber hat dem auch dadurch Rechnung getragen, daß er für Arbeiten, die mit schwerem Heben und Tragen in Dauerleistung verbunden ist, in bestimmten Fällen Beschäftigungsverbote für Frauen erlassen hat. Aus der Tatsache der schlechteren Trainierbarbeit der Muskeln der Frau folgt weiter, daß der Frau häufige Ruhepausen gewährt werden müssen. Positiv ist hier schon anzumerken, daß es ein Vorteil der Frau ist, daß sie sich in diesen kurzen Pausen viel schneller wieder erholt als der Mann und in der Lage ist, nach kürzester Pause wieder ihre volle Leistung zu erbringen.

5.4.1.3 Sauerstoffversorgung

Die Blutmenge der Frau ist im Verhältnis zu ihrem Körpergewicht geringer als die des Mannes. Das Herz der Frau ist kleiner als das des Mannes, und es faßt nur etwa 1/2 so viel Blut. Die Frau hat weiter rund 30 % weniger rote Blutkörperchen als der Mann. Endlich ist darauf hinzuweisen, daß die Lungen der Frau um durchschnittlich ca. 20 % kleiner sind als die des Mannes. Die Folge davon ist, daß Frauen bei der Arbeit allgemein gesehen infolge ihrer schlechteren Sauerstoffversorgung schneller ermüden müssen als Männer.

Auch hieraus ergibt sich für den Arbeitseinsatz die Folgerung, daß es notwendig ist, zur Wiederherstellung der vollen Leistungskraft häufiger Kurzpausen einzuschieben.

Das Vorhandensein genügend frischer Luft am Arbeitsplatz ist also für Frauen kein Luxus, sondern eine physiologisch bedingte Notwendigkeit!

5.4.1.4 Skelettbau

Die Frau hat im Verhältnis zum Manne kürzere und leicht einwärts gestellte Gliedmaßen; ihre Beine und Ellenbogen sind nach innen gerichtet, und der Oberkörper ist etwas nach vorn geneigt.

Für den Arbeitseinsatz wichtig ist noch die Tatsache, daß ihre Hände nicht nur kleiner, sondern daß die Daumen kürzer und die Zeigefinger länger als die des Mannes sind.

Aufgrund dieser Tatsachen neigt die Frau eher zum Stolpern als der Mann, und eine Arbeit, die ständig im Stehen verrichtet werden muß, strengt sie mehr an als einen Mann. Das gleiche gilt für Arbeiten, die ständig drehende oder kreisförmige Bewegungen der Arme oder Beine erfordert. Infolge der anderen Beschaffenheit ihrer Hände verbunden mit den Besonderheiten ihres Skelettbaues müssen daher für bestimmte Tätigkeiten besondere Arbeitsplätze, Werkzeuge und Vorrichtungen geschaffen werden.

5.4.1.5 Reaktionszeit

Für die Arbeitszuteilung und Arbeitsanweisung ist weiter die Tatsache zu beachten, daß die Reaktionszeit der Frau bei schreckhafter Belastung länger als die des Mannes ist. Daraus folgt, daß sie stärker unfallgefährdet ist als der Mann, wenn sie in Situationen gerät, in denen blitzschnelles Reagieren zur Abwendung eines Unfalles notwendig ist. Auf derart unfallgefährdeten Arbeitsplätzen dürfen Frauen daher aufgrund ihrer physiologischen Besonderheit nicht eingesetzt werden.

5.4.1.6 Unausgeglichenheit der physiologischen Funktionen

Die biologischen Leistungsschwankungen der Frau stehen in direkter Abhängigkeit und im Zusammenhang mit ihrem Menstruationszyklus. Da sie während der Periode und der Schwangerschaft Kalziumsalze ausscheidet, ist der Kalkumsatz labiler als der des Mannes. Darüber hinaus ist das Gefäßnervensystem unausgeglichener als beim Mann.

Entscheidend ist, daß sich diese biologischen Leistungsschwankungen der Frau sowohl auf ihre Kraft als auch auf Geschicklichkeit, Konzentrationsfähigkeit und ihr allgemeines Verhalten gegenüber Vorgesetzten und Mitarbeitern auswirkt.

Als wesentliche Folgerung für Arbeitseinsatz, Arbeitszuteilung und Führung ergibt sich daraus, daß Vorgesetzte und Mitarbeiter diese willentlich kaum beeinflußbaren biologischen Leistungsschwankungen respektieren und den betreffenden Frauen eine entsprechende Minderleistung oder ein Fehlverhalten im zwischenmenschlichen Bereich nachsehen müssen.

5.4.2 Physiologische Stärken der Frau – Folgerungen für Arbeitseinsatz und Arbeitsplatzgestaltung

Es wäre falsch, aus dem vorigen Abschnitt zu folgern, daß es sich bei Frauen eben doch um das „schwache Geschlecht“ handelt und daß aus diesem Grund die Frauen nur bedingt einsatzfähig sind und im Grunde genommen gegenüber dem Mann im wesentlichen Minderleistungen erbringen.

Wie die Frau physiologisch gesehen Schwächen hat, so weist sie auch zahlreiche Stärken und Fähigkeiten auf, die beim Mann längst nicht in dieser Intensität vorzufinden sind. Es ist deshalb zunächst Verpflichtung eines jeden Vorgesetzten, diese Stärken und Schwächen zu kennen und die Frau dann so einzusetzen und zu führen, daß ihre Stärken dem Betrieb zugutekommen und ihre Schwächen durch entsprechenden Arbeitseinsatz entweder gar nicht zum Tragen kommen oder durch entsprechende technische Hilfsmittel weitgehend ausgeglichen werden.

Im einzelnen sind an physiologisch-bedingten Stärken der Frau gegenüber dem Mann folgende Tatbestände zu erwähnen:

1. Ihre biologische Belastbarkeit ist größer.
2. Ihre Anpassungsfähigkeit ist größer.
3. Entbehrungen, wie z. B. Schlaflosigkeit oder Hunger, werden von ihr besser verkraftet.
4. Ihre Kälteempfindlichkeit ist gemindert.
5. Frauen sind weniger schmerzempfindlich.
6. Nach Kurzpausen tritt eine schnellere Erholung ein und die volle Leistungsfähigkeit wird bald wieder erlangt.
7. Ihr Tastsinn ist ausgeprägter.
8. Die Wahrnehmungsfähigkeit der Sinnesorgane ist schärfer ausgeprägt. Das gilt insbesondere für Auge und Ohr. Weiter hat die Frau eine bessere Beobachtungsgabe.
9. Die Hände sind kleiner, feinfühliger, feinnerviger und zielsicherer und haben eine größere Reaktionsgeschwindigkeit.

Hieraus ergeben sich zahlreiche Folgerungen für Arbeitseinsatz und Arbeitsgestaltung.
Generell ist daraus erkennbar, daß Frauen besser geeignet sind für Arbeiten, die Bewegungsgeschicklichkeit, Tastsinn, lockeren Ablauf und ein besonderes feines Fingerspitzengefühl erfordern. Es bieten sich weiter an Arbeiten mit leichten, feinen Werkzeugen, mit Lupen oder Mikroskopen oder Arbeiten mit besonders feinem Material, wie z. B. in bestimmten Zweigen der Textilindustrie. Aufgrund der o. g. Eigenschaften und Fähigkeiten sind Frauen auch besonders geeignet für feine Montagearbeiten, Prüf- und Sortierarbeiten, Kontrollarbeiten bei Maschinenstörungen sowie bei Qualitätskontrollen und Abnahmearbeiten der verschiedensten Art.

5.4.3 Psychologische Besonderheiten der Frau – Folgerungen für ihre Führung und den Arbeitseinsatz

Um Frauen optimal einsetzen und führen zu können, ist es nicht ausreichend, ihre physiologischen Stärken und Schwächen zu kennen und daraus für den Betrieb die notwendigen Konsequenzen zu ziehen; es ist vielmehr genau so

wichtig, zu wissen, welche psychologischen Besonderheiten die Frau gegenüber dem Mann hat. Hierüber müssen die Vorgesetzten von Frauen entsprechend geschult werden.
Im psychologischen Bereich sollen insbesondere erwähnt werden ihre stärkere Gefühlsbetontheit, ihre Leistungsschwankungen und ihre Leistungsbreite, ihre geringe Monotonieempfindlichkeit, ihr Widerstand gegen Veränderungen sowie die auf Frauen viel stärker wirkenden Einflüsse ihrer unmittelbaren Arbeitsumgebung.

5.4.3.1 Stärkere Gefühlsbestimmtheit

Nach dem Psychologen Lersch ist die Frau willensmäßig weniger akzentuiert als der Mann, das begreifende Denken tritt bei ihr zurück, und das Gefühl spielt eine weitaus größere Rolle. Diese Besonderheit ist bereits weitgehend durch die herkömmliche Erziehung der Frau begründet, nämlich dadurch, daß bei ihr vielfach das Betreuen, Hegen und Pflegen im Vordergrund stand, wogegen die Jungen nach Auseinandersetzung und kämpferischer Selbstbehauptung streben und dies erziehungsgemäß auch weitgehend berücksichtigt worden ist.

Infolge der allgemein größeren und aktiveren Schilddrüse der Frau ist die endokrine Sekretion unausgeglichener und beeinflußt das gesamte vegetative Nervensystem. Daraus folgt, daß bei Frauen im allgemeinen eine erhöhte Gefühlserregbarkeit vorhanden ist und daß häufigere und größere Gefühls- und Stimmungschwankungen als beim Mann auftreten. Frauen neigen deshalb auch viel häufiger zu Affekthandlungen als Männer. In Frauenarbeitsgruppen besteht eine Neigung zu Konflikt- und Krisensituationen. Weiter sind durch die gefühlsbetonten menschlichen Beziehungen häufig permanent-latente Spannungen vorhanden, die sich häufig nur viel schwerer und zeitlich gesehen später als in Männerarbeitsgruppen beheben lassen. Ob derartige latente Spannungen für den Betrieb nützlich oder schädlich sind, wird man nicht allgemein beantworten können: sie können einerseits eine Antriebsfeder für größere Leistungen sein, sie können aber auch die Ursache dafür klarstellen, daß die Zusammenarbeit in der Gruppe oder Abteilung nicht funktioniert und daß die gesteckten Ziele nicht erreicht werden. Um aus derartigen Spannungen die richtigen Folgerungen für das Führungsverhalten ziehen zu können, ist es für den Vorgesetzten entscheidend, die Gründe und die Ursachen für die Entstehung dieser Spannungen zu kennen.

Zusammenfassend kann man sagen, daß bei der Frau der Mensch vor der Technik kommt, daß ihr Gefühl gegenüber dem Verstand dominiert und daß ihre Intuition vor der Logik rangiert.

Für die Führung von Frauen ergibt sich daraus zunächst, daß es ganz entscheidend ist, sich auf die Besonderheiten dieser Psyche einzustellen. Das Persönliche muß stets in den Vordergrund gestellt werden; der Vorgesetzte muß ein besonders starkes Einfühlungsvermögen haben und wegen des stark ausgeprägten Gerechtigkeitsgefühls von Frauen bei Vorliegen gleicher Tatbestände stets gleiches auch gleich behandeln. Insbesondere darf die besonders hübsche Sekretärin oder Vorarbeiterin aus diesen Gründen nicht bevorzugt werden. Für den Vorgesetzten ergibt sich aber auch andererseits die Verpflichtung, die Vorteile der Gefühlsbetontheit der Frau sowohl für den Betrieb als auch für den Arbeitsablauf und die Arbeitsdurchführung der Frau auszunutzen. Als derartige Vorteile sind hauptsächlich zu nennen:

Instinktsicherheit
Schnelles intuitives Erfassen einer Gesamtsituation
Bessere – oft logisch nicht begründete – Menschenkenntnis und besseres Beurteilungsvermögen
Weite und Genauigkeit des Gedächtnisses
Leichteres Einfühlungsvermögen in rhythmische Arbeitsabläufe, da diese weitgehend unbewußt vom ästhetischen Empfinden her gesteuert werden
Größere Bereitschaft zu Routine-Arbeiten und starke Identifizierung mit ihrer Arbeit, ihrem Werkzeug und ihrem Arbeitsplatz, u. U. auch speziell mit ihrer Arbeitsgruppe.

5.4.3.2 Leistungsunterschiede zwischen Mann und Frau

Von periodisch wiederkehrenden Leistungsschwankungen, die an den Menstruationszyklus angelehnt sind, abgesehen, besteht im allgemeinen kein Leistungsunterschied zum Manne. Es wird zwar behauptet, daß die Streubreite der Leistung der Frau geringer sei als beim Mann, d. h. die Leistungen der Frauen bewegen sich im allgemeinen mehr im Mittelfeld, wogegen die des Mannes den ganzen Bereich vom Genius bis zum Schwachsinnigen umfassen. Diese Behauptung ist jedoch, wie z. B. durch den Amthauer-Test nachgewiesen worden ist, nicht allgemein aufrechtzuerhalten. Fest steht demgegenüber jedoch, daß die Frau sprachlicher begabt ist, der Mann dagegen mehr auf dem praktisch-technischen und mathematischen Gebiet. Diese Tatsachen, die weitgehend auch historisch, umwelt- und erziehungsmäßig bedingt sind, müssen vom Vorgesetzten bei der Arbeitszuteilung mit berücksichtigt werden, wobei zu beachten ist, daß die jeweils fehlenden Begabungen durch Ausdauer, Fleiß, Aufmerksamkeit und Gedächtnis kompensiert werden müssen.

5.4.3.3 Geringere Monotonie-Empfindlichkeit

Obwohl auch diese These nicht unbestritten ist, kann man im allgemeinen davon ausgehen, daß Frauen Tätigkeiten bevorzugen, die schnell erlernbar und auch leicht ausführbar sind und die es ihr ermöglichen, am gleichen Arbeitsplatz neben der gleichen (netten) Kollegin zu arbeiten. Diese geringe Monotonie-Empfindlichkeit der Frau ist bedingt durch ihre dem Mann gegenüber andere Gesamteinstellung zur Arbeit. Frauen bevorzugen monotone Arbeiten im wesentlichen aus zwei Gründen, und zwar einmal deshalb, weil sie psycho-

logisch gesehen die Fähigkeit zum sog. Tagträumen haben, wodurch sie sich eine Ersatzwelt schaffen können, und darüberhinaus bei monotonen Arbeiten die Möglichkeit besteht, über Haus und Familie und die sich daraus ergebenden Probleme und Pflichten nachzudenken.
Zu beachten aber ist für die Vorgesetzten, daß nicht die Eignung der Geschlechter zur Monotonie-Arbeit verschieden ist, sondern deren Neigung dazu. Es handelt sich deshalb hier auch nicht um eine Frage des Intellekts, sondern um die Frage der Gesamteinstellung zur Arbeit.

5.4.3.4 Widerstand gegen Veränderungen

Es ist allgemein zu beobachten, daß sich Frauen gegen Veränderungen wehren. Hauptsächlich sind zu nennen Technische Neuerungen, Organisatorische Veränderungen,Versetzungen auf andere Arbeitsplätze, in andere Arbeitsgruppen oder Abteilungen. Aus diesen Gründen werden oft selbst bessere Arbeitsplätze oder solche mit besseren Verdienstmöglichkeiten abgelehnt, wenn die Frau dadurch ihre gewohnte Arbeitsumgebung und ihren Kollegenkreis verlassen müßte. In Einzelfällen geht das soweit, daß Versetzungen als Zumutungen empfunden werden. Bedingt ist diese Einstellung durch eine allgemeine konservative Haltung sowie fehlende Experimentierlust.
Es wird deshalb für den Vorgesetzten stets darauf ankommen, die Notwendigkeit der o. g. Veränderungen besonders eingehend zu begründen und bei der Frau Verständnis für diese Maßnahmen zu wecken.

5.4.3.5 Einflüsse der Arbeitsumgebung

Im Gegensatz zum Mann empfindet die Frau Befriedigung aus der Arbeit keineswegs allein aus dieser, sondern weitgehend aus ihrer Arbeitsumgebung.
Daraus folgt, daß ihr Leistungswille sehr stark abhängt von der Gestaltung des Arbeitsplatzes, also der Größe des Arbeitsraumes, Licht, Helligkeit, Luft, Temperatur, Lärm, farbpsychologischer Gestaltung, der Konstruktion und Gestaltung der Arbeitsmittel, Hilfsmittel und Werkzeuge, der Betriebshygiene, dem Arbeitsmilieu und der persönlichen Arbeitsplatzgestaltung, wie z. B. Ausschmückung des Arbeitsplatzes mit persönlichen Dingen, wie Bildern, Fotos, Talisman.
Der Vorgesetzte sollte deshalb dem verständlichen Wunsch der Frau auf individuelle und schöne Arbeitsplatzgestaltung Rechnung tragen, um zu gewährleisten, daß einmal die Frau Befriedigung findet und daraus dem Betrieb eine optimale Arbeitsleistung zugeführt wird.

5.5 Regeln für Vorgesetzte von Frauen

Wegen der physiologischen und psychologischen Besonderheiten von Frauen und der sich daraus zwangsweise ergebenden anderen Behandlung und einem besonderen Führungsverhalten sollte jede Geschäftsleitung zunächst auf folgendes achten:

1. Wählen Sie Vorgesetzte von Abteilungen, in denen überwiegend Frauen beschäftigt sind, besonders sorgfältig aus.
2. Achten Sie darauf, daß diese Vorgesetzten besonders in Fragen der Menschführung gut geschult sind.
3. Sorgen Sie für eine permanente Fort- und Weiterbildung dieser Vorgesetzten auf dem Gebiet der Menschenführung unter besonderer Berücksichtigung der physischen und psychischen Besonderheiten der Frau, ihren daraus bedingten speziellen Verhaltensweisen und der sich daraus ergebenden Folgerungen für die Führungstechnik.

Der Vorgesetzte selbst sollte folgende Punkte berücksichtigen, wobei er die Wunschvorstellungen von Frauen kennen und diese soweit möglich auch beachten sollte.

1. Achten Sie auf ein gepflegtes Äußeres, gute Kleidung und Sauberkeit: Frauen schätzen einen gepflegten Mann und achten darauf.
2. Seien Sie stets höflich und zuvorkommend gegenüber ihren Mitarbeiterinnen.
3. Grüßen Sie alle Frauen des Betriebes, gleich welche Tätigkeit sie im einzelnen auch ausüben, zuerst.
4. Sorgen Sie für saubere, gepflegte und freundliche Arbeitsplätze und eine entsprechende Arbeitsatmosphäre.
5. Gestatten Sie der Frau, ihren Arbeitsplatz persönlich zu gestalten, z. B. Fotos, Bilder, Blumen, Talisman.
6. Bedenken Sie, daß die Frau sich mehr mit ihrer Arbeit und ihrem Arbeitsplatz identifiziert als der Mann.
7. Eine Versetzung an einen anderen Arbeitsplatz oder in eine andere Abteilung müssen Sie deshalb besonders begründen.
8. Sorgen Sie für ein gutes Betriebsklima; für Frauen ist dies u. U. wichtiger als eine hohe Entlohnung oder zusätzliche Leistungen.
9. Bedenken Sie, daß sich die Frau eher mit einer unangenehmen Arbeit, als mit unangenehmen Kollegen und schlechten Arbeitsbedingungen abfindet.
10. Behandeln Sie verheiratete und unverheiratete Frauen – gleich welchen Alters – gleichmäßig.
11. Bevorzugen Sie nie eine besonders hübsche Sekretärin oder Vorarbeiterin.
12. Ergreifen Sie nie – aus welchen persönlichen Gründen auch immer – für eine bestimmte Frau oder Frauengruppe Partei.
13. Bewahren Sie gegenüber Frauen – gleich welchen Alters, ob verheiratet oder unverheiratet, hübsch oder nicht – eine gewisse Distanz. Vertraulich-

keiten oder die Anrede per Du – wie es aus amerikanischen Unternehmen teilweise zur Verbesserung des Betriebsklimas empfohlen wird – verringern diese notwendige Distanz.

14. Treffen Sie alle Begründungen, die Sie geben, stets sachlich, ohne dabei persönlich zu werden.
15. Frauen sind schlechte Befehlsempfänger: Begründen Sie deshalb immer ihre Gebote und Verbote!
16. Versuchen Sie, statt zu befehlen, an die Hilfsbereitschaft zu appellieren!
17. Entscheidend ist immer, wie eine Anweisung gegeben wird, erst in zweiter Linie ihr Inhalt!
18. Lernen Sie zu kritisieren, ohne dabei zu verletzen.
19. Kritisieren Sie stets nur unter vier Augen und auch dann nur konstruktiv.
20. Bedenken Sie bei einer Kritik, daß diese, selbst wenn sie konstruktiv ist, von Frauen nicht als sachlich, sondern als persönlich aufgefaßt wird.
21. Stellen Sie nie eine Frau vor anderen Kolleginnen und Kollegen bloß!
22. Vergessen Sie nie, einer Frau zu ihrem Geburtstag zu gratulieren. Sprechen Sie ein persönliches Wort und geben Sie ihr – sofern dies möglich ist – ein paar Stunden Arbeitsbefreiung.
23. Seien Sie sparsam mit Tadel, aber großzügig mit Lob, Anerkennung und Ermutigung.
24. Denken Sie daran: häufiger Tadel macht krank, ein Lob dagegen steigert die Leistung! Bei Frauen gilt dies noch in stärkerem Maße als bei Männern.
25. Anerkennen Sie besondere Leistungen durch kleine, persönliche Aufmerksamkeiten!
26. Frauen legen häufig jedes Wort auf die Goldwaage und hören gern mehr heraus, als effektiv gesagt ist und Sie gemeint haben. Überlegen Sie sich deshalb Ihre Formulierungen genau und drücken Sie sich klar und unmißverständlich aus.
27. Machen Sie sich frei von dem oft herrschenden „rauhen" Betriebston; brüllen Sie nie.
28. Denken Sie immer daran: der Ton macht die Musik!
29. Sagen Sie ruhig einmal mehr „Bitte" und „Danke".
30. Werden Sie nie vertraulich oder anzüglich; vermeiden Sie zweideutige Redensarten, aber verbieten Sie nicht, daß gelacht und gescherzt wird; auch ein kleiner Flirt kann u. U. die Arbeitsatmosphäre auflockern.
31. Hüten Sie sich vor weiblichem Klatsch und Tratsch: wenn Sie deswegen jedoch eingreifen müssen, hören Sie stets beide Parteien an.
32. Berücksichtigen Sie die Doppelbelastung der Frau durch Beruf und Familie und kommen Sie der Frau in Kleinigkeiten, wie z. B. Arbeitsverlegung, Arbeitsbefreiung, Gewährung von unbezahltem Urlaub, Abbummeln von Überstunden usw. entgegen.
33. Nehmen Sie einen gewissen Anteil an dem persönlichen Geschick ihrer engsten Mitarbeiterin, z. B. Krankheit des Mannes oder des Kindes.
34. Seien Sie – zusammengefaßt – hilfsbereit, zuvorkommend, Vorbild und in den Augen der Frau ein idealer Chef, seien Sie Kavalier: Es kostet Sie

nichts, aber die Frau wird es Ihnen danken, und der daraus resultierende Nutzen kommt Ihrem Betrieb unmittelbar und meßbar zugute.

6 Der Betrieb als soziales Gebilde und Spannungsfeld

Um Mitarbeiter optimal führen zu können, muß man sich zunächst über den Betrieb als soziales Gebilde, die Stellung des Mitarbeiters im Betrieb und die Einflußfaktoren auf sein Verhalten und seine Leistung im Betrieb Gedanken machen. Dabei steht neben betriebswirtschaftlichen, volkswirtschaftlichen und juristischen Betrachtungsweisen die soziologische im Vordergrund.

Der Betrieb als soziales Gebilde ist ein Zwangsverband, der wie jedes andere soziale Gebilde durch Probleme der Herrschaft (Führungsstruktur) und Organisation (auch der Organisationsform, wie z.B. Stab, Linie, Matrix, kybernetisches Regelkreissystem) geprägt wird. Der soziologische Zwangsverband wird für den einzelnen Mitarbeiter bereits bei der Einstellung und Eingliederung in den Betrieb deutlich: Der Mitarbeiter wird einer durch die Organisation vorgegebenen formellen Gruppe zugeordnet, und zwar – bei Nichtberücksichtigung gruppensoziologischer Fragen – ohne Rücksicht darauf, ob er in diese Gruppe hineinpaßt oder nicht. Daraus bereits können sich für ihn und den Betrieb die ersten Probleme ergeben: Konflikte können entstehen, das Betriebsklima wird verschlechtert, und der Mitarbeiter ist oder wird nicht mehr motiviert.

Der Betrieb kann aber auch als Zweckverband (Erreichung bestimmter Zielsetzungen) angesehen werden. Der Betrieb ist unter diesem Gesichtspunkt ein institutionelles Gebilde, in welchem eine Mehrzahl von Menschen mit Hilfe eines Zweck-Mittel-Systems (Arbeitsaufgabe und Organisation) für die laufende Bedarfsversorgung kooperiert.

Endlich kann man den Betrieb auch ansehen als ein System von sozialen Rollen, orientiert an den ökonomischen Zweck der Güterproduktion im weitesten Sinne bzw. Dienstleistungen, strukturiert durch ein System technischer Mittel, sanktioniert durch einen bestimmten rechtlichen Status mit entsprechender Organisationsform und in seiner besonderen, spezifischen Ausprägung und bestimmt durch die dieses System beherrschenden gesellschaftlichen Wertsetzungen.

Auszugehen ist davon, daß der Mensch als soziales Wesen die Zugehörigkeit zu einer oder mehreren Gruppen benötigt und daß er nur in gut funktionierenden Gruppen seine Fähigkeiten voll zur Entfaltung bringen kann. Ohne die Hilfe von Gruppen vermag der einzelne Mensch deshalb auch viele seiner grundlegenden Bedürfnisse nicht zu befriedigen und damit auch entscheidende Probleme nicht zu lösen.

Insofern ist der Mensch Zeit seines Lebens mehr oder weniger darauf angewiesen, Mitglied in einer Gruppe zu sein. Das gilt insbesondere auch für die Bewältigung komplizierter Lern-, Leistungs- und Innovationsprobleme; durch Gruppenarbeit als Arbeitstechnik kommt er schneller zu besseren Ergebnissen.

Das Besondere an der Gruppe ist für einen einzelnen die gewachsene Sicherheit, die er unter Ähnlichen findet, mit denen er sich vergleichen kann und die als Maßstab in Frage kommen. Er findet seine Rolle (und wenn es die des Tölpels ist, die immer noch besser ist, als abseits der Gruppe stehen zu müssen), seinen Rang und somit seine Anerkennung. Er hat in der Gruppe ganz persönliche Pflichten und Rechte, an deren Entstehen er – nach ungeschriebenem Gesetz – mitgewirkt hat und an deren Erweiterung oder Einengung er laufend weiter mitarbeitet. Das Persönliche und unmittelbare in der Gruppe ist der entscheidende Unterschied zu den größeren und daher anonymeren oder zumindest doch unpersönlichen gesellschaftlichen Einheiten wie „Betriebsgemeinschaft oder „der gesamte Außendienst". Die kleine Gruppe erlaubt auch der bescheidenen Spezialbegabung Entfaltung und Anerkennung. Je mehr Mitwirkung die Gruppe dem einzelnen einräumt, um so größer ist der Spielraum für die Entfaltung seiner Persönlichkeit; je besser sich der einzelne (durch tätigen, bewußten und verantwortlichem Einsatz seiner geistigen, seelischen und körperlichen Begabungen und Fähigkeiten) entfalten kann, desto wirksamer vermag er in der Gruppe mitzuwirken.

Als Gruppe im soziologischen Sinn gilt jede verhältnismäßig feste und dauerhafte Verbindung, die in bestimmter Hinsicht eine Anzahl von Menschen vereinigt. Eine derart feste und dauerhafte Bindung zeigt sich in folgenden Merkmalen:

a) Es besteht ein ausgeprägtes Zusammengehörigkeitsgefühl. Negativ gesagt: Die Mitglieder einer Gruppe wissen, daß andere nicht zur Gruppe gehören. Die Gruppe muß als solche sowohl für ihre Angehörigen als auch für Außenstehende erkennbar sein.
b) Es besteht die Neigung zur Erhaltung der Gruppe. Gegen ihre Bedrohung werden von den Gruppenmitgliedern Widerstände mobilisiert.
c) Die Gruppe ist ein relativ dauerhaftes Gebilde. Dies markiert den Hauptunterschied zur Gruppierung, der bloß zeitweiligen Menschenansammlung!
d) Es besteht ausreichende Kommunikation. Dies gilt nicht nur im landläufigen Sinn des „sich verständigen", sondern oft durch eigenständige Sprachmuster und Symbole.
e) Es gibt ein System von Führung und Unterordnung.
f) Es sind Gruppentraditionen, -werte und -normen vorhanden. Dies muß nicht nur in Form von Regeln und Vorschriften der Fall sein. Gewöhnlich reichen bestimmte Verhaltens-"vorschriften" bzw. -erwartungen aus, die von den Mitgliedern einer Gruppe verstanden und befolgt werden. Die Wichtigkeit eines

intakten Gruppen-Wertgefüges zeigt sich darin, daß Wertkonflikte zwischen den Mitgliedern häufig zur Spaltung der Gruppe führen.

g) Es existieren bestimmte Gruppenziele, die mehr oder minder verbindlich anerkannt werden.

Jede Gruppe braucht eine klare Rollen- und Aufgabenverteilung. Die Aufgabenverteilung kann von außen gegeben sein, sie kann sich aber auch innerhalb der Gruppe selbst strukturieren. Wichtig dagegen ist, daß jedes Gruppenmitglied eine bestimmte Funktion und Rolle zugewiesen bekommt. Eine Personenmehrheit ohne Rollen- und Aufgabenverteilung und ohne Zielsetzung ist keine Gruppe, sondern nur eine Gruppierung von Menschen. Dabei sollte aber jedem Gruppenmitglied von der Gruppe ein angemessener Spielraum für die individuelle Interpretation seiner Rolle zugeteilt werden. Eine unklare Aufgabenverteilung oder ein mangelhaftes Rollenverständnis machen es der Gruppe unmöglich, ihre volle Leistungskapazität zu erreichen; es treten in der Folge laufend Kommunikationsschwierigkeiten und Kompetenzschwierigkeiten auf, das weiter dazu führt, daß die Gruppe ihre internen Probleme auf der betrieblichen Sachebene austrägt. Funktionsumschreibungen und Festlegung von Pflichten können hierfür ein Organisationsmittel sein.

Kommunikation ist der Träger des gesamten sozialen Geschehens. Die Kommunikation zwischen den einzelnen Gruppenmitgliedern ist ein wesentlicher Bestandteil zur Förderung und Erhaltung einer Gruppe. Für die Gruppe stellt die Kommunikation das eigentliche Arbeitsinstrument dar, mit dem Sachentscheidungen gefällt, Probleme analysiert und Einzelleistungen innerhalb der Gruppe auf das Gruppenziel hin koordiniert werden können.

Daneben dient die Kommunikation dazu, interne Gruppenprobleme zu lösen, die mit dem eigentlichen Gruppenziel nichts zu tun haben. Die Kommunikation der Gruppe wird auch als ein Instrument benutzt, um mit anderen Gruppen innerhalb des Betriebes Verbindung aufzunehmen und damit die einzelnen Gruppenleistungen zu einem sinnvollen Ganzen zu fügen. Wird die Kommunikation durch eine allzu starre bürokratische Führung eingeengt, dann ist die Leistungsfähigkeit der Gruppe bedroht. Ggf. erfolgt dann jedoch eine sinnvolle und notwendige Ergänzung durch die informelle Information.

Die Gruppe braucht also eine offene und spontane Kommunikation, die nicht von Abteilungsgrenzen oder hierarchischen Rangstufen unterbrochen werden darf.

6.1 Formelle und informelle Organisation

Durch das Organigramm ergeben sich formelle Gruppen (Bereiche, Abteilungen, Unterabteilungen, Meisterschaften, Arbeitsgruppen, Teams). Jede Gruppe braucht zwangsläufig eine Zielsetzung, eine Rollen- und Aufgabenverteilung und Kommunikation.

Bei der Zielsetzung kommt es nicht darauf an, ob das Ziel von außen gesetzt wird oder ob sich die Gruppe im Rahmen der Unternehmenszielsetzung ihre eigenen Ziele setzen kann und dies auch tut (Fragen des Führungsstils). Wesentlich ist, daß die gemeinsame Aufgabe von der Gruppe und ihren Mitgliedern anerkannt, als wichtig erachtet, die Erreichung des Zieles auch erstrebt wird und man sich mit diesem identifizieren kann.

Um eine solche Anerkennung von Leistungszielen im Betrieb zu erreichen, sollten objektive und subjektive Zielsetzungen in gewissen Bereichen übereinstimmen. Das heißt, der einzelne sollte mit der Erreichung des betrieblichen Zieles zugleich auch persönliche Bedürfnisse befriedigen können, wie z.B. nach Erfolg und Anerkennung.

Ein wirklich echtes Akzeptieren einer von außen vorgegebenen Zielsetzung ist wohl kaum möglich, wenn nicht die Gruppe als Ganzes die Gelegenheit erhält, an der Aufgaben- und Zielformulierung mitzuarbeiten. Das trifft im besonderen zu für Führungsgruppen, Planungsteams oder Entscheidungsfindungsgruppen.

Jede Gruppe braucht weiter eine klare Rollen- und Aufgabenverteilung. Die Aufgabenverteilung kann von außen gegeben sein, sie kann sich aber auch innerhalb der Gruppe selbst strukturieren. Wichtig ist, daß jedes Gruppenmitglied eine bestimmte Funktion und Rolle zugewiesen bekommt.

Eine Personenmehrheit ohne Rollen- und Aufgabenverteilung und ohne Zielsetzung ist keine Gruppe, sondern nur eine Gruppierung von Menschen. Dabei sollte aber jedem Gruppenmitglied von der Gruppe ein angemessener Spielraum für die individuelle Interpretation seiner Rolle zugebilligt werden. Eine unklare Aufgabenverteilung oder ein mangelhaftes Rollenverständnis machen es der Gruppe unmöglich, ihre volle Leistungskapazität zu erreichen; es treten in der Folge laufend Kommunikationsschwierigkeiten und Kompetenzschwierigkeiten auf, was weiter dazu führt, daß die Gruppe ihre internen Probleme auf der betrieblichen Sachebene austrägt. Funktionsumschreibungen und Festlegung von Pflichten können hierfür ein Organisationsmittel sein.

Kommunikation ist der Träger des gesamten sozialen Geschehens. Die Kommunikation zwischen den einzelnen Gruppenmitgliedern ist ein wesentlicher Bestandteil zur Förderung und Erhaltung einer Gruppe. Für die Gruppe stellt die Kommunikation das eigentliche Arbeitsinstrument dar, mit dem Sachentscheidungen gefällt, Probleme analysiert und Einzelleistungen innerhalb der Gruppe auf das Gruppenziel hin koordiniert werden können.

6.2 Informelle Gruppen; Entstehung, Erkennung, Auswirkungen

Außer der formellen, durch Organisationsplan (Organigramm) und Aufgabenverteilung (Stellenbeschreibung mit Vertretung und Nachfolgeregelung, Kompetenzen und Vollmachten) vorgegebenen Organisation gibt es in jedem Betrieb eine informelle Organisation, die durch die Bildung von informellen Gruppen zustande kommt.
Die informelle Organisation steht neben der formellen; sie kann diese sinnvoll ergänzen, ihr Zweck und ihre Aufgaben können dieser aber auch zuwiderlaufen. Vielfach spricht man, wenn die Zielsetzung der Gruppe der des Betriebes zuwiderläuft, entgegen dem allgemeinen Sprachgebrauch von einer Clique.
Weil die informelle Organisation, gebildet durch informelle Gruppen, neben der formellen steht, sind formelle und informelle Gruppen des Betriebes nicht identisch, und zwar weder von ihrer Zielrichtung noch von ihrer Größe und ihrer Personalstruktur (Anzahl und Art der Mitglieder) her.
Informelle Gruppen entstehen durch Gemeinsamkeiten bestimmter Personen. Das kann gegeben sein durch dienstliche wie auch private gemeinsame Interessen. So können sich z.B. informelle Gruppen bilden durch gemeinsame Arbeitsaufgaben, räumliche Nähe, Pausengestaltung oder durch außerdienstliche Gemeinsamkeiten, wie Hobbies und Interessen, z.B. Sportvereine, Schachvereine, Gesangsvereine o.ä., aber auch durch Zweckzusammenschlüsse, wie z.B. Fahr- oder Einkaufsgemeinschaften. Zur informellen Gruppenbildung kann es aber auch kommen durch gleiche Herkunft, Abstammung, Religion, Berufsausbildung (Stand), Tradition, Beruf des Ehepartners, Notwendigkeit zur Berufsausübung bei Frauen, politische oder gewerkschaftliche Interessen. Als Ergebnis ist festzuhalten, daß u.U. kleinste Gemeinsamkeiten genügen, um zu einem informellen Gruppenzusammenschluß zu kommen.
Im Gegensatz zur formellen Gruppe entstehen derartige informelle Gruppen deshalb häufig auch spontan und zunächst ohne interne Organisation und formelle Leitung. Letztere wird sich jedoch im Laufe der Zeit durch eine informelle, nicht durch einen Status abgesicherte Führungspersönlichkeit in der Gruppe ergeben.
Informelle Gruppen sind im allgemeinen durch bestimmte Integrationssymbole zu erkennen. Man findet ein eigenes Führungssystem, ein eigenes Kommunikationssystem und vielfach sogar eine eigene Sprachweise (Jargon, Fachausdrücke). Informelle Gruppen verfügen im allgemeinen über einen eigenen Status, der teils zur Mitgliedschaft Voraussetzung ist, der andererseits von der informellen Gruppe als Gruppenstatus seiner Mitglieder erst gebildet, weiter ausgebildet, gepflegt oder verliehen wird. Dieser eigene Status wirkt innerhalb und außerhalb des Betriebes, letzterer in Form von gesellschaftlichen Verpflichtungen anderen gegenüber. Innerbetrieblich steht dieser spezielle Status der informellen Gruppe in Konkurrenz zum dienstlichen Status, der sich aus der formellen Organisationsstruktur ergibt.

Die Bedeutung und Auswirkungen der informellen Gruppenbildung im Betrieb können sowohl negativ als auch positiv sein.
Vorteile informeller Gruppen für den Betrieb bzw. für den einzelnen Mitarbeiter sind insbesondere:

1. Informelle Gruppen schließen Lücken bei einem nicht gut organisierten betrieblichen Informationswesen. Durch sie wird es oft überhaupt erst möglich, daß der einzelne Informationen (zum richtigen Zeitpunkt, in der richtigen Art und in der erforderlichen Intensität) erhält.
2. Informelle Gruppen helfen, die Kommunikation unter den Belegschaftsmitgliedern zu verbessern (überhaupt, Zeitpunkt, Inhalt, Intensität). Insbesondere fördern sie die Bereitschaft zur Kommunikation durch Motivation.
3. Informelle Gruppen können das Betriebsklima in einer oder auch zugleich mehreren Abteilungen verbessern helfen, indem sie die einzelnen Mitglieder positiv beeinflussen.
4. Informelle Gruppen können über den Weg der Verbesserung des Betriebsklimas, der besseren Information und Motivation auch die Zufriedenheit der Belegschaft erhöhen und stabilisieren und damit gleichzeitig auch gesundheitsfördernd wirken.
5. Informelle Gruppen können die Arbeitsteambildung dadurch erleichtern, daß die Mitglieder Gruppenarbeit und antiautoritäre Handlungsweise gewöhnt und besser informiert sind.
6. Durch die Rolle, die jeder in einer Gruppe spielt, kann das Selbstbewußtsein des einzelnen in einer informellen Gruppe gestärkt werden. Hieraus ergeben sich eindeutig positive Auswirkungen auf den Betrieb wie auch auf die private Sphäre des einzelnen Mitarbeiters.
7. Informelle Gruppen können zur Befriedigung der Grundbedürfnisse des einzelnen führen, wie z.B. Anerkennung, wenn diese Grundbedürfnisse im privaten Bereich oder in der formellen Gruppe im Betrieb ausbleiben. Durch die informelle Gruppe ist dann die Möglichkeit der Ersatzbefriedigung gegeben, die sich wiederum positiv auf die Tätigkeit und das Verhalten des einzelnen in der formellen Gruppe auswirkt.
8. Abbau von Bildungsschranken.
9. Abbau von Vorurteilen.
10. Abbau des „Weißen-Kragen-Denkens“.
11. Abbau des Denkens mit „Scheuklappen“ (Ressort-Denken).
12. Einblick in die Problematik der Betriebsführung.
13. Zusätzlicher Arbeitsanreiz durch persönliche Kontakte.
14. Persönliche Befriedigung durch Information über Endprodukte und deren Verwendung.
15. Besseres Erkennen der Fähigkeiten anderer.
16. Mehr Achtung über die Leistungen anderer durch Verständnis der Probleme und Schwierigkeiten.
17. Abbau von durch Gerüchten entstandenen Fehleinschätzungen anderer Kollegen.

18. Möglichkeit des Verstehens von Fehlhandlungen und Fehlverhalten durch persönliches Kennenlernen.
19. Abbau sozialer Unterschiede.
20. Abbau von Generationsunterschieden und damit Generationsproblemen.
21. „Puffer“ für Emotionen und Unzufriedenheit in der Gruppe.
22. Vermeidung von Affekthandlungen.
23. Kontaktgewinnung zu Arbeitnehmern anderer Abteilungen.
24. Abbau des „klassischen“ Hierarchiedenkens.
25. Besseres Verstehen (auch der Entscheidungen) der Vorgesetzten (durch bessere Information und Diskussion).
26. Bessere Beziehungen zu anderen (formellen) Abteilungen.
27. Möglichkeit, Fehler und Probleme „unbürokratisch“ zu beseitigen.
28. Schneller Informationsfluß.
29. U.U. für einzelne Mitarbeiter einzige Möglichkeit der Information überhaupt
30. Bessere Arbeitseffizienz.
31. Größere Arbeitszufriedenheit in der Gruppe.

Nachteile informeller Gruppen für den Betrieb bzw. für den einzelnen Mitarbeiter sind dagegen insbesondere:

1. Informelle Gruppen können die Organisations- und Informationsstruktur durchbrechen (Kontaktkurzschluß, Kontaktunterbrechung). Dadurch kann bei Vorgesetzten, die nicht einer informellen Gruppe angehören, ein Autoritätsverlust (formelle oder durch Status bedingte Autorität) eintreten.
2. Einzelne Mitarbeiter oder Minderheiten, die nicht in einer Gruppe vertreten sind, können dadurch noch mehr isoliert werden.
3. Bei einer informellen Gruppe, die Mitarbeiter aus sehr vielen verschiedenen Stufen der betrieblichen Hierarchie enthält, besteht die Gefahr der „Kumpelhaftigkeit“ zwischen Vorgesetzten und Mitarbeitern.
4. Informelle Gruppen können u.U. eine für den Betrieb nicht gewünschte Macht erlangen. Das wird sich dann besonders negativ auswirken, wenn die informelle Gruppe generell eine negative Zielrichtung verfolgt.
5. Konflikte mehrerer informeller Gruppen untereinander können zu Machtkämpfen innerhalb des Betriebes ausarten und damit Arbeitsleistung, Engagement und Interesse des einzelnen Mitarbeiters am Betrieb und zur Arbeit negativ beeinflussen.
6. Durch starke Einflüsse informeller Gruppen können u.U. bestimmte Wünsche oder Entscheidungen erzwungen bzw. verhindert werden.
7. Aufweichung bzw. Ersetzung der formellen Organisation.
8. Infragestellen bestehender Kompetenzen und Vollmachten.
9. Abkapselung von anderen Arbeitnehmern.
10. Destruktive Tendenzen durch Bildung von Cliquen.
11. Ungezielte, unkontrollierbare, nicht gewollte Informationen.
12. Aufkommen einer „Gerüchteküche“ durch sogenannte „vertrauliche“ Informationen.

13. Entstehen von (persönlichen) Abhängigkeiten.
14. Aufweichung betrieblicher, durch die formelle Organisation vorgegebenen Hierarchien.
15. Der Vorgesetzte erfährt u.U. „zuviel“ von unten.
16. Entstehen von sogenannten Anrede-(Titel-)konflikten (Sie – Du, Titel, Name).
17. Zeitvergeudung durch private Gespräche über Vereinsdinge.
18. Übertragung von Gruppenstreitigkeiten auf den Betrieb.
19. Ausnutzen von privaten Fehlern im Betrieb.
20. Sogenannte „Radfahrertypen“ können sich auch außerhalb des Betriebes beim Chef bestätigen.
21. Gefahr der Vermischung von dienstlichen und privaten Angelegenheiten.
22. Gruppenegoistisches Denken.
23. Ausführung privater Arbeiten (ggf. auch „Materialdiebstähle“) in anderen Abteilungen.
24. Betriebliche Sanktionen, wenn Mängel aus dem Privatleben bekannt sind.
25. Ausnutzen von privaten Konfliktsituationen für den dienstlichen Bereich.

Ob generell die Vor- oder Nachteile überwiegen, kann nicht allgemein gesagt werden; es wird vielmehr auf Zahl, Größe, Zusammenschluß, Zusammensetzung, Einfluß und Zielsetzung der informellen Gruppen sowie auf deren Führer und seine Persönlichkeitsstruktur ankommen.

6.3 Bestimmungsfaktoren von Verhalten und Leistung im Betrieb

Verhalten und Leistung im Betrieb werden durch zahlreiche Einflußfaktoren bestimmt, die die folgenden Gebiete betreffen:

1. Die Arbeitsphysiologie, d.h. das Verhalten des menschlichen Körpers bei der Arbeit (Pausen, Leistungs- und Ermüdungskurven) und damit die Arbeitsmedizin.
2. Die Arbeitspsychologie, d.h. das geistig-seelische Verhältnis zwischen Mensch und Arbeit.
3. Die Arbeitstechnologie, d.h. die möglichen Formen des Zusammenwirkens von Mensch und Betriebsmitteln.
4. Die Arbeitspädagogik, die sich mit Ausbilden – Anlernen – Einweisen – Fortbilden, Lehr- und Lerntechnik, Methodik, Dialektik und Didaktik befaßt.
5. Die Betriebssoziologie, d.h. die zwischenmenschlichen Beziehungen im Betrieb, Gruppenbildung und Verhaltensnormen.
6. Arbeitsrechtliche Normen (insbesondere zum Schutz der Mitarbeiter erlassene Bestimmungen, wie z.B. Manteltarifverträge, Arbeitszeitordnung, Mutterschutzgesetz, Jugendarbeitsschutzgesetz, Schwerbehindertengesetz, Ladenschlußgesetz).

Einflußfaktoren sind hauptsächlich:

1. Arbeit
   - Arbeitsbedingungen (Raum, Platz, Mittel, Material, Zeit, Temperatur, Farbe, Bekleidung, Arbeits- und Pausenmusik).
   - Arbeitsaufgabe.
   - Arbeitsmethoden.
   - Arbeitsmoral (Einstellung zur Arbeit, gruppensoziologische Probleme, Betriebsklima).
2. Soziale Gesichtspunkte
   - Gruppenstruktur (Auswahl, Ausbildung, Herkunft, Alter, Geschlecht, politische und religiöse Einstellung, Erwartungshaltungen).
   - Vorhandensein und Zielsetzung informeller Gruppen.
   - Betriebsklima.
   - Status, Statussymbole, Statushierarchie.
3. Führung
   - Vorgesetztenpersönlichkeit.
   - Führungsstil und Führungsverhalten.
   - Einsatz moderner Führungsmittel.
   - Einsatz moderner Führungstechniken.
   - Motivation.
4. Organisation
   - Organigramm.
   - Stellenbeschreibung.
   - Kompetenzen und Vollmachten.
   - Organisationsform.
   - Führungsstil.

6.4 Status

Status heißt Stellung, und zwar ist der betriebliche Status die Stellung des betreffenden Arbeitnehmers innerhalb der betrieblichen Statuspyramide; der persönliche Status sagt etwas über die Stellung des Betreffenden innerhalb des umfassenderen Begriffes der Gesellschaft (also nicht betriebssoziologisch, sondern gesellschaftssoziologisch) und der dadurch bedingten zwischenmenschlichen Beziehungen aus. Zwischen dem dienstlichen und dem persönlichen Status eines Arbeitnehmers bestehen bestimmte Wechselwirkungen: so hat z.B. der dienstliche Status eines Arbeitnehmers (Prokurist, Direktor, Vorstandsmitglied) Auswirkungen auf den privaten Bereich: Er eröffnet, bzw. im anderen Fall verschließt soziologisch gesehen bestimmte Möglichkeiten des sozialen Verkehrs. Der gesellschaftliche Wert eines bestimmten dienstlichen Status ist daher vielfach sehr groß; er legt darüber hinaus auch eine bestimmte

soziale Rolle fest, die der Betreffende außerhalb des Betriebes zu spielen hat, und er steckt bestimmte Verhaltensweisen ab.
Der betriebliche Status eines Arbeitnehmers ist abhängig von seiner ihm durch die betriebliche Organisation formeller Art zugewiesener Stellung innerhalb des Betriebes und der Art seiner Beschäftigung. So haben z.B. im allgemeinen Angestellte einen höheren Status als die gewerblichen Arbeitnehmer, die im Büro beschäftigten einen höheren als die in der Werkstatt beschäftigten Arbeitnehmer mit an sich gleicher Tätigkeit und Ausbildung, und endlich genießen im allgemeinen Mitglieder einer Stabsabteilung ein höheres Ansehen als Kollegen mit gleicher Ausbildung in Linienabteilung. Weiter spielt auch die Größe der Abteilung, besser gesagt: Zahl und Qualität – von der Ausbildung her gesehen – der Beeinflußten, eine Rolle für die Wertigkeit des betrieblichen Status. Weitere Einflußfaktoren sind Tradition, u.U. auch die Organisation.
Zum persönlichen Status ist insbesondere hervorzuheben, daß die gesellschaftliche Ranghierarchie in vielen Fällen mit der betrieblichen Statuspyramide identisch ist. Er richtet sich nicht nur nach dem – vermuteten – Maß an Vor- und Ausbildung sowie Verantwortung, sondern auch nach der betrieblichen Stellung; er ist mithin identisch mit der Stellung innerhalb der betrieblichen Statuspyramide. Zu beachten ist dabei, daß sich durch die Automation betriebliche und gesellschaftliche Umstrukturierungen ergeben, die einen Funktionswandel (Funktionsgewinne bzw. Funktionsverlust) mit sich bringen und die mithin auch Auswirkungen auf den betrieblichen und gesellschaftlichen Status des einzelnen haben.
Im wesentlichen wird der Status eines Arbeitnehmers von folgenden Faktoren geprägt:

1. Vermutete und/oder tatsächliche Vor- und Ausbildung.
2. persönliche Autorität (evtl. in Abweichung von der skalaren formalen Organisation).
3. Einfluß im Betrieb und/oder Gesellschaft (i.d.R. Übereinstimmung).
4. Zahl und Qualität der Beeinflußten im Betrieb.
5. Status der Beeinflußten – dienstlich und privat.
6. besondere Wertschätzung der Stellung des betreffenden Arbeitnehmers im Betrieb und/oder in der Gesellschaft (z.B. aufgrund Tradition, Persönlichkeit des früheren Stelleninhabers, gesellschaftliche Umstände).

Statushierarchie ist die nach oben sich verengende Geltungspyramide, auch Stufenleiter genannt, deren einzelne Sprossen Rangstufen darstellen, die in der Regel mit entsprechenden Statussymbolen versehen sind und im Bereich der Titel, Dienstbezeichnungen und Vollmachten eine große Rolle spielen (Statussymbole). Um all dies wird nicht nur im gesellschaftlichen, sondern auch im betrieblichen Bereich oft erbittert gerungen, und hier wie dort ist vieles in der Tradition verhaftet, obwohl Zeit und Umstände nicht mehr passen, und spielt für unsere betriebssoziologische Betrachtung eine eminent wichtige Rolle, weil die formale Organisation, formelle und informelle Gruppen, Betriebsklima, Vorgesetzten- und Mitarbeiterbeziehungen, Herrschaft, Macht und Autorität, kurz alle wichtigen Strukturelemente des Betriebes hiervon berührt werden. Der Status hat meßbare Auswirkungen auf das Selbstbewußtsein des einzelnen Mitarbeiters; ein defektes Statussystem kann mithin auch starke persönliche Störungen des Mitarbeiters zur Folge haben.

6.5 Statussymbole

Statussymbole sind Merkmale, die nach außen hin deutlich anzeigen, welche Stellung der betreffende Arbeitnehmer in der betrieblichen Statuspyramide einnimmt und welcher Wertschätzung (formeller Art) er sich im Betrieb erfreut. Statussymbole geben Aussagen über Ober- und Unterordnungsverhältnisse; sie sagen etwas über formale Kompetenz und Autorität aus. Sie sind mithin Faktoren des betrieblichen Herrschaftssystems. Das schließt teilweise Überschneidungen nicht aus, denn einmal kann eine Stelle mit großer Kompetenz einen niedrigen Status haben, wie auch eine Position mit hoher formeller Autorität besetzt sein kann. Gleiche Betriebspositionen können mithin durch verschieden hohe persönliche Autorität des Stelleninhabers einen verschieden hohen betrieblichen Wert (Status) erhalten.
Wesentliche Statussymbole sind z.B.:

1. Einkommen
   Hierbei ist weniger die absolute Höhe als vielmehr die Art der Gewährung entscheidend (Stundenlohn – Wochenlohn – Monatslohn – Gehalt). Das gilt auch dann, wenn ein Lohnempfänger im Akkord mehr verdient als ein Angestellter. Die Höhe des Einkommens spielt jedoch insofern eine Rolle, als dessen wirtschaftliche Auswirkungen sichtbar in Form einer gewissen Sicherheit, Unabhängigkeit oder hervorstehendem Luxus, den höheren Status eines Arbeitnehmers verdeutlicht (Wohnung, Haus, Auto, Reisen).
2. Büroeinrichtung
   Etage, Vorhandensein eines Vorzimmers, einer oder zwei Sekretärin(nen), neue Ausstattung des Zimmers (Anzahl und Größe der Fenster, Teppiche, Fußbodenbelag, Gardinen, Vorhänge, Schreibtisch, Holzart der Möbel, Türen, Sitzgruppe, Couch, individuelle Ausstattung, Bar).
   In diesem Zusammenhang sei ferner auf die Befugnis zum Essen im besonderen Kasino sowie zur Benutzung von besonderen Waschräumen und Toiletten hingewiesen.
3. Dienstwagen
   Typ, mit oder ohne Chauffeur, nur zu dienstlichen oder auch privaten Zwekken, für sich und die Familie (Frau und Kinder).
4. Parkplätze
   Ständig reservierter Parkplatz auf dem Werksgelände oder in unmittelbarer Nähe des Fabriktors (mit Namen oder PKW-Kennzeichen).

5. Telefon mit Selbstwahlmöglichkeit und Befugnis, auch Privatgespräche auf Kosten des Unternehmens führen zu können.
6. Freiheit
   Z.B. Unabhängigkeit von der für das Unternehmen als verbindlich vorgeschriebenen Arbeitszeit, auch ohne an die Grenzen der variablen Arbeitszeit gebunden zu sein, keine Verpflichtung zur Benutzung der Stechuhr. Hier sind auch die ungeschriebenen Gesetze des Betriebes zu beachten, nach denen z.B. Prokuristen oder Direktoren morgens 1/2 oder 1 Stunde später kommen dürfen oder den Betrieb – ohne Passierschein, ggf. aber mit besonderem Ausweis – während der Arbeitszeit jederzeit verlassen zu dürfen.
7. Tradition und bestimmte Bräuche
   Z.B. bei der Einführung neuer Mitarbeiter, bei Entlassungen, Geburtstagen und Jubiläumsfeiern (z.B. wer gratuliert, wer feiert mit, wo wird gefeiert, Höhe und Art der Geschenke, Länge der Dienstbefreiung, allgemeine oder einzelne Feier).
8. Weitere Statussymbole
   Weitere Statussymbole sind z.B. Vorzimmer, Namensschilder an der Tür, Türfütterungen (Glas), verschiedene Kittel, Toiletten, Fahrstuhlbenutzung, Klassen bei Dienstfahrten in Bahn, Flugzeug, Schiff, Berechtigung, die Ehefrau auf Dienstfahrten mitzunehmen, Anrede, Titel und Dienstbezeichnungen (insbesondere solche ohne handelsrechtliche Vollmachten), Berechtigung, Dienstreisen an den Anfang oder an das Ende des Urlaubs zu legen, Abschluß verschiedener weitgehender Versicherungen, zwei Eingänge ins Chefzimmer.
9. Verhalten im privaten Bereich
   Z.B. Zugehörigkeit zu einem bestimmten gesellschaftlichen Verein oder Ausübung einer bestimmten Sportart, die als gesellschaftlich hochstehend angesehen wird (Golf, Reiten, Tennis, Fliegen).

6.6 Positionsbezeichnungen, Titel und Vollmachten

Positionsbezeichnungen müssen zunächst von echten Titeln, Tätigkeits- und Vollmachtsbezeichnungen unterschieden werden. Sie sind jedoch ebenfalls Statussymbole.

Echte Titel sind an die Person des betreffenden Inhabers gebunden; sie werden z.B. aufgrund bestandener Prüfungen verliehen oder man wird dazu ernannt (Oberingenieur), sie sind nicht übertragbar. Vollmachtsbezeichnungen sind wie Titel an die Person gebunden, sie sind jedoch nicht zur Verwendung als Rangabzeichen oder als Titel geeignet. Die Verleihung von Vollmachtsbezeichnungen erfolgt nach betrieblichen Erfordernissen unter Berücksichtigung gesetzlicher Bestimmungen, wie z.B. des HGB, wenn man an Zeichnungsberechtigung, Handlungsvollmacht und Prokura denkt.

Dienstbezeichnungen sind Bezeichnungen für Rang- und Verantwortungsstufen innerhalb der betrieblichen Hierarchie. Sie werden deshalb im Gegensatz zu den Titeln nicht verliehen, sondern sie sind mit der Übernahme einer bestimmten Position verbunden. Beispiele hierfür sind der Abteilungsleiter, Werksleiter, Gruppenführer und Obermeister. Sie sind Bestandteil der formellen Organisation. Weiter sind noch die Tätigkeitsbezeichnungen zu erwähnen, die häufig identisch mit den Berufsbezeichnungen oder Bezeichnungen für eine bestimmte Tätigkeit sind. Beispiele: Bilanzbuchhalter oder Meister der Auszubildenden. Manche Dienstbezeichnungen sind durchaus als Statussymbol anzusehen, und zwar ohne Rücksicht darauf, ob sie mit bestimmten Vollmachten, z.B. im handelsrechtlichen Sinne, verbunden sind oder nicht. Zur ersten Gruppe gehören z.B. der Generaldirektor, Präsident, Generalbevollmächtigter oder Direktor, die nicht einmal Prokura oder auch nur Handlungsvollmacht im handelsrechtlichen Sinne zu haben brauchen, obschon sie im Innenverhältnis erhebliche Anordnungs- und Anweisungsbefugnisse haben können. Zur zweiten Gruppe gehören insbesondere die Handlungsbevollmächtigten und Prokuristen.
Endlich gelten als echte Statussymbole Titel, die als Anerkennung vergeben werden, obwohl damit keinerlei zusätzliche Befugnisse oder Rechte verbunden sind. Als solche Beispiele sind zu nennen der Oberingenieur oder der Obermeister, sofern dadurch seine Anweisungsbefugnis nicht erhöht wird.

7 Personalentwicklung und Personalplanung

7.1 Begriff Personalentwicklung

Personalentwicklung ist die Summe aller Maßnahmen der Aus-, Fort- und Weiterbildung der bildungsfähigen und -willigen Mitarbeiter eines Unternehmens. Aufgabenstellung und Zielsetzung ist es, die Mitarbeiter zu qualifizieren, motivieren und für die Führungsaufgaben von morgen vorzubereiten. Dabei wird es insbesondere darauf ankommen, die Anforderungsprofile von morgen zu kennen, die Vorteile eines kooperativen Führungsstiles auszunutzen und herkömmliche Fort- und Weiterbildungsmaßnahmen durch moderne Methoden wie z.B. Job Rotation, Job Enrichment, Job Enlargement, Informationsversetzung, Training on the Job, Learning by doing, Projektbearbeitung, Rollen- und Planspiele einzusetzen.

Weiter soll die Personalentwicklung im o.g. Sinne aber auch dazu dienen, interessierten und qualifizierten Nachwuchskräften die Möglichkeit zu geben, im eigenen Unternehmen aufzusteigen – für qualifizierte Mitarbeiter die Motivation schlechthin. In jedem Fall muß gewährleistet sein, daß quantitativ die Personalentwicklung genauestens mit der kurz-, mittel- und langfristigen Personalplanung abgestimmt ist, denn ein zu Wenig an Nachwuchsausbildung wäre genau so falsch wie ein Zuviel: im letzten Fall müßte die Nachwuchskraft sofort gehen, sobald sie erkennt, daß trotz ihres systematischen Aufbaus seitens des Betriebes für sie keinerlei reelle Aufstiegschancen bestehen. Das wäre für das Unternehmen ein nicht unerhebliches Kostenproblem; gerade in der heutigen Zeit werden sich Unternehmen einerseits ein derartiges Kostenrisiko nicht leisten können, wie andererseits es für einen qualifizierten Mitarbeiter nicht denkbar wäre, längere Zeit in Wartestellung zu bleiben. Das Horten von Personal ist aus beiden Gründen heute nicht mehr möglich.

Endlich ist auch der vielfach aufgestellte Grundsatz, zwei Drittel von Führungspositionen aus den eigenen Reihen zu besetzen und ein Drittel von außen in dieser Allgemeinheit überhaupt nicht haltbar. Für den Grundsatz spricht zwar, daß man einerseits guten Nachwuchskräften Aufstiegsmöglichkeiten bieten und andererseits die sog. Betriebsblindheit durch Neueinstellungen verhindern will. Die Verwirklichung dieses Grundsatzes würde allerdings ein bestimmtes Mitarbeiterpotential (Qualifikation, Mobilität, Motivation, Alter, Geschlecht) voraussetzen.

Ziel der Personalentwicklung muß es – in Zusammenarbeit mit der Personalplanung – sein, im richtigen Moment den richtigen Mitarbeiter zur Verfügung zu haben, wobei sich das „richtig“ auf Ausbildung, Motivation und die soziologisch

richtige Eingliederungsmöglichkeit in eine bestimmte Arbeitsgruppe beziehen muß.
Berücksichtigt man die teilweise extrem hohen Anwerbungskosten, Einarbeitungskosten sowie das schwer abzuschätzende Risiko, den „falschen“ oder „richtigen“ Mann eingestellt zu haben, so ist unter diesen Gesichtspunkten die Fort- und Weiterbildung vorhandener Mitarbeiter zweifellos kostengünstiger, wobei der Motivationsfaktor „Aufstieg“ ebenfalls nicht zu unterschätzen ist.
In jedem Falle sollte – vom Kleinbetrieb abgesehen – Personalentwicklung viel intensiver und systematischer als bisher und nicht nur „zufällig“ oder z.T. aus „Verlegenheit“ betrieben werden.
Grundsatz muß sein, den richtigen Mann an den richten Arbeitsplatz zu setzen.

7.2 Aufgaben, Zweck, Zielsetzung und Arten der Personalplanung

Ziel der Personalplanung ist es, die Deckung des Personalbedarfs eines Unternehmens zu bestimmten Zeitpunkten in quantitativer und qualitativer Hinsicht zu gewährleisten und die Mitarbeiter im Betrieb optimal einzusetzen.
Personalplanung ist also notwendig, um den Bestand eines jeden Unternehmens für die Zukunft zu sichern; sie muß deshalb wesentlicher Bestandteil der Gesamtplanung des Unternehmens sein.
Man unterscheidet im allgemeinen zwischen kurz-, mittel- und langfristiger Personalplanung; je nachdem, ob für einen Zeitraum von einem Jahr, von einem bis etwa vier Jahren oder von mehr als vier bis maximal zehn Jahre geplant wird.
Im einzelnen gehören zur Personalplanung folgende Aufgabenbereiche:

1. Bedarfsplanung
Gegenstand der Bedarfsplanung ist die Deckung des quantitativen und qualitativen Bedarfs. Grundlage für die Bedarfsermittlung und Bedarfsdeckung bilden in Zusammenarbeit mit den Fachabteilungen von der Personalabteilung erstellte detaillierte Spezialpläne, die nach kurz-, mittel- und langfristig zu ersetzenden sowie neu zu gewinnenden Kräften aufgeteilt sein müssen.

2. Beschaffungsplanung
Anwendung moderner Personal-Beschaffungsverfahren.

3. Ausbildungsplanung
Gegenstand der Ausbildungsplanung ist die Deckung des qualitativen Fehlbedarfs. Daneben ist eine speziell geplante Nachwuchskräftebildung durchzuführen, um aus ihr einen bestimmten Prozentsatz des Arbeitskräftebedarfs, insbesondere auch der Führungskräfte, decken zu können. Gegebenenfalls müssen auch, was gerade unter dem Gesichtspunkt der Automation und fortschreitenden Rationalisierung zu beachten ist, Umschulungen sowie Fort- und Weiterbildungsmaßnahmen von Belegschaftsangehörigen auf neue Arbeits-

methoden, Arbeits- und Verfahrenstechniken und eventuell auf neue oder in den Anforderungen erweiterte Berufe durchgeführt werden, um den vorhandenen Mitarbeitern dadurch die Sicherung ihres Arbeitsplatzes zu ermöglichen und gleichzeitig dem Betrieb die erforderlichen Fachkräfte zur Verfügung stellen zu können.

4. Einsatzplanung
Aufgabe der Einsatzplanung ist es, die rationelle Eingliederung der Mitarbeiter in den Betrieb zu gewährleisten nach dem Grundsatz „Der richtige Mann am richtigen Platz".

5. Planung leistungsgerechter Lohnstrukturen
Hier geht es um die Fragen der
a) Lohn- und Gehaltspolitik:
- Leistungslohn.
- Finaler Lohn.
- Gerechtes Lohngefüge.
- Überschaubare Entlohnungssysteme (z.B. Problem bei kombinierten Prämienlohnsystemen)

und der
b) Sozialpolitik:
- Gewährung zeitgemäßer freiwilliger Sozialleistungen.

7.3 Allgemeine Einflußfaktoren auf die Planung

Insbesondere bei dem wichtigen Teilgebiet der Personalbedarfsplanung sind der quantitative wie auch der qualitative Personalbedarf für längere Zeit im voraus festzulegen. Hier ergeben sich folgende Einflußfaktoren, die zu berücksichtigen sind und die die Planung je nach den Strukturgegebenheiten des Unternehmens besonders schwierig gestalten:

1. Allgemeine Wirtschaftssituation (Konjunktur) und damit verbundene allgemeine Arbeitsmarktsituation.
2. Wirtschaftsstabilität und Kostenentwicklung, speziell der Löhne und Gehälter.
3. Verwirklichung der Idee der betrieblichen Partnerschaft
   a) Mitbestimmung bei Einstellung und Entlassung
   b) Auswirkungen eines echten Mitarbeiterverhältnisses
   c) Am Ergebnis der Arbeit orientierte Lohnfindung (finale Lohnfindung)
   d) Wesentliche Übereinstimmung von Arbeitgeber- und Arbeitnehmerinteressen
   e) Mitbestimmung der Arbeitnehmer bei wirtschaftlichen Entscheidungen des Unternehmers.
4. Bildungspolitik des Staates, wie z.B. mehr und bessere Aus-, Fort- und Weiterbildungsmöglichkeiten an Grund- und Realschulen, weiterführen-

den Schulen, Hochschulen und Universitäten, auch Weiterbildung der Erwachsenen durch staatliche Förderung (AFG).

5. Arbeitsmoral des Volkes, wie z.B. „Krankfeiern“, Bereitschaft zur Ableistung von Überstunden, die im wesentlichen von den o.g. Einflußfaktoren 1 – 4 abhängig ist.
6. Errichtung neuer oder Schließung vorhandener Produktionsstätten.
7. Aufnahme neuer oder Auslaufen vorhandener Produkte.
8. Kapazitätserweiterungen oder auch -einschränkungen in quantitativer und/ oder auch qualitativer Art.
9. Problem der Ermittlung des richtigen Termins bei Ersatzeinstellungen (Bekämpfung der beeinflußbaren Fluktuation).
10. Saisonale Schwankungen.
11. Wanderung der Bevölkerung (Stadt – Land, Land – Stadt, Land – Land).
12. Allgemeine qualitative Umstrukturierung der Belegschaft
    a) Die Anzahl der Meister erhöht sich.
    b) Die manuellen oder physischen Leistungsanforderungen treten zurück.
    c) Die Anforderungen intellektueller und psychischer Art steigen.
13. Auswirkungen der staatlichen Sozialpolitik.
    Hier sind für die betriebliche Personalplanung folgende staatliche Maßnahmen zu berücksichtigen:
    a) Die Unterstützung der beruflichen Bildung (einschl. Aus- und Fortbildung sowie Umschulung),
    b) die Verbesserung des Informations- und Beratungswesens, insbesondere der Berufs- und Bildungsberatung durch die Bundesanstalt für Arbeit sowie des Unternehmens- bzw. Betriebsberatungswesens,
    c) die Förderung der arbeitswissenschaftlichen Forschung, der Arbeitsmarkt-, Berufs- und Berufsbildungsforschung sowie die Anwendung ihrer Ergebnisse in der Wirtschaft,
    d) die Verbesserung der Erarbeitung von Modellen der Personalplanung unter besonderer Berücksichtigung der Erfordernisse unterschiedlicher Betriebsgrößen,
    e) die Schaffung einer aussagefähigen Beschäftigungsstatistik und die Entwicklung praxisnaher und prognosegeeigneter Berufsklassifikationen, die die Veränderungen der Strukturmerkmale der Erwerbstätigen schneller erkennbar machen,
    f) die Bemühungen um die Verbesserung der Integration älterer Arbeitnehmer, weiblicher Beschäftigter und gemindert Leistungsfähiger in das Arbeitsleben,
    g) die Schaffung von Arbeitsplätzen durch die Förderung der Standortwahl von Betrieben mit spezifischen Arbeitsplatz- und Beschäftigungsstrukturen im Rahmen der regionalen Strukturpolitik.

7.4 Strukturveränderungen durch die Automation

Durch die qualitativen und quantitativen Auswirkungen der Automation sowie die sich daraus ergebenden Strukturveränderungen bei der Gesamtbelegschaft kann die langfristige Personalplanung, und zwar sowohl die Ersatzbedarfsplanung als auch die Neubedarfsplanung, nicht mehr nach den bisherigen Methoden durchgeführt werden. Auch vorhandene Arbeitsplatzbeschreibungen, die eine genaue Bestandsaufnahme des Ist-Zustandes erhalten, werden durch den Einsatz neuer Maschinen und maschineller Anlagen und die dadurch geänderten oder neuen Anforderungen an die Mitarbeiter überholt.
Vorwiegend in den sog. klassischen kaufmännischen Bereichen ergibt sich durch die Automation eine völlig neue Situation: Wo bisher ausschließlich manuell oder unter Zuhilfenahme konventioneller Büromaschinen gearbeitet wurde, entstehen weitgehend automatisierte Arbeitsabläufe. Daraus folgt, daß sich auch die Anforderungen an die Mitarbeiter ändern, zum Teil sogar neue Berufe entstehen, und herkömmliche Tätigkeiten, insbesondere bei den kaufmännischen Angestellten, ganz wegfallen. Es tritt vielfach auch eine Beschränkung auf bestimmte Typen der menschlichen Arbeit ein, und zwar vornehmlich in den Bereichen Produktion, Vertrieb und Verwaltung.
Als solche sind zu nennen:

1. Produktive Tätigkeiten, wie z.B. Organisieren, Planen, Disponieren und Verhandeln.
2. Repetitive Formulararbeit, wie z.B. Buchhaltung, Gehaltsabrechnung und Fakturieren.
3. Korrespondenz und Nachrichtendienst, also Rechen- und Schreibarbeiten und Telefondienst.
4. Repetitive Handelstätigkeit, wie z.B. routinemäßige Einkaufs- und Verkaufstätigkeit.
5. Hantierungsarbeit, wie z.B. Locherin.
6. Überwachung von Maschinen in Verbindung mit leichter Hantierungsarbeit, wie z.B. Tabellieren und Maschinenbediener.
7. Überwachung teil- oder vollautomatischer Anlagen ohne oder mit gelegentlicher Hantierungsarbeit.

Die Typen 3 und 4 werden im wesentlichen erhalten bleiben.
Der Aufgabenbereich der Typen 6 und 7 wird dagegen ständig wachsen. Für Typ 5 gilt das nur im Übergangsstadium. Typ 2 wird fortschreitend automatisiert. Insbesondere bei Typ 1 werden sich die Anforderungen erheblich erhöhen, weil die Koordinationsaufgaben, die zu bewältigen sind, qualitativ und quantitativ schwieriger werden. Das gleiche gilt für die Notwendigkeit, neue Aufgaben rationell zu bewältigen.
Auch im Bereich der Bürotätigkeit ist, wie noch auszuführen sein wird, ein erheblicher Strukturwandel, der sich in seinen Anfängen schon jetzt abzeichnet, durch die Automatisierung zu erwarten.

Der Büroangestellte der Zukunft wird insbesondere auf mehr Nebengebieten als bisher bewandert sein müssen, wenn er sich behaupten will, und wird darüber hinaus kritischer, phantasievoller und auch kreativer als bisher sein müssen.

Für die langfristige Personalplanung müssen als Folge der Auswirkungen der Automation daher hauptsächlich berücksichtigt werden:

1. Steigender Bedarf an Spezialisten.
2. Steigender Bedarf an hochqualifizierten Arbeitskräften auf jeder Stufe der betrieblichen Hierarchie.
3. Allgemeine Anhebung des Anforderungsniveaus und
4. relativer Arbeitskräfteabbau.

Sowohl bezüglich der qualitativen Auswirkungen der Automation und der dadurch bedingten Strukturveränderungen als auch der quantitativen Auswirkungen ist darauf hinzuweisen, daß ihre Intensität sehr von dem Grad der Automatisierung abhängt, denn bei sehr hohem Grad der Automatisierung steigen die Anforderungen – allerdings sehr stark – nur noch für wenige bestimmte Arbeitsplätze, und zwar sowohl in bezug auf Können als auch insbesondere in bezug auf Verantwortung an. Die anderen Arbeitsplätze verlieren dagegen an Bedeutung und sinken in ihren Anforderungen an Können und Verantwortung der betreffenden Arbeitnehmer ab.
Der Trend zur Hebung des Anforderungsniveaus und des Arbeitskräfteabbaus ist noch nicht in der Übergangsperiode, also der Teilautomatisierung, erkennbar. In der Übergangsperiode kann das Anforderungsniveau sinken und eine Personalaufblähung vorhanden sein, so z.B. in den Arbeitsbereichen der repetitiven Formulararbeit.
Außerdem ist zu berücksichtigen, daß der Grad der Automatisierung sich auch bezüglich der steigenden oder fallenden Anforderungen an den arbeitenden Menschen in allen Arbeitsplätzen verschieden auswirkt.
Zusammengefaßt ergeben sich daraus folgende allgemeine Auswirkungen der Automation auf die Personalplanung:

1. Die physischen Anforderungen an den Menschen zeigen im allgemeinen eine leicht sinkende, die geistigen dagegen eine stark steigende Tendenz.
2. Beim Produktionspersonal haben sich insbesondere die Anforderungen an das untere Führungspersonal (Meister) verändert und erhöht.
3. Gesteigerte Anforderungen an das technisch-theoretische Wissen der Facharbeiter, auch in bezug auf Grundkenntnisse verwandter und benachbarter Berufe.
4. Spezielle Anforderungen an Vorgesetzte, und zwar
   a) höheres allgemeines intellektuelles Niveau
   b) breitere technische Grundausbildung
   c) Spezialausbildung in den in Betracht kommenden Produktionsverfahren und neueren Techniken

d) gute Kenntnisse der modernen Methoden der Betriebsorganisation
e) ausreichende Kenntnisse auf dem Gebiet der Arbeitswissenschaften und
f) Fähigkeiten hinsichtlich der Menschenführung.

5. Es entstehen neue Berufe.
6. Bereits bestehende Tätigkeiten, insbesondere im Angestelltensektor, qualifizieren sich.
7. Es entfallen verschiedene herkömmliche Funktionen.
8. Die Zahl der gewerblichen Arbeitnehmer hat sich in den letzten Jahren wesentlich weniger erhöht als die Zahl der Angestellten, Techniker und betrieblichen Führungskräfte.
9. Die Gruppe der Angestellten, Techniker und betrieblichen Führungskräfte wird sich noch weiter vergrößern.
10. Bestimmte Funktionen aus der Gruppe der Arbeiter werden in die Gruppe der Angestellten, Techniker und betrieblichen Führungskräfte verlagert werden.
11. Aufkommen von Technikerpositionen in Betrieben mit ausgedehnten automatischen Anlagen infolge Einführung von Meß-, Kontroll-, Steuer- und Regeleinrichtungen.
12. In den Produktionsbetrieben mindert sich – bei gleicher Arbeitszeit – die Zahl der Produktionsarbeiter.
13. Die Zahl der Reparaturarbeiter steigt an, und es erhöhen sich bei ihnen die qualitativen Anforderungen.

7.5 Auswirkungen der Automation im Bereich der Produktion

1. Die beruflichen Anforderungen bleiben nur dann im großen und ganzen unverändert, wenn der Einsatz körperlicher Arbeit nach wie vor überwiegt. Dies ist jedoch verhältnismäßig selten der Fall.
2. In der überwiegenden Anzahl der Fälle haben sich im Bereich der unmittelbaren Produktion die beruflichen Anforderungen sowohl in praktischer wie auch in theoretischer Hinsicht verringert.
   Einmal fordert die Bedienung der Maschinen – im Gegensatz zur rein manuellen Tätigkeit – im allgemeinen weniger Geschicklichkeit, weil durch die Maschine bestimmte Fertigkeiten überflüssig oder auf einige wenige spezielle Handgriffe beschränkt werden. Darüber hinaus entfallen die früher erforderlichen technischen Kenntnisse über die benutzten Werkzeuge, Maschinen und maschinellen Anlagen. Je höher die Mechanisierungsgrade der neuen Aggregate und mithin der Fortschritt der Automation ist, um so mehr fehlt den an diesen Maschinen eingesetzten Arbeitskräften das technische Verständnis für die Wirkungsweise der Maschinen. Parallel dazu wandeln sich die Anforderungen an den arbeitenden Menschen in der Produktion insofern, als an die Stelle aktiven Zugreifens das Beobachten der Maschine tritt. Dieses Beobachten ist zwar im allgemeinen mit einer weit-

aus größeren Belastung der Sinne und Nerven verbunden; gleichzeitig muß aber auch festgestellt werden, daß zur Bedienung und Beobachtung der Maschinen in aller Regel geringere Ansprüche an das berufliche Können genügen.
Entscheidend ist häufig ein rasches Reaktionsvermögen.

3. Erhöht haben sich die beruflichen Anforderungen dagegen jedoch durchweg im Bereich der Wartung und Instandhaltung. Je komplexer die betreuten Anlagen sind und je differenzierter dadurch die an ihnen auszuführenden Wartungs- und Reparaturarbeiten – nicht zuletzt durch teilweise komplizierte Einrichtungen der Elektronik – werden, um so mehr müssen die für sie eingesetzten Fachkräfte spezielle Kenntnisse besitzen. in vielen Fällen reicht die normale Fachausbildung nicht mehr aus, um den gestellten Ansprüchen zu genügen.
   Die Anforderungen haben sich vor allem auf dem Gebiet der Physik, der Elektrotechnik, insbesondere im Bereich der Elektronik und der Maschinenkunde, aber auch auf dem der Materialkunde erheblich erhöht; in vielen Fällen sind sie auch dadurch gestiegen, daß für die Durchführung einer Arbeit nach Einführung der Automation auch Kenntnisse auf mehreren benachbarten Fachgebieten erforderlich wurden. Im Bereich der unmittelbaren Produktion führt die Mechanisierung nur vereinzelt zu erhöhten beruflichen Anforderungen, und zwar dort, wo neben den bisherigen Branchenkenntnissen zusätzliche Maschinenkenntnisse erforderlich sind oder die Bedienung der neuen Anlagen trotz Vorhandenseins von Meß- und Kontrollgeräten komplizierter geworden ist.

7.6 Strukturwandel im Bürobereich

Von allen in der Industrie beschäftigten Arbeitnehmern sind bereits rund 12 % in der kaufmännischen Verwaltung tätig. Die Zahl der überhaupt in Büros beschäftigten Personen wird etwa auf 6 Millionen geschätzt. Im Laufe der letzten 18 Jahre stieg der Anteil der Angestellten und Beamten an den Arbeitnehmern von 29 auf 43 %, während der der Arbeiter von 71 auf 57 % schrumpfte. Man schätzt, daß sich der Prozentsatz der in Büros tätigen Arbeitnehmer bis zum Jahre 2000 auf insgesamt 85 % erhöhen wird.
Die Büroarbeitsplätze werden sich also in Zukunft noch gewaltig vermehren, obwohl ein großer Teil der bisher noch manuell ausgeführten Arbeiten von Automaten übernommen wird, die – was Informationsverarbeitung anbelangt – dem Menschen überlegen sind.
Vor einigen Jahren breitete sich deshalb die Angst vor der Automatisierung aus; viele Arbeitnehmer fürchteten, daß ihnen die Computer die Arbeitsplätze wegnehmen würden. Diese Angst ist jedoch nach neuesten Erkenntnissen unbegründet: der Computer wird keine große Arbeitslosigkeit auslösen. Die Vorstellung vom menschenleeren Büro ist eine Utopie.

Das hat mehrere Gründe:

1. Der Weg zu integrierten Informationssystemen ist weit und beschwerlich. Er kann nur in Etappen zurückgelegt werden, von denen sich jede über mehrere Jahre erstreckt.
2. Eine Automatisierung von Verarbeitungsprozessen lohnt sich erst von einer bestimmten Mindestmenge gleichartiger Belege an. Es wird also auch im Jahre 2000 Büros geben, in denen die Arbeit im wesentlichen in der gleichen Weise verrichtet wird wie heute. Das gilt vor allem für die zahlreichen kleinen Dienstleistungsunternehmen, von denen dann mehr als heute existieren werden.
3. Man wird eine große Zahl von Spezialisten benötigen, die wissen, was in einem integrierten Informationsprozeß geschieht, und die in der Lage sind, Informationen sinnvoll anzuwenden.
4. Die Teamarbeit wird dominieren, und im Rahmen des Teams wird die qualifizierte Sekretärin unentbehrlich sein. Der Mangel an hervorragenden Sekretärinnen, unter dem die Betriebe schon heute leiden, wird in Zukunft nicht geringer, sondern eher größer als heute sein.

7.7 Vergangenheitsdaten als Hilfsmittel für die Personalplanung

1. Verkaufsplan
2. Produktionsplan
3. Rationalisierung
4. Personal-Leasing
5. Umsatz, gesamt
6. Pro-Kopf-Umsatz
7. Detaillierte Fluktuationsstatistik
8. Detaillierte Krankenstatistik
9. Statistik über sonstige Fehlzeiten (Kurzfristiges und unentschuldigtes Fehlen – Tage, Bereiche, Berufe, Berufsgruppen).
10. Lebensalterstatistik (Berufe, Berufsgruppen, Bereiche)
11. Dienstalterstatistik (Berufe, Berufsgruppen, Bereiche)
12. Überstunden
13. Gegenüberstellungen beeinflußbarer und nicht beeinflußbarer Fluktuation, insbesondere Abgangsarten.
14. Ausscheiden wegen Wehrdienst / Ersatzdienst
15. Ausscheiden wegen beruflicher Fort- und Weiterbildungsmaßnahmen
16. Standortmäßige Fluktuationsschwankungen (Konzern).
17. Belegschaftsstruktur (männlich – weiblich, alt – jung, qualifiziert – unqualifiziert, Mangelberufe)
18. Allgemeine Konjunktur- und Wirtschaftslage

19. Attraktiver Beruf (modern, Zukunftschancen, Wandel in der Anschauung der Gesellschaft über diesen Beruf)
20. Strukturwandel in der Belegschaft (Arbeiter – Angestellter).
21. Lohn- und Gehaltspolitik
22. Lohn- und Gehaltsentwicklung
23. Verhältnis von freiwilligen Sozialleistungen zum Lohn und Gehalt
24. Gastarbeiter (Nationalität, durchschnittliche Betriebszugehörigkeit, Berufe, Berufsgruppen, Familienstand, Ansässigkeit)
25. Berufsgliederung im Hinblick auf Strukturveränderungen durch Automation (neue Berufe, qualifizierte Berufe)
26. Quantitative Auswirkungen der Automation und Rationalisierung
27. Urlaubsstatistik (Länge, Lage, Stückelung, bezahlt und unbezahlt, Betriebsferien, gesetzlicher Urlaub, Zusatzurlaub für Jugendliche und Schwerbehinderte, Treueurlaub, Sonderurlaubsansprüche nach Tarifvertrag)
28. Bildungsurlaub
29. Freistellungen von Betriebsratsmitgliedern (Zahl, Häufigkeit)
30. Ausfälle durch Streik (legitim und illegitim) und Aussperrung
31. Verbleib von Auszubildenden im Betrieb nach abgeschlossener Ausbildung
32. Gezielter Wechsel nach Beendigung der Ausbildung mit Rückkehr in den eigenen Betrieb.

7.8 Zukunftsdaten als Hilfsmittel für die Personalplanung

1. Vertriebsplan, Marktforschung.
2. Produktionsplan (Erweiterung, Einschränkung, neue Produkte, neue Märkte, Typenbereinigung).
3. Quantitative Auswirkungen der Automation.
4. Qualitative Auswirkungen der Automation.
5. Neue Verfahrens- und Produktionstechniken.
6. Konjunktur, Marktchancen, Liquidität.
7. Arbeitsmarktsituation.
8. Führungsstil.
9. Sozialpolitik des Staates (z.B. Vorverlegung des Pensionsalters für Männer und Frauen, Übertragbarkeit betrieblicher Pensionsansprüche und tarifliche Sozialplanregelungen).
10. Sozialpolitik des Unternehmens (Sozialeinrichtungen für Gesundheit, Fort- und Weiterbildung und Altersversorgung).
11. Bildungspolitik des Staates (AFG, Bildungsurlaub).
12. Ermittlung des innerbetrieblichen Bildungsbedürfnisses.
13. Stellen- und Organisationsplan – Organisationsstruktur.
14. Einstellungsgrundsätze (intern – extern), innerbetriebliche Stellenausschreibung.

15. Job-Rotation, Karriereplanung, Job-Enrichment, Job-Enlargement.
16. Arbeitsmoral der Mitarbeiter.
17. Strukturwandel im Bürobereich.
18. Beabsichtigte Einstellung und Übernahme von Auszubildenden.
19. Beabsichtigte Einstellung von Nachwuchskräften.
20. Grundsätzliche Qualitätsanforderungen an die Mitarbeiter bei Einstellung, Ausbildung, Fort- und Weiterbildung.
21. Höhe der Aufwendungen für zeitgemäße attraktive freiwillige Sozialleistungen.
22. Einplanung von Leasing-Personal/Arbeitnehmerüberlassungsgesetz.
23. Schaffung innerbetrieblicher Aufstiegsmöglichkeiten.
24. Ausbildung von Springern.
25. Mehrfachausbildung qualifizierter Führungskräfte.
26. Höhe des Einkommens.
27. Image und Status.
28. Ausbildungsmethoden/Motivation.
29. Chef-Wechsel (Auswirkungen auf Organisation und Führungsstil und damit verbunden auf Qualität und Anforderungen an die Mitarbeiter).
30. Neue Gesetze des Staates (z.B. Arbeitszeit).
31. Zielprogramme der Gewerkschaften und Arbeitgeberverbände (Tarifpolitik, Bildungsurlaub, Mitbestimmung, Arbeitszeitmodelle).
32. Geänderte Einstellungen zur Berufstätigkeit von Frauen.
33. Verwirklichung des Gleichbehandlungsgrundsatzes.

8.1 Bedeutung und Auswirkungen von Einführungsmaßnahmen

Für viele Arbeitnehmer ist der erste Arbeitstag von größter Bedeutung. Die meisten beeinflußbaren Fluktuationsfälle entstehen im ersten halben Jahr der Betriebszugehörigkeit. Deshalb ist die Einführung neuer Mitarbeiter besonders wichtig.
Bei einer richtigen Einführung wird der neue Mitarbeiter nicht nur rein arbeitstechnisch eingewiesen. Er erhält nicht nur fachliche Informationen, sondern er wird auch

- mit den geschriebenen, vor allem aber mit den ungeschriebenen Gesetzen des Betriebes vertraut gemacht,
- mit Arbeitsgepflogenheiten und sonstigen dienstlichen und privaten Verhaltensweisen im Betrieb bekannt gemacht, und es wird ihm das Gefühl vermittelt, daß er nicht nur eine „Nummer" ist, sondern daß es auch auf seine Mitarbeit entscheidend ankommt. Als Endziel muß ihm das Bewußtsein vermittelt werden, daß er gern zu der alten zufriedenen Stammbelegschaft des Unternehmens gehören möchte.

Die Auswirkungen der richtigen oder der falschen Einführung neuer Mitarbeiter sind sehr vielseitig und zahlreich. Stichwortartig sind hauptsächlich zu nennen:

1. Die allgemeine Einstellung des Neuen zum Betrieb.
2. Sein Verhalten gegenüber Vorgesetzten und Arbeitskollegen.
3. Seine Arbeitsbereitschaft.
4. Seine Leistungsbereitschaft.
5. Seine Arbeitsmoral, insbesondere unbegründetes Wegbleiben von der Arbeit.
6. Die Unfallhäufigkeit.
7. Die Ausschußquoten des Mitarbeiters.
8. Sein pünktliches Erscheinen zur Arbeit.
9. Seine Bereitschaft zur Ableistung von Überstunden, auch wenn er dazu vertraglich oder nach allgemeiner Übung nicht verpflichtet ist.
10. Sein persönliches Wohlbefinden.
11. Seine Leistungskurve sowie das Betriebsklima innerhalb der betreffenden Abteilung und im Gesamtunternehmen mit den meßbaren Auswirkungen auf Leistung und Kosten.

12. Die Verwirklichung des Grundsatzes der produktiven Mitarbeiterlenkung, d.h. einen für Mitarbeiter im Betrieb optimalen Arbeitseinsatz.
13. Seine grundsätzliche Neigung, im Betrieb zu verbleiben oder diesen – gleich aus welchen Gründen oder unter weichen Vorwänden – bald wieder zu verlassen und
14. Seine Bereitwilligkeit, auch nach erfolgter Kündigung seine volle Arbeitskraft wie bisher noch bis zum Schluß des Arbeitsverhältnisses einzusetzen und nicht etwa sofort nach Zugang der Kündigung „krank zu feiern".

Diese Punkte, insbesondere die Auswirkungen einer richtigen oder falschen Einführung neuer Mitarbeiter auf Krankenstand, Fluktuation, sonstige Fehlzeiten, Arbeits- und Leistungsbereitschaft sowie Unfallhäufigkeit zwingen die Arbeitgeber – abgesehen von rein menschlichen Problemen – dazu, das bisher mehr oder weniger vernachlässigte Gebiet der Einführung neuer Mitarbeiter mehr als bisher zu pflegen und es zum integrierenden Bestandteil der Personal- und Sozialpolitik eines jeden Unternehmens zu machen. Bereits rein wirtschaftlich betrachtet ist eine Intensivierung der Einführungsmaßnahmen und der damit zwangsläufig verbundenen Kosten schon zu befürworten, da die hierdurch entstehenden Kosten durch einen entsprechenden Rückgang des Krankenstandes, der sonstigen Fehlzeiten und der Fluktuation einerseits sowie durch bessere Arbeitsmoral, höhere Leistungswilligkeit und Arbeitsbereitschaft andererseits mehr als gedeckt sind.

8.2 Was erwartet der Betrieb vom neuen Mitarbeiter?

Jeder Vorgesetzte hat bestimmte Vorstellungen, Hoffnungen und Erwartungen über die Person des Neuen, seine Fähigkeiten, Leistungen, Besonderheiten und Einsatzmöglichkeiten. Dabei wird es Hauptanliegen des Betriebes sein, den ausgeschiedenen Mitarbeiter so schnell wie möglich durch einen gleichwertigen, wenn möglich sogar höherwertigen Mitarbeiter zu ersetzen bzw. einen neu geschaffenen oder in seinen Anforderungsarten abgeänderten Arbeitsplatz möglichst schnell wieder vollwertig zu besetzen und auszufüllen.
Obwohl sich die Ziele des Arbeitgebers und die des Arbeitnehmers decken – nämlich möglichst schnell ein Höchstmaß an Leistung zu erreichen bzw. zu erbringen –, sind zur Verwirklichung dieser Bemühungen in der praktischen Durchführung doch erhebliche Schwierigkeiten zu überwinden. So muß bisweilen auch der Arbeitgeber vorgefaßte Meinungen oder Vorurteile ändern und bei Vergleichen zwischen dem Neuen und dem ausgeschiedenen Mitarbeiter stets berücksichtigen, daß der Neue noch nicht gleich über die notwendigen betrieblichen Kenntnisse und Erfahrungen verfügen sowie die Gepflogenheiten im Betrieb kennen kann. Auf jeden Fall ergibt sich für den Betrieb die Verpflichtung, dem Neuen gezielte Einführungsmaßnahmen anzubieten, aufgrund derer es ihm ermöglicht wird, schnell ein Höchstmaß an Zufriedenheit und damit an Leistung zu erreichen.

8.3 Was erwartet der neue Mitarbeiter vom Betrieb?

Grundvoraussetzung für die Wahl der geeigneten Einführungsmaßnahmen ist zunächst, daß sich die Geschäftsführung und der Personalleiter bei der Festlegung der Richtlinien und Einzelmaßnahmen für die Einführung neuer Mitarbeiter darüber klar werden, was der Neue vom Betrieb erwartet und was in ihm vorgeht.

Der neue Mitarbeiter hat sich in den meisten Fällen bereits aufgrund der Anwerbungsmaßnahmen, spätestens jedoch bei seinem ersten Gespräch mit dem Personalleiter oder betreffenden Abteilungsleiter, eine bestimmte Vorstellung vom Betrieb, seinem Arbeitsplatz, seiner Stellung in der betrieblichen Hierarchie, seiner Arbeitsaufgaben und seinen Aufstiegsmöglichkeiten gemacht. Er hat sich dabei – ggf. auch schon früher – bestimmte Vorurteile gebildet, die teils auf fremde Einflüsse, teils auf eigene Beobachtungen zurückzuführen sind. Er hat außer diesen Vorurteilen aber auch ganz konkrete Erwartungen, Hoffnungen und Pläne. Mit ihnen – mögen sie nun objektiv falsch oder richtig sein – kommt er in den Betrieb.

In der Regel will sich der Mitarbeiter bei einem Wechsel seiner Stellung verbessern. Das kann wieder verschiedene Gründe haben, und zwar entweder hauptsächlich stellungsmäßige oder/und finanzielle. Er bringt in den meisten Fällen auch zahlreiche praktische Erfahrungen und Kenntnisse mit, die er gewillt ist, zugunsten des neuen Betriebes zu verwerten und für sich und für das Unternehmen gewinnbringend einzusetzen. In fast allen Fällen wird er mit großem Eifer die neue Stelle antreten, mit dem Ziel, seinem neuen Chef zu zeigen, zu welch großen Leistungen er bereits nach kurzer Einarbeitungszeit fähig ist. Er bemüht sich, sein Bestes zu geben. Er erwartet deshalb aus seiner Sicht auch zu Recht, daß der Betrieb seinerseits ihm bei der Erreichung seines Zieles entgegenkommt und ihm entsprechend hilft, damit er sein Bestes leisten kann. Dazu werden betrieblicherseits zunächst umfangreiche Informationen auf den verschiedensten Gebieten erforderlich sein.

Zugunsten des Neuen ist dabei zu beachten, daß er es trotz guten Willens nicht einfach hat, sein Ziel zu erreichen. In aller Regel sind es nicht einmal fachliche Schwierigkeiten, sondern vorwiegend psychologische und soziologische Probleme; er ist zunächst unsicher und befangen, er weiß noch nicht, ob er mit seiner Arbeit, vor allem aber mit seinen Kollegen und Vorgesetzten zurechtkommen wird, ob seine Vorstellungen, die er bereits gewonnen hat, zutreffend sind oder nicht, und er kennt noch nicht die ungeschriebenen Gesetze und Arbeitsgepflogenheiten des Betriebes, die für ihn anfangs oft die größten Schwierigkeiten bereiten. Er erwartet deshalb zu Recht eine Starthilfe von seiten des Betriebes, die sich keinesfalls in der reinen Arbeitsunterweisung erschöpfen darf. Praktische Untersuchungen haben bestätigt, daß die Arbeits- und Einsatzbereitschaft des Neuen sehr bald von Art und Intensität der ihm entgegengebrachten Hilfen abhängig ist.

Prüfen Sie deshalb zunächst in Form einer Befragung, ob Ihre Mitarbeiter von den Einführungsmaßnahmen, die seinerzeit bei ihrem Eintritt getroffen wurden, einen positiven oder negativen Eindruck hatten. Sorgen Sie dafür, daß negative Eindrücke in Zukunft vermieden und daß die genannten positiven weiter ausgebaut und verbessert werden.
Von männlichen Mitarbeitern wurden z.B. folgende negative Eindrücke genannt:

1. Im Einstellungsgespräch wurden Angaben gemacht, die nicht den betrieblichen Gegebenheiten entsprechen.
2. Die Einarbeitung erfolgte nicht so gründlich, wie sie beim Einstellungsgespräch versprochen worden war.
3. Bei Arbeitsbeginn erfolgte keine kurze Besprechung mit der Personalabteilung, wie sie anläßlich der länger zurückliegenden Vorstellung angekündigt worden war.
4. Die Einstellung erfolgte – im Gegensatz zur Vorstellung – recht unpersönlich.
5. Der Neueingestellte erhält zu wenig Informationsmaterial über die Organisation und das Fabrikationsprogramm des Unternehmens.
6. Es steht zu wenig betriebliches Informationsmaterial zur Verfügung; es zu erhalten, ist nur mit Beziehungen oder über Umwege möglich.
7. Es erfolgte keine gezielte Betriebsbesichtigung.
8. Die Abteilungsleiter selbst kümmerten sich nicht um die Einführung.
9. Die Vorgesetzten sind nicht bereit, ihr Wissen dem Neuen zu vermitteln.
10. Schlechte und unüberschaubare Organisation.
11. Der „Papierkrieg" ist zu umfangreich.
12. Fehlen einer Frühstückspause.
13. Zu wenig betriebliche Initiative bei der Wohnraumbeschaffung.
14. Fehlende Werkswohnungen.
15. Der Arbeitsplatz war zu Arbeitsbeginn noch nicht vorhanden, er mußte erst geschaffen werden.
16. Unzureichende Beleuchtung im Werksgelände und am Arbeitsplatz.
17. Mangel an Unterbringungsmöglichkeiten.
18. Schlechte Arbeitsgeräte und Werkzeuge.
19. Schlechte Lage des Arbeitsraumes und des Arbeitsplatzes.
20. Unsauberkeit im Arbeitsraum und am Arbeitsplatz.
21. Unmoderne Raum- und Arbeitsplatzgestaltung.
22. Schlechte Farbgestaltung und mangelnder Anstrich.
23. Schlechte Zusammenarbeit mit Vorgesetzten und Kollegen.
24. Schlechtes Betriebsklima.
25. Fehlen von Schwung und Humor in der Betriebsabteilung.
26. Schroffe Behandlung einzelner Arbeitnehmer.
27. Bevorzugung von Arbeitnehmern, die Verwandte im Unternehmen haben.
28. Zu viele Mitarbeiter in einem Raum.
29. Es wird zuviel geraucht.
30. Es wird von einigen Vorgesetzten verlangt, „nicht zu pünktlich" Schluß zu machen.

31. Es traut sich deshalb keiner, vor dem anderen heimzugehen.
32. Das Essen könnte besser sein.
33. Nach einer Beschwerde erfolgte keine Aussprache mit dem Vorgesetzten.
34. Geringe Aufstiegsmöglichkeiten.
35. Die Aufstiegsmöglichkeiten sind schlechter als versprochen.
36. Löhne und Gehälter liegen niedriger als in vergleichbaren anderen Betrieben.
37. Die gehaltlichen Entwicklungsmöglichkeiten sind zu gering.

Weibliche Mitarbeiter nannten insbesondere folgende negativen Eindrücke:

1. Mangelnde Einführung am ersten Arbeitstag.
2. Ungenügende Vorstellung in der Abteilung.
3. Verlassensein nach der Begrüßung.
4. Die Führung durch den Betrieb erfolgte zu spät.
5. Unfreundlichkeit in einigen Büros.
6. Mangelndes Entgegenkommen der Vorgesetzten bezüglich des Fahrens von und zu den Wechselschichten.
7. Zu viele Personen in einem Arbeitsraum (Schreibsäle).
8. Keine Möglichkeit, die Arbeit interessanter zu gestalten.
9. Schlecht ausgenützte Arbeitskraft.
10. Schlechte Arbeitsmoral unter den jüngeren und jüngsten Kollegen.
11. Mangelnde Sauberkeit in den WCs.
12. Ungenügendes Lüften.
13. Starkes Rauchen.
14. Keine Frühstückspause.
15. Zu späte Mittagspause.
16. Massenabfütterung mit Tellergeklapper statt mit Musik.

Die genannten Punkte kann man im wesentlichen fünf Gruppen zuordnen, und zwar

- Einführung.
- Organisation.
- Arbeitsplatzgestaltung.
- Einkommenspolitik.
- Sozialeinrichtungen.

Betrachtet man dem gegenüber noch die von den männlichen und weiblichen Belegschaftsmitgliedern genannten positiven Eindrücke, so kann man Schwerpunkte für die zutreffenden Einführungsmaßnahmen im weitesten Sinne gewinnen.

Von den männlichen Mitarbeitern wurden als positive Eindrücke genannt:

1. Einführung für Neueingestellte.

2. Freundliche Aufnahme bei den Mitarbeitern.
3. Freundschaftliche Zusammenarbeit der Kollegen und Kolleginnen.
4. Herzliche Aufnahme seitens der Vorgesetzten wie auch der Mitarbeiter.
5. Gleichaltrige Mitarbeiter.
6. Guter Kontakt.
7. Aufrichtigkeit und Ehrlichkeit der Mitarbeiter.
8. Hilfsbereite Mitarbeiter.
9. Freundliche und gute Unterstützung durch ältere und jüngere Kollegen, und zwar auch aus anderen Abteilungen.
10. Verständnis der Mitarbeiter.
11. Einwandfreie Vorgesetzte in menschlicher und fachlicher Hinsicht.
12. Guter Kontakt zwischen Vorgesetzten und Mitarbeitern.
13. Ansprechbarer Chef.
14. Gute Zusammenarbeit mit dem Vorgesetzten.
15. Gute Hilfe von der Abteilungsleitung.
16. Vorgesetzte haben für eigene Probleme Verständnis.
17. Anerkennung der Gedanken von Neueingestellten.
18. Selbständiges Arbeiten.
19. Gleich zu Anfang guter fachlicher Einsatz mit Verantwortung.
20. Vollwertige Aufgabenstellung.
21. Berufliche Entwicklungsmöglichkeiten.
22. Gutes Betriebsklima.
23. Gute zeitgemäße Sozialleistungen.
24. Preiswertes und gutes Mittagessen.
25. Vorhandene Ordnung, aber keine übermäßige Pedanterie.

Von den weiblichen Mitarbeitern wurden als positive Eindrücke genannt:

1. Persönliche Beratung bei der Bewerbung.
2. Individuelle Behandlung seitens der Personalabteilung.
3. Freundlicher Empfang vor und nach der Einstellung.
4. Herzlicher Empfang.
5. Gutes Betriebsklima bei der Einführung.
6. Freundliche Aufnahme durch Kollegen und Kolleginnen; jeder gibt gerne Auskunft.
7. Unterstützung der Schreibdamen, unabhängig von der Abteilung.
8. Gegenseitige Höflichkeit.
9. Gutes Betriebsklima.
10. Gutes Arbeits- bzw. Abteilungsklima.
11. Bemühung und die Persönliche Note in der Abteilung.
12. Gute Zusammenarbeit zwischen Chef und Mitarbeiter.
13. Innerhalb von zwei bis drei Monaten nach der Einstellung bemüht sich der Abteilungsleiter persönlich um die Meinung der Neueingestellten.
14. Man ist bemüht, jedem den Arbeitsplatz zu geben, den er ausfüllen kann.
15. Erstaunliche Freiheit im Arbeitspensum und in der Zeiteinteilung.

16. Günstige Arbeitszeit.
17. Früher Arbeitsschluß.
18. Freie Samstage.
19. Vorbildliche Organisation.
20. Gute Büroeinrichtungen, gute Schreibmaschinen (elektrisch).
21. Gute Hygiene in allen Abteilungen.
22. Gute soziale Betreuung.
23. Besonders großzügige Sozialleistungen.
24. Gutes und preiswertes Essen.
25. Kantine.
26. Werksbücherei.

Aus dieser Gegenüberstellung der negativen und positiven Punkte ergibt sich insbesondere, daß sowohl die männlichen als auch die weiblichen Mitarbeiter größten Wert auf eine richtige Einführung legen. Insbesondere fällt auf, daß die menschliche Kontaktgewinnung und Kontaktpflege im Vordergrund des Interesses der Belegschaft stehen.
Für den Betrieb ergeben sich daraus hauptsächlich folgende Verpflichtungen:

1. Prüfen Sie, was der Neue vom Betrieb und von seinem Arbeitsplatz erwartet.
2. Versetzen Sie sich in die Lage des Neuen, und gestalten Sie die Einführung so, wie Sie sie gerne hätten.
3. Sorgen Sie dafür, daß der Neue den besten Eindruck vom Betrieb erhält und
4. Sorgen Sie dafür, daß dieser beste Eindruck nicht nur über Wochen oder Monate, sondern stets erhalten bleibt.

8.4 Grundsätze

Ein Patentrezept zur richtigen Einführung neuer Mitarbeiter, das für alle Betriebe, unabhängig von Branche, Produktion, Fertigungstechnik und Belegschaftsstruktur Gültigkeit hat, gibt es nicht; verschiedene Arbeitnehmergruppen oder z.B. Betriebe der gleichen Branche mit verschiedenen Produktionsarten und Fertigungstechniken erfordern jeweils andere Einführungsmaßnahmen.
Weiter ist eine erfolgreiche Einführung neuer Mitarbeiter nicht etwa durch wenige oder unsystematisch betriebene Einführungsmaßnahmen zu erreichen, die von mehr oder weniger dazu Berufenen nebenher durchgeführt werden. Bei einer gezielten und wirkungsvollen Einführung neuer Mitarbeiter handelt es sich sowohl sachlich als auch zeitlich gesehen um einen sehr umfangreichen Komplex und eine Fülle von Einzelmaßnahmen.
Die Methoden und Maßnahmen, die zur richtigen Einführung neuer Mitarbeiter im einzelnen eingesetzt werden müssen, sind in zeitlicher, qualitativer und quantitativer Hinsicht sehr verschieden: sie beziehen sich auf allgemeine personal- und sozialpolitische Aufgaben und betriebliche Richtlinien für Vorgesetzte, also hauptsächlich auf Maßnahmen der Unternehmensleitung, Anwerbung,

Vorstellungsgespräch, Einstellungsschreiben und Arbeitsvertrag sowie auf allgemeine Einführungsmaßnahmen bei Arbeitsaufnahme, zu denen das spezielle Einführungsgespräch und die Einführung am Arbeitsplatz sowie der Einsatz eines Paten hinzukommen. Nicht vergessen werden dürfen weiterhin spezielle Einführungsmaßnahmen für Frauen, Jugendliche und Gastarbeiter, die zusätzlich zu den allgemeinen Maßnahmen durchzuführen sind.
Im einzelnen ist auf folgendes zu achten:

1. Wesentlich ist, daß die Einführung am Arbeitsplatz im engeren Sinne bereits am ersten Tag erfolgen muß.
2. Der Arbeitsplatz muß mithin bereits vorhanden sein und darf nicht erst geschaffen werden.
3. Notwendige Werkzeuge, Arbeitsmittel und Dienstkleidung müssen ebenfalls bereits vorhanden sein, wenn nicht schon am Arbeitsplatz, so wenigstens bereitgestellt und abrufbar.
4. Der neue Mitarbeiter muß dem Vorgesetzten und den Arbeitskollegen, auch denjenigen Abteilungen, mit denen häufig zusammengearbeitet wird, vorgestellt werden.
5. Der neue Mitarbeiter muß informiert werden über
   - Arbeitsaufgabe mit Stellenbeschreibung.
   - Arbeitsinhalt.
   - Kompetenzen (mit Stellenbeschreibung).
   - Vollmachten (mit Stellenbeschreibung).
   - Die spezielle Organisation und Aufgaben der Abteilung und Stellung der Abteilung in der Gesamtorganisation.
   - Vorgesetzte, an die er sich in dienstlichen und persönlichen Fragen sowie in Fragen der Ausbildung zu wenden hat; Vorgesetzte sollten zu erkennen geben, daß der Mitarbeiter sich stets vertrauensvoll an sie wenden kann.
   - Die Betriebsordnung (Arbeitsbeginn, Arbeitsende, Schichtarbeit, Lage und Länge der Pausen, Anwesenheitskontrolle, Lohn- und Gehaltszahlungstermine und -ort, Urlaub, Zusatzurlaub, erforderliche Reisen, Ableistung sowie Vergütung von Oberstunden).
   - Umgangsformen und Gepflogenheiten im Betrieb, wie z.B. Grüßen, Anklopfen, Anrede, Titel, Rauchen, Verhalten in den Pausen, in der Kantine, in Freizeiteinrichtungen.
   - Allgemeine, persönlich interessierende Fragen, wie z.B. Fernsprecher, Parkplätze, Garderobe, sanitäre Anlagen, Verkehrsmittel, Werksverpflegung, Kantine, Automaten, Essenmarkenverkauf, Werksbücherei, Unterhaltungseinrichtungen, Bildungs- und Sportgemeinschaften.
   - Tätigkeit und Sprechstunde des Werksarztes und der Betriebskrankenkasse.
   - Arbeitsabläufe, Arbeitsanweisungen, Formulare, Rundschreiben, Organisationspläne, Abkürzungsverzeichnisse, Telefonbuch, Arbeitsgepflogenheiten, Korrespondenzstil, ungeschriebene Gesetze innerhalb der Abteilung oder des Unternehmens.

- Vorgesetzte (Information über Stellung, Persönlichkeit, Ausbildung, fachliche und menschliche Qualitäten, persönliche Besonderheiten, Stellung und Ansehen im Gesamtunternehmen, besondere Verdienste).
- Aufstiegsmöglichkeiten (Darstellung der Grundsätze der Besetzung von Führungspositionen).
- Maßnahmen der betrieblichen Fort- und Weiterbildung (Bücherei, Fachzeitschriften, Informationsversetzungen, interne und externe Kurse, Bildungsurlaub, Job-Rotation).
- Höhe und Zusammensetzung des Einkommens (Hilfsmittel: Stellenbesetzungsplan, Stellenbeschreibung, laufende Personalbeurteilungen).
- Auszahlungszeiträume und -modalitäten.
- Mögliche Einkommensentwicklung.
- Zeitgemäße freiwillige Sozialleistungen.
- Belegschaftsverkauf.
- Beschwerdemöglichkeiten.
- Verfahren für die Einreichung von betrieblichen Verbesserungsvorschlägen.
- Sicherheits- und Schutzmaßnahmen, Unfallverhütungsvorschriften, Sicherheitsbeauftragte, Verhalten im Katastrophenfall.

6. Bereits in den ersten Tagen sollten Betriebsbesichtigungen, zumindest Abteilungsbesichtigungen, durchgeführt werden.
7. Dem neuen Mitarbeiter muß ein Pate zugewiesen werden, der für die dienstlichen Belange und für seine persönliche Eingliederung sowie für die ungeschriebenen Gesetze und Gepflogenheiten zuständig ist. Dieser muß insbesondere sein:
   - fachliche Lehrkraft,
   - helfender Kollege (Einführung in die Gruppe, Herstellung menschlicher Kontakte),
   - Helfer des Vorgesetzten („Erziehung" des Neueingestellten im Sinne des Unternehmens).
8. Notwendig ist es weiter, einen sog. Kontaktmann einzusetzen, der als Verbindungsmann zwischen der Direktion bzw. der Personalabteilung und sämtlichen Neueingestellten vermitteln und Kontakte herstellen soll.
9. Etwa vier Wochen nach Dienstbeginn sollte ein Treffen der Neueingestellten mit Vertretern der Geschäftsleitung stattfinden. Hierbei sollte insbesondere über Arbeitsplatz, personelle Organisation, Betriebsklima, Verhältnis zu Vorgesetzten und Kollegen und richtigen Arbeitseinsatz gesprochen werden.
10. Erbrachte Leistungen der Neueingestellten sollten baldmöglichst anerkannt werden. Ggf. muß konstruktive Kritik geäußert werden.

8.5 Zusätzliche spezielle Einführungsmaßnahmen für Frauen, Jugendliche und Gastarbeiter

Das schnelle und erfolgreiche Einleben von Frauen in den Betrieb, in die Betriebsgemeinschaft und den Arbeitsprozeß im Sinne einer produktiven Mitarbeiterlenkung mit dem Ziel, baldmöglichst zu einem optimalen Arbeitseinsatz zu gelangen, setzt neben den allgemeinen Maßnahmen besondere Einführungsmaßnahmen und -hilfen voraus, da die spätere Zufriedenheit, Leistungsbereitschaft, Leistungswilligkeit und die Bereitschaft der Frau, auf Dauer ihre volle Leistung zu erbringen, weitgehend von der menschlichen Atmosphäre in der Abteilung, den Kollegen und dem Betriebsklima, mithin auch von der richtigen Einführung der Neuen abhängen.
Im einzelnen ist daher außer den allgemeinen Maßnahmen zur Einführung neuer Mitarbeiter bei Frauen insbesondere auf folgendes zu achten:

1. Das Einführungsgespräch muß einen noch persönlicheren Charakter haben.
2. Es sollte auf die besondere Situation der berufstätigen Frau unter besonderer Berücksichtigung ihrer Doppelbelastung durch Beruf und Familie eingegangen werden.
3. Wenn möglich, sollte die Werksfürsorgerin oder eine andere Vertrauensperson mit der Neueingestellten Kontakt aufnehmen, sie über die Gesundheits- und Sonderschutzbestimmungen aufklären, die sich aus der betrieblichen Arbeit ergeben, und ihr helfen, sich einzuarbeiten und menschliche Kontakte zu Vorgesetzten und Mitarbeitern herzustellen.
4. In Anbetracht der psychischen Besonderheiten der Frau kommt den Aufgaben des Paten eine besondere Bedeutung zu.
5. Da das Einleben der Frau in den Betrieb und auch ihre spätere Zufriedenheit, Arbeitsbereitschaft und -willigkeit weitgehend von der menschlichen Atmosphäre in der betreffenden Abteilung abhängt, sollte größter Wert auf die richtige Auswahl der Vorgesetzten gelegt werden.
   Ein solcher „idealer" Vorgesetzter sollte folgende Eigenschaften, Fähigkeiten und Kenntnisse haben:
   - Gerechtigkeitssinn.
   - Kenntnis der physischen und psychischen Besonderheiten der Frau.
   - Verständnis für die Probleme, die sich aus der Doppelbelastung der Frau durch Beruf und Familie ergeben.
   - Gleichbehandlung aller Mitarbeiter bei gleichen Tatbeständen.
   - Interesse für persönliche Belange.
   - Hilfsbereitschaft in dienstlichen und persönlichen Angelegenheiten.
   - Vorbild in dienstlichen Angelegenheiten.
   - Ehrlichkeit und Aufrichtigkeit.
   - Höflichkeit.
   - Durchschauen von Unredlichkeit und Kriecherei.
   - Gute Umgangsformen.

- Guter Umgangston.
- Sprachliche Gewandtheit.
- Innere Qualitäten; innere Lebensfreude, Zufriedenheit, Ausgeglichenheit, Hilfsbereitschaft.
- Soziale Intelligenz; vom anderen her denken, empfinden, fühlen, aber von sich aus handeln.
- Eintreten für seine Mitarbeiter, wenn er glaubt, daß diese im Recht sind.
- Im richtigen Moment das richtige Wort finden.

6. Technische Details des Betriebes, der Werkstatt, bestimmter Maschinen u.a. interessieren die Frau im allgemeinen weniger, dagegen ist für sie von großem Interesse, welche Bedeutung ihre Arbeit für den Betrieb hat.
7. Der Frau muß in einem hochtechnisierten Betrieb die vielfach noch vorhandene Befangenheit zur Technik genommen werden.
8. Es darf nicht zu viel Technisches auf einmal erklärt werden, damit bei ihr nicht der Eindruck entstehen kann: Das schaffe ich nie!
9. Wesentlich ist gerade gegenüber der Frau, nicht nur das „Wie", sondern auch das „Warum" und „Wozu" zu erklären.
10. Die Frau muß auf Gefahrenquellen besonders aufmerksam gemacht werden, insbesondere im Hinblick auf ihre gegenüber dem Manne längere Reaktionsfähigkeit (längere Schrecksekunde). Spezielle Unfallverhütungsmaßnahmen sind daher besonders eingehend zu erläutern.
11. Frauenarbeitsgruppen müssen im sozialen Sinne richtig zusammengesetzt sein. Dazu gehört z.B. neben der Berücksichtigung der Ausbildung und der bisherigen Berufserfahrung auch die Kenntnis von Alter, Herkunft, Schulbildung, Familienstand sowie die Prüfung der Frage, ob die Frau aus eigenem Antrieb arbeiten will bzw. aus weichen persönlichen Gründen sie arbeiten muß (Bedürfnis- und Motivationsproblem).
12. Aufgrund der Gefühlsbetontheit der Frau sollte insbesondere auf einen sauberen Arbeitsplatz, eine saubere und gepflegte Atmosphäre und gutes Betriebsklima geachtet werden.
13. Vier bis sechs Wochen nach der Einstellung sollten alle neu eingestellten Frauen zusammengerufen werden, um aufgetretene Fragen zu klären und Anregungen zu erhalten.
14. Erbrachte Leistungen sollten gebührend anerkannt werden.
15. Kritik ist stets nur unter vier Augen, und auch dann nur konstruktiv, zu üben.
16. Hinweise auf besondere Arbeitszeit- und Pausenregelungen nach Arbeitsordnung, Tarifvertrag und Betriebsvereinbarungen.
17. Aufklärung über Rechte und Pflichten nach dem Mutterschutzgesetz und Bundeserziehungsgeldgesetz.
18. Information über Werksarzt, Sozialfürsorgerin, Selbsthilfegruppen.

Für Jugendliche sollten folgende zusätzliche Einführungsmaßnahmen beachtet werden:

1. Ausführungen über Sinn und Zweck der Berufsausbildung.

2. Aufklärung über Inhalt und Anforderungen des gewählten Berufes, über die Bedeutung des Berufes im Betrieb und Gesellschaft und Aufstiegsmöglichkeiten im Betrieb.
3. Unterrichtung über das Wesen des Arbeitsverhältnisses und die sich daraus ergebenden beiderseitigen Rechte und Pflichten.
4. Hinweise auf die besondere Bedeutung des ersten Tages im Betrieb.
5. Feierliche Einführung in den Betrieb.
6. Zusammenfassung der Jugendlichen zu bestimmten Arbeitsgruppen.
7. Regelmäßige Zusammenkünfte der Jugendlichen und Aussprache mit Vorgesetzten und Vertretern der Geschäftsleitung.
8. Gespräche mit Eltern und Ausbildern.
9. Hinweise auf besondere Arbeitszeit- und Pausenregelungen nach Arbeitszeitgesetz und Jugendarbeitsschutzgesetz.
10. Aufklärung über beiderseitige Rechte und Pflichten nach dem Jugendarbeitsschutzgesetz.
11. Hinweis auf Berufsschulpflicht.
12. Erläuterung besonderer Fürsorge- und Treuepflichten des Arbeitgebers aus dem Arbeitsverhältnis.

Für die Einführung von Gastarbeitern ist insbesondere zusätzlich folgendes zu beachten:

1. Vorinformation über Arbeits- und Lebensbedingungen in der Bundesrepublik Deutschland.
2. Vorinformation über besondere örtliche Verhältnisse, Wohnmöglichkeiten, Lebenshaltungskosten und Freizeiteinrichtungen.
3. Vorinformation über Betriebsart, Betriebsgröße, Arbeitszeit, Entlohnungsgrundsätze und Sozialeinrichtungen des Betriebes.
4. Unterrichtung der betreffenden Abteilungen über herkunftsmäßige bedingte Besonderheiten und Eigenschaften des Gastarbeiters.
5. Vorsorge für Unterbringung.
6. Besonders eingehende Einführung, ggf. unter Hinzuziehen eines Dolmetschers, in die Betriebsordnung sowie über in Deutschland selbstverständliche Verhaltensweisen, wie z.B. Disziplin, betriebliche Gepflogenheiten und ungeschriebene Gesetze sowie allgemeine Umgangsformen innerhalb und außerhalb des Betriebes.
7. Aushändigung von Merkblättern in der betreffenden Heimatsprache des Neueingestellten über Renten-, Kranken- und Arbeitslosenversicherung sowie über Unfallverhütungsvorschriften und -maßnahmen.
8. Beratung in lohnsteuerrechtlichen und sozialen Angelegenheiten.
9. Zuteilung eines bereits gut in den Betrieb integrierten Gastarbeiters als Paten.
10. Einrichtung von Sprachkursen unter besonderer Berücksichtigung der in der betreffenden Branche und im Betrieb verwendeten Fachausdrücke.
11. Einrichtung wöchentlicher Sprechstunden, ggf. mit Dolmetschern.

12. Berücksichtigung und Würdigung der kulturellen Herkunft, der religiösen und sozialen Vorstellungswelt und der physischen Belastbarkeit, jedoch unter Beachtung der gleichen Rechte und Pflichten deutscher und ausländischer Arbeitnehmer im Betrieb.
13. Bei unverständlichem Verhalten und Leistungsschwäche das „Warum" aufklären (Klima, Arbeitsrhythmus, Mentalität).
14. Vorschläge zur Freizeitgestaltung.
15. Aufklärung über einschlägige Arbeitszeit- und Arbeitsschutzvorschriften sowie Unfallverhütungsmaßnahmen und Verhalten im Katastrophenfall.
16. Information über Feiertage.

8.6 Die Einführungsschrift für neue Mitarbeiter

8.6.1 Ziele und Aufgaben

Ziele und Aufgaben der Einführungsschrift für neue Mitarbeiter sind, den Neuen über für ihn zunächst Wissenswertes auf allen Gebieten zu informieren, ihn in die betriebliche Gemeinschaft einzugliedern, ihm das Gefühl zu vermitteln, daß er keine „Nummer", sondern unabhängig von seiner Arbeitsaufgabe und seiner Dienststellung im Unternehmen ein wichtiges Glied in der betriebliehen Gemeinschaft ist und daß auch seine Arbeitsleistung entscheidend zu dem Gesamterfolg des Betriebes mit beiträgt.
Das erste Bekanntmachen des Neuen mit dem Betrieb ist wesentliche Voraussetzung dafür, daß später eine zufriedene Stammbelegschaft entstehen kann. Wesentliche Aufgabe der Einführungsschrift ist zunächst jedoch die erste Information des Neuen: sie soll ihm Fragen, Suchen und Laufen sparen. Für viele genügen daher auch die wichtigsten Angaben über Dinge, die sie zwecks Ausübung oder auch Erleichterung ihrer täglichen Arbeit unbedingt benötigen. Daraus sowie aus den verschiedensten Arbeitsaufgaben im Betrieb folgt, daß die Einführungsschrift nicht jedem Neuen eine erschöpfende Information über alle für ihn wissenswerte Fragen geben kann. Es müssen daher allgemein interessierende und jeden angehende Probleme erörtert werden. Diese haben sich zu beziehen auf die Gebiete

Arbeitsaufnahme,
Arbeitsdurchführung,
Arbeitserleichterung und
Zusammenleben im Betrieb.

Die Einführungsschrift hat ihre Aufgabe, den Neuen in die Betriebsgeheimnisse einzuführen, jedoch nur dann erfüllt, wenn sie ihm nicht nur Fakten und Daten mitteilt, sondern ihn auch mit den im Betrieb herrschenden ungeschriebenen Gesetzen, Gewohnheiten und Gepflogenheiten, soweit es auf diesem Weg überhaupt möglich ist, bekannt macht.

Außer der reinen Information obliegt der Einführungsschrift jedoch weiter noch die Aufgabe, erste Eindrücke über die menschlichen Beziehungen im Betrieb zu vermitteln. Rein menschliche Probleme sind dabei besonders stark zu betonen und hervorzuheben. Das hat insbesondere für Abschnitte zu gelten, die sich speziell mit der Einführung von Frauen und Jugendlichen befassen. Hier ist in Anbetracht der Psyche der Frau die menschliche Seite besonders hervorzuheben. Bei Jugendlichen ist insbesondere die Bedeutung des Berufs zu würdigen und auf dessen Einfluß für das weitere Leben des Jugendlichen in bezug auf sein berufliches Fortkommen aber auch seine private Weiterentwicklung hinzuweisen.

Es sind weiter Ausführungen darüber zu machen, daß es vornehmstes Ziel der Unternehmensleitung auf personalpolitischem Gebiet ist, zu erreichen, daß der richtige Mann am richtigen Arbeitsplatz eingesetzt ist. Weiter soll überall zu erkennen sein, daß die Einführungsschrift nicht nur informieren, sondern auch zum Mitdenken der Mitarbeiter anregen soll.

Endlich ist es mit Aufgabe der Einführungsschrift für neue Mitarbeiter, dafür zu sorgen, daß ein gutes Betriebsklima entstehen kann bzw. ein vorhandenes gutes Betriebsklima durch den Eintritt neuer Mitarbeiter erhalten bleibt und nicht etwa gefährdet wird.

Die wesentlichen Aufgaben der Einführungsschrift kann man in vier Punkten zusammenfassen, und zwar:

1) Information über das Unternehmen
2) Hilfen zur Erleichterung des Einlebens
3) Vermittlung der zur Durchführung der Arbeit notwendigen Daten und Fakten
4) Information über die Grundlagen der betrieblichen Personal- und Sozialpolitik.

Wesentlich ist, daß die Einführungsschrift nur eine Orientierungshilfe, auch in bezug auf die ungeschriebenen Gesetze des Betriebes sein soll; sie kann und soll jedoch weder das Einführungsgespräch und den Paten noch die Einweisung durch den Fachvorgesetzten ersetzen, diese vielmehr nur sinnvoll ergänzen.

8.6.2 Inhalt

8.6.2.1 Allgemeines

Der Inhalt der Einführungsschrift richtet sich im wesentlichen danach, welche Aufgaben die Einführungsschrift in dem betreffenden Unternehmen erfüllen und wem und wann sie ausgehändigt werden soll. Im folgenden soll, ausgehend von den oben aufgezeigten Aufgaben, die die Einführungsschrift erfüllen kann, ausführlich ausgeführt werden, welchen Inhalt sie zur Erfüllung dieser Aufgaben haben muß. Falls das Unternehmen der Einführungsschrift nur Teile der von ihr erfüllbaren Aufgaben überträgt, kann eine entsprechende inhaltliche Verkürzung, oder bei Erweiterung dieser Aufgaben auch eine Verlängerung vorgenommen werden.

Unabhängig von den Aufgaben ist der notwendige Inhalt der Einführungsschrift aber maßgeblich auch davon abhängig, ob das Unternehmen noch andere Broschüren bzw. Druckschriften für den Neuen bereithält oder nicht. Als solche kommen vornehmlich in Betracht:

Arbeitsordnung
Pensionsordnung und
Richtlinien für die Einreichung von Verbesserungsvorschlägen.

Die Praxis hierzu ist recht unterschiedlich. Viele Betriebe stellen die o. g. Schriften einzeln her, andere dagegen nehmen sie in die Einführungsschrift auf, die dann allerdings mehr als eine Einführungsschrift im üblichen Sinne ist. M. E. ist gegen die Aufnahme der o. g. Schriften in die Einführungsschrift nichts einzuwenden: Der Neue bekommt so in einer sicher repräsentativen Broschüre einen Gesamtüberblick über das Unternehmen. Die Aufnahme sämtlicher betrieblicher „Gesetze" in eine Schrift hat weiter den Vorteil, daß der Arbeitnehmer alles Wissenswerte in einem Buch zusammengefaßt hat. Auch verwaltungsmäßig ist die Aushändigung einer Schrift, die alle betrieblichen Vorschriften enthält, leichter zu handhaben und auch wesentlich einfacher zu kontrollieren. Ist die Arbeitsordnung nicht als extra Heft gedruckt, so sollten von ihr in der Einführungsschrift notwendigerweise Vorschriften – evtl. aber nur auszugsweise – enthalten sein über:

Begründung des Arbeitsverhältnisses
Änderung des Arbeitsverhältnisses
Beendigung des Arbeitsverhältnisses
Ordnung und Verhalten im Betrieb
Rechte aus dem Arbeitsverhältnis
Pflichten aus dem Arbeitsverhältnis
Arbeitszeit
Arbeitsentgelt und Entlohnungsmethoden
Urlaub und Treueurlaub
Besondere Leistungen an Mitarbeiter
Verbesserungs- und Vorschlagswesen
Unfall- und Schadensverhütung
Gesundheitsschutz.

Aus der Pensionsordnung sollten, sofern sie nicht als gesonderte Broschüre vorhanden ist, in der Einführungsschrift Vorschriften enthalten sein über:

Rechtsform der Pensionskasse und deren Geschäftsführung
Deckung der Ausgaben und Rückstellungen
Art der Renten
Fälligkeit
Rechtsanspruch
Wartezeit
Anrechnungsfähige Dienstzeit
Berechnung und Höhe der Rente
Anrechnung der Bezüge aus gesetzlichen Versicherungen
Altersrente
Rente wegen Berufs- und Erwerbsunfähigkeit
Witwenrente
Waisenrente.

Auch diese Vorschriften brauchen, wie in der Arbeitsordnung, evtl. nur auszugsweise wiedergegeben werden.
Den betrieblichen Vorschriften über die Einreichung und Prämiierung von Verbesserungsvorschlägen sollte besondere Beachtung geschenkt werden, da hierin für das Unternehmen erhebliche Vorteile liegen, die in vielen Betrieben längst noch nicht in dem möglichen Ausmaß ausgenutzt werden. Als Vorschriften sollten abgedruckt werden:

Bestimmungen über Sinn und Zweck des betrieblichen Vorschlagswesens
Wer kann Verbesserungsvorschläge einreichen
Einreichungsformalitäten
Prüfungsverfahren
Beschwerdemöglichkeiten
Richtlinien für die Festsetzung der Höhe der Prämie
Steuerliche Vorschriften
Sozialversicherungsrechtliche Vorschriften
Auszahlung der Prämien.

Schwierigkeiten hinsichtlich der Einführung neuer Mitarbeiter entstehen für die Einführungsschrift dadurch, daß es hier im Gegensatz zu einer weitgehend durch Vorgesetzte, Paten und Mitarbeiter durchgeführten Einführung nur schwer möglich ist, auf die Besonderheiten einzelner Arbeitnehmergruppen einzugehen, es sei denn, daß der Betrieb nur wenige verschiedene Arbeitnehmergruppen hat, also ein Umstand, der bei größeren Betrieben in der Regel nicht anzutreffen sein wird. Wie bereits angedeutet, muß Führungskräften und leitenden Angestellten etwas anderes geboten werden als Facharbeitern oder gar Hilfsarbeitern. Der Inhalt der Einführungsschrift darf deshalb einerseits nicht zu hoch oder zu anspruchsvoll sein, darf aber andererseits auch allgemein nicht auf das Niveau von Hilfsarbeitern absinken. Sie soll auch die Besonderheiten beachten, die für eine erfolgreiche Einführung von Frauen, Jugendlichen und Gastarbeitern erforderlich sind. Für Frauen ist zu berücksichtigen, daß aufgrund ihrer Gefühlsbetontheit die richtige Einführung und das damit verbundene erfolgreiche Einleben in die Betriebsgemeinschaft weitgehend ihre spätere Zufriedenheit und Arbeitsbereitschaft beeinflussen. Es sind daher auch in der Einführungsschrift diese Werte der Frau anzusprechen, wobei auf die besondere Situation der berufstätigen Frau unter Berücksichtigung ihrer Doppelbelastung durch Beruf und Haushalt einzugehen ist. Die Frau verlangt aus diesen Gründen auch mehr persönliche Ansprache.

Speziell für Jugendliche sollten Ausführungen über Sinn und Zweck der Berufsausbildung gemacht werden, eine Aufklärung über Inhalt und Anforderungen des gewählten Berufs gegeben und auf vorhandene Aufstiegsmöglichkeiten hingewiesen werden. Weiter sollte der Tag des Berufsanfanges gewürdigt und den Jugendlichen in netter und ansprechender Form das Wesen des Arbeitsverhältnisses mit den sich daraus ergebenden Rechten und Pflichten dargelegt werden.

Für Gastarbeiter sollten besondere Informationen über die örtlichen Verhältnisse, Wohnmöglichkeiten und Lebenshaltungskosten gegeben werden. Angebracht sind weiter spezielle Hinweise auf in Deutschland selbstverständliche Verhaltensweisen, wie z. B. Disziplin, betriebliche Gepflogenheiten, sowie allgemeine Umgangsformen, geschriebene und ungeschriebene Gesetze innerhalb und außerhalb des Betriebes.

Die Frage, ob die Besonderheiten für die Einführung der o. g. Personengruppen in der Einführungsschrift selbst oder auf einem besonderen Einlageblatt aufgeführt werden sollen, ist nach der Personalstruktur des Betriebes zu entscheiden. Haben Männer, Frauen, Jugendliche und Gastarbeiter fast gleich große Bedeutung für den Betrieb und ist auch jede dieser Gruppen zahlenmäßig relativ stark vertreten, so sollten die Besonderheiten für die Einführung dieser Arbeitnehmergruppen in der Einführungsschrift selbst dargelegt werden; in anderen Fällen sollte jedem Angehörigen der o. g. Gruppen ein besonderes Einlageblatt ausgehändigt werden, damit für das Gros der Belegschaft in der Einführungsschrift nicht etwas enthalten ist, was sie überhaupt nicht interessiert.

Aus den oben aufgeführten Schwierigkeiten ergibt sich auch die Notwendigkeit, in der Einführungsschrift die rein menschlichen Belange in den Vordergrund zu stellen. Berichte und Ausführungen über das Betriebsklima, über zwischenmenschliche Kontaktpflege sowie Mitarbeiterbelehrung, verbunden mit der Aufgabenschilderung der Personal- und Sozialabteilung sind daher wichtige Punkte für jeden Mitarbeiter, gleich welcher Vorbildung und für welche Stufe der betrieblichen Hierarchie er vorgesehen ist.

8.6.2.2 *Notwendiger Inhalt*

Im allgemeinen ist davon auszugehen, daß jede Einführungsschrift als notwendigen Inhalt Angaben und je nach den Belangen des Unternehmens kürzere oder längere Ausführungen enthalten sollte über:

1. Kurze Geschichte und Entwicklung des Unternehmens.
2. Wirtschaftliche und wirtschaftspolitische Gesichtspunkte.
3. Kurze Geschichte und Entwicklung sowie Gesamtüberblick über die hergestellten Produkte, auch die der wichtigsten Beteiligungsgesellschaften.
4. Größe und Struktur der Belegschaft.
5. Grundriß der Organisation des Unternehmens (Gesellschaftsform, Größe, Anzahl der Werke, Auslandsvertretungen, Vorstand, Aufsichtsrat, Beteiligungsgesellschaften).
6. Kapitalverhältnisse, Streuung des Aktienbesitzes, Belegschaftsaktien.
7. Vorgesetzte.
8. Spezielle Vorgesetzte des Bewerbers, wie Vorarbeiter, Meister, Betriebsleiter, Gruppenführer, Abteilungsleiter. Diese sind in der Regel auf einem Einlegeblatt aufzuführen.
9. Arbeitszeit und Pausen.
10. Lohnfindungssysteme, Arbeitsbewertung, Akkord- und Prämienlohn.
11. Betriebsarzt und Werksfürsorgerin.
12. Bücherei.
13. Küche und Kantine.
14. Garderoben, Waschgelegenheiten, Toiletten und sonstige sanitäre Einrichtungen.
15. Verbesserungs- und Vorschlagswesen.
16. Betriebsrat.
17. Förderungsmaßnahmen, betriebliche Aus- und Weiterbildung, auch für Führungskräfte.
18. Urlaub und Betriebsferien.
19. Telefon- und Anschriftenverzeichnis nebst Hinweisen auf Sprechstunden und die Namen der entsprechenden Sachbearbeiter.
20. Unsere Gastarbeiter.
21. Welche Unterlagen benötigen wir von Ihnen?

Im einzelnen können zu den vorgenannten Punkten des notwendigen Inhalts noch folgende Ausführungen gemacht werden:

Zu 1) Daten, Ausbildung, beruflicher Werdegang der (des) Gründer, erste Fabrik, erste Produkte und deren Entwicklung, spezielle gesetzliche Bestimmungen, die Einfluß auf die Produktion hatten, Marktentwicklung, Geschmackswandel, Entwicklung von Umsatz, Personal, Einkauf, Sozialleistungen, Lohn- und Gehaltssumme.

Zu 2) Bedeutung des Unternehmens für die Stadt und Gemeinde (Steueraufkommen, Stiftungen, Zuschüsse zu öffentlichen Einrichtungen wie Krankenhäuser, Kindergärten u. s. w.).

Im einzelnen können noch dargestellt werden:

1. Ausführungen über die allgemeine Wirtschaftssituation in der Bundesrepublik.
2. Ausführungen über die spezielle Wirtschaftssituation in der entsprechenden Branche in der Bundesrepublik und im EG-Bereich.
3. Stellung des Unternehmens in der Bundesrepublik und der EG.
4. Allgemeine Konjunkturlage und Konjunkturprognose für die Bundesrepublik und den EG-Bereich.
5. Spezielle Konjunkturlage und Konjunkturprognose für das Unternehmen.
6. Spezielle Konjunkturlage und Konjunkturprognose für die betreffende Branche.
7. Überblick über die eigene Produktion.
8. Anteil des Unternehmens an der betreffenden Produktion in der Bundesrepublik.
9. Angaben über die Auftragslage.
10. Angaben über den Absatz im In- und Ausland.
11. Angaben über den Umsatz und dessen Entwicklung.
12. Angaben über die Gewinne und deren Entwicklung.
13. Angaben über geplante Investitionen und die Art derselben (Aktien, Anleihen, usw.).
14. Forschung und Entwicklung.
15. Vorsorge zur Erfolgssicherung (Erweiterung des Produktionsprogrammes, Marktanalysen, finanzielle Grundlage und Fragen der Unternehmenskonzentration).
16. Überblick über Tochter- und Beteiligungsgesellschaften.
17. Allgemeine und spezielle organisatorische Probleme des Unternehmens, Fragen und Probleme der Rationalisierung und Automation.
19. Neubauten (von Fabriken).
20. Besuchergruppen der Firma (Studenten, Praktikanten, Ausländer).

Zu 3) Technische neue Verfahren, Produktionsänderungen und Erweiterungen, auch aufgrund der Erschließung neuer Bezugsbasen, Labor-, Forschungsergebnisse, Stellung des Unternehmens in der Forschung, weitere Ziele der Forschung, neue Forschungseinrichtungen, Bedeutung und Verfahren zur Qualitätssteigerung, Bedeutung der hergestellten Produkte für die Volkswirtschaft, Erfindungen und Patente und deren praktische und wissenschaftliche Bedeutung sowie Auswirkungen.

Bei der Aufzählung und Würdigung der Erzeugnisse, und zwar sowohl der Rohstoffe, Halbfabrikate und Fertigerzeugnisse sollte versucht werden, Verbindungen zu dem privaten Lebensbereich der Bewerber herzustellen, z. B. Lebensmittel für Haushalt, auf der Reise und für Camping, Öl für Heizung, Auto, Speisefette u. a. Soweit das Vertriebsprogramm über das Produktionsprogramm hinausgeht, sollte auch dieses im vorgenannten Sinne aufgeführt werden.

Zu 4) Hier kann, je nach Größe und Struktur des Betriebes, nach dem vorhandenen Material und je nachdem, wie umfangreich die Einführungsschrift werden soll, die vollständige oder teilweise Belegschaftsstruktur aufgezeigt werden. Eine solche könnte wie folgt gegliedert sein:

1. Personalstand am Ende des Geschäftsjahres (gegebenenfalls getrennt nach einzelnen Werken).
2. Stand und Entwicklung der Belegschaft in den letzten Jahren (Zu- und Abnahme, gegebenenfalls getrennt nach einzelnen Werken, prozentualer Abfall bzw. Zunahme der Belegschaft).
3. Genaue Belegschaftsstruktur (Anzahl und Verhältnis zur Gesamtbelegschaft)
   a) Arbeiter (Facharbeiter, Angelernte, Ungelernte, Hilfsarbeiter)
   b) Angestellte (Tarifangestellte und Außertarifangestellte)
   c) Praktikanten
   d) Auszubildende
   e) Meister
   f) Gastarbeiter (gegebenenfalls unterteilt nach Nationalitäten).
4. Strukturveränderung durch Automation.
   Hier ist an Hand von Vergleichen über mehrere Jahre aufzuzeigen, wie sich die Belegschaftsstruktur infolge erhöhter Aufwendungen, bedingt durch technischen Fortschritt, Automation und der damit verbundenen Schaffung von neuen Arbeitsplätzen bzw. dem Wegfall herkömmlicher Arbeitsplätze verändert hat. Diese Untersuchung hat weiter insbesondere Bedeutung für eine langfristige Personalplanung, da sie sich sowohl auf die qualitative als auch qualitative Strukturveränderung und Entwicklung der Belegschaft bezieht. Für die Strukturveränderungen im allgemeinen sind auch die Arbeitsverhältnisumwandlungen zu untersuchen. Als solche kommen vor allem die Umwandlungen vom Arbeiter- ins Angestelltenverhältnis in Betracht.
5. Aufteilung des Personals nach Arbeitsbereichen (effektiv und in Prozent)
   a) horizontale Bereiche, Konzernverwaltung
   b) Fabrikation
   c) Hilfs- und Nebenbetriebe
   d) Vertrieb
   e) Forschung und Entwicklung
   f) Beschaffung
   g) Ausbildung
   h) Wartung und Reparatur
   i) Verwaltung.

6. Verhältnis von produktiven zu unproduktiven Arbeitskräften.
7. Verhältnis von Männern zu Frauen.
8. Verhältnis von Gastarbeitern zu deutschen Arbeitnehmern (getrennt nach verschiedenen Berufsgruppen).
9. Anzahl der Auszubildenden im Verhältnis zur Gesamtbelegschaft
   a) gewerbliche Auszubildende
   b) technische Auszubildende
   c) kaufmännische Auszubildende.
10. Gesamtzahl der ausgebildeten Auszubildenden im Verhältnis zu den im Betrieb verbliebenen Auszubildenden.
11. Anzahl der Praktikanten und Werkstudenten.
12. Anzahl der in Ausbildung befindlichen Stipendiaten.
13. Anzahl der Jugendlichen im Verhältnis zur Gesamtbelegschaft.
14. Anzahl der beschäftigten Schwerbeschädigten (ggf. über den gesetzlichen Anteil hinaus).
15. Anzahl der Jubilare.
16. Anzahl der Ruhegeldempfänger.
17. Lebensaltersstruktur der Belegschaft (nach Altersgruppen) ohne Lehrlinge und Praktikanten
    a) nach Arbeitnehmergruppen
    b) nach Arbeitsbereichen
    c) Durchschnittslebensalter der Gesamtbelegschaft.
18. Dienstaltersstruktur der Belegschaft (ohne Lehrlinge und Praktikanten)
    a) nach Arbeitnehmergruppen
    b) nach Arbeitsbereichen
    c) Durchschnittsdienstalter der Gesamtbelegschaft.
19. Anzahl der aktiven Belegschaft im Verhältnis zu den Ruhegeldempfängern.
20. Aufteilung der Belegschaft nach Wohnorten und Einzugsgebieten.

    Ergänzend zu dieser Belegschaftsstruktur kann noch aufgeführt werden, wie viele verschiedene Berufe bzw. Berufsgruppen, insbesondere auch branchenfremde, das Unternehmen zur Erreichung des gemeinsamen Zieles benötigt. Dieser Punkt kann insbesondere unter dem Gesichtspunkt interessant sein, daß bereits Bewerber die Einführungsschrift erhalten und sie diese evtl. Bekannten – auch anderer Berufe – zeigen und diese – Branchenfremden – dadurch unter Umständen auch für das Unternehmen gewonnen werden.

    Abschließend können auch Ausführungen über die Rationalisierung und deren Auswirkungen auf die künftige Belegschaftsstruktur gemacht werden.

Zu 5) Hier können unter anderem Ausführungen gemacht werden über Rechtsform, Organisationsplan, Zahl, Namen, Ausbildung und Funktion der Vorstandsmitglieder.

Zu 6) Kleine Aktienkunde, Höhe und Entwicklung des Aktienkurses, Grundkapital, Ertragslage, ausgeschüttete Dividenden.
Zu 7) und 8) Hier sollen die Vorgesetzten aufgeführt und kurz porträtiert werden. Die unmittelbaren Vorgesetzten wie Meister, Vorarbeiter, Unterabteilungsleiter und Gruppenführer sollten auf einem besonderen Einlageblatt aufgeführt werden, das den Neuen im Gegensatz zur Einführungsschrift selbst erst bei der Einstellung auszuhändigen ist.

Zu 9) Hier ist ein vollständiger Überblick über die tarifliche und betriebliche Arbeitszeit zu geben. Insbesondere ist auch auf die Arbeitszeit bei Wechselschichten einzugehen. Weiter sind die verschiedenen Pausenzeiten und -längen darzustellen, die für Angestellte, Arbeiter sowie bei Normal- und Wechselschichten voneinander abweichen und verschieden lang sein können.

Zu 10) Hier sollten nähere Ausführungen darüber gemacht werden, welche Lohnfindungssysteme im Betrieb bzw. in den einzelnen Betriebsabteilungen vorhanden sind und warum sich der Betrieb im Einvernehmen mit dem Betriebsrat zu gerade diesem System entschlossen hat. Insbesondere von üblichen Akkord- und Prämienlohnsystemen abweichende Verfahren – seien sie produktionsbedingt oder durch besondere Betriebsvereinbarung festgelegt – sollten eingehend dargelegt und begründet werden. Dem Neuen muß klar werden, nach welchen Gesichtspunkten sein Leistungslohn festgelegt wird und welche Leistungen man von ihm verlangt. Endlich ist der Personenkreis bzw. die Werkstätten, die nach dem vorgenannten Akkord- bzw. Prämienlohnsystem arbeiten, genau abzugrenzen, und es kann noch auf die grundsätzlichen Unterschiede zwischen Akkord- und Zeitlohn – gegebenenfalls durch nette humoristische Grafiken aufgelockert – hingewiesen werden. Dabei sollte allerdings auch zum Ausdruck kommen, warum es aus betrieblicher und produktionstechnischer Sicht sowie zugunsten der Arbeitnehmer erforderlich oder doch zumindest zweckmäßig ist, die eine Arbeit im Akkord- bzw. Prämienlohn, die andere dagegen im Zeitlohn ausführen zu lassen. Auf den Unterschied zwischen Gehalt, Stunden- und Leistungslohn in Form von Akkordlohn und Prämienlohn sollte anhand von Beispielen eingegangen werden. Weiter ist auf die tariflichen Bestimmungen und einen gegebenenfalls bestehenden Werkstarif hinzuweisen. Endlich sollten die Auszahlungsmodalitäten behandelt werden, wie bar oder bargeldlos, wöchentlich oder monatlich und Abschlagszahlungen. Auf Zuschüsse zum Krankengeld, sowie Lohn- und Gehaltsfortzahlung bei längerer Krankheit ist hinzuweisen.

Zu 11) Aufgaben und Sprechstunden von Betriebsarzt und Werksfürsorgerin sind darzustellen, und auf die Bedeutung des Werksarztwesens für Betrieb und Arbeitnehmer ist hinzuweisen. Statistische Angaben über Anzahl und Art der behandelten Fälle können die Bedeutung des Werksarztes unterstreichen. Art und Umfang der Ausstattung der Sanitätseinrichtung können gegebenenfalls durch Fotos bebildert dargestellt werden. Sprechstunden, ggf. für einzelne

Werksteile zu verschiedenen Zeiten und an verschiedenen Orten, sind anzugeben; auf vorbeugende Gesundheitspflege durch Reihenuntersuchungen und Abgabe von Medikamenten ist besonders hinzuweisen. Die Aufgaben der Werksfürsorgerin, auch bei Krankenbesuchen, sollten beschrieben werden.

Zu 12) Hier können Ausführungen gemacht werden über Zweck der Werksbücherei, die Art und den Bestand der Bücher sowie statistische Angaben, wieviel Entleihungen insgesamt sowie bezogen auf den einzelnen Mitarbeiter stattgefunden haben. Entleihungszeiten und evtl. zu zahlende Entleihungsgebühren sind bekanntzugeben sowie Planungen für die Ergänzung und Erweiterung der Bücherei. Durch Fragezettel sollten die Mitarbeiter angeregt werden, ihre Wünsche bezüglich der Erweiterung bekanntzugeben.

Zu 13) Angaben über Größe, Art und Ausstattung der Küche und Angebot des Warensortiments in der Kantine. Anzahl der täglich ausgegebenen Essensportionen, Essenspreise, die die Belegschaftsangehörigen zahlen müssen, im Gegensatz zum realen Wert des Essens, und Darlegung des firmenseitigen Zuschusses zum Mittagessen. Soweit Automaten für die Verabreichung von Getränken oder der Zwischenverpflegung vorhanden sind, sollte auch hierüber berichtet und die Vor- und auch Nachteile der Automatenverpflegung kurz aufgezeigt werden.

Zu 14) Auf die Modernisierung, den Ausbau und die Erweiterung der sanitären Einrichtungen sollte hingewiesen werden.

Zu 15) Die Bedeutung des Verbesserungs- und Vorschlagswesens für die Produktion ist eingehend zu würdigen. Für die Mitarbeiter sind die sich durch Einreichung von Verbesserungsvorschlägen ergebenden Prämien sowie das Bewertungsverfahren so darzulegen, daß es für den einzelnen verständlich ist. Auch sollte auf die Vergünstigungen bei der Besteuerung der Prämien für Verbesserungsvorschläge hingewiesen und dem Mitarbeiter klargemacht werden, daß die Einreichung von Verbesserungsvorschlägen einmal für ihn lukrativ, zum anderen aber auch für das Unternehmen, das betreffende technische Verfahren und mithin für das wirtschaftliche Ergebnis des Unternehmens mit von entscheidender Bedeutung sein kann.

Zu 16) Die wesentlichen Aufgaben des Betriebsrates, die im Betriebsverfassungsgesetz niedergelegt sind, sollten aufgezählt und dabei die Arbeit des Betriebsrates gewürdigt und gegen die der Geschäftsleitung abgegrenzt werden. Insbesondere kann auf einige Fragen der Mitbestimmung des Betriebsrates, so z. B. bei der Einstellung, Änderung des Einkommens bzw. der Lohnsysteme sowie bei Kündigungen näher eingegangen werden. Es sollte aufgezeigt werden, daß eine gedeihliche Zusammenarbeit zwischen Betriebsrat und Geschäftsleitung zum Gesamtwohl des Betriebes erforderlich ist und daß diese Zusammenarbeit stets von beiden Seiten angestrebt wird.

Größe und Organisation des Betriebsrates können behandelt sowie deren Mitglieder und Vorsitzer einzeln aufgeführt werden unter Hervorhebung, ob sie von der Arbeit freigestellt sind oder nicht. Auf besondere Sprechstunden des Betriebsrates ist hinzuweisen; desgleichen können die Belegschaftsangehörigen darauf hingewiesen werden, daß sie sich in all den Fragen, in denen der Betriebsrat ein Mitbestimmungsrecht hat, an diesen wenden können, mit der Bitte, die Angelegenheit der Geschäftsleitung bzw. dem dafür gebildeten Gremium, vorzutragen. Weiter kann, je nach den betrieblichen Gegebenheiten, darauf hingewiesen werden, daß durch Vermittlung oder im Auftrag des Betriebsrates eine Beratung aller Belegschaftsangehörigen in Steuer- und Sozialversicherungsangelegenheiten stattfindet.

Zu 17)

a) Jugendliche
Lehrwerkstätten, theoretischer Unterricht, Bücherei (Fachbücher und Unterhaltungsliteratur), Kosten der Ausbildung, Lehrkräfte (Porträt), soziale Betreuung, Umschulungsmaßnahmen, Jugendfreizeiten, sozialpädagogische Kurse, Ausbildung von Praktikanten, Informandenausbildung.
b) Erwachsene
Theoretische Fortbildung, Bücherei, Meisterkurse, Zuschüsse für Kurse an Volkshochschulen, Vorträge und Seminare (extern und intern) sowie Refakurse.
Es ist darauf hinzuweisen, daß durch Herkunft, Religion, Schul- und Berufsausbildung keine Nachteile im Betrieb und im beruflichen Fortkommen entstehen.
c) Stipendium für Studium.

Zu 18) Gesetzlicher, tariflicher und betrieblicher Urlaub, Zusatzurlaub (nach Tarif und betrieblicher Regelung) für bestimmte persönliche Ereignisse (Heirat, Geburt, Sterbefälle, Jubiläum, Umzug), auch wenn diese während des Tarifurlaubs eintreten, Sinn und Zweck des Urlaubs, Nebenbeschäftigungen, Urlaubsjahr, Urlaubsansprüche im Ein- und Austrittsjahr und beim Ausscheiden zum 30. Juni, Prinzip der Zwölftelung, Übertragbarkeit, Urlaubsbescheinigung, Wartezeit, Teilurlaubsansprüche, Sommer- und Winterurlaub, Zusatzurlaub für längere Firmenzugehörigkeit, Zusatzurlaub für Schwerbehinderte, Urlaub bei längerer Krankheit, Urlaub bei unterbrochener Arbeitsleistung sowie bei Teilzeit- und Halbtagsbeschäftigten, Probleme bei Einführung von Betriebsferien sowie eine Abwägung ihrer Vor- und Nachteile für die Arbeitnehmer und den Betrieb.

Zu 19) In diesem Verzeichnis sollten enthalten sein:
Unfall,
Feuer,
Werksarzt,
Personalabteilung für Lohnempfänger,
Personalabteilung für Angestellte,

Sozialabteilung (Schwerbeschädigtenangelegenheiten, Lohnsteuerberatung, Sozialversicherungsberatung, Darlehen, Werksfürsorge, Wohnungsbüro, Baudarlehen, Werkszeitschrift, Alters- und Hinterbliebenenfürsorge).

Zu 20) Anzahl der Gastarbeiter, Aufteilung in verschiedene Nationalitäten, Ausführungen über Besonderheiten bestimmter Gruppen ausländischer Arbeitnehmer, dabei Berücksichtigung und Würdigung der kulturellen Herkunft, der religiösen und sozialen Vorstellungswelt und der physischen Belastbarkeit, Appell an die Hilfe für Gastarbeiter in Beziehung auf Einarbeitung, Unterbringung und Freizeitgestaltung, Hinweis auf ein besonderes Patensystem, dessen Durchführung und Bedeutung.

Zu 21) Hier soll aufgeführt werden, welche Unterlagen bzw. Bescheinigungen der Neue bei der Einstellung mitbringen muß:

Lohnsteuerkarte,
Sozialversicherungsnachweis,
ggf. Heiratsurkunde, Geburtsurkunde,
ggf. Urlaubsbescheinigung des früheren Arbeitgebers, sofern ein Arbeitsplatzwechsel während des Urlaubsjahres stattgefunden hat,
Immatrikulationsbescheinigung bei Studenten,
ggf. Rentenbescheid.

8.6.2.3 Ergänzbarer Inhalt

Je nach der Aufgabenstellung, die die Einführungsschrift in dem betreffenden Betrieb zu erfüllen hat, können entsprechend den betrieblichen Belangen Ergänzungen zu den vorgenannten Punkten angezeigt sein über:

1. Betriebsklima
2. Fluktuation.
3. Krankenstatistik.
4. Fehlzeitenstatistik.
5. Unfälle.
6. Rechte und Pflichten bei Betriebs- und Wegeunfällen.
7. Betriebskrankenkasse.
8. Bestehende Versicherungen.
9. Reisekosten-Regelung.
10. Umzugskosten-Regelung.
11. Grundsätze für Hilfe bei Wohnraumbeschaffung.
12. Beteiligungsgesellschaften.

Wenn diese Punkte nicht einzeln behandelt werden sollen, so kann es auch angezeigt sein, in einem allgemeinen Abschnitt entsprechend den o. g. Gesichtspunkten zur allgemeinen Wirtschafts- und wirtschaftspolitischen Situation hier Ausführungen über sozial- und sozialpolitische sowie tarifpolitische Gesichtspunkte zu machen. In diesen Ausführungen sollten angesprochen werden:

1. Überblick über die allgemeine Konjunkturlage und Arbeitsmarktsituation.
2. Probleme der Arbeitskräftebeschaffung.
3. Spezielle Engpässe der Arbeitskräftebeschaffung.
4. Einsatz von Gastarbeitern.
5. Ausführungen über Fluktuation.
6. Ausführungen über Krankenstand.
7. Ausführungen über die allgemeine Arbeitsmoral.
8. Überblick über gesetzliche Neuregelungen auf sozialpolitischem Gebiet.
9. Ausführungen über Vermögensbildung der Arbeitnehmer.
10. Überblick über tarifvertragliche Neuregelungen (z. B. Manteltarifvergünstigungen, Lohn- und Gehaltserhöhungen aufgrund allgemeiner Tarifverträge oder Werktarifvertrag, Arbeitszeitverkürzung mit Lohnausgleich u. a.).
11. Überblick über Maßnahmen zur Ausbildung und Förderung der Persönlichkeit.
12. Ausbildung.
13. Lehrwerkstätten.
14. Erwachsenenausbildung und -fortbildung.
15. Maßnahmen zur Schaffung einer Stammbelegschaft.
16. Arbeitsschutzeinrichtungen, Unfallbericht.
17. Einführung neuer Sozialeinrichtungen (z. B. Pensionskasse, Werksarzt, Betriebskrankenkasse, Werksbücherei, Kantine, Ferienheime, Kindergärten, Erfolgsbeteiligungen u. a.).
18. Ergänzungen oder Änderungen der Betriebsordnung und Betriebsvereinbarungen.

8.6.2.4 Sozialberichterstattung

Wenn kein besonderer Sozialbericht erstellt wird, ist es angebracht, in der Einführungsschrift ausführlich über die Sozialleistungen, die das Unternehmen gewährt, zu berichten.

Im Vordergrund dieser Berichterstattung werden die sog. freiwilligen Sozialleistungen stehen. Es kann aber auch angezeigt sein, über die sozialen Leistungen, die das Unternehmen aufgrund gesetzlicher oder tariflicher Bestimmungen aufzubringen hat, zu berichten.

Soll über gesetzliche oder tarifvertragliche Sozialleistungen berichtet werden, so sind zu erwähnen: Arbeitgeberanteile zur Sozial-, Knappschafts-, Kranken- und Arbeitslosenversicherung, Beiträge zur Berufsgenossenschaft und gesetzlichen Unfallversicherung, weiter aber auch bezahlter Urlaub, bezahlte Feiertage und bezahlte Arbeitsversäumnisse, Sonderurlaub für Schwerbehinderte, Krankengeldzuschüsse, Leistungen nach Mutterschutzgesetz, gesetzliche und tarifliche Zuschläge für Überstunden, Nacht-, Sonn- und Feiertagsarbeit, Hitze-, Schmutz- und Gefahrenzulagen sowie Aufwendungen für Kindergeld und in einzelnen Tarifverträgen weiter als unabdingbar enthaltene Sozialleistungen, wie

z. B. Hausstandsgeld, Weiterzahlung von Lohn und Gehalt in Sterbefällen, Krankengeldzuschüsse, die über die gesetzlichen nach dem Arbeiterkrankheitsgesetz hinausgehen, Aufwendungen für Familienheimfahrten, Wegegelder und Trennungsentschädigungen, sofern auf alle diese Leistungen ein tarifvertraglicher Anspruch besteht.

8.6.3 Umfang

Der Umfang der Einführungsschrift für neue Mitarbeiter hängt von ihrem Inhalt, dieser wiederum weitgehend von den Aufgaben ab, die die Einführungsschrift in dem betr. Unternehmen erfüllen soll sowie davon, ob und gegebenenfalls welche anderen Druckschriften, wie z. B. Betriebsordnung, Pensionsordnung, Reisekostenbestimmungen, Vorschlags-Fibel und andere vorhanden sind. Der Umfang ist jedoch keineswegs allein von diesen Faktoren abhängig, denn die Art der Gestaltung des Inhalts kann sehr verschieden aufwendig erfolgen, je nachdem, welches Format und welche Schrift gewählt werden, ob der Text kompreß gesetzt oder durch Zeichnungen, Schaubilder, Grafiken und Fotos aufgelockert ist oder nicht.

In der Praxis vorgefundene Einführungsschriften schwanken umfangmäßig sehr.
Der Gesamtumfang wie auch die Aufmachung und Ausgestaltung der Einführungsschrift wird maßgeblich von der Größe, Art, Organisation, Branche, Struktur und dem Alter des Unternehmens, der Art der Produktion, der Breite des Produktionsprogrammes sowie von der Größe und Struktur der Belegschaft abhängen. Über große Betriebe gibt es zwangsläufig mehr Interessantes und notwendigerweise Wissenswertes zu berichten als über kleine; das gilt ebenso für Unternehmen, die bereits seit vielen Jahren bestehen. Unterschiede in Inhalt, Umfang und Ausgestaltung der Einführungsschrift können aber auch branchenmäßig bedingt sein und selbst innerhalb der gleichen Branche durch verschiedene Produktion bzw. auch nur Produktionsverfahren voneinander abweichen. So wird beispielsweise die Roheisengewinnung, -verarbeitung oder der Bergbau für die ganze Belegschaft allgemein nicht so interessant sein wie z. B. die Fabrikation von Haushalts- oder anderen Konsumgütern. Innerhalb der gleichen Branche werden sich Unterschiede hinsichtlich des Umfanges und der Ausgestaltung vor allem durch die Breite des Produktionsprogrammes ergeben; es ist z. B. über einen Betrieb, der fast sämtliche elektrischen Haushaltsgeräte herstellt, wesentlich mehr zu berichten als über einen, der nur Kühlschränke produziert. Von der Größe und Struktur der Belegschaft wird es insbesondere auch abhängen, ob in der Einführungsschrift selbst auf bestimmte Arbeitnehmergruppen einzugehen ist oder nicht.

Diese Umfangsfragen sind also durch den Inhalt der Einführungsschrift bedingt.

Weiter hängen Umfang, Inhalt und Aufmachung der Einführungsschrift auch davon ab, ob sie praktisch allein die gesamte Einführung übernehmen soll bzw. wie intensiv noch die Personalabteilung, Vorgesetzte und Arbeitskollegen oder speziell hierfür eingesetzte Paten neben der Einführungsschrift mit Einführungsaufgaben, insbesondere mit der menschlichen Kontaktgewinnung und späteren Kontaktpflege, betraut werden. Die Anforderungen an die Einführungsschrift müssen im ersten Fall erheblich höhere sein, was sich im Umfang, Inhalt und Aufmachung widerspiegeln muß, im zweiten Fall dagegen kann eine erhebliche Umfangsreduzierung angezeigt sein.
Im allgemeinen kann davon ausgegangen werden, daß eine inhaltliche und aufmachungsmäßig gut gestaltete Einführungsschrift von ca. 20 Seiten Umfang ausreicht, um die an sie gestellten Aufgaben zu erfüllen. Werden noch besondere Paten zur Einführung eingesetzt und sind noch andere Druckschriften, wie z.B. Arbeitsordnung, Pensionsordnung, Reisekostenbestimmungen, Vorschriften über Einreichung und Prämierung von Verbesserungsvorschlägen und ähnliche vorhanden, so kann der Gesamtumfang der Einführungsschrift noch vermindert werden.

8.6.4 Aufmachung

Über die zweckmäßige Aufmachung der Einführungsschrift herrschen aus verschiedenen Gründen recht unterschiedliche Ansichten; nicht zuletzt spielen auch finanzielle Fragen dabei eine nicht unerhebliche Rolle. Vorab kann festgestellt werden, daß das Aufwendigste zur Erfüllung der der Einführungsschrift zugedachten Aufgaben keineswegs das Optimum darstellt: es hat sich vielmehr gezeigt, daß es nicht in erster Linie auf das »Was« sondern auf das »Wie« ankommt. Der erste Eindruck, den die Einführungsschrift macht, muß so sein, daß der Neue begeistert danach greift. Dazu erforderlich ist eine ansprechende Titelseite, die nicht zwangsläufig und notwendig ein Bild enthalten muß. Auf eine helle, freundliche aber warme Farbe oder Farbkomposition ist zu achten. Das Format der Broschüre muß ansprechend und vor allem handlich sein. Nicht notwendig ist ein DIN-Format. So findet man heute häufig quadratische Formate, z.B. 19 x 19 cm. Die Schrift muß gut leserlich und modern sein. Auch die Darstellung des Stoffes der Einführungsschrift muß sowohl inhaltlich als auch von der Aufmachung her lebendig und verständlich sein. Eine klare Schrift, ein nicht zu kleiner Schriftgrad mit genügend Durchschuß und ein auch dem ungeübten Leser ansprechender nicht zu großer Satzspiegel – je nach Format ist deshalb u. U. ein zweispaltiger Satz zu empfehlen – tragen viel dazu bei, die Freude am Lesen zu erhöhen. Endlich ist es erforderlich, längere Ausführungen durch Absätze und Zwischenüberschriften, Feder- oder Strichzeichnungen, nette Graphiken oder auch Statistiken und ggf. auch Fotos – nicht jedoch nur die üblichen der Werksjubilare – aufzulockern. Für Fotos kommen vornehmlich in Betracht: Fabrikationsstätten, Vertrieb, Verwaltungen und Vertretungen im In- und Ausland, auch von Beteiligungsgesellschaften, und zwar sowohl Außen- als auch

Innenansichten und Luftaufnahmen, Sozialeinrichtungen wie Küche, Kantine, Ferienheime, Werksarzt, Sanitäre Einrichtungen, Garten, Schwimmbad, Sporteinrichtungen, Kindergarten, Bücherei, Werkssiedlungen, Werksausflüge, Neubauten, im Bau befindliche Anlagen, alte und neue Maschinen und maschinelle Anlagen, Bilder von Mitarbeitern, Jubilaren und Direktoren, Rohstoffe, Teil- und Fertigerzeugnisse, Entwicklung der Erzeugnisse in Labor und Fabrikation, Auslieferung, Kundendienst, Reparatur- und Ersatzteillieferungen und ähnliches, Aktien, Auszüge aus Bilanzen oder Gewinn- und Verlustrechnungen, aber auch alte und neue (historische) Gebäude, Gebäude vor und nach der Kriegszerstörung, Entwurf geplanter Anlagen (Skizzen), auch geplanter Fertigungsstätten, alte und moderne Büros, farbgestaltete Räume (farbpsychologisch), Maschinen und Werkstätten, Menschen im Betrieb (bei der Arbeit, in Pausen, beim Essen, beim Erholungsspaziergang), in der Freizeit, bei Sport, Spiel, Schwimmen usw., Deutschland- oder Weltkarte mit Fabriken, Büros und Vertretungen, Bilder von Betriebsversammlungen, Jubilarfeiern, Weihnachtsfeiern, Schulungskursen, Lehrwerkstätten, Rechenzentrum, Versuchs- und Prüfungsfeldern, Rohstoffe und deren Transportwege, (z. B. Verschiffung), Lagerhaltung, Bearbeitung und Aufbereitung.

Ob überhaupt Fotos verwendet werden sollen, ob die Schrift überhaupt im Buchdruck hergestellt oder nur vervielfältigt werden und welche Papierqualität gewählt werden und was die Einführungsschrift für einen Einband erhalten soll, sind an sich rein finanzielle Erwägungen. M. E. sollte in der Gesamtschau so entschieden werden, daß eine Broschüre entsteht, die jeden Neuen anspricht und ihn förmlich zum Lesen zwingt. Im Zweifel sollte immer die bessere Ausgestaltung gewählt werden, da die Einführungsschrift die erste Visitenkarte des Unternehmens ist und auch bei Bekannten und Freunden des Neuen bzw. schon des Bewerbers eine sehr wirksame Werbewirkung auslösen kann. Andererseits darf eine großzügige Bebilderung der Einführungsschrift aber nicht dazu führen, daß als Gesamteindruck der eines Bilderbuches entsteht. Im Grundsatz sollten daher nur Fotos aufgenommen werden, die typisch für das Unternehmen sind oder solche, die als vorbildlich für bestimmte Einrichtungen gelten und die beim Leser „ankommen", d. h. also einen echten werbewirksamen Eindruck, – der natürlich auf Tatsachen beruhen muß, – hinterlassen. Ob unter diesen Gesichtspunkten viel oder wenig Fotos gebracht werden sollen, hängt mithin nicht nur vom Umfang, sondern auch von der Art der Produktion ab, d. h. ob sich die Fertigprodukte oder auch deren Herstellungsverfahren allgemein interessant und publikumswirksam darstellen lassen oder nicht. Also, nicht Bilder um jeden Preis, sondern nur solche, die typisch und aussagefähig sind, die den Leser echt informieren und für das Unternehmen werben. Außer Fotos kann es angezeigt sein, die Einführungsschrift durch Schaubilder, Statistiken und Graphiken aufzulockern. Schaubilder bieten sich z. B. an zur Veranschaulichung einer komplizierten Organisation in einem größeren Unternehmen (Organigramm), Statistiken können in verschiedenen Formen, insbesondere auch als Kurven, für die Veranschaulichung von Vergleichen über mehrere

Jahre oder andere Bemessungszeiträume dienen und Graphiken, insbesondere in humorvoller Art, zur Auflockerung eines an sich trockenen Textes. Allgemein ist zu empfehlen, die Ausgestaltung der Einführungsschrift einem Fachmann zu überlassen. Die dadurch entstehenden Kosten dürften allein schon durch die Werbewirkung, die von einer gut gestalteten Einführungsschrift auf bisher betriebsfremde Personen ausgehen werden, mehr als voll gedeckt sein.

8.6.5 Aushändigung

Abschließend ist noch zu erörtern, wann die Einführungsschrift ausgehändigt werden sollte und welcher Personenkreis sie erhalten soll. Die Beantwortung beider Fragen richtet sich nach der Ausgestaltung der Einführungsschrift. Betrieblicherseits muß jedoch die Frage der Art der Ausgestaltung davon abhängig gemacht werden, wann und wem man die Broschüre geben will.

M. E. sollte die Einführungsschrift bereits bei der Vorstellung und nicht erst bei der Einstellung ausgehändigt werden. Dafür spricht, daß sich der Bewerber nach der Vorstellung zu Hause in Ruhe noch einmal über das Unternehmen, seine Arbeitsbedingungen und sozialen Leistungen informieren kann. Außerdem kann man dadurch eine durchaus zulässige und sehr erfolgreiche Werbewirkung erreichen, indem man den Bewerber bittet, die Schrift auch einmal Freunden und Bekannten zu zeigen, in der Hoffnung, dadurch auch diese für das Unternehmen zu interessieren und zu gewinnen. Spezielle Angaben über die unmittelbaren Vorgesetzten des Betreffenden können dann jedoch in der Einführungsschrift selbst nicht gemacht werden. Sie können vielmehr erst bei der Einstellung ausgehändigt werden; das kann insbesondere in Form eines Einlegeblattes erfolgen.

Die Einführungsschrift sollte auch allen Bewerbern und nicht nur einem bestimmten Personenkreis ausgehändigt werden. Dies folgt einmal wiederum aus der sich aus der Einführungsschrift selbst ergebenden Werbewirkung, zum anderen aber auch aus dem Sinn und Zweck der Einführungsschrift überhaupt. Allerdings brauchen dann die o. g. möglichen zusätzlichen Ausführungen in der Einführungsschrift nicht enthalten sein, d. h. die Einführungsschrift sollte nicht zu breit angelegt werden, denn einmal würden viele interessante Hinweise vom Gros der Belegschaft nicht gelesen oder verstanden werden und außerdem wäre der Aufwand in aller Regel zu hoch. Es erscheint mir aber nicht ratsam, zwei verschiedene Einführungsschriften herzustellen, und zwar eine für Angestellte und eine weitere für Arbeiter, denn es wird in vielen Fällen schwer abgrenzbar sein, wem die eine und wem die andere Ausführung auszuhändigen ist. Bezüglich des Zeitpunktes der Aushändigung und dem Empfängerkreis wird daher folgendes vorgeschlagen:

1. Die Einführungsschrift sollte bereits bei der Vorstellung und nicht erst bei der Einstellung ausgehändigt werden.

2. Die Einführungsschrift sollte nicht zu aufwendig gestaltet und – nicht zuletzt wegen der ihr eigenen Werbewirkung – allen Bewerbern gegeben werden.
3. Besonders interessierte Bewerber erhalten Bilanzen, Geschäftsberichte, Sozialberichte, Gewinn- und Verlustrechnungen oder Werkzeitschriften zusätzlich zur Einführungsschrift.

8.6.6 Weshalb erfüllen manche Einführungsschriften ihren Zweck nicht?

Viele Einführungsschriften erfüllen ihren Zweck nicht, weil sie inhaltlich oder von der Gestaltung her gesehen nicht das bieten, was notwendig ist, dem Neuen an erforderlichen und ausreichenden Informationen zu bieten.

Als Hauptgründe, weshalb der Zweck nicht erreicht wird, sind zu nennen:

1. Sie sind zu umfangreich.
2. Sie sind zu kurz und deshalb nicht mehr aussagefähig.
3. Sie unterrichten nur über das Unternehmen (im Sinne einer Informationsschrift), nicht jedoch über die notwendigen Einführungshilfen, wie z. B. die ungeschriebenen Gesetze des Betriebes (Grüßen, Titel, Anrede, Anklopfen, Rauchen), Arbeitshilfen und Arbeitskniffe.
4. Sie wenden sich nur an einen speziellen Arbeitnehmerkreis (z. B. Jungingenieure oder weibliche Mitarbeiterinnen).
5. Sie sind zu „volkstümlich“ und sprechen daher die leitenden Angestellten des Unternehmens nicht an.
6. Sie sind sprachlich und inhaltlich „zu hoch“, wie z. B. häufig bei Geschäftsberichten (Bilanzen, G+V-Rechnung), und sie sprechen deshalb die gewerblichen Arbeitnehmer nicht an.
7. Sie haben einen schlechten oder auch zu anspruchsvollen Stil.
8. Sie haben eine zu schlechte oder zu anspruchsvolle Aufmachung, und sie werden deshalb letzten Endes von niemanden gelesen.
9. Sie werden erst am Einstellungstag – also zu spät – ausgehändigt.
10. Sie sind zuwenig konkret, d. h. es fehlt ihnen z. B. ein Einlageblatt über Vorgesetzte, Betriebsratsmitglieder, Kantine, Telefonverzeichnis, Werksarzt, Sprechstunden bestimmter Abteilungen u. a.
11. Sie wollen die persönliche Einführung, ergänzt durch einen Paten, ersetzen, statt diese zu ergänzen.
12. Sie sprechen nicht auch gleichzeitig die Familie, Freunde und Bekannte des Bewerbers an.
13. Sie haben eine zu schlechte Schrift (zu klein, unübersichtlich, nicht modern, nicht leserlich).
14. Sie haben zuwenig Fotos, Zeichnungen, Grafiken und Schaubilder und wirken deshalb nüchtern, trocken, langweilig, uninteressant und nicht lesenswert.

15. Sie haben zu viele ins Detail gehende Zahlen oder Statistiken (z. B. Umsatz, Bilanzen, G+V-Rechnung, Entwicklungen, Statistiken, Belegschaftszahlen, Beteiligungen).
16. Sie berichten zu umfangreich und detailliert über Produktion und Forschung und Entwicklung, sofern dies nicht allgemein interessant ist.

8.7 Die Betriebszeitschrift als Einführungsschrift

Der Sinn und Zweck der Herausgabe einer Betriebszeitschrift ist sehr vielseitig und richtet sich ebenfalls nach Art und Größe des Unternehmens, seiner Produktion, der Struktur der Belegschaft sowie nach Art und Anzahl der vorhandenen anderen Druckschriften im Betrieb.

Im allgemeinen soll die Betriebszeitschrift:

a) Nachrichten übermitteln. Die Arbeitnehmer müssen wissen, wie die Betriebsführung denkt, und die Betriebsführung muß wissen – und auch berücksichtigen –, was in den Köpfen der Arbeitnehmer vorgeht;
b) der betrieblichen „Humanisierung" dienen, d. h., die menschlichen Beziehungen festigen und vertiefen. Sie soll den Betrieb „durchsichtig" machen, die Menschen im Persönlichen und Sachlichen näher zueinanderbringen (das gilt sowohl für das Verhältnis der Arbeitnehmer zur Betriebsleitung wie für das der verschiedenen Arbeitnehmergruppen untereinander);
c) Zusammenhänge aufzeigen und den Mitarbeitern die Bedeutung und Auswirkung ihrer Arbeit bewußtmachen und damit ihr Wert- und Verantwortungsgefühl pflegen;
d) die Belegschaft unterrichten über die Geschichte, die Entwicklung und die Leistungen des Werkes, um das Zusammengehörigkeitsgefühl zu stärken und den Stolz auf die Firma zu wecken, aber kein „Schulungsblatt" sein;
e) zur echten Mitwirkung, Mitverantwortung und Mitbestimmung erziehen;
f) beratende Lebenserziehung bis in die häusliche Atmosphäre des Lesers hineintragen. Das ehrliche Interesse der Familienangehörigen gewinnen, ohne aufdringlich zu wirken;
g) in die Öffentlichkeit hinaus werbend wirken, ohne „Reklame" zu machen. Die Verteilung von Werkzeitschriften an Behörden, Ämter und Freunde des Betriebes ist sehr werbewirksam. Es gibt Firmen, die die Auflage ihrer Werkzeitschrift verdoppeln, um genügend Exemplare für die Öffentlichkeitsarbeit zu haben;
h) der Repräsentation dienen. Bei der Anschaffung eines Fahrzeuges ist der Gesichtspunkt der Repräsentation mitbestimmend für die Auswahl des Wagentyps. Ähnliches gilt für die Werkzeitschrift. Sie ist die Visitenkarte des Betriebes; es sollte deshalb Wert auf Qualität gelegt werden;
i) für den Nachwuchs werben. Es hat sich als zweckmäßig erwiesen, die Werkzeitschriften in den Abgangsklassen der Volks- und Oberschulen, die im Bereich des Betriebes liegen, zu verteilen.

Darüber hinaus ist es wesentliche Aufgabe der Betriebszeitschrift, die menschlichen Beziehungen im Betrieb zu pflegen, ein gutes Betriebsklima zu schaffen und dieses zu erhalten. Dazu ist im einzelnen erforderlich:

a) Information der Belegschaft durch die Betriebsführung (und auch – in geringerem Maße – umgekehrt), aber keine Nachrichtenpolitik betreiben;
b) Stärkung der Betriebsverbundenheit, ohne dabei den Versuch zu unternehmen, den Mitarbeiter „werkhörig" zu machen;
c) Förderung des Mitdenkens und Mitverantwortens; Erziehung der Belegschaftsmitglieder zu Mitarbeitern;
d) Vermittlung von Wertvorstellungen (Lebenserziehung, Familienbindung, Freizeitgestaltung, fachliche Weiterbildung);
e) Vermittlung sozialpolitischer Informationen.

Wird die Betriebszeitschrift speziell oder mit zur Einführung neuer Mitarbeiter verwendet, so ist zunächst als Vorzug hervorzuheben, daß sie gegenüber anderen betrieblichen Informationsschriften, die häufig über mehrere Jahre Gültigkeit haben, wesentlich häufiger erscheint, woraus sich zunächst als größter Vorteil ergibt, daß immer die neuesten Daten und Fakten gebracht werden können und daß schon auf voraussehbare Entwicklungen hingewiesen werden kann. Dieser Vorzug besteht einmal für Informationen der Belegschaft auf sozialpolitischem Gebiet. Das zeigt sich insbesondere bei Tarifverhandlungen und noch schwebenden Lohnkämpfen in bezug auf die sich daraus für das Unternehmen ergebenden Auswirkungen. Die Vorteile der aktuellen Information bestehen insbesondere auch für die Einführung neuer Mitarbeiter. Es kann z. B. – immer unter dem Gesichtspunkt der Information des Neuen – sofort in der nächsten Ausgabe der Betriebszeitschrift insbesondere Stellung genommen werden zu

a) Produktionsumstellungen
b) Organisationsumstellungen
c) Personaleinstellungen
d) Personalentlassungen
e) Stellenumbesetzungen
f) neuen Entlohnungsmethoden
g) neuen Arbeitsbewertungsverfahren
h) Forschungs- und Entwicklungsvorhaben
i) Küche und Kantine
j) betrieblichem Vorschlagwesen
k) betrieblicher Aus- und Weiterbildung
l) Sitten, Gebräuchen und Mentalität fremder Völker, insbesondere in bezug auf die beabsichtigte Einstellung oder bereits vorhandener Gastarbeiter.

Der Vorteil derartiger für den Neuen wichtiger Informationen besteht weiter darin, daß sie – ohne subjektive Färbung seitens des Vorgesetzten oder Paten – objektiv richtig dargestellt werden, insbesondere auch in dem von der Unternehmensleitung gewünschten Sinne.

In der Betriebszeitschrift müssen weiter in objektiver Darstellung alle diejenigen Punkte behandelt werden, deren Kenntnis für Arbeitsaufnahme, Arbeitsdurchführung, Arbeitserleichterung und ein erfolgreiches Zusammenleben im Betrieb erforderlich sind, über die der einzelne Mitarbeiter, der den Neuen einführen soll, und zwar auch der Vorgesetzte – gleich auf welcher Ebene – oder der Pate nicht oder zumindest nicht vollständig Bescheid wissen können. Außerdem hat generell etwas schriftlich Niedergelegtes gegenüber dem gesprochenen Wort den Vorteil, daß es bei Bedarf nachgelesen werden kann.

Die Praxis hat gezeigt, daß sich viele Arbeitnehmer scheuen, eine gleiche Frage noch einmal zu stellen oder bei einer nicht verstandenen Antwort nochmals zu fragen.

Im einzelnen sollte deshalb in einer Betriebszeitschrift zu folgenden Punkten Stellung genommen werden:

1. Kurze Geschichte und Entwicklung des Unternehmens.
2. Wirtschaftliche und wirtschaftspolitische Gesichtspunkte.
3. Kurze Geschichte und Entwicklung sowie Gesamtüberblick über die hergestellten Produkte, auch derjenigen der wichtigsten Beteiligungsunternehmen.
4. Größe und Struktur der Belegschaft.
5. Grundriß der Organisation des Unternehmens, wie Gesellschaftsform, Größe, Anzahl der Werke, Auslandsvertretungen, Beteiligungsgesellschaften, Vorstand und Aufsichtsrat.
6. Kapitalverhältnisse, Streuung des Aktienbesitzes, Belegschaftsaktien.
7. Vorgesetzte bestimmter Betriebsabteilungen.
8. Vorgesetzte.
9. Arbeitszeit und Pausen.
10. Lohnfindungssysteme, Arbeitsbewertung, Akkord- und Prämienlohn.
11. Betriebsarzt und Werksfürsorgerinnen.
12. Küche und Kantine.
13. Bücherei.
14. Garderoben, Waschgelegenheiten, Toiletten und sonstige sanitäre Einrichtungen.
15. Verbesserungs- und Vorschlagswesen.
16. Förderungsmaßnahmen sowie betriebliche Aus- und Weiterbildung.
17. Zuständigkeiten und Sprechstunden des Betriebsrates.
18. Urlaub und Betriebsferien.
19. Telefon- und Anschriftenverzeichnis nebst Hinweisen auf die entsprechenden Sachbearbeiter und deren Sprechstunden.
20. Unsere Gastarbeiter.
21. Erforderliche Unterlagen für die Bewerbung und die Einstellung.

Dieser notwendige Inhalt kann noch durch Ausführungen über folgende Punkte ergänzt werden:

1. Betriebsklima.
2. Fluktuation.
3. Krankenstand.
4. Fehlzeitenstatistik.
5. Unfälle und Unfallverhütungsmaßnahmen.
6. Rechte und Pflichten bei Krankheiten.
7. Rechte und Pflichten bei Betriebs- und Wegunfällen.
8. Betriebskrankenkasse.
9. Bestehende Versicherungen.
10. Reisekostenregelungen.
11. Montagebedingungen.
12. Umzugskostenregelung.
13. Grundsätze für die Gewährung von Darlehen.
14. Grundsätze für die Gewährung von Ruhegeld.
15. Beteiligungsgesellschaften des Unternehmens.

Nun können und dürfen diese Punkte natürlich nicht in jeder Betriebszeitschrift gebracht werden; wohl aber sollten die entsprechenden Veränderungen sofort behandelt werden. Für die grundsätzliche Behandlung des oben genannten Kataloges in der Betriebszeitschrift gibt es im wesentlichen drei Möglichkeiten, und zwar entweder

1. jährlich eine spezielle Nummer herauszubringen, die sich besonders intensiv der Einführung neuer Mitarbeiter widmet;
2. eine Sondernummer der Betriebszeitschrift als spezielle Einführungsschrift herzustellen oder
3. Druck eines Einlageblattes, in dem der oben genannte Katalog enthalten ist und das dem Neuen – zusammen mit einigen neueren Nummern der Betriebszeitschrift – spätestens bei der Einstellung, möglichst jedoch schon bei der Bewerbung, ausgehändigt wird.

Bezüglich der Form der Aufmachung und Gestaltung ist darauf hinzuweisen, daß die Betriebszeitschrift so nett, ansprechend, gut ausgestattet und illustriert sein muß, daß die Neueingestellten begeistert nach diesem äußerst wichtigen betrieblichen Informationsmaterial greifen, es lesen und nach Möglichkeit auch Freunden und Bekannten zeigen, wodurch eine gute Werbewirkung für das Unternehmen erzielt werden kann.
Abschließend ist darauf hinzuweisen, daß die Betriebszeitung neben anderen Maßnahmen ein ausgezeichnetes und brauchbares Hilfsmittel zur Einführung neuer Mitarbeiter ist; allein reicht sie jedoch zu einer erfolgreichen Einführung wegen des komplexen Gebietes aller möglichen Einführungsmaßnahmen – auch in zeitlicher Hinsicht – nicht aus.

8.8 Der Pate

Die Auswahl des Paten muß besonders sorgfältig vorgenommen werden, da der richtigen Erfüllung seiner Aufgaben für den Neuen und den Betrieb größte Bedeutung zukommt.
Jeder Pate sollte deshalb in der Regel nicht mehr als zwei bis drei neue Mitarbeiter zu betreuen haben, da sonst neben der weiteren Erbringung eines großen Teiles seiner Arbeitsleistung nicht mehr gewährleistet ist, daß er ein persönliches Verhältnis zu den neuen Mitarbeitern begründen und gewinnen kann. Der Pate darf weiter nicht Vorgesetzter des Neuen sein, da sonst zu befürchten wäre, daß sich der Neue in fachlichen und vor allen Dingen persönlichen Belangen nicht offen an ihn wendet und sich scheut, bestimmte Fragen zu stellen. Bei der Auswahl des Paten ist unter dem Gesichtspunkt einer schnellen persönlichen Kontaktgewinnung insbesondere darauf zu achten, daß einige Gemeinsamkeiten – insbesondere in soziologischer Hinsicht – mit dem Neuen vorhanden sind, wie z.B. Geschlecht, Alter, Herkunft, Wohnort, Vorbildung, Ausbildung, berufliche Kenntnisse und Erfahrungen. Damit der Pate seine Aufgaben erfüllen kann, muß er außer den notwendigen Fachkenntnissen insbesondere auch menschliche Qualitäten haben und ein gewisses pädagogisches Geschick aufweisen; er muß weiter aufgeschlossen und kontaktfreudig sein. Die Bestellung eines Mitarbeiters zum Paten ist deshalb auch eine Auszeichnung. Die Unternehmensführung hat hierfür zu sorgen, daß dies bei der Belegschaft allgemein bekannt ist. Dem Paten ist eine den übrigen Mitarbeitern gegenüber herausgehobene Stellung einzuräumen. Dazu gehört auch, daß er von seinen bisherigen Arbeiten in angemessener Weise entlastet wird, die Aufgaben als Pate also nicht zusätzlich, sondern an Stelle seiner bisherigen Arbeit zu erfüllen hat. Weiter muß gewährleistet sein, was insbesondere bei Akkordarbeitern der Fall sein könnte, daß er durch Wahrnehmungen seiner Patenaufgaben keinen Verdienstausfall erleidet. Eine zusätzliche Vergütung erhält er für seine Tätigkeit in der Regel jedoch nicht. Anderes kann nur dann gelten, wenn er überwiegend als „Lehrer“ eingesetzt wird. Seine Bestellung zum Paten muß von ihm selbst und allen Mitarbeitern des Betriebes vielmehr als immaterielle Auszeichnung anerkannt und bewertet werden. Vielfach wird die erfolgreiche Tätigkeit als Pate auch als Qualifikation für ein weiteres Aufrücken im Betrieb gewertet: besonders bewährte Paten können Führungskräfte im Middlemanagement werden.
Die Arbeit des Paten soll und darf nicht die notwendigen Einführungsarbeiten des Vorgesetzten ersetzen, sie muß vielmehr auf diesen aufbauen und sie ergänzen. Das Schwergewicht der Tätigkeit des Paten liegt deshalb auch nicht in der fachlichen Unterweisung; diese muß vielmehr von Ausbildungsmeistern oder Lehrgesellen, gegebenenfalls in einer besonderen Lehrecke im Betrieb, erfolgen. Dennoch gehört es auch zu den Obliegenheiten des Paten, dem Neuen besondere Arbeitskniffe zu zeigen und ihm bei Störungen im Arbeitsablauf oder an Maschinen hilfsbereit zur Seite zu stehen. Seine Hauptaufgaben liegen hauptsächlich darin, den Neuen in den Betrieb und in die Betriebsgemeinschaft einzuführen und einzugliedern. Er macht ihn mit Arbeitsgepflogenheiten und

den ungeschriebenen Gesetzen des Betriebes, die nicht aus der Arbeitsordnung ersichtlich sind, sowie mit Eigen- und Besonderheiten der Vorgesetzten und Mitarbeitern vertraut und hilft ihm, die erforderlichen menschlichen Kontakte zu Arbeitskollegen und Vorgesetzten herzustellen. Daneben ist der Pate aber auch wichtiger Helfer des Management: er kann einen maßgeblichen Einfluß auf Arbeitsmoral, Arbeitsleistung und Fluktuation ausüben und viel zu dem wichtigsten Ziel der betrieblichen Personal- und Sozialpolitik beitragen, nämlich eine Vergrößerung der zufriedenen Stammbelegschaft zu erreichen.

8.9 Richtlinien für Vorgesetzte

Hat die Unternehmens- und Personalleitung bestimmte Grundsätze zur Einführung neuer Mitarbeiter ausgearbeitet, so sollten für die einzelnen Vorgesetzten betriebliche Richtlinien aufgestellt werden, damit gewährleistet ist, daß die Grundsätze in der Praxis auch in der gewünschten Art zur Durchführung kommen.
Die Richtlinien für Vorgesetzte müssen zunächst allgemeine Aussagen darüber enthalten, was zur Einführung neuer Mitarbeiter zu beachten ist und wie die Einführung im allgemeinen sowie in speziellen Fällen, wie z.B. bei Frauen, Jugendlichen und Gastarbeitern, durchgeführt werden soll.
Das Programm der einzelnen Maßnahmen ist, wie bereits eingangs erwähnt wurde, von Betrieb zu Betrieb unter Berücksichtigung von Branche, Fertigung, Belegschaftsstruktur und Standort verschieden.
Eine Merkliste für Vorgesetzte, die tabellarisch gehalten werden kann und dem Vorgesetzten als Gedächtnisstütze dafür dienen soll, welche Einführungsmaßnahmen von ihm nach den Grundsätzen der Unternehmensleitung erwartet werden, könnte beispielsweise folgende Punkte enthalten:

1. Notwendige Vorbereitung seiner Person, des Paten und der Arbeitskollegen sowie der betroffenen Arbeitsgruppe auf den neuen Mitarbeiter. Dazu gehört neben einem genauen Studium der Bewerbungsunterlagen im Hinblick auf Ausbildung und praktische Berufserfahrung vor allem das Vorbereiten und Herrichten des Arbeitsplatzes und damit verbunden die Bereitstellung der notwendigen Werkzeuge, Geräte und des Büromaterials einschließlich der Arbeitsplatzbeschreibung.
   Wichtigster Grundsatz ist, daß der Arbeitsplatz am ersten Tag bereits vorhanden und Arbeitsaufgabe und Kompetenz klar festgelegt sein müssen.
2. Begrüßungsgespräch. Dabei ist insbesondere auf menschliche Kontaktgewinnung zu achten. Es sollten insbesondere Werdegang des Neuen, seine dienstlichen und privaten Interessen, Hobbies, häusliche Verhältnisse und Familienstand, Wohnungsfragen, Verkehrsmittel sowie seine persönlichen Wünsche und Vorstellungen angesprochen werden.
3. Der Vorgesetzte sollte auf eine richtige Zusammensetzung der Arbeitsgruppe, z.B. unter Berücksichtigung von Lebensalter, Geschlecht, Herkunft

und Ausbildung achten. Dazu ist auch erforderlich, daß die Fachvorgesetzten von der Unternehmens- bzw. Personalleitung in Grundsatzfragen der Betriebssoziologie geschult und ständig mit den neuesten Erkenntnissen vertraut gemacht werden.

4. Neben dem allgemeinen Einführungsgespräch steht für den Fachvorgesetzten noch die Information über die zu verrichtende Arbeit im Vordergrund. Es genügt dabei nicht die bloße Erklärung der Arbeit und des Arbeitsablaufes; es ist vielmehr größter Wert darauf zu legen, daß dem Neuen die Zusammenhänge zwischen seiner Arbeit und den Arbeiten der anderen Mitglieder seiner Arbeitsgruppe sowie der dem Arbeitsgang vor- und nachgeordneten Abteilungen erläutert werden und daß ihm somit die Bedeutung und Wichtigkeit seiner Arbeitsleistung für den Gesamtbetrieb und dessen Ergebnis klar werden.
5. Information über Arbeitsbedingungen wie Arbeitszeit und Pausen.
6. Erläuterung und Hinweise auf die einschlägigen Unfallverhütungsvorschriften.
7. Vorstellung des Paten.
8. Vorstellung der Arbeitskollegen.
9. Vorstellung der Abteilungsleiter und Arbeitskollegen derjenigen Abteilungen, die eng mit ihm zusammenarbeiten.
10. Information am Arbeitsplatz mit den Stichworten: Erklären, Vormachen, Selbstmachenlassen, evtl. nochmaliges Erklären und Vormachen.
11. Nach ca. einmonatiger Tätigkeit sollte eine Rücksprache mit dem Neuen erfolgen, in der hauptsächlich folgende Punkte besprochen werden sollten:
    - Was war an den Einführungsmaßnahmen besonders gut?
      Folge: Maßnahmen ausbauen.
    - Welche Einführungsmaßnahmen waren überflüssig?
      Folge: Maßnahmen einstellen.
    - Welche Einführungsmaßnahmen haben gefehlt?
      Folge: Neue Maßnahmen einführen.
    - Welche Einführungsmaßnahmen könnte man noch verbessern?
      Folge: Maßnahmen modifizieren.
    - Haben sich die Erwartungen des neuen Mitarbeiters erfüllt?
    - In welchen Punkten hat sich der neue Mitarbeiter andere Vorstellungen gemacht?
    - Hat sich der Mitarbeiter gut eingearbeitet?
    - Hat sich der Mitarbeiter gut eingelebt?
    - Glaubt der neue Mitarbeiter eine echte Chance zu haben, im Betrieb weiterzukommen?
    - Entspricht die neue Tätigkeit seinen Neigungen, Erfahrungen, Fähigkeiten?
    - Ist der richtige Mann bzw. die richtige Frau auf dem richtigen Arbeitsplatz eingesetzt?
    - Beabsichtigt der oder die Neue im Betrieb zu bleiben?

Dieses Gespräch sollte in möglichst aufgelockerter Form und in aller Offenheit unter vier Augen geführt werden. Der Vorgesetzte sollte dabei bereits erbrachte Leistungen anerkennen und hervorheben; Fehlleistungen und noch vorhandene Mängel sollten wohlwollend und aufbauend kritisiert werden, in der Form, daß Lösungsmöglichkeiten und -wege aufgezeigt werden, daß darüber hinaus der Neue aber gebeten wird, seinerseits über neue Lösungen nachzudenken, um evtl. einen noch besseren Weg zu finden. Hierdurch kann und soll die Betriebsblindheit der dienstälteren Mitarbeiter verhindert werden.

Zur Kontrolle, ob und welche Maßnahmen durchgeführt worden sind, kann folgender Fragebogen verwendet werden:

1. Sind von Ihnen bereits Einführungsmaßnahmen systematisch durchgeführt worden?
2. Welche Mittel haben Sie dazu im einzelnen eingesetzt?
3. Welche Einführungsmittel kennen sie darüberhinaus?
4. Wer steuert die Einführungsmaßnahmen?
5. Wer führt die Einführungsmaßnahmen im einzelnen durch?
6. Wer überprüft die Durchführung der geplanten Maßnahmen und deren Effektivität?
7. Haben Sie bereits eine Mitarbeiterbefragung darüber durchgeführt, was der Neue in den ersten Wochen vom Betrieb und den Kollegen erwartet und was er besonders geschätzt bzw. vermißt hat?
8. Wenn ja, weiche Konsequenzen haben Sie daraus gezogen?
9. Haben Sie Zusammenhänge zwischen einer richtigen Einführung und dem Arbeitsverhalten der Mitarbeiter festgestellt?
10. Wenn ja, welche?

8.10 Wie man es nicht machen sollte!

Statt einer Positivliste, in der steht, was man alles tun sollte, kann man den Vorgesetzten besser eine Negativliste geben, aus der hervorgeht, wie man es nicht machen sollte. Wird diese als kleine Broschüre mit entsprechenden Zeichnungen und Karikaturen nett aufgemacht, wird der Vorgesetzte sie schmunzelnd lesen, sich an frühere Zeiten erinnern, wie es ihm einmal ergangen ist, er wird sie mit nach Hause nehmen, herumzeigen, mit Freunden und Bekannten darüber diskutieren, nachdenken und dann für seine neuen Mitarbeiter das Richtige tun. Eine derartige Negativliste könnte so aussehen:

1. Bereiten Sie sich nicht auf den Neuen vor; Sie sind ja so in Zeitdruck und haben viel wichtigere Aufgaben!
2. Informieren Sie Ihre Abteilung nicht darüber, daß und wann ein neuer Mitarbeiter kommt; sie wird es von selbst früh genug merken oder von anderen rechtzeitig darüber informiert werden!

3. Lassen Sie den Neuen am ersten Tag ruhig warten; Ihnen ging es doch früher auch einmal so. Sie haben doch viel wichtigere Aufgaben!
4. Nehmen Sie sich keine Zeit für den Neuen, und überlassen Sie ihn ruhig seinem Schicksal; Sie wissen doch: selbst ist der Mann!
5. Stellen Sie den Neuen nur nicht den Mitarbeitern und Kollegen vor; schließlich kann er so etwas doch selbst!
6. Sollten Sie sich ausnahmsweise doch einmal zu einer Vorstellung entschließen, dann stellen Sie den Neuen wenigstens gleich allen Mitarbeitern vor; das ist schließlich für Sie „ein Aufwasch"
7. Geben Sie dem Neuen sofort zahlreiche komplizierte Detailinformationen; den großen Zusammenhang braucht er ja schließlich noch nicht zu kennen!
8. Erklären Sie dem Neuen nicht Sinn und Zweck seiner Arbeit; Sie tragen ja schließlich die Verantwortung, und der Neue ist allein zum Arbeiten da!
9. Vertun Sie nicht Ihre wertvolle Zeit mit einem kurzen Betriebsrundgang; der Neue kann sich ja mal gelegentlich einer Führung von Besuchern anschließen!
10. Machen Sie sich keine Sorgen, wenn Arbeitsplatz, Werkzeuge und Hilfsmittel dem Neuen am ersten Tag noch nicht zur Verfügung stehen; der Neue freut sich sicher, wenn Sie ihn nicht gleich voll einsetzen!
11. Setzen Sie voraus, daß der Neue alle ungeschriebenen Gesetze und Gepflogenheiten im Betrieb kennt; schließlich haben Sie ja aus dem Kreis vieler Bewerber einen besonders guten und gebildeten Mitarbeiter ausgewählt!
12. Lassen Sie gleich anfangs keinen Fehler des Neuen durchgehen; Sie sind ja schließlich ein Mensch, der an andere hohe Anforderungen stellt und der konsequent ist!
13. Anerkennen Sie nicht die Anfangserfolge des Neuen: stetige Anerkennung stumpft nur ab und erschüttert Ihre Position!
14. Haben Sie bei dem Neuen etwas zu bemängeln, üben Sie offene Kritik, vermeiden Sie aber, konstruktive Vorschläge zu machen; schließlich soll sich der Neue ja auch Gedanken machen!
15. Hören Sie nicht auf Vorschläge, Anregungen und Verbesserungen des Neuen; schließlich kann er über so wichtige betriebliche Dinge ja überhaupt noch nicht mitreden!
16. Setzen Sie voraus, daß er über alle Unfallmöglichkeiten im Betrieb Bescheid weiß. Wenn nicht, wird er es schon selbst merken!

9 Information der Mitarbeiter als Führungsaufgabe

Die richtige Information eines Mitarbeiters ist Voraussetzung dafür, daß er mitentscheiden und mitverantworten kann, und somit Bedingung für die Ein- und Durchführung eines kooperativen Führungsstils. Informationen in diesem Sinne sind nur diejenigen Tatsachen und Ereignisse, die für den Empfänger einen relativen Neuigkeitswert haben und die er für die Aus- und Durchführung der ihm übertragenen Aufgaben benötigt oder die dafür zumindest zweckmäßig sind. Falsch wäre sowohl ein Zuwenig als auch ein Zuviel an Information. Das Problem ist heute nicht, Informationen zu beschaffen, sondern aus der Fülle des vorhandenen Materials die richtige Auswahl zu treffen.

9.1 Was sind Informationen?

Informationen sind für den Geber (Sender) wie auch für den Nehmer (Empfänger) keineswegs alle Meldungen, sondern nur diejenigen Aussagen, Tatsachen und Ereignisse, die einen Neuigkeitswert besitzen und für die Aus- und Durchführung der ihm übertragenen Aufgaben notwendig oder doch wenigstens nützlich sind.
Informationen sind Mitteilungen, Nachrichten über Tatsachen und Vorgänge aller Art, mit deren Erfassen, Übermitteln und Entgegennahme eine zweckgerichtete Absicht verbunden ist. Art, Inhalt, Intensität und Zeitpunkt der Information müssen sich nach dem Informationszweck sowie dem Empfängerkreis richten. Daraus ergibt sich bereits, daß eine bestimmte Information nicht einfach einem beliebig großen und womöglich heterogen zusammengesetzten Empfängerkreis übermittelt werden darf: für den einen wäre dann die Meldung zu schwer oder unverständlich, für den anderen dagegen zu einfach oder lapidar. Auch der Zeitpunkt, zu dem an bestimmte Personen Informationen zu geben sind, richtet sich nach der hierarchischen Stellung des Informationsempfängers innerhalb einer bestimmten vorhandenen Organisationsstruktur; zeitlich gesehen, muß der Vorgesetzte eher als seine Mitarbeiter informiert sein, und vom Inhalt her müssen für ihn bestimmte Informationen auch umfassender gestaltet sein.
Für den Führungsbereich sind Informationen alle Aussagen, Tatsachen und Ereignisse, die insbesondere zur Planung, Organisation, Entscheidungsvorbereitung, Entscheidung, Delegation, Steuerung, Motivation und Kontrolle (Selbstkontrolle) sowie zur Modifikation ergangener Entscheidungen aufgrund einer Rückmeldung dienen.

Hieraus ergibt sich bereits, wie bei den Informationsarten und -regeln noch auszuführen sein wird, daß das Netz von Informationen in jeder Organisation sehr komplex ist; formelle Informationen stehen neben informellen, vertikale und horizontale Informationen stehen nebeneinander oder ergänzen sich auch, vorhandene Informationen werden laufend durch neu hinzukommende modifiziert und den neuen Gegebenheiten angepaßt, und durch Einsatz einer falschen Informationsart werden Informationen auf dem langen Weg zum Empfänger wissentlich oder unwissentlich verfälscht.
Kommunikation ist die Gesamtheit der Informationen innerhalb eines Unternehmens einschließlich der organisatorisch festgelegten horizontalen und vertikalen Informationswege und dem Informationsfluß, der sich unabhängig von den „offiziellen“ Kanälen aus den informellen Beziehungen im Betrieb ergibt. Dieser Informationsfluß kann die formelle Informationsstruktur sinnvoll ergänzen, diese u.U. aber auch aufweichen. Die informelle Information, die mit zur Informationsganzheit gehört, kann mithin für jede Organisation nützlich, andererseits aber auch sehr gefährlich sein.
Die Kommunikation kann man im Gegensatz zur Information auch bezeichnen als die Summe aller Grundsätze, Regeln und Verfahren, die den Informationsinhalt an die dafür zuständigen Steilen und Personen zu bringen haben. Kommunikation stellt also eine Verfahrenstechnik dar, welche dazu dient, den Informationsinhalt richtig und rechtzeitig den daran interessierten Stellen oder Personen zuzuleiten und verständlich zu machen.
Der Begriff „kommunizieren“, was eigentlich „gemeinschaftlich betreiben“, „beraten“ oder auch „teilen“ heißt, enthält weiter das Wahrnehmen und Erfassen einer Information und auch die Erwartung und Bereitschaft des Adressaten, dessen Persönlichkeit ebenfalls einbezogen ist.

9.2 Informationen – Bedeutung, Auswirkungen, Wichtigkeit

Informationen sind für das Zusammenleben von Menschen notwendig. Das gilt in verstärktem Maße in Zwangs- oder Zweckzusammenschlüssen, wie also in Betrieben, da die menschlichen Handlungs- und Verhaltensweisen nur durch zweckgerichtete Informationen zu dem gewünschten und notwendigen betrieblichen Zweck und damit zum Erfolg führen können. Bestimmte Verhaltensweisen können dabei gewollt oder ungewollt den Informationsfluß vereiteln. Definiert man Kommunikation als Summe aller Grundsätze, Regeln und Verfahren, die den Informationsinhalt an die dafür zuständigen Stellen und Personen zu bringen haben, so ergibt sich, daß es bei Störungen in diesem Ablauf zu Kommunikationsproblemen kommt, die zu Unzufriedenheit und Unsicherheit der Mitarbeiter führen müssen. Das innerbetriebliche Informationswesen muß im Rahmen einer guten Personalpolitik als Führungsaufgabe und Mittel zur Leistungssteigerung angesehen werden.
Alle Menschen haben im allgemeinen in privaten und dienstlichen Angelegenheiten ein großes Informationsbedürfnis. Sie brauchen Informationen und Kom-

munikation. Es ist eine alte Erfahrungstatsache, daß sie sich nur dann für etwas voll einsetzen und auch nur voll einsetzen können, wenn sie Sinn und Zweck einer Maßnahme oder Anordnung und deren notwendige Zusammenhänge verstehen. Auf den Betrieb und die Zusammenarbeit der Mitarbeiter untereinander sowie im Verhältnis dieser zu ihren Vorgesetzten bezogen heißt das, daß Mitwissen und Verstehen einer Anordnung notwendige Vorstufe für das Mitdenken der Arbeiter ist. Mitdenken seinerseits ist Vorstufe für das Mitverantworten, also Grundlage für die Ein- und Durchführung eines modernen Führungssystems und damit für den Gesamterfolg des Unternehmens.
Bei Art, Maß und Umfang der einzelnen Information ist jedoch zu beachten, daß sich diese nach der Stellung der einzelnen Arbeitnehmer in der betrieblichen Hierarchie, ihrer Arbeitsaufgabe und evtl. auch ihrer Vorbildung richten muß, denn einmal sind bestimmte Informationen für verschiedene Arbeitnehmergruppen nicht interessant oder zu allgemein, bzw. zu speziell oder gar in der Art und ihrem Inhalt nach zu schwer oder gar nicht verständlich. Das hier entstehende Problem der Informationstransformation stellt bei der Organisation des Informationswesens insofern einen sehr wichtigen Faktor dar, als hier möglicherweise große Gefahren des Inhalts liegen, daß durch mehrmalige Transformationen am Ende des Informationsweges, also beim Informationsempfänger, unter Umständen etwas ganz anderes ankommt als das, was die Unternehmensleitung aussagen wollte.
Weiter ist darauf zu achten, daß Informationen nicht „am Fabriktor haltmachen", d.h. nicht nur bei den Mitarbeitern, sondern auch bei deren Familienangehörigen sollte Interesse für den Betrieb und damit für bestimmte Verhaltensweisen der Unternehmensleitung geweckt werden.
Endlich ist darauf hinzuweisen, daß eine gute Organisation des Informationswesens auch psychologische Auswirkungen hat.
So hängt vielfach die Autorität eines Vorgesetzten, gleich auf welcher Stufe der betrieblichen Hierarchie er steht, weitgehend von der Intensität und dem Zeitpunkt des Erhaltens einer bestimmten Information ab. Hier zeigt sich bereits, daß auch die Informationswege eine große Bedeutung haben: Der Vorgesetzte darf wichtige Neuigkeiten nicht etwa von seinen Mitarbeitern erfahren, sondern muß diese vielmehr von sich aus darüber informieren.

Die Bedeutung eines gut organisierten Informationswesens und einer durchdachten Kommunikationsstruktur für den einzelnen Mitarbeiter kann wie folgt zusammengefaßt werden:

1. Informationen schaffen Vertrauen; sie setzen aber auch Vertrauen voraus.
2. Erstrebenswert ist nicht das Maximum, sondern das Optimum der Information.
3. Informationen müssen persönlich glaubwürdig sein, denn bei einem Verdacht der Täuschung sperren sich die Empfänger gegen die Information.
4. Informationen müssen in der gleichen Sprache, die der Empfänger spricht, gegeben werden, einmal, damit der Empfänger sie verstehen kann und

zum anderen, um zu gewährleisten, daß er sie auch verstehen will (Motivationsproblem).

5. Der Grad der Autorität des Vorgesetzten hängt weitgehend von Zeitpunkt und Intensität des Erhaltens einer Information ab.
6. Mitwissen ist Vorstufe zum Mitdenken und Mitdenken Voraussetzung zum Mitverantworten.
7. Gute Beziehungen nach außen, die für das Unternehmen erforderlich sind, können nur aus guten Beziehungen im Innern erwachsen.
8. Die innerbetriebliche Informationspolitik und die Schaffung einer den effektiven Bedürfnissen angepaßten Kommunikationsstruktur muß daher Kernstück jeder Unternehmens- und Personalpolitik sein. Soziologisch gesehen ist sie notwendige Voraussetzung für zufriedene und leistungsbereite Mitarbeiter.

Weiter ist davon auszugehen, daß die Anzahl der Informationen ständig wächst und damit unüberschaubar wird, daß andererseits alle Menschen aber mehr denn je gezielte Informationen benötigen. Wenn es heute viel mehr Informationen als früher gibt, so geht es heute also nicht mehr darum, überhaupt Informationen zu beschaffen, sondern vielmehr darum, sie zu bewältigen, zu selektieren, mit ihnen umzugehen, sich nicht von ihnen erdrücken zu lassen, sondern notwendige Informationen als etwas Positives, zur Durchführung der Arbeiten Erforderliches anzusehen und sie auch so zu empfinden.

Eine richtige Information wird erschwert durch eine Vergrößerung des Netzes der äußerlichen Abhängigkeiten. Diese sind insbesondere die schnelle technische Entwicklung, das weitere Fortschreiten der Automation und Rationalisierung, Änderung der Gesamt-, Führungs- und Personalstruktur des Unternehmens mit dem Zwang, sich an die neuen technischen und wirtschaftlichen Gegebenheiten anzupassen. Endlich ergibt sich durch die Notwendigkeit der ständigen Anpassung ein Wandel vom bisher weit verbreiteten statischen Denken zum dynamischen Element; das erfordert mehr und andere Informationen, vor allem aber zielgerichtete Informationen.

Informationen und der Aufbau einer vernünftigen Kommunikationsstruktur sind deshalb heute wichtiger denn je.

Eine direkte Steuerung des Geschehens ist bei dieser wachsenden Komplexität und Dynamik mit den herkömmlichen Gegebenheiten nicht mehr möglich, da viele Realitäten mit möglichen komplexen und variablen Auswirkungen nicht mehr anschaulich sind.

Allein anschaulich geblieben ist die Information über das Einzelgeschehen. Somit ist das Informationsproblem heute unser eigentliches Führungsproblem geworden: wir sind gezwungen, aus diesen Gründen von der bisher vielfach noch geübten improvisierten Führung zu einer organisierten und systematischen Führung zu kommen. Voraussetzung hierzu ist die zielgerichtete Organisation der Information, der Aufbau des integrierten Gesamtinformationssystems für die verschiedenen Bereiche und die Schaffung einer den Bedürfnissen entsprechenden Kommunikationsstruktur.

Eine richtige, vollständige und rechtzeitige Information innerhalb eines vernünftig organisierten Kommunikationssystems ist notwendig, damit die Unternehmensleitung Entscheidungen treffen kann, die unter den vorhandenen Gegebenheiten für den Betrieb die bestmögliche Lösung darstellen. Allein aufgrund von fallweise gesammelten Erfahrungen ist dies heute nicht mehr möglich. Information und Kommunikation sind vielmehr wesentliche Funktionen der Führung, sind Entscheidungsvoraussetzungen und Grundlage für eine erfolgreiche Menschenführung überhaupt.
Eine richtige Informations- und Kommunikationspolitik ist mithin Voraussetzung und Grundlage für den Erfolg und für das Fortbestehen eines Unternehmens im Konkurrenzkampf.
Die richtige Information der Mitarbeiter ist endlich Bedingung dafür, daß sie ihre Arbeitsleistung im Sinne einer mitverantwortlichen Tätigkeit voll erbringen können. Die richtige Information der Mitarbeiter ist mithin Voraussetzung dafür, daß die Forderung nach einem optimalen Mitarbeitereinsatz überhaupt verwirklicht werden kann. Dies gilt insbesondere dann, wenn ein modernes Führungssystem praktiziert wird.
Informationspolitik ist keine delegierbare Aufgabe, sondern Funktion eines jeden Vorgesetzten; sie muß zugleich Kernstück einer jeden Unternehmens- und Personalpolitik sein.

9.3 Aufgaben, Ziele und Zweck eines Informationssystems

Jedes Unternehmen ist im wirtschaftlichen Sinne ein Zwecksystem. Auch soziologisch gesehen ist es ein Zwangs- und Zweckverband, in dem eine bestimmte Anzahl von Mitarbeitern mit Hilfe eines Mittel-Zweck-Systems zur Erreichung eines bestimmten Zieles zusammenarbeiten. Grundlage eines jeden Informationssystems muß daher sein, dem Unternehmen und seinen Mitarbeitern die für Entscheidungen und für die Ausführung der Arbeit notwendigen Daten zur Verfügung zu stellen.
Für die Einführung und Organisation des Informationssystems müssen die Unternehmensziele so formuliert sein, daß sie sich in Planungsziele und Handlungsweisen auflösen lassen; dabei muß gewährleistet sein, daß bei jeder Formulierung von Teilzielen und Teilaktivitäten stets geprüft werden kann, ob sie zur Erfüllung des Gesamtzieles optimal beitragen.
Zuständig für Zielsetzung, operationale Zieldefinition, Zielauflösung, Aufgabendefinition und Zielkontrolle ist die Unternehmensleitung. Wenn, wie es heute meistens noch ist, nicht einmal die Gesamtziele einwandfrei definiert sind, sind sowohl optimale Aufgabenzuweisungen als auch eine entsprechende Informationsausstattung nicht erreichbar.

Die Informationsziele sind nach den Unternehmenszielen und -zwecken auszurichten. Das Informationssystem ist also so gut, wie es der Gesamtzielsetzung des Unternehmens dienen kann.

Die Ziele der betrieblichen Informationspolitik können wie folgt zusammengefaßt werden:

- Aufzeigen der Zielsetzung des Unternehmens.
- Information über die betrieblichen Zusammenhänge, die Organisation und die Arbeitsverteilung.
- Erläuterung der arbeitstechnischen Zusammenhänge, insbesondere der Verfahrenstechnik und des Materialflusses.
- Motivation.
- Verhinderung von Gerüchten.
- Förderung der Zufriedenheit jedes einzelnen Mitarbeiters.
- Schaffung von Leitungsanreizen und ständiger Leistungsbereitschaft.

Die Aufgaben einer wirkungsvollen Informationserfassung, Informationsverarbeitung und Informationsbereitstellung (Informationssystem) bestehen hauptsächlich darin, allen Führungskräften und Mitarbeitern die zur Planung, Organisation, Steuerung, Entscheidung und Kontrolle des Geschäftsablaufes notwendigen Informationen

- rechtzeitig
- richtig
- vollständig und
- zu geringsten Kosten

zur Verfügung zu stellen.
Die Struktur der Informationsverarbeitung ist so zu wählen, daß die Bearbeitungszyklen aller Vorgänge und Entscheidungen so kurz wie möglich werden, um dem Unternehmen durch kurze Reaktionszeiten die größtmögliche Flexibilität für sein Verhalten im Marktgeschehen zu geben.

9.4 Informationsfluß und Kommunikationsstruktur

Um Aufgaben und Zielsetzungen eines Informationssystems verwirklichen zu können, ist zunächst die Festlegung der verschiedenen Informationswege mit ihren unterschiedlichen Zielrichtungen notwendig. Man unterscheidet zwischen horizontalen und vertikalen Informationen sowie zwischen formellen und informellen. Dabei können formelle und informelle Informationen sowohl auf horizontaler Ebene als auf vertikaler erfolgen. Danach ist ein Informationsnetz aufzubauen. Zunächst sind die Informationspflichten der Mitarbeiter ihrem Vorgesetzten gegenüber zu fixieren, damit dieser jederzeit einen Überblick über das Geschehen seines Bereiches hat und in außergewöhnlichen Fällen eingreifen kann.
Danach wird das Informationsnetz vervollständigt durch eine exakte organisatorische Regelung der Querinformationen.

Endlich ist festzulegen, weiche Informationen die Vorgesetzten ihren Mitarbeitern zu geben haben, damit diese im Rahmen der vorgesehenen Kompetenz selbständig entscheiden und handeln können.
Hierbei sind gleichzeitig die Ereignisse zu berücksichtigen, die den Informationsfluß hemmen könnten. Als solche wären – getrennt nach den verschiedenen Hierarchie-Ebenen – hauptsächlich zu nennen:

Unternehmensleitung

1. Die antiquierte Auffassung, nicht zuviel „aus der Schule zu plaudern" über Fragen, die niemanden etwas angehen".
2. Mangelndes Verständnis für die Arbeitsbedingungen der mittleren und unteren Führungskräfte.
3. Die rein technisch-wissenschaftliche Betriebsführung.
4. Das Pochen auf Vorrechte.
5. Die räumliche Entfernung von den Mitarbeitern.

Mittlere Führungsschicht

1. Mangelndes Verständnis für die Verantwortung der Unternehmensleitung und der Belegschaft gegenüber.
2. Der Wunsch, sich mit der Unternehmensleitung auf alle Fälle gutzustellen.
3. Der Wunsch, mit den Mitarbeitern immer gut auszukommen.
4. Ehrgeiz.
5. Der Gefühlszwang, Freunden und Bekannten zu helfen.
6. Schlechte Ausdrucksweise.

Mitarbeiter

1. Mangelnde Kenntnis allgemeiner Wirtschafts- und Betriebsfragen.
2. Mangelndes Verständnis für die Aufgaben der Unternehmensleitung.
3. Mißtrauen gegen die Motive der Unternehmensleitung.
4. Der Wunsch nach Ansehen im Betrieb.
5. Die räumliche und geistige Entfernung von der Unternehmensleitung.

Endlich sind mögliche Vorteile wie auch Nachteile der durch die informelle Organisation und Gruppenbildung bedingten Kommunikation mit zu bedenken (Bild 9.1).
Werden Informationen in vertikaler Sicht von unten nach oben gegeben, so stellt sich weiter das Problem der sogenannten Informationsverdichtung innerhalb der Informationspyramide (Bild 9.2), wie unter Umständen bei schlechter Organisation das Problem der sogenannten Informationsfiltration, die im Ergebnis zu falschen Entscheidungen führen muß (Bild 9.3).
Der praktizierte Führungsstil hat weiter entscheidende Auswirkungen auf die Festlegung, wie und über was und mit weichen Inhalten, ggf. auch mit welchen Tendenzen, informiert werden soll.

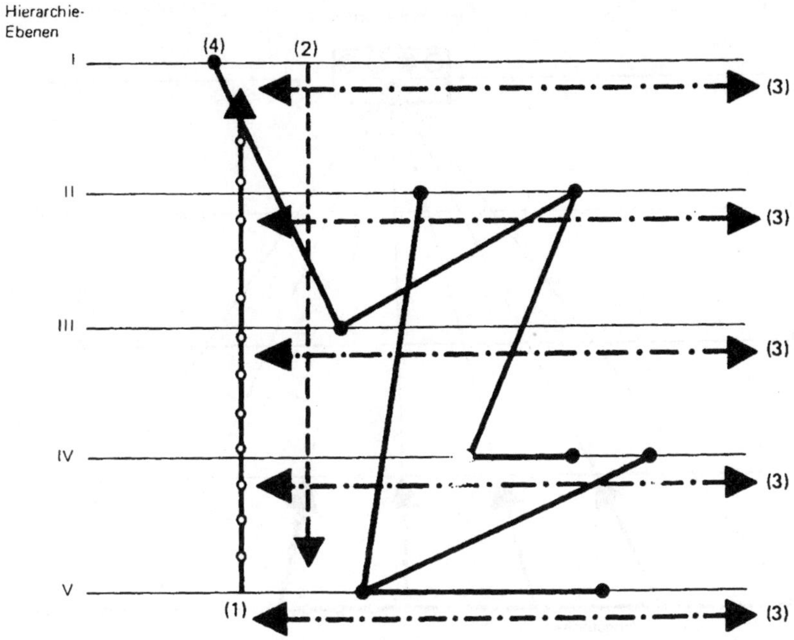

(1) Information von unten nach oben
(2) Information von oben nach unten
} vertikale Information

(3) Horizontale Information

(4) Informelle Information

Bild 9.1: Informationswege/Informationsfluß

Es braucht nicht besonders betont zu werden, daß sowohl das Informationsbedürfnis größer als auch die Informationsqualität bei einem modernen Führungsstil höher ist als bei einem autoritären Führungssystem, weil die Qualität der Mitarbeiter höher sein muß und weil zur Übernahme von Handlungs- und Entscheidungsverantwortung mehr und bessere Informationen benötigt werden, als es zur bloßen Arbeitsausführung und nach genauer Detailanweisung des unmittelbaren Vorgesetzten bei autoritärem Führungsstil notwendig ist.

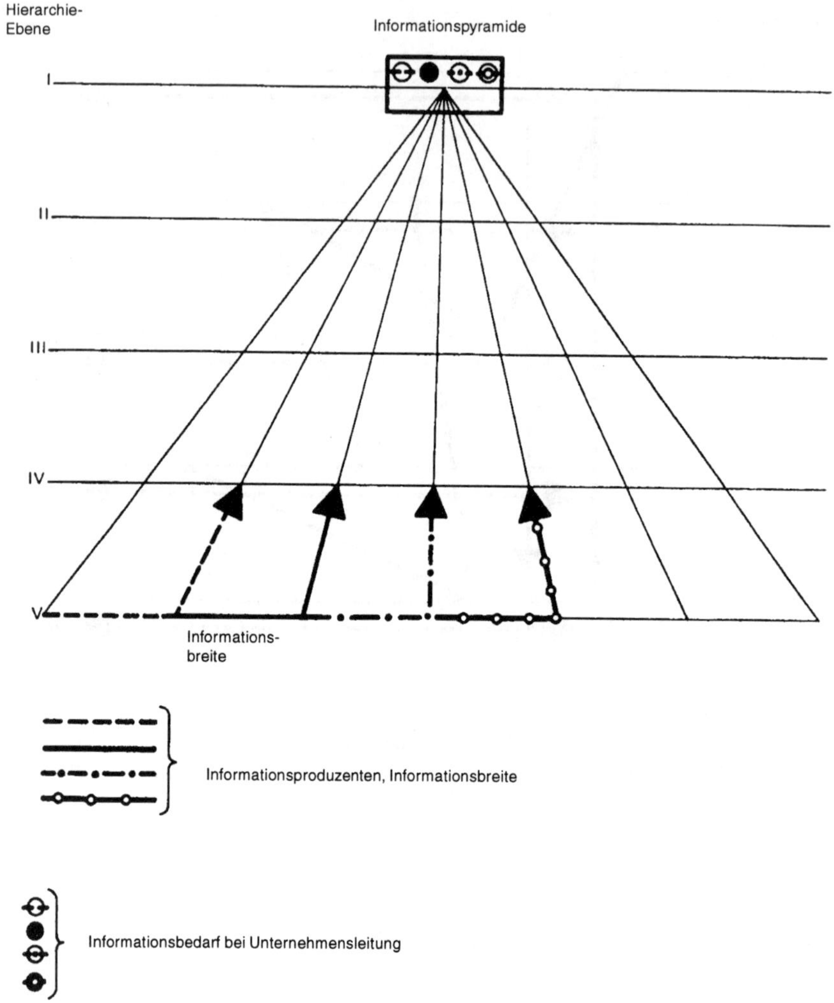

Bild 9.2: Verdichtung der innerbetrieblichen Information

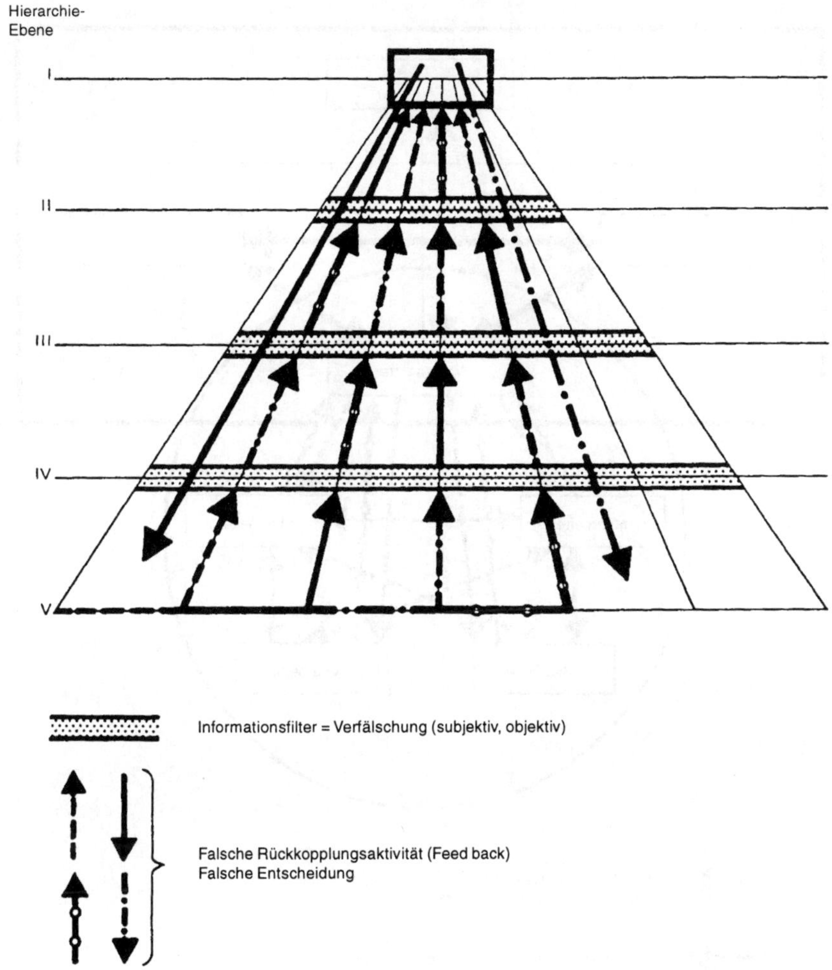

Bild 9.3: Filtration der innerbetrieblichen Information

Wird nach kooperativem Führungsstil geführt und sind die einzelnen Bereiche und Arbeitsgruppen in funktionalen Teams organisiert (Bild 9.4), so ist zur richtigen Information eines jeden Mitarbeiters folgendes notwendig: Die in einem anderen Teamkreis koordinierten Teamleiter benötigen rückkoppelungsorientierte und zielsetzende Vertikalinformationen „von unten" bzw. aus dem Betriebsablauf.

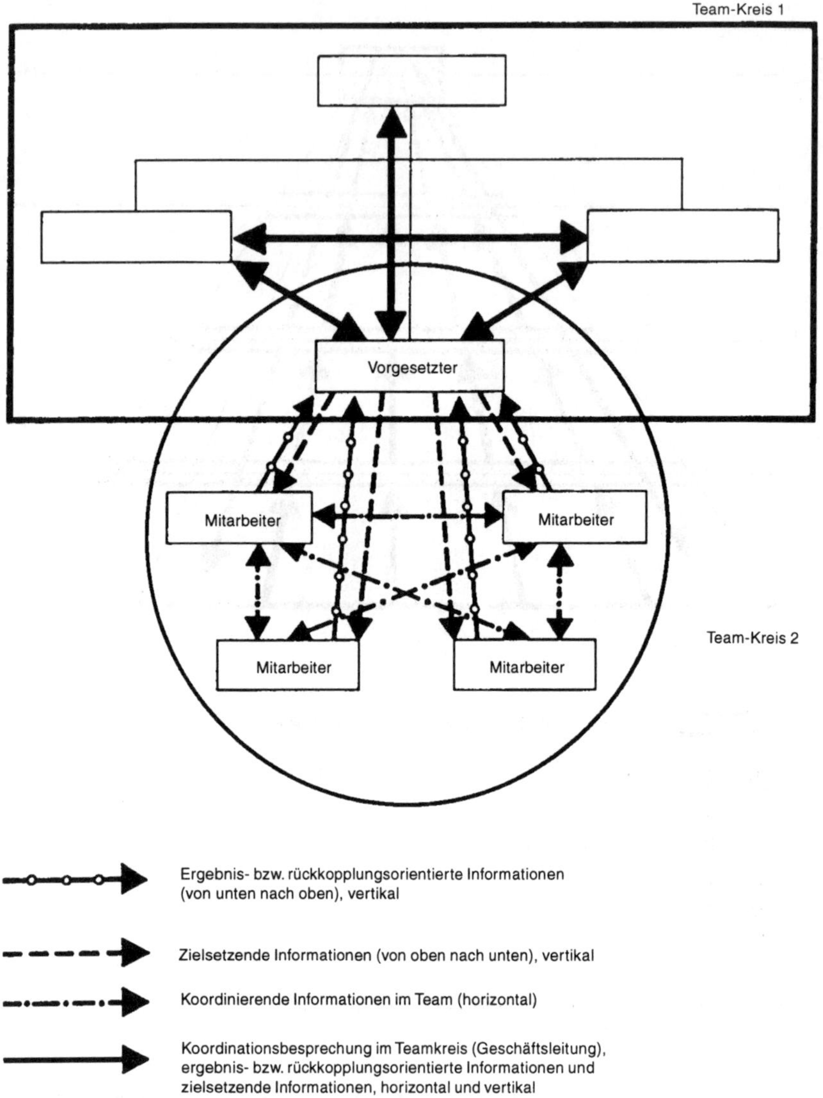

Bild 9.4: Information/Kommunikation innerhalb eines Teams

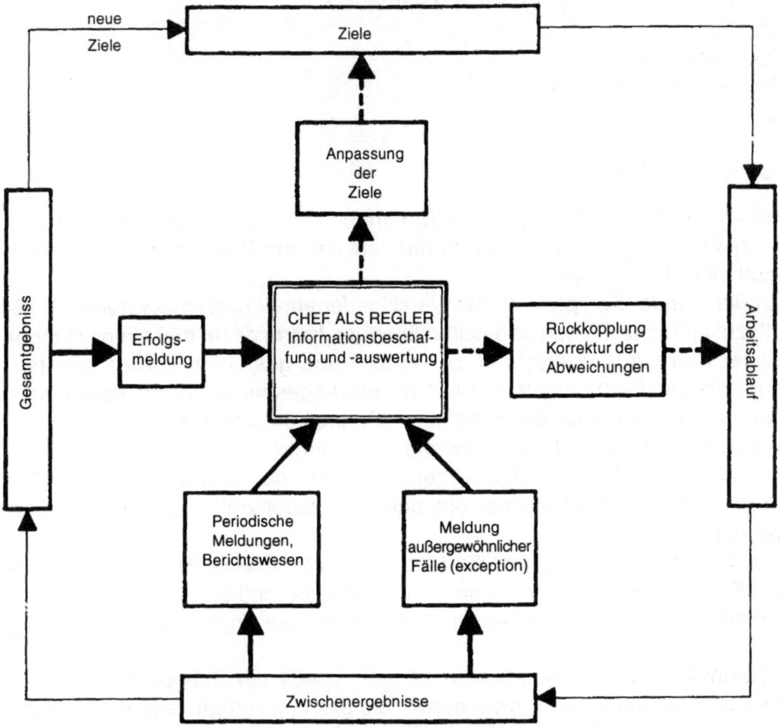

Bild 9.5: Der Regelkreis des Informationswesens

Wird darüber hinaus unter Aufgabe der klassischen vertikalen Hierarchiestruktur nach einem Regelkreissystem geführt (Bild 9.5), so ergibt sich auch für die Organisation des Informationswesens ein Regelkreismodell.
Meldungen von Zwischenergebnissen sowie Meldungen des Gesamtergebnisses an die Geschäftsleitung ermöglichen einerseits eine Korrektur der Unternehmenszielsetzung und des Arbeitsablaufs und andererseits eine grundlegende Änderung der Gesamtzielsetzung und der Unternehmensphilosophie überhaupt.

9.5 Anforderungen an ein Informationssystem

Beim Aufbau und bei der Organisation eines Informationssystems und einer zweckmäßigen Kommunikationsstruktur sind vor allem folgende fünf Problembereiche zu bewältigen, und zwar

- Das Problem der Komplexität und Varietät.
- Das Wahrheitsproblem.
- Das Zeitproblem.
- Das Selektionsproblem.
- Das Problem der Flexibilität.

Komplexität und Varietät

Unter Komplexität versteht man das Vorhandensein und Zusammenwirken vieler Einzelteile, unter Varietät das Vorhandensein und Zusammenwirken vieler unterschiedlicher Elemente.
Die zunehmende Komplexität der verschiedenen Wirtschaftssysteme, Wirtschaftszusammenschlüsse und -verflechtungen führte dazu, daß sie nicht mehr von einer Stelle aus überschaut, beherrscht und gesteuert werden konnten. Daraus entstand die heute oft als zwangsläufig angesehene vielstufige vertikale Hierarchie. Es wurden für die einzelnen Führungsfunktionen kleinere oder von der Sache her überschaubare und steuerbare Bereiche geschaffen. Dies führte wegen der mangelnden Aufgabendefinition und der daraus folgenden Erschwernisse für die Kontrolle der optimalen Aufgabenerfüllung zu erheblichen Zielverlusten.
Dem in einem unteren Teil der hierarchischen Stufenleiter Stehenden ist dadurch oft die Gesamtzielsetzung nicht mehr bewußt, und er kann deshalb Optimalvorstellungen nur für den Teil des Systems entwickeln, für den er zuständig ist.
Sein Handeln bestimmt sich also nach dem jeweiligen Suboptimum. Da die Summe der Suboptima aber nicht notwendig das Gesamtoptimum ergibt, kann dieses mit Hilfe des einzelnen Mitarbeiters auch nicht erreicht werden.
Die zunehmende Varietät zwingt deshalb zu einer Funktionsteilung in horizontaler Richtung, also zur Funktionsspezialisierung. Auch hierbei ergibt sich dadurch ein deutlicher Verlust an Führungsfähigkeit von oben, die sich darin ausdrückt, daß ein Angehöriger der nächst höheren Hierarchiestufe ein hierarchisch niedriger bestehendes System nicht mehr versteht. Es verlagern sich also wesentliche Teile der Gesamtführungsaufgabe auf die Spezialisten. Hierdurch aber wird die Erreichung des Gesamtzieles erschwert oder sogar verhindert.
An ein Informationssystem muß die Forderung gestellt werden, daß es die Komplexität und Varietät des realen Systems (Unternehmen in seiner wirtschaftlichen und sozialen Umwelt) in genügender Übereinstimmung wiedergibt. Bei der Fülle und Komplexität der produzierten Informationen ist bei der Selektion zu beachten, daß innerhalb der Informationspyramide bei vertikaler Information von unten nach oben keine Filtration, sondern nur eine Informationsverdichtung stattfinden darf.

Wahrheitsproblem

Weitere Voraussetzung für ein Informationssystem ist, daß die Information richtig ist. Die Praxis zeigt dagegen, daß die meisten Informationssysteme von dieser Forderung weit entfernt sind: in den meisten Fällen beginnt die Unwahrheit einmal schon bei der Erfassung der Ereignisse und besteht weiter bei der Problematik ihrer Zuordnung zu unklar definierten Begriffen und Tatbeständen.
Weiter ist zu berücksichtigen, daß viele Nachrichten schon als solche falsch sind. Dies kann z.B. beruhen auf Irrtümern, Übertreibungen, unvollständigen Übermittlungen oder auch auf bewußt falscher Wiedergabe, d.h., die Fehlerquellen können im objektiven wie im subjektiven Bereich liegen. Aus dem subjektiven Bereich wäre noch zu erwähnen: Fahrlässigkeit, Unkenntnis, Nachlässigkeit, mangelnde Genauigkeit, verschiedener Sprachgebrauch, ungenaue Definition, subjektive „Überstrahlungen" (Wunschdenken), falsche Auswahl, Kürzungen, Herausreißen einzelner Sätze aus dem Sinnzusammenhang, Doppelbedeutung eines Wortes, verschiedene Auslegung oder Auffassung von Fremdworten oder Begriffen.
Aus diesen kurzen Ausführungen ergibt sich bereits die Problematik des Wahrheitsproblems: die Nachricht ist Grundlage aller Ideen und Handlungen, also auch aller Entscheidungen. Ist das Wahrheitsproblem also nicht gelöst, so müssen die meisten Entscheidungen, und zwar auch unabhängig von der zusätzlichen Problematik der Informationsfiltration, falsch werden!

Zeitproblem

Die dritte Forderung an ein Informationssystem ist, daß die Abbildung der Realitäten zu jedem Zeitpunkt genügend genau und wahr ist.
Die Widerspiegelung der Realitäten im Informationssystem muß also synchron erfolgen. Zeitliche Diskrepanzen verhindern das fristgerechte steuernde Eingreifen, eine Kontrollfunktion, die auch in jedem modernen Führungssystem enthalten sein muß.
Dieses Zeitproblem kann wegen der größeren Anzahl von Informationen sowie der zunehmenden Komplexität und Varietät heute praktisch nur noch mit dem Einsatz des Computers gelöst werden. Geht man davon aus, daß nur die Ganzheitsbetrachtung des Systems die zur Steuerung notwendigen Informationen liefert, ist bei der Komplexität und Varietät der Verhältnisse und der Interdependenz der Auswirkungen einzelner Geschehnisse auf verschiedene Systemkomponenten ein sehr großer Rechen- und Verknüpfungsaufwand zu leisten. Wollte man einen menschlichen Apparat aufbauen, der zu dieser Leistung in angemessener Zeit fähig sein sollte, dann wäre dieser wegen seiner enormen inneren Kommunikationsnotwendigkeiten gar nicht zur Funktion zu bringen. Es ergibt sich regelrecht der Zwang, die formalen Arbeiten der Maschine zu übertragen, weil nur ihre Leistung zeitgerechte Ergebnisse ermöglicht.

Selektionsproblem

Voraussetzung für ein richtiges Informationssystem ist weiter, daß jeder Aufgabenträger die zur Erfüllung seiner Aufgaben notwendigen Informationen erhalten muß. Ein Zuviel an Information ist dabei genauso schädlich wie ein Informationsmangel. Gerade im Hinblick auf diese Forderung wird ersichtlich, wie bedeutsam die Definition jeder Einzelaufgabe und des damit verbundenen Informationsbedürfnisses für den Aufbau eines wirksamen Informationssystems ist.

Weitere Voraussetzung ist die Bestimmung des wahren Informationsbedarfs anhand eines Soll-Ist-Vergleichs und die Berücksichtigung der informellen Informationskanäle innerhalb der hierarchischen Machtstruktur. Nach der Vorstellung von der sogenannten Informationspyramide geht man davon aus, daß man im hierarchischen Aufbau der Unternehmenssteuerung und -führung die Informationen entlang der hierarchischen Stufenleiter nur immer mehr zu verdichten braucht, um das Informationsproblem zu lösen. So einfach ist das jedoch nicht! Der Versuch, die hierarchische Befehlsstruktur, die aus Gründen der Machtausübung und der Personalverantwortung sehr zweckmäßig ist, auch zur Grundlage des Informationsflusses für die sachliche Aufgabenerfüllung zu machen, simplifiziert das Problem, denn das Informationsbedürfnis geht vertikal und horizontal, und bedingt durch die Auswirkungen der informellen Struktur auch kreuz und quer, durch die Machtstruktur. Informationen, die ein Sachbearbeiter notwendigerweise zur Aufgabenerfüllung benötigt, brauchen seinen Chef eventuell gar nicht zu interessieren. Das gilt insbesondere bei einem modernen Führungsstil mit Delegationsprinzip. Die Sachbearbeiter verschiedener Stufen und Funktionen produzieren und beschaffen sich die für ihre Arbeit notwendigen Informationen informell. Würde man die Informationswünsche der Mitarbeiter erfragen und sowohl Informationsfluß als auch Informationsinhalte organisatorisch danach formell festlegen, käme man zu dem Ergebnis, daß das meiste von dem, was organisiert werden müßte, faktisch bereits vorhanden ist. Diese Erkenntnis darf jedoch nicht etwa dazu führen, eine formelle Organisation des Informationssystems zu unterlassen, denn die bestehenden informellen Strukturen stellen längst nicht die bestmögliche Form dar, denn sehr viele gleichartige Informationen werden an mehreren Stellen unabhängig voneinander erzeugt (Doppelarbeit) und laufen in verschiedene Kanäle (falscher oder doppelter Informationsfluß). Fast alle sind geformt von den Vorstellungen der Teilnehmer dieser nicht organisierten Informationsnetze und sind hinsichtlich der Aspekte der Gesamtzielsetzung unvollständig oder falsch und oft sogar systemwidrig oder gar schädlich. Sie bilden aber tatsächlich oft die Grundlage vieler Einzelentscheidungen mit dem Ergebnis, daß diese Entscheidungen im Sinne der optimalen Erreichung des Unternehmenszweckes falsch sein können.

Flexibilität

Letzte Voraussetzung für jedes Informationssystem ist laufende Anpassungsfähigkeit an die Änderungen der Realitäten und somit an die Aufgabenstellungen und Informationsbedürfnisse. Dabei ist zu berücksichtigen, daß sich jedes Unternehmen aufgrund der Veränderungen der äußeren Gegebenheiten ständig weiterentwickelt. Daraus folgt, daß auch das Modell, welches die Realitäten berücksichtigt, flexibel sein muß.

9.6 Informationsarten und deren Vor- und Nachteile

Vor der Wahl der möglichen Informationsmittel sind stets Vor- und Nachteile der einzelnen Medien zu überdenken. Die Anwendung mehrerer Modelle schließt sich gegenseitig nicht aus; sie sollten sich vielmehr sinnvoll ergänzen und so auch angewendet werden.
An Informationsarten sind hauptsächlich zu nennen:

- mündliche Informationen
- schriftliche Informationen
- optische Informationen
- Versetzungen auf andere Arbeitsplätze (Informationsversetzungen).

Nach der Häufigkeit der verwendeten betrieblichen Informationsmittel ergibt sich folgende Reihenfolge:

1. Aushang am Schwarzen Brett.
2. Besprechungen Betriebsrat-Direktion.
3. Betriebsversammlungen.
4. Vorschlagswesen.
5. Meisterbesprechung.
6. Filmvorführung.
7. Wettbewerb im Betrieb, z.B. Unfallwesen, zum Vorschlagwesen, zur Sozialpolitik.
8. Sonstige Publikationen (Unfallverhütung, Vorschlagsfibel, Wirtschaftspolitik, Reden, Bericht über Betriebsversammlungen).
9. Werkzeitung.
10. Einführungsvorträge und Kurse.
11. Geschäfts- und Sozialberichte für die Mitarbeiter.
12. Werkhandbücher (für Neulinge).
13. Werkzeitungs-Umfrage.
14. Beilagen zur Lohn- und Gehaltsabrechnung.
15. Offene Haustage.
16. Beschwerdeausschüsse.
17. Rundbriefe an die Mitarbeiter.
18. Interviews bei Austritt.
19. Betriebsfunk.

Die wesentlichen mündlichen Informationen sind: persönliches Gespräch, Gruppengespräch, fernmündliches Gespräch, Übermittlung durch Boten, Tageskonferenzen, Arbeits- und Lagebesprechungen, Abteilungsbesprechungen, Aussprachen, Vorträge, Sprechstunden, Betriebs- und Abteilungsversammlungen.

An schriftlichen Informationen sind hauptsächlich zu erwähnen: Anschläge am Schwarzen Brett, Aktennotizen, Rundschreiben, Rundbriefe, Informationsbriefe für leitende Angestellte, Führungsbriefe für Abteilungsleiter, Pressenotizen für leitende Angestellte sowie Fachzeitschriften und Zeitungsausschnitte zum Umlauf, Monatsübersichten, Berichte und Statistiken, persönliche Briefe, Handzettel, Flugblätter, Merkblätter, Beilagen zur Lohn- und Gehaltsabrechnung, Firmenhandbuch, Einführungsschrift für neue Mitarbeiter, Betriebsvereinbarungen, Betriebsordnung, Ruhegeldsatzung, Geschäftsbericht, Werkzeitschrift, Belegschafts- und Sozialbericht, Sozialbilanz, Jubiläumsschriften, Geschäftschroniken, auslage- und aushangpflichtige Gesetze und Verordnungen, Unfallverhütungsvorschriften und Tarifverträge.

Die wesentlichen optischen Informationsmittel sind insbesondere Bilder, Plakate, Schaukästen und Schautafeln, Dias, Film und Tonbildschau.

Besteht die Wahl zwischen mehreren Informationsarten, so sind stets deren Vor- und Nachteile zu prüfen, und es ist zu beachten, daß sich die verschiedenen Informationsarten nicht etwa gegenseitig ausschließen; sie sollten sich vielmehr sinnvoll ergänzen.

Als Vorteile mündlicher Informationen sind u.a. zu nennen:

- intensivere Wirkung des gesprochenen Wortes,
- bessere Motivation,
- bessere persönliche Einstimmung des Zuhörers,
- Möglichkeit, die Information besser auf den Hörerkreis abzustimmen, zum Beispiel durch Dialekt,
- Schwung und Aufrichtigkeit,
- spontane Kontrolle der Wirkung des Ankommens der Information,
- Entstehen persönlicher Bindungen,
- Ermöglichung einer Diskussion,
- Ermöglichung von Gedanken- und Erfahrungsaustausch,
- gegenseitige Abstimmungsmöglichkeit,
- Ausräumen von Mißverständnissen,
- schnellere Korrekturmöglichkeit,
- Möglichkeit, durch Beispiele das Gesagte allen verständlich zu machen,
- Erkennen der spontanen Reaktion, damit verbunden eine sofortige Korrekturmöglichkeit,
- Spontaneität,
- unter Umständen (Struktur- und Größenproblem) schnellere und auch kostengünstigere Information,
- Ausgleich verschiedener Gruppen-Eigenschaften (z.B. geistiges/fachliches Niveau).

Als Nachteile mündlicher Informationen sind hauptsächlich aufzuführen:

- Vergeßlichkeit des Empfängers,
- Unzuverlässigkeit des menschlichen Gedächtnisses,
- unpräzise Formulierungen,
- unverständliche Ausdrucksweise, unter Umständen verursacht durch Dialekt,
- schlechte Telefonverbindung,
- keine Wiederholbarkeit,
- Wiedergabe an andere Personengruppen unkontrollierbar,
- Verfälschbarkeit,
- Gefahr, daß der Empfang einer Information abgestritten wird oder daß es über den Inhalt der Information zu Mißverständnissen kommt.

Als Vorteile schriftlicher Informationen sind insbesondere zu erwähnen:

- Beweisbarkeit zu jeder Zeit,
- Wiederholbarkeit (z.B. Fotokopie),
- amtlicher Charakter (z.B. Anschlag am Schwarzen Brett),
- exaktere Formulierung („Ehrfurcht vor allem Gedruckten"),
- gleichmäßiges Erreichen aller zu informierender Personen,
- Verbindlichkeit,
- Einheitlichkeit,
- Exaktheit,
- geschliffener Stil,
- unangreifbare Formulierungen.

Als Nachteile schriftlicher Informationen sind insbesondere zu beachten:

- kaum widerrufbar,
- unpersönlich,
- weniger motivierend,
- unter Umständen viel Aufwand zur Transformation (Inhalt, Darstellung, Zweck, Tendenz, Zeitpunkt, Niveau),
- schwerfällig,
- je nach Belegschafts- und Organisationsstruktur unter Umständen teurer,
- Geheimhaltung nicht gewährleistet,
- weniger Feed-back,
- kein echtes Feed-back.

9.7 Zusammenfassung und Leitgedanken für die Praxis

1. Information und Kommunikation ist notwendiger, aber auch schwieriger denn je; die Informationsflut und das Netz von Abhängigkeiten werden größer. Alle Menschen bekommen mehr – nicht unbedingt zielgerichtete – Informationen; sie benötigen zwar Informationen, sperren sich aber teilweise

auch dagegen, z.B. wegen deren Menge, Art, Zeitpunkt und Inhalt. Das richtige Annehmen, Durchführen und Weitergeben von Informationen ist oft auch nur ein Motivationsproblem, selten also das Nicht-Verstehen-Können, sondern vielfach das Nicht-Verstehen-Wollen.

2. Alle Informationen müssen in einer Art und Weise erfolgen, daß der Empfänger in der Lage ist, sie zu verstehen (Sender-Empfänger-Verhältnis).
3. Es muß eine Bereitschaft bei dem Empfänger erzeugt werden, daß er die ihm objektiv verständlichen Informationen auch verstehen will (Motivationsproblem).
4. Einbeziehung der Persönlichkeit des Empfängers in die Information, d.h. die Information hat nur dann Erfolg, wenn sie den Wünschen, Ziel- und Wertvorstellungen des Empfangenden entspricht (oder genau entgegensteht und damit ebenfalls Interesse bewirkt).
5. Es darf zu keiner sogenannten „defensiven Kommunikation“ kommen. Diese liegt in der grundsätzlichen Abwehr der Kommunikation und kann eine entsprechende Gegenreaktion der angesprochenen Persönlichkeit hervorrufen. In den meisten Fällen wird dadurch die gewünschte Lösung des betreffenden Problems verhindert.
6. Den Empfänger nicht mit Informationen überschütten (Quantität, Qualität und auch Zeitpunkt, Reihenfolge, fehlender Zusammenhang).
7. Dem Empfänger keine für ihn nicht relevanten Informationen übermitteln.
8. Informationen jedem Interessierten zugänglich machen.
9. Folgende Verhaltensweisen des Kommunikators können den Informationserfolg vereiteln:
   - Autoritäres Urteilen.
   - Emotionelle Entscheidungen.
   - Herrschsucht.
   - Aggressivität.
   - Rücksichtslosigkeit.
   - Unbedingtheit.
   - Passivität.
   - Neutralität.
   - Zu große Überlegenheit.
   - Querulanz.
10. Dem Empfänger so viele Informationen geben, wie er braucht.
11. Den Empfänger im richtigen Zeitpunkt informieren
12. Das richtige Informationsmittel einsetzen.
13. Die Argumentation muß stets logisch sein.
14. Informationen schaffen Vertrauen; sie setzen aber auch Vertrauen voraus.
15. Erstrebenswert ist nicht das Maximum, sondern das Optimum der Information.
16. Informationen müssen persönlich glaubwürdig sein, denn bei einem Verdacht der Täuschung sperren sich die Empfänger gegen die Information.
17. Informationen müssen in der gleichen Sprache, die der Empfänger spricht,

gegeben werden, einmal, damit der Empfänger sie verstehen kann, und zum anderen, um zu gewährleisten, daß er sie auch verstehen will.

18. Der Grad der Autorität des Vorgesetzten hängt weitgehend von der Intensität und dem Zeitpunkt des Erhaltens einer Information ab.
19. Mitwissen ist Vorstufe zum Mitdenken und Mitdenken Voraussetzung zum Mitverantworten.
20. Gute Beziehungen nach außen, die für das Unternehmen erforderlich sind, können nur aus guten Beziehungen im Innern erwachsen. Dazu bildet ein gut funktionierendes Informationswesen und die Kommunikationsstruktur wesentliche Voraussetzungen und Grundlage.
21. Die innerbetriebliche Informationspolitik und die Schaffung einer den effektiven Bedürfnissen angepaßten Kommunikationsstruktur muß daher Kernstück jeder Unternehmens- und Personalpolitik sein.

10 Motivation der Mitarbeiter

Die „richtige" Motivation der Mitarbeiter ist Voraussetzung dafür, daß diese ihre Arbeitskraft voll einsetzen und zum Nutzen des Betriebes verwenden wollen. Wichtig ist es dabei zu erkennen, daß es kein einheitliches „Patentrezept" zur Motivation jedes einzelnen Mitarbeiters geben kann, denn jeder arbeitet ja – schwerpunktmäßig – aus einem anderen Grund, steht auf einer verschiedenen Stufe der Maslowschen Bedürfnispyramide und findet aus verschiedenen Gesichtspunkten Erfolgserlebnisse aus seiner Arbeit. Jeder braucht deshalb auch „Streicheleinheiten". Der Vorgesetzte muß sich im klaren darüber sein, daß Geld allein kein taugliches Mittel zur Motivation sein kann.

10.1 Allgemeines und Ziele der Leistungsmotivation

„Motivieren" heißt „begründen" und „zu etwas hinführen". Motivation ist eigentlich ein psychologischer Vorgang: aufgrund gemeinsam erarbeiteter Zielvorstellungen und Zielvorgaben werden bestimmte Leistungsvorgaben entwickelt. Diese lösen bei den einzelnen Mitarbeitern eine Bereitschaft dazu aus, ihre Denk-, Arbeits- und Verhaltensweisen zur Problemlösung einzusetzen, anzupassen oder zu ändern. Auf diese Weise kommt der Mitarbeiter zu Erfolgserlebnissen, und das ist eine wesentliche Voraussetzung für eine dauernde positive Einstellung zur Arbeit, zur Entstehung bzw. Beibehaltung eines guten Betriebsklimas und damit zur Erzielung eines optimalen Arbeitsergebnisses und Betriebserfolges.
Unter Motivation versteht man alle bewußten oder unbewußten psychischen Phänomene, die der Erklärung des Verhaltens dienen bzw. es verständlich machen: „Streben", „Wollen", „Wünschen", „Interesse", „Trieb", „Bedürfnis", „Gefühl" usw. Wenn man nach der Motivation eines Menschen fragt, so stellt man die Frage nach dem „Warum" seines Verhaltens. Motivation ist Bewegungs- und Veränderungsursache, stellt Energie dar, die – wenn sie nicht gehemmt wird – Aktivität verursacht. Motivation ist in keinem Fall das letzte Ursachenelement, sondern das Zusammenwirken verschiedener Variablen eines bestehenden Personen-Umweltverhältnisses, die das Verhalten auf Ziele richten und steuern.

Von einem Motiv spricht man, wenn man einen isolierten – zunächst noch nicht aktualisierten – Beweggrund des Verhaltens herausgreift, wie z.B. Durst, Hunger und Machtbedürfnis. Andere Ausdrücke für „Motiv" sind „Bedürfnis", „Wunsch", „Trieb", „Strebung", „Drang" und „Triebfeder". Die Motive treten in der

Regel nicht einzeln und abgegrenzt auf. Es sind fast immer mehrere Motive vorhanden, die das Verhalten bewirken: grundsätzlich gilt zunächst einmal, daß jeder Mensch viele Motive besitzt und daß jede individuelle Motivationsstruktur anders geartet ist.
Demnach gibt es auch kein einziges Motiv, das allein die Reaktion aller Mitarbeiter auf ihre Arbeit determiniert, und keine eindeutige Strategie, die bei allen Arbeitnehmern in sämtlichen Betrieben eine gute Arbeitsmoral und Produktivität gewährleistet. Weiter besteht Gewißheit darüber, daß Motive sich nicht gegenseitig ausschließen; sie können sehr wohl in einer Person nebeneinander existieren und sind daher in allen denkbaren Kombinationen zu finden.
Als psychologischer Vorgang gesehen, heißt motivieren, aufgrund vorgegebener – besser noch gemeinsam erarbeiteter – Zielvorstellungen und Zielvorgaben Leistungsvorgaben zu entwickeln, die bei den einzelnen Mitarbeitern eine Bereitschaft dazu auslösen, ihre Denk-, Arbeits- und Verhaltensweisen zur Problemlösung einzusetzen, anzupassen oder zu ändern, damit sie - was wesentliche Voraussetzung für eine dauernde positive Einstellung zur Arbeit, zur Entstehung bzw. Beibehaltung eines guten Betriebsklimas und damit zur Erzielung eines optimalen Arbeitsergebnisses ist – Erfolgserlebnisse haben.
General Eisenhower definierte den Begriff „Führung“ (Manipulation?) wie folgt: Führung ist die Fähigkeit, einen Menschen dahin zu bringen, das zu tun, was man will, wann man will, wie man will, weil er selbst es will. Auf den Einsatz der Mittel und Methoden wird bei dieser Definition nicht abgestellt; es zählt letztlich nur der Erfolg!
Mit den Maßnahmen, die den einzelnen Mitarbeiter zur Leistung motivieren sollen, verfolgt der Vorgesetzte im wesentlichen folgende Ziele:

1. Verbesserung des Betriebsklimas.
2. Erhöhung der Arbeitszufriedenheit.
3. Steigerung des Kostenbewußtseins.
4. Verminderung von Stillstands- und Wartezeiten.
5. Verminderung von Fehlzeiten der verschiedensten Arten.
6. Verminderung der beeinflußbaren zwischenbetrieblichen Fluktuation.
7. Erhöhte Beteiligung am betrieblichen Vorschlagswesen.
8. Bereitschaft zu konstruktiver Kritik, auch gegenüber dem Vorgesetzten (Chefkritik).
9. Steigerung der Leistungswilligkeit.
10. Steigerung der Leistungsfähigkeit.
11. Kostensenkung.
12. Erzielung eines besseren Betriebsergebnisses.

10.2 10 Schritte zur Eigenmotivation

Wer andere Menschen motivieren muß, und dies ist für jede Führungskraft wichtig, muß selbst motiviert sein. Heißt motivieren überzeugen und zu etwas bewegen, so setzt dies eine eigene Überzeugung voraus. Andernfalls würde die notwendige Motivation anderer zu einer bloßen Manipulation werden.

1.Setzen Sie sich Ziele!

Die Ziele müssen klar definiert und realistisch, nicht etwa utopisch sein. Ziele sind zu unterscheiden von bloßen Wünschen. Die Ziele müssen kurz- oder mittelfristig erreichbar sein. Die Zielsetzung erfordert wie jede andere Planung auch ggf. mehrere Zielkorrekturen. Die eigene Zielsetzung muß sie faszinieren.

2.Stellen Sie sich neuen Herausforderungen!

Neue Technologien, neue Arbeits- und Führungstechniken erfordern viel Flexibilität – nicht zu verwechseln mit Sprunghaftigkeit. Machen Sie dabei auch ihr Leistungsverhalten transparent.

3.Überfordern Sie sich leicht!

Eine große Arbeitseffizienz wird nur dadurch erreicht, daß man sich selbst fordert. Das Ziel muß ständig leicht über seinem „normalen" Leistungspotential liegen. Jeder wächst an großen Aufgaben; ein zu niedrig gestecktes Ziel führt zum Leistungsabfall.

4.Aktivieren Sie Ihre Reserven!

Erkennen Sie eigene Stärken und Schwächen! Zerbrechen Sie nicht an Ihren Schwächen; Sie sind ja ein Mensch. Arbeiten Sie stets an sich weiter, und bauen Sie Ihre Stärken aus. Sagen Sie sich immer: Ich kann das, ich schaffe das, ich werde das mir gesteckte Ziel erreichen.

5.Lernen Sie ständig weiter!

Kein Mensch ist irgendwann fertig! Heute gilt es mehr denn jemals, „auf dem neuesten Stand zu bleiben". Nur so werden Sie jemals Erfolgserlebnisse haben können.

6.Schaffen Sie sich eigene „Glaubensgrundsätze"!

Fixieren Sie diese schriftlich, lesen Sie diese jeden Morgen, denken Sie auch mal in Arbeitspausen an diese. Schreiben Sie ihre Lebensphilosophie für Ihren privaten Bereich und für die Arbeit auf. Steigern Sie damit ihre Kräfte und die Gesamteinstellung zum Leben und der Arbeit.

7.Denken Sie positiv!

Sie müssen persönlich soweit kommen, daß es (fast) nichts mehr gibt, das nur Negatives enthält. Aus fast allen Situationen lassen sich mit einiger Energie auch noch (wenige) positive Seiten abgewinnen. Suchen Sie diese bewußt – Sie werden sie finden.

8.Schaffen Sie sich Freunde!

Durch Freundschaften, ob privat oder dienstlich, schafft man sich Beziehungsebenen. Diese wirken auf die persönliche Motivation positiv. Manche Zielsetzungen sind ohne diese Hilfe gar nicht oder nur schwer erreichbar. Jedenfalls aber erhalten Sie starke Impulse für die eigene Motivation.

9.Genießen Sie jeden Erfolg!

Jeden realistisch gesetzten erzielten (Teil-) Erfolg müssen Sie genießen! Sie haben es wieder einmal geschafft. Jeder Mensch lebt – zwar nicht nur – von Erfolgserlebnissen. Erleben Sie Erfolge bewußt; belohnen Sie sich selbst dafür. Evtl. bekommen Sie ja gar kein Lob von anderen.
Negative Situationen erscheinen dann nicht mehr so schwer.

10.Schließen Sie jeden Tag positiv ab!

Tragen Sie am Ende eines jeden Tages drei positive Dinge in ihren Terminkalender. Das steigert die Motivation von Tag zu Tag. Lesen Sie gelegentlich auch diese (alten) Erfolgserlebnisse nach.
Ein altes Sprichwort rät, jeden Tag mit einem Lächeln zu beenden; vielfach beginnt dann der neue Tag auch mit einem Lächeln.

10.3 Zur Psychologie der Motivation

Motivation nach Herzberg

Die Motivationstheorie des amerikanischen Psychologen Herzberg, der sich mit der Arbeitszufriedenheit der Mitarbeiter befaßt, unterscheidet zwei Faktoren (deshalb wird sie auch die „Zwei-Faktoren-Theorie" oder „Motivator-Hygiene-Theorie" genannt):

a) die Vermeidungsbedürfnisse. Sie sind auf die Vermeidung von unangenehmen Situationen, von umweltbedingtem Leid gerichtet. Um dies zu erreichen, bedarf es der zivilisatorischen Errungenschaften, wie etwa angepaßte Arbeitsplätze in einer hygienisch gestalteten Umwelt; interpersonelle Beziehungen, Sozialleistungen und Arbeitsplatzsicherheit werden ebenfalls zu diesen sogenannten „Hygienefaktoren" gerechnet.
   Herzberg und seine Mitarbeiter stellten fest, daß diese Hygienefaktoren unter optimalen Arbeitsbedingungen, d.h. wenn sie vom Menschen als selbst-

verständlich erfahren werden, keine motivierende Wirkung besitzen. Wenn diese Faktoren jedoch fehlen, dann entsteht Arbeitsunzufriedenheit.

b) die Entfaltungsbedürfnisse des Menschen.
Jeder Mensch versucht sich in jedem Lebensbereich zu verwirklichen, und einer der wichtigsten Bereiche ist seine Arbeit.

Zu diesen Arbeitsfaktoren, die Herzberg „Motivatoren" nennt, zählen Selbstbestätigung durch Erfolgserlebnisse, Herausforderung durch die zu lösende Aufgabe, Vermehrung der Verantwortung und Möglichkeiten der Persönlichkeitsentfaltung. Diese Motivatoren sind es vor allem, die Arbeitszufriedenheit zustandebringen.
In der berühmten sogenannten Pittsburgh-Studie hat Herzberg insgesamt 16 auslösende Faktoren für das Entstehen von Arbeitsunzufriedenheit bzw. -zufriedenheit ermittelt. Im einzelnen handelt es sich dabei um folgende Faktoren, die sowohl sogenannte „Zufriedenmacher" als auch „Unzufriedenmacher" enthalten.

Motivatoren = Zufriedenmacher

1. Selbstbestätigung (Leistungserfolg).
2. Anerkennung.
3. Zuteilung einer verantwortungsvollen Aufgabe.
4. Verantwortung.
5. Beförderung.

Zwischenkategorien

6. Entwicklungsmöglichkeit.
7. Leistungsgerechte Bezahlung.
8. Beziehung zu Untergebenen.
9. Status.

Hygienefaktoren = Unzufriedenmacher

10. Beziehung zu Vorgesetzten.
11. Beziehung zu Kollegen.
12. Führungstechnik.
13. Organisation, Management.
14. Arbeitsbedingungen.
15. Privatleben.
16. Arbeitsplatzsicherheit.

Die Faktoren eins bis fünf nannte Herzberg „Motivatoren", die Faktoren sechs bis neun waren sogenannte „Zwischenkategorien", die sowohl „Zufriedenmacher" als auch „Unzufriedenmacher" enthielten. Die Faktoren 10 bis 16 bezeichnet er als „Hygienefaktoren". Dabei beeinflussen nach Herzberg die „Motivatoren" die Arbeitszufriedenheit langfristig positiv, während die „Hygienefaktoren"

die Mitarbeiter nur kurzfristig zufrieden machen. Fehlen die „Hygienefaktoren" aber, dann tritt Unzufriedenheit auf.
Besonders die Herzbergschen Motivatoren werden heute in den Konzepten zur Arbeitsstrukturierung berücksichtigt. Sie sollen zur Steigerung der Entfaltungserlebnisse bei der Arbeit und damit zur Arbeitszufriedenheit beitragen. Das ist jedoch nach Herzberg nur unter der Voraussetzung möglich, daß die Hygienefaktoren vorliegen.
Doch die heutige Diskussion macht deutlich, daß es noch keine allgemein abgesicherten Theorien zur Arbeitszufriedenheit gibt. Das liegt nicht zuletzt darin begründet, daß es unterschiedliche Auffassungen vom Wesen des Menschen und seinen Bedürfnissen gibt. Fest steht jedoch, daß Arbeitszufriedenheit dauerhaft nur durch den Arbeitsinhalt gesichert wird.
Herzbergs Untersuchungen zeigen indessen, daß die Zuweisung der richtigen Arbeitsaufgabe dem Mitarbeiter Leistung und Selbstzufriedenheit verschafft und daß diese Komponenten einander bedingen. Seine Untersuchungen dazu, welche Bedingungen engagiertes Leistungsverhalten hervorrufen, faßt Herzberg wie folgt zusammen:

a) Erlebnisse intensiver Befriedigung im Arbeitsleben resultieren immer aus der Leistung und der Aufgabe selbst.
b) Hauptmotivationsfaktoren waren das Lösen schwieriger Aufgaben als bloße Routinearbeiten, die damit verbundene Anerkennung, die Zunahme an Verantwortung und die Möglichkeit, den Kenntnisstand zu erweitern.
c) Motiviertes Leistungsverhalten hat immer Ziele zum Gegenstand, die der Mensch noch nicht erreicht hat, aber erreichen möchte.
d) Arbeitszufriedenheit wird dauerhaft nur durch den Arbeitsinhalt gesichert.

Herzberg stellte umgekehrt fest, daß Zufriedenheit im Arbeitsleben fast immer aus Faktoren herrührt, die mit den Arbeitsbedingungen, der Arbeitsgruppe, dem Vorgesetzten oder dem Arbeitslohn zu tun haben. Auf die Praxis angewendet, bedeutet dies:
Die eigene Leistung in einer sinnvollen Aufgabe und das damit verbundene Erfolgs- und Anerkennungserlebnis motiviert die Menschen am meisten.

Ist eine Aufgabe interessant, vielseitig und verantwortungsvoll, kann der Arbeitnehmer in ihr hinzulernen und durch sie wachsen, so fühlt er sich in ihr wohl und vollbringt deshalb Leistungen, die ihn selbst befriedigen. Zeigt der Arbeitnehmer Leistungsschwächen und ist uninteressiert, ja vielleicht sogar aggressiv, so liegt dies mit hoher Wahrscheinlichkeit an der Arbeit oder am Arbeitsprozeß. Deshalb muß die Arbeit – wenn möglich – aufgewertet oder der Arbeitsprozeß umstrukturiert und den Fähigkeiten und Interessen des Arbeitenden angepaßt werden.
Abschließend läßt sich hierzu sagen, daß für die Mehrzahl der Menschen die eigene Leistung in einer sinnvollen Aufgabe als beste Gewähr für die Selbstverwirklichung im Arbeitsleben Hauptmotiv ist.

Motivation nach Maslow

Der amerikanische Psychologe Abraham Harold Maslow geht bei seiner in den fünfziger Jahren entwickelten Motivationstheorie von einer vielschichtigen Bedürfnisstruktur des Menschen aus, die einmal streng hierarchisch geordnet ist und die weiter auf der Annahme beruht, daß der Mensch und seine Handlungsweise von zwei verschiedenen Arten von Bedürfnissen beeinflußt werden, nämlich von Defizit- und Wachstumsbedürfnissen.
Die Defizit- oder Mangelbedürfnisse gliedern sich folgendermaßen:

- physiologische Bedürfnisse (Trinken, Essen . . .)
- Sicherheitsbedürfnisse (Daseinssicherung, Zukunftsvorsorge)
- soziale Bedürfnisse (Kontakt, Zugehörigkeit ...)
- Bedürfnis nach Achtung (Anerkennung, Prestige).

Bei den Wachstumsbedürfnissen, die nach Maslow auch zu den Grundbedürfnissen gerechnet werden, geht es hauptsächlich um die Entfaltung der den Menschen angeborenen Möglichkeiten, wobei das Bedürfnis nach Selbstverwirklichung dominant ist. Eine Aktivierung der Wachstumsbedürfnisse erfolgt aber erst dann, wenn zuvor eine weitgehende Befriedigung der Defizitbedürfnisse eingetreten ist.
Die fünf Arten von Grundbedürfnissen werden von Maslow wie folgt unterschieden:

1. Physiologische Bedürfnisse: Sicherung von Nahrung und körperlicher Unversehrtheit.
2. Sicherheitsbedürfnisse: Wunsch nach sozialer und persönlicher Sicherheit und Beständigkeit, Bedürfnisse nach einem sicheren Arbeitsplatz, Freiheit von Furcht und Chaos, Vorsorge für das Alter, psychische Sicherheit in neuartigen Situationen.
3. Zugehörigkeitsbedürfnisse: Wunsch nach sozialer Anerkennung und sozialem Kontakt, Zugehörigkeit und Liebe.
4. Achtungsbedürfnisse: Bedürfnisse nach Stärke, Geschicklichkeit und Kompetenz, nach Prestige, Status, Ansehen, Einfluß, Beachtung und Anerkennung.
5. Wunsch nach Selbstverwirklichung: Entfaltung individueller Fähigkeiten und Funktionsmöglichkeiten.

Generell ist davon auszugehen, daß die Menschen zunächst versuchen, die Bedürfnisse der unteren Stufen (1 und 2) zu befriedigen, bevor sie sich der höherrangigen Bedürfnisse voll bewußt werden und nach deren Verwirklichung streben. Wünsche nach Befriedigung höherrangiger Bedürfnisse können aber auch schon dann auftreten, wenn noch nicht alle Bedürfnisse unterer Stufen völlig befriedigt sind.
Anders formuliert stellen sich die Beweggründe menschlichen Verhaltens nach Maslow wie folgt dar:

1. Physiologische Bedürfnisse
   Hunger, Ruhe, Bewegung, Durst, Obdach, Schutz vor den Elementen.
2. Sicherheitsbedürfnisse
   Schutz gegen Gefahr, Bedrohung, Beraubung; Bedürfnisse nach Besitz, Gesellschaft, Aufnahme des Individuums bei seinesgleichen, Geben und Nehmen von Freundschaft und Liebe.
3. Soziale Bedürfnisse
   Bedürfnisse, die sich auf die Selbsteinschätzung des einzelnen beziehen (Selbstachtung, Selbstvertrauen, Selbständigkeit, Leistungsbestätigung, Können und Wissen).
4. Ich-Bedürfnisse
   Bedürfnisse, die sich auf seinen Ruf beziehen (Anerkennung, Wertschätzung, verdienter Respekt unter seinesgleichen, Status).
5. Bedürfnisse nach Selbstentfaltung

Trachten nach Verwirklichung des eigenen Leistungsvermögens, nach fortgesetzter Selbstverwirklichung, nach der Fähigkeit, schöpferisch im weitesten Sinne des Wortes zu sein.

Zu 1.
Was die physiologischen Bedürfnisse anbelangt, so sind sie heute in unserem Lebensraum normalerweise befriedigt, oder sie können ohne Schwierigkeiten befriedigt werden. Sofern sie aber unterdrückt werden und nicht zum Zuge kommen, werden sie vorrangig für den einzelnen und gewinnen verstärkte Bedeutung; sie werden zum beherrschenden Faktor seines Verhaltens.

Zu 2.
Die Sicherheitsbedürfnisse spielen heute längst nicht mehr die gleiche Rolle wie etwa in den ersten Nachkriegsjahren oder zu Beginn der fünfziger Jahre. Dennoch sind sie vorhanden und machen sich – besonders im Verhalten der älteren Mitarbeiter – als Beweggründe bemerkbar. Die „Sicherheitsbedürfnisse" werden heute überwiegend nur bei gegebenen (oder zumindest subjektiv empfundenen) Abhängigkeitsverhältnissen wirksam, so z.B. auch bei drohender Arbeitslosigkeit von älteren Mitarbeitern. Sonst sind die Menschen im allgemeinen eigentlich willig, Wagnisse einzugehen.

Zu 3.
Die sozialen Bedürfnisse äußern sich im Betrieb insbesondere in dem Bedürfnis des einzelnen nach Aufnahme bei seinesgleichen. Dabei spielt die Gruppenzugehörigkeit eine wichtige Rolle. Auf die Dauer z.B. ist es für den einzelnen untragbar, einen Platz außerhalb seiner Arbeitsgruppe einnehmen zu müssen und ausgeschlossen zu bleiben.

Zu 4.
Die Ich-Bedürfnisse und die Bedürfnisse nach Selbstentfaltung gehören zu der Gruppe der Beweggründe, denen heute besonders große Bedeutung zukommt, da die Grundbedürfnisse bei den meisten zufriedenstellend geregelt sind. Man

ist empfindlich (d.h. man hat ein verstärktes Bedürfnis nach Selbstachtung), man ist abhängig von Lob und Anerkennung (dahinter steht das Bedürfnis nach Selbstvertrauen); man will keine „dummen Vorschriften“ (Bedürfnis nach Selbständigkeit), man will sich vielmehr entfalten (Bedürfnis nach Leistungsbestätigung, Können und Wissen und Selbstverwirklichung),

Zu 5.
Die Bedürfnisse nach Selbstentfaltung schließlich werden vielen Menschen ein Leben lang überhaupt nicht bewußt.

Motivation nach McGregor

Die Maslowsche Bedürfnishierarchie ist später von dem amerikanischen Betriebspsychologen Douglas McGregor auf die Arbeitsmotivation des Menschen angewandt worden. Hieraus entstand die von ihm entwickelte sogenannte XY-Theorie.

Die Theorie X besagt:
Die Aufgabe des Managements besteht darin, das Personal zu steuern, zu motivieren, zu kontrollieren und sein Verhalten im Sinne der Unternehmensziele zu beeinflussen. Ohne diese Aktivität des Managements sind die Arbeitnehmer eher passiv oder leisten sogar Widerstand. Es muß daher gelobt, bestraft, kontrolliert und das Verhalten insgesamt gesteuert werden.

Die Theorie Y lautet:
Jeder Mensch hat den Willen, sich selbst und seine Fähigkeiten zu verwirklichen.
Die in der Theorie X beobachteten Trägheiten und Unzuverlässigkeiten der Arbeitnehmer sind nichts weiter als Auswirkungen einer traditionellen Unternehmensführung.
Das Management muß deshalb den Arbeitnehmern neue Möglichkeiten zeigen, wie sie ihre eigenen Ziele am besten erreichen und diese dann mit den Zielen des Unternehmens vereinen.

McGregor schlägt vor:
Dezentralisierung und Delegation von Verantwortung im Arbeitsbereich, Partizipation, Aufgabenerweiterung als arbeitsorganisatorisches Gegenstück zur Delegation von Verantwortung, Beteiligung der Arbeitenden an der Kontrolle und Beurteilung der eigenen Arbeit.

Motivation nach Alderfer

Im Jahre 1969 veröffentlichte Alderfer eine neue Variante (ERG-Theorie) der Maslow-Theorie. Er differenzierte die Bedürfnisse nicht mehr wie Maslow nach fünf, sondern nur noch nach drei Klassen, und zwar:

- Existenz (E)
  (d.h. physiologische Bedürfnisse, Sicherheit).
- sozialer Bezug (R)
  (d.h. Kontakt und Ansehen).
- Wachstum (G)
  (d.h. Entfaltung, Selbstverwirklichung).

Im Zusammenhang mit den Beziehungen zwischen Bedürfnisbefriedigung und Bedürfnisaktivierung sind vier Prinzipien bedeutsam:

1. Ein Bedürfnis bleibt so lange für das Verhalten eines Mitarbeiters bestimmend, bis es befriedigt ist (Frustrationshypothese).
2. Bei Nichtbefriedigung eines Bedürfnisses kehrt der Mensch auf eine „niedrigere" oder entwicklungsmäßig frühere Verhaltensstufe zurück (Frustrations-Regressions-Hypothese).
3. Ist ein Bedürfnis befriedigt, so kommt ein Bedürfnis höherer Ordnung zum Tragen (Befriedigungs-Progressions-Hypothese).
4. Auch negative Erfahrungen (z.B. Mißerfolge) können zur Persönlichkeitsentfaltung beitragen (Frustrations-Progressions-Hypothese).

Nach diesen Prinzipien ergeben sich nach Alderfer folgende Hauptaussagen der ERG-Theorie:
Je weniger die E-Bedürfnisse befriedigt sind, desto stärker werden sie.
Je weniger die R-Bedürfnisse befriedigt sind, desto stärker werden die E-Bedürfnisse.
Je mehr die E-Bedürfnisse befriedigt sind, desto stärker werden die R-Bedürfnisse.
Je weniger die R-Bedürfnisse befriedigt sind, desto stärker werden sie.
Je weniger die G-Bedürfnisse befriedigt sind, desto stärker werden die R-Bedürfnisse
Je mehr die R-Bedürfnisse befriedigt sind, desto stärker werden die G-Bedürfnisse.
Je mehr die G-Bedürfnisse befriedigt sind, desto stärker werden sie.

Neuere Motivationstheorien

Weitere neuere Leistungsmotivationstheorien stammen z.B. von Vroom, Porter, Lawler, Lewin, Tolman, Murray, McClelland und Atkinson. Alle Varianten der Attributionstheorien und Erwartungswert-(Valenz-)theorien gehen im Grundsatz davon aus, daß die Stärke und Intensität einer Handlungsweise stets abhängig ist von der Erwartungsstärke und dem Wert (der Attraktivität) eines Sachverhaltes für den Handelnden und den daraus zu erwartenden Konsequenzen.
Während insbesondere die obengenannten Theorien von Herzberg und Maslow sog. Inhalts-Theorien sind, die versuchen, jene Variablen zu identifizieren, die das Verhalten beeinflussen, d.h. welche Art von Bedürfnissen das Individuum motiviert oder welche Klasse von Zielen bevorzugt angestrebt wird, untersu-

chen die Prozeßtheorien (z.B. Lewin und Tolman) die Beziehungen zwischen den das Verhalten beeinflussenden Variablen, d.h. welche Variablen hauptsächlich beteiligt sind und wie sie zusammenwirken.
Die Leistungsmotivationstheorie von Atkinson geht davon aus, daß das Verhalten einer Person das Resultat des Zusammenwirkens von Person und Situation ist. Demzufolge wird die Leistungsmotivation von Atkinson als Produkt aus den Faktoren Leistungsmotiv, Erfolgserwartung, d.h. Wahrscheinlichkeit, bei der Lösung einer Aufgabe Erfolg zu haben, und Erfolgsanreize bestimmt. Zu dieser Theorie des sog. sozialen Vergleichs zählen auch die Motivationstheorien von Murray und McClelland.
Ein Patentrezept zur „richtigen" Motivation gibt es nicht; insbesondere muß dabei zwischen den Motivationsmitteln unterschieden werden, die bei jüngeren Mitarbeitern anwendbar sind, und denen, die sich bei älteren Mitarbeitern einsetzen lassen: erstere können auf die Dauer keineswegs durch materielle Zuwendungen motiviert werden; persönliches Vorbild des Chefs, interessante Tätigkeit und echte vorhandene Aufstiegschancen bei Bewährung sind entscheidende Motivationsmittel.
Bei älteren Mitarbeitern, die keine Aufstiegsmöglichkeiten mehr haben, ist an ihre Erfahrung zu appellieren; sie sind dazu anzuregen, daß sie ihre Kenntnisse den jungen Mitarbeitern weitergeben, um so zu gewährleisten, daß der Betrieb, der ihnen auch nach der Pensionierung noch Leistungen erbringen sollte, wie während des Einsatzes ihrer persönlichen Kenntnisse und Erfahrungen weiterläuft.
Mitarbeitermotivation ist eine Notwendigkeit. Motivieren ist eine Vorgesetztenkunst, die heute jeder Manager, gleich auf welcher Stufe der betrieblichen Hierarchie er auch stehen mag, beherrschen muß, um die immer schwieriger werdenden Aufgaben der Menschenführung bewältigen zu können.
Wird das Wort „Motivation" im Sinne von Beeinflussung der Mitarbeiter angewandt, so heißt das, daß man den Mitarbeitern nichts vorschreiben soll und nichts anordnen darf, wofür man die Begründung nicht sofort mitzuliefern imstande ist. Nicht „Machen Sie es, wie es Ihnen gesagt wird" bringt die Motivation, sondern: „Machen Sie es so, weil . . .".

10.4 Checkliste zur Mitarbeiter-Motivation

Wie man Mitarbeiter motivieren kann, soll anhand folgender Checkliste in einfacher Form kurz dargestellt werden.

1. Zeigen Sie jedem Mitarbeiter genau seine Funktionen, Kompetenzen, Vollmachten und seine Leistungsziele.
2. Machen Sie jedem Mitarbeiter seine Stellung in der Gesamtorganisation und die Bedeutung seiner Arbeit für das Unternehmen klar.
3. Erklären Sie jedem Mitarbeiter nicht nur das Was und Wie, sondern auch das Warum seiner Aufgaben. Nicht befehlen, sondern begründen! Das gilt für alle Entscheidungen und die sich daraus ergebenen Anweisungen.

4. Machen Sie keine Versprechungen, die nicht gehalten werden können.
5. Geben Sie jedem Mitarbeiter die notwendigen Starthilfen. Bei der Einführung neuer Mitarbeiter kommt es nicht nur darauf an, ihn fachlich in die Arbeit einzuweisen; genauso wichtig ist es, ihn mit den Gepflogenheiten und ungeschriebenen Gesetzen im Betrieb vertraut und mit den Kollegen bekannt zu machen.
6. Fordern Sie Ihre Mitarbeiter! Es ist erwiesen, daß nur derjenige auf Dauer große Leistungen erbringt, der immer ein wenig überfordert ist und der an den höheren Anforderungen wachsen kann.
7. Loben Sie Ihre Mitarbeiter, und sprechen Sie Anerkennung aus. Es läßt sich nachweisen, daß richtig dosiertes Lob anreizt, daß Tadel aber auf Dauer abstumpft und sogar krank macht.
8. Fördern Sie Ihre Mitarbeiter durch angemessene Kritik. Beachten Sie dabei, daß jede Kritik konstruktiv sein muß!
9. Beachten Sie, daß Kritik grundsätzlich nur unter vier Augen erfolgen darf.
10. Führen Sie nach einer modernen Methode, die jedem Mitarbeiter weitgehend selbständiges Arbeiten ermöglicht. Als solche Methoden kommen vorwiegend in Betracht:
    - management by delegation, also die Abgabe von Verantwortung, und
    - management by exception, also das Prinzip, daß der Vorgesetzte nur im Ausnahmefall in die Entscheidung des Mitarbeiters eingreifen darf.
11. Erarbeiten Sie neue Zielsetzungen gemeinsam mit Ihren Mitarbeitern. Als Management-Methode bietet sich hierfür management by objectives an, also die Führung durch Zielvorgabe.
12. Delegieren Sie – gleich wie Sie führen – nicht nur Arbeit, sondern auch Entscheidungsverantwortung. Verteilen Sie echte Aufgaben, die dem Stelleninhaber auch eine gewisse Entscheidungsbreite lassen.
13. Informieren Sie Ihre Mitarbeiter in der richtigen Form, zum richtigen Zeitpunkt und in ausreichendem Maße, denn nur wer richtig informiert ist, kann auch mitdenken und mitverantworten.
14. Räumen Sie Ihren Mitarbeitern ein Vorschlags-, Planungs-, Mitsprache- und Mitentscheidungsrecht ein.
15. Begeistern Sie Ihre Mitarbeiter für das betriebliche Vorschlagswesen. Schaffen Sie ein Prämien-System, das Anreiz zur Erreichung von Vorschlägen bietet, und beteiligen Sie die Mitarbeiter angemessen an den Einsparungen des Betriebes.
16. Sorgen Sie für ein gerechtes Lohn- und Gehaltsgefüge im Betrieb. Darüber hinaus muß dieses System flexibel sein.
17. Schaffen Sie Lohnanreizsysteme. Dafür gibt es so viele Lösungen, wie es Unternehmen gibt! Man muß allerdings Ideen haben.
18. Gewähren Sie zeitgemäße freiwillige Sozialleistungen. Dazu gehört ein ständiges Beobachten der staatlichen und internationalen Sozialpolitik, der Sozialpolitik der Gewerkschaften sowie von Konkurrenzunternehmen.
19. Führen Sie regelmäßig Personalbeurteilungen durch, und besprechen Sie diese mit Ihren Mitarbeitern.

20. Sorgen Sie für Sicherheit der Arbeitsplätze.
21. Bieten Sie planvoll extern und intern zeitgemäße Fort- und Weiterbildungsmöglichkeiten an.
22. Schulen Sie Ihre Mitarbeiter rechtzeitig für die höheren Anforderungen der Zukunft.
23. Sorgen Sie für reelle innerbetriebliche Aufstiegsmöglichkeiten. Dazu gehören langfristige Personalplanung, Karriereplanung, Job-Enrichment und Job-Enlargement.
24. Seien Sie stets Vorbild in dienstlichen und auch in privaten Dingen.
25. Sorgen Sie für ein gutes Betriebsklima.

Nach den Bereichen „persönlich", „betrieblich" und „materiell" getrennt, könnte man die fast zahllosen einzelnen Hilfsmittel zur Motivation wie folgt gruppieren:

Persönliche Momente.

1. Lob, Tadel und Anerkennung.
2. Möglichkeit zur Kritik gegenüber dem Vorgesetzten.
3. Abbau von Angstgefühlen.
4. Kontaktpflege.
5. Übertragung von Verantwortung.
6. Beteiligung an Entscheidungsvorbereitungen.
7. Toleranz.
8. Beteiligung am Erfolg.
9. Liebe zur Arbeit.
10. Kollegiale Zusammenarbeit.
11. Betriebsklima.
12. Geselligkeit.
13. Verhältnis zum Chef.
14. Höfliches und freundliches Verhalten.
15. Teamarbeit.
16. Arbeitszeit – Arbeitsbedingungen – Urlaub.
17. Soziale Einrichtungen.
18. Günstige Lage des Arbeitsplatzes.
19. Kooperative Zusammenarbeit mit anderen Führungskräften.
20. Gegenseitige Wertschätzung.
21. Fortbildung.

Betriebliche Momente

1. Zweckmäßige Arbeitsgeräte.
2. Klare Arbeitseinteilung.
3. Klare Zielvorgabe.
4. Gute Zusammenarbeit mit anderen Stellen.
5. Dienstbesprechungen.
6. Richtige Information.

7. Richtige Einführung der neuen Mitarbeiter.
8. Erklärung und Erläuterung der Arbeitsmethoden.
9. Stellenbeschreibungen.
10. Gutes Betriebsklima.
11. Moderner Führungsstil.
12. Moderne Führungs- und Arbeitstechniken.
13. Optimale Arbeitsbedingungen.
14. Gute Organisation.
15. Sinnvolle Kontrolle (statt dauernde Überwachung).

Finanzielle Momente

1. Erfolgsbeteiligung.
2. Aufstiegsmöglichkeiten.
3. Leistungsgerechte Entlohnung.

11 Führungsstile

Man kann einen Betrieb als Zwangs- oder Zweckverband ansehen, in dem eine Anzahl von Menschen mit teilweise grundlegenden verschiedenen Zielen und Zweckvorstellungen, Wünschen und Neigungen in eine bestimmte formelle Organisation zur Erreichung eines betrieblichen Zieles vereinigt sind. Für ein derartiges soziales Zwecksystem ist ein Führungsstil und ein Führungsverhalten zu finden, das das menschliche Verhalten so steuert, daß die Ziele des Betriebes so weit wie möglich mit denen der in ihm tätigen Mitarbeiter übereinstimmen. Dabei sind die wirtschaftlichen, finanziellen und sachlichen Gegebenheiten zu berücksichtigen. Nur wenn diese Managementaufgabe gelöst wird, ist es möglich, über den Umweg der persönlichen Zufriedenheit des einzelnen, für den Betrieb zu einer bestmöglichen Leistung zu gelangen.
Da die Effizienz der Führung von in Anlage, Einstellung, Geschlecht, Alter, Ausbildung, Mentalität und Nationalität verschiedener Mitarbeiter abhängig ist, ist die Kenntnis spezifischer soziologischer Faktoren Voraussetzung dafür, zu einem betriebsspezifisch optimalen Führungsstil und daraus resultierendem Führungsverhalten zu kommen. Es kann also nicht von einem für alle Betriebe gültigen optimalen Führungsstil gesprochen werden. Besonderheiten in Mentalität und in der Führung einzelner Arbeitnehmergruppen, wie z.B. Frauen, Jugendliche, ältere Mitarbeiter, Gastarbeiter und Mitarbeiter auf verschiedenen Ausbildungsstufen, sind für den Führungsstil und das besondere Führungsverhalten wichtige und zu beachtende Faktoren.
Die immer noch nicht abgeschlossene Diskussion über Probleme, Anwendungsmöglichkeiten, Vor- und Nachteile von autoritären und kooperativen Führungsstilen sind in Deutschland wesentlich beeinflußt worden durch das Harzburger Modell einerseits und verschiedene in den USA entwickelte Management-Vorstellungen und-Systeme. In diesem Zusammenhang ist darauf hinzuweisen, daß eine Übertragung amerikanischer Zielvorstellungen und Modelle auf unsere Wirtschaft nicht ohne weiteres möglich ist, denn kooperativer Führungsstil als Team-Work in den USA und Führung im Mitarbeiterverhältnis bei uns sind – nicht zuletzt auch aus Mentalitätsgründen – bereits von der Anlage her in der Grundlage etwas entscheidend anderes. Unbestreitbar ist lediglich die Tatsache, daß ein Führungsstil, der auf dem Prinzip der Delegation von Verantwortung aufbaut, gegenüber dem autoritären Führungsstil immer zwei entscheidende Vorteile hat: erstens die Entlastung der Führung, verbunden mit der Freistellung für echte Führungsaufgaben, zweitens bessere Möglichkeiten der Mitarbeitermotivation und damit mehr Chancen, sich mit der Zielsetzung des Unternehmens zu identifizieren.

Aufgaben eines jeden kooperativen Führungsstils sind einmal die Motivation des Mitarbeiters durch Delegation von Verantwortung, zum anderen die Entlastung der Vorgesetzten von Routinearbeiten. Die Vorgesetzten müssen Zeit für echte Führungsaufgaben bekommen (Menschenführung, Organisation, Improvisation, Innovation); das Ergebnis des Betriebes im betriebswirtschaftlichen Sinne muß verbessert werden.

11.1 Delegation als Führungsfunktion

Eine Delegation von Aufgaben und Verantwortung ist wesentlicher Bestandteil eines jeden modernen Führungssystems. Unterschiedlich ist nur die Art und die Intensität der Delegation, insbesondere im Bereich der Verantwortungsübertragung. Das wird z.B. deutlich im sogenannten Harzburger Modell, nach dem zwischen Führungs- und Handlungsverantwortung unterschieden wird.
Um Aufgaben und Verantwortung delegieren zu können, ist zunächst Information notwendig, Information, damit die Mitarbeiter überhaupt handeln können. Erst wenn die Mitarbeiter im richtigen Zeitpunkt mit dem richtigen Mittel und Inhalt informiert sind, kann die Aufgaben- und Verantwortungsdelegation sinnvoll eingeführt und auch erfolgreich durchgeführt werden.
Die Delegation erfolgt im wesentlichen aus zwei Hauptgesichtspunkten, die bei allen modernen Management-Systemen mit verschieden starker Betonung vorhanden sind, und zwar einmal, um den Vorgesetzten zu entlasten (z.B. von Routinearbeit) und ihn damit für echte Führungsaufgaben frei zu machen, zum anderen, um den Mitarbeiter durch Übertragung echter Aufgaben mit entsprechenden Vollmachten für die Arbeit und damit auch für den Betrieb zu interessieren, im Idealfall mit den Betriebszielen zu identifizieren: Motivation durch Delegation!
Richtige Delegation hat nicht nur die notwendige Information zur Voraussetzung.
Delegation setzt zunächst eine klare und überschaubare Organisation voraus - aus dem Organigramm muß jeder Mitarbeiter erkennen können, wo er innerhalb der Gesamtorganisation steht. Stellen- und Arbeitsplatzbeschreibungen müssen als organisatorische Voraussetzung zur Delegation nicht nur das Was und Wie der Arbeit ersichtlich machen, sondern dem Stelleninhaber auch aufzeigen, wer wem was und wie zu berichten hat, wer wem Dienstanweisungen gibt; Stellenbeschreibungen müssen Stellvertretungsverhältnisse generell und im Urlaubs- und Krankheitsfall sowie Kompetenzen und Vollmachten enthalten.
Darüber hinaus ist für eine Delegation von Aufgaben und Verantwortung eine Chefpersönlichkeit erforderlich, die bereit ist, ihr Wissen und Können den Mitarbeitern vorbehaltlos zur Verfügung zu stellen. Wie viele Chefs dagegen behalten einen Teil ihres Wissens für sich, machen sich damit „unentbehrlich" und lassen den einzelnen Mitarbeiter, der ja in Wirklichkeit nur ein „Untergebener" ist, nicht als gleichwertigen Kollegen mitarbeiten! Sicher sind dies die schwächsten Vorgesetzten, sie können die Vorteile einer sinnvollen Delegation weder für

sich noch für den Betrieb und den einzelnen Mitarbeiter ausnutzen, sie führen deshalb also nicht modern; die Arbeitseffizienz in einer solchen Abteilung kann bei einer derartigen „Mitarbeiterführung“ nicht hoch sein.
Endlich ist Voraussetzung für eine sinnvolle Delegation, daß die Mitarbeiter bereit sind, Verantwortung zu übernehmen.
Dies ist ein Motivationsproblem: Die Aufgabe und der persönliche Freiheitsrahmen einschließlich der übertragenen Befugnisse muß so gestaltet sein, daß der Mitarbeiter Befriedigung aus der Arbeit verspürt und bereit und interessiert ist, diese einmal erlangte Befriedigung noch zu vergrößern.
Hier zeigt sich die sinnvolle und notwendige Verknüpfung der Führungsmittel „Information“, „Delegation“ und „Motivation“; ohne Einsatz dieser Mittel ist eine effiziente Führung heute nicht mehr möglich. Sämtliche modernen Führungssysteme haben das Informationsproblem, das Delegationsprinzip und Fragen der richtigen Motivation der Mitarbeiter zum Inhalt. Setzt man diese Mittel ein, steigt außer dem Betriebsergebnis auch die Arbeitsfreude und Zufriedenheit der Mitarbeiter. Eines bedingt das andere; nur sollte man die bessere Arbeitsfreude der Mitarbeiter nicht nur vorrangig zur Verbesserung des Betriebsergebnisses nutzen. Dann würde Motivation zur Manipulation der Mitarbeiter.

11.2 Überblick über moderne Führungsstile auf Delegationsbasis

Jeder moderne Führungsstil auf Delegationsbasis bezweckt eine Entlastung der Führung und eine Motivation der Mitarbeiter durch Delegation von Aufgaben und Verantwortung. Grad und Maß der Verantwortungsübertragung sind je nach Führungsstil verschieden intensiv: nach dem Harzburger Modell steht die Delegation der Verantwortung zwar im Mittelpunkt des Systems; sie wird jedoch durch die Trennung von Führungs- und Handlungsverantwortung inhaltlich eingeschränkt. Viel weitergehend ist dagegen die Verantwortungsdelegation beim System „Management by exception“, wo – vom Ausnahmefall abgesehen – der Stelleninhaber im Rahmen der ihm übertragenen Aufgaben vollständige und nicht eingeschränkte Verantwortung delegiert bekommt.
Unabhängig von Grad und Ausmaß der Delegation beinhaltet jedes moderne Management-System fünf Grundfunktionen, und zwar:

- Zielsetzung.
- Organisation.
- Setzen von Maßstäben.
- Motivation.
- Mitarbeiterförderung.

Die Zieltechniken, mit denen diese Grundfunktionen angestrebt werden, sind in den einzelnen Management-Systemen jedoch verschieden akzentuiert.

Die wichtigsten modernen Führungsstile sind

- Harzburger Modell.
- Management by system.
- Management by objectives.
- Management by exception.

Harzburger Modell

Kernstück des Modells ist die Delegation von Verantwortung. Zielsetzung des Systems ist die Entlastung des Management, damit sich dieses auf die Zielsetzung des Unternehmens konzentrieren kann.
Man geht davon aus, daß der aktive Mitarbeiter eigene Verantwortungsbereiche anstrebt. Vor allem soll der Anreiz zur Initiative nutzbar gemacht werden.
Die wesentlichen Voraussetzungen des Harzburger Modells sind:

1. Eindeutige Definition der Bereiche.
2. Verlagerung der Entscheidungen auf andere Ebenen.
3. Verantwortung der Führungskräfte für ihre Entscheidungen.

In diesem System wird vor allem von der Delegation von Verantwortung gesprochen. Wichtig ist jedoch die Unterteilung der Verantwortung in Führungsverantwortung, die Dienstübersicht und Erfolgskontrolle beinhaltet und in Handlungsverantwortung, die nur dann wirksam wird, wenn Aufgabe, Weisungsbefugnis und Verantwortung übereinstimmen.
Hinsichtlich der Führungsverantwortung ist zu beachten, daß sich die Kontrolle sowohl auf die fachlichen Leistungen des Untergebenen als auch auf sein führungsmäßiges Verhalten als Mitarbeiter und Vorgesetzter erstreckt. Für die Kontrolle gelten die folgenden Grundsätze:

1. Die Kontrolle ist auf die unmittelbar unterstellte Leistungsebene beschränkt.
2. Der Vorgesetzte ist zur Ausübung der Kontrolle verpflichtet.
3. Der Vorgesetzte muß bei der Wahrnehmung dieser Aufgaben aktiv in Erscheinung treten.
4. Die Kontrolle muß wirtschaftlich sein.
5. Die Kontrollfunktion kann nicht delegiert werden.
6. Die Kontrollspanne des Vorgesetzten ist genau umgrenzt.

Im Hinblick auf die Kontrolle des Erfolgs ist es möglich, die Untergebenen anhand von objektiven Maßstäben zu bewerten, und zwar bezüglich der fachlichen wie auch der führungsmäßigen Leistung. Die Delegation ist jedoch bei folgenden Funktionen nicht möglich:

1. Festlegung der Unternehmensziele und der Unternehmensstrategie.
2. Bestimmung der Organisationsstruktur.
3. Koordination der Bereiche.
4. Auswahl der Führungskräfte.
5. Langfristige Planung.

Voraussetzung für die Ein- und Durchführung der Führung im Mitarbeiterverhältnis ist zunächst die Festlegung der Grundprinzipien dieses Führungsstils in einer sogenannten „Allgemeinen Führungsanweisung" und die Aufstellung exakter Stellenbeschreibungen.
In der „Allgemeinen Führungsanweisung" werden die Führungsgrundsätze für das Zusammenwirken zwischen Mitarbeitern und Vorgesetzten sowie anderen Stellen in einer für alle Mitarbeiter verbindlichen Form festgelegt und zur Norm erhoben.
Die „Allgemeine Führungsanweisung" darf trotz ihres umfassenden Inhalts nicht zu umfangreich sein. Die Unternehmensführung muß jedoch von Fall zu Fall unter Berücksichtigung der Besonderheiten des Unternehmens entscheiden, ob die Führungsanweisung lediglich in kurzen knappen Worten die Hauptgrundsätze der Führung im Mitarbeiterverhältnis enthalten soll oder ob nähere Erläuterungen anhand von Einzelbeispielen notwendig sind. Auf jeden Fall muß die „Allgemeine Führungsanweisung" übersichtlich, gut lesbar und verständlich sein. Die Unternehmensleitung setzt die „Allgemeine Führungsanweisung" gewöhnlich mit einem Vorwort in Kraft, in dem sie erklärt, daß sie sich entschieden hat, die Führung im Mitarbeiterverhältnis im Unternehmen einzuführen und welche Vorteile diese Grundsätze für das Unternehmen und jeden einzelnen Mitarbeiter bieten.
Welche Konsequenzen ergeben sich aus dem Erlaß einer „Allgemeinen Führungsanweisung"?
Wenn eine „Allgemeine Führungsanweisung" besteht, ist dies von weitreichender Bedeutung für das Unternehmen als Ganzes und für jeden einzelnen Vorgesetzten und Mitarbeiter.
Aufgrund der „Allgemeinen Führungsanweisung" wissen alle Vorgesetzten und Mitarbeiter, welches Führungsverhalten von ihnen erwartet wird. Das Zusammenspiel zwischen allen Stellen und auf allen Ebenen im Unternehmen ist nicht mehr in das Belieben des einzelnen gestellt, sondern aufgrund einer klaren Konzeption geregelt. Damit endet die bisher weitverbreitete Unsicherheit in Führungsfragen.
Mit der „Allgemeinen Führungsanweisung" sind die Grundsätze für die Verantwortung von Mitarbeitern und Vorgesetzten festgelegt.
Mit der „Allgemeinen Führungsanweisung" erhalten die Vorgesetzten auf allen Ebenen die Basis für die Kontrolle der ihnen unterstellten Mitarbeiter in führungsmäßiger Hinsicht. Neben den fachlichen Pflichten gibt es nunmehr auch Führungspflichten, bei deren Verletzung der Mitarbeiter zur Rechenschaft gezogen werden kann.
Ebenso ist der Vorgesetzte verpflichtet, sich an die in der Führungsanweisung festgelegten Grundsätze zu halten. Der Mitarbeiter hat ein Recht darauf, daß er nach den bestehenden Grundsätzen geführt wird und kann sich bei Nichteinhaltung bei dem nächsthöheren Vorgesetzten beschweren.

Die allgemeine Führungsanweisung umfaßt im einzelnen:

- Eine kurze Darstellung des Wesens der Führung im Mitarbeiterverhältnis – im Unterschied zur autoritären Führung.
- Die Delegation von Verantwortung als Kernstück der Führung im Mitarbeiterverhältnis und die Grundregeln ihrer Anwendung.
- Die Pflichten, die der Mitarbeiter gegenüber dem Vorgesetzten zu erfüllen hat.
- Die Pflichten, die der Vorgesetzte gegenüber seinen Mitarbeitern wahrzunehmen hat.
- Die Darstellung der Verantwortung bei einer Führung im Mitarbeiterverhältnis.
- Mitarbeitergespräch und Mitarbeiterbesprechung in ihrer Zielsetzung und Technik.
- Die Grundsätze für Dienstgespräche und Dienstbesprechungen. Die Grundsätze von Dienstaufsicht und Erfolgskontrolle.
- Die Grundregeln für die Anwendung von Kritik und Anerkennung.
- Die Selbstinformation des Vorgesetzten auf den seinem Führungsbereich nachgeordneten Ebenen.
- Die Information, und zwar die Grundsätze für die Information von unten nach oben, also vom Mitarbeiter zum Vorgesetzten.
- Die Information von oben nach unten, also vom Vorgesetzten zum Mitarbeiter.
- Die Querinformation, also vom Mitarbeiter zu seinen Kollegen und dritten Stellen.
- Die Grundregeln für das Zusammenspiel zwischen Stab und Linie sowie der Stäbe untereinander.
- Die Grundsätze für die Einschaltung und die Führung eines Teams und das Zusammenspiel innerhalb des Teams.
- Die Stellvertretung und die Platzhalterschaft, das heißt die Grundsätze, nach denen bei kürzerer oder längerer Abwesenheit eines Stelleninhabers zu verfahren ist, sowie die Regeln für das Zusammenspiel zwischen Stelleninhaber und Stellvertreter bzw. zwischen Stelleninhaber und Platzhalter.
- Die Regelung der Beschwerde, also die Festlegung des Beschwerdeweges im Unternehmen.
- Der Dienstweg, also die Linie, welche die oberste Unternehmensspitze mit der unteren Ebene in hierarchischer Ordnung verbindet.
- Die Stellung und Aufgabe des Fachvorgesetzten sowie des Disziplinarvorgesetzten.
- Richtlinien für den Einzelauftrag des Vorgesetzten an seine Mitarbeiter.

In der Stellenbeschreibung wird bestimmt, welche fachlichen Aufgaben und Kompetenzen mit jeder einzelnen Stelle verbunden sind. Beide Führungsinstrumente ergänzen sich bei der Verwirklichung dieses Führungsstils. Die „Allgemeine Führungsanweisung" bestimmt die Grundsätze für das führungsmäßige Verhalten von Vorgesetzten und Mitarbeitern bei der Delegation von Verantwortung. Die Stellenbeschreibung schafft dafür die organisatorischen Voraus-

setzungen, indem sie die Delegationsbereiche festlegt und abgrenzt, in denen die Mitarbeiter selbständig zu handeln und zu entscheiden haben.
Aus der Stellenbeschreibung ergibt sich damit zugleich die Regelung der Verantwortung. Der Stelleninhaber, der die ihm übertragenen Aufgaben wahrnimmt, trägt die Handlungs-, Entscheidungs- bzw. Unterlassungsverantwortung, d.h. er und kein anderer hat für sein Handeln, Entscheiden und Unterlassen einzustehen. Der Vorgesetzte seinerseits trägt die Führungsverantwortung, deren Kernstück Dienstaufsicht und Erfolgskontrolle bilden. Für Fehler seiner Mitarbeiter kann der Vorgesetzte nur verantwortlich gemacht werden, wenn er es versäumt hat, seine Führungspflichten zu erfüllen. Diese Unterscheidung zwischen Handlungsverantwortung und Führungsverantwortung ist eine wesentliche Voraussetzung für die Delegation von Verantwortung, die sich aus der Stellenbeschreibung ergibt.
Die Eigenart der Stellenbeschreibung, die der Einführung der Führung im Mitarbeiterverhältnis dient, ist besonders daran zu erkennen, daß sie zugleich das Ziel bestimmt, das mit einer bestimmten Stelle verbunden ist. Damit kommt zum Ausdruck, daß jedem Stelleninhaber die Aufgabe gestellt ist, sich in seinem Delegationsbereich unternehmerisch zu verhalten.
Es gehört zu den Pflichten des Mitarbeiters, seinen Delegationsbereich zu intensivieren. Die Angabe des Teils der Stelle bietet dafür die Grundlage.

Zum Inhalt der Stellenbeschreibung gehören im einzelnen folgende Angaben:

Stellenbezeichnung
Sie wird von der Funktion des Stelleninhabers her bestimmt und soll die Position kennzeichnen, die er einnimmt. Sie ist der Ausdruck der Tatsache, daß die Organisation von Stellen ausgeht und nicht von Personen (Organisation ad rem und nicht ad personam!). Sie kann zum Beispiel lauten: Leiter des Verkaufs Inland; Leiter des Personalwesens; Meister in der Fertigung; Schlosser in der Reparaturwerkstatt.

Rang des Stelleninhabers
Diese Angabe ist nur dann erforderlich, wenn das Unternehmen überhaupt mit Rängen arbeitet. Rang kann z.B. sein: „Handlungsbevollmächtigter", „Prokurist", „Direktor".

Unterstellung
Es ist zu unterscheiden zwischen dem eigentlichen Vorgesetzten, der in der innerbetrieblichen Terminologie oft als „Hauptvorgesetzter" oder „unmittelbarer Vorgesetzter" bezeichnet wird und dem Fachvorgesetzten und dem Disziplinarvorgesetzten. In der Stellenbeschreibung muß klar zum Ausdruck gebracht werden, welche dieser Vorgesetztenverhältnisse für den Stelleninhaber bestehen.

Überstellung
Hier ist festzustellen, welche Mitarbeiter dem Stelleninhaber unterstehen und in welcher Funktion (Linienfunktion, Stabsfunktion oder Dienstleistungsfunktion).

Ziel der Stelle
Auf die Bedeutung dieser Angabe in der Stellenbeschreibung wurde bereits hingewiesen. Hier muß auch ausgedrückt werden, daß dieses Ziel im Rahmen der Führung im Mitarbeiterverhältnis erreicht werden soll. Dabei wird auf die Grundsätze der „Allgemeinen Führungsanweisung" hingewiesen. Dies ist der einzige Fall, in dem Führungsfragen in die Stellenbeschreibung miteinbezogen sind.

Die Stellvertretung
Dabei ist festzustellen, welche Maßnahmen für den Ausfall des Stelleninhabers getroffen sind. Die Art der Stellvertretung (hauptamtlich, nebenamtlich, geteilt oder begrenzt) ist genau anzugeben, ebenso, ob ein Platzhalter vorgesehen ist. Ferner muß dargelegt werden, für welche anderen Stellen der Stelleninhaber seinerseits Platzhalter- und Stellvertreterfunktionen wahrzunehmen hat. Dies ist notwendig, um ein Gesamtbild von den mit der Stelle verbundenen Aufgaben zu erhalten.

Der Aufgabenbereich im einzelnen
Hier sind nur diejenigen Aufgaben zu verzeichnen, die der Stelleninhaber auf fachlichem Gebiet selbst zu erfüllen hat. Dabei ist wiederum zwischen Linien-, Stabs- und Dienstleistungsfunktion zu unterscheiden.
In die Stellenbeschreibung gehören dagegen nicht die Aufgaben, die an Mitarbeiter des Stelleninhabers delegiert sind. Diese sind in den Stellenbeschreibungen der Mitarbeiter erfaßt, und die Führungsaufgaben gegenüber den Mitarbeitern ergeben sich aus der „Allgemeinen Führungsanweisung".

Sonstige Aufgaben
Hierunter fällt die Tätigkeit in inner- und außerbetrieblichen Ausschüssen.

Besondere Befugnisse
Grundsätzlich ist bei der Delegation von Verantwortung davon auszugehen, daß zu jeder Aufgabe auch die notwendigen Befugnisse gehören. Wohl aber sind bestimmte Abgrenzungen von Befugnissen, z.B. die Befugnis zu Anschaffungen bis zur Höhe eines bestimmten Betrages und Sonderbefugnisse, die sich nicht selbstverständlich aus der Aufgabe ergeben (eigenes Budget, Unterschriftenbefugnis) hier anzugeben.

Management by system

Das Management by system ist die Anwendung systematisch ermittelter Ergebnisse, Analysen und Zukunftsbeurteilungen aus allen Unternehmensbereichen

als Entscheidungshilfen und als Beurteilungs- und Rechtfertigungsgrundlage für abgelaufene Geschäftsperioden.
Es ist der Versuch, die Vielzahl der Kontrollen in allen Sektoren des Unternehmens zu organisieren, miteinander in Bezug zu bringen, auf ein einheitliches Unternehmensziel auszurichten und übersichtlich darzustellen.
Es besteht im wesentlichen aus einer Systematisierung der Verfahrensordnungen, die festlegen, welche Arbeiten von wem wann zu erledigen sind, aus einer Methodenfestlegung, die angibt, wie eine Arbeit ausgeführt wird, und endlich aus dem entscheidenden Teil, nämlich dem System im Sinne eines integrierten Schemas zur Durchführung der Haupttätigkeiten und Hauptfunktionen des Unternehmens.
Management by system ist Führung durch Systemsteuerung. Wesentliche Grundlage ist daher auch ein computergestütztes Informations- und Steuersystem.
Bei diesem System stehen zwei Hauptziele im Vordergrund, und zwar

1. die Organisation und
2. die Vereinfachung der Verfahren.

Dazu sind im wesentlichen folgende Maßnahmen erforderlich: 1. Formulierung und Bewertung der Unternehmensziele. 2. Kontrolltätigkeit. 3. Optimale Koordination der Unternehmensfunktionen.

Es muß also zunächst festgelegt werden, wer was wann zu tun hat. Es werden exakte Methoden geschaffen, die bestimmen, wie eine Aufgabe bewältigt werden muß und welche Mittel dazu eingesetzt werden. Ein weiteres Element ist die Notwendigkeit zur Integration der Verfahrensordnungen aller Bereiche. Im einzelnen sind Ziele des Management by system:

1. Kostensenkung, insbesondere im Verwaltungsbereich.
2. Höhere Leistungsfähigkeit.
3. Leistungssteigerung, insbesondere bei Führungskräften.
4. Besseres Betriebsklima.
5. Ausgleich personeller Engpässe.
6. Bessere Zusammenarbeit der verschiedenen kaufmännischen und technischen Bereiche.
7. Höhere Wirkungsgrade bei der Firmenpolitik.
8. Höhere Flexibilität.

Management by objectives

Nach diesem Führungssystem werden den einzelnen Mitarbeitern grundsätzlich nur Ziele vorgegeben, nicht jedoch auch Vorschriften darüber, wie diese Ziele im einzelnen zu verwirklichen sind. Management by objectives bedeutet also „Führung durch Vorgabe von Zielen“: Statt bestimmte Arbeiten und Aufgaben nach festgelegten Regeln und Methoden zu erfüllen, sind Ziele (Planvorga-

ben) zu erreichen. An die Stelle der „Aufgabenorientierung“ tritt die „Zielorientierung“, wobei eine Entscheidung über die Auswahl und den Einsatz der zum Zwecke der Zielerreichung notwendigen Mittel und Maßnahmen weitgehend dem freien Ermessen des einzelnen Mitarbeiters überlassen bleibt. Der zuständige Vorgesetzte beschränkt sich im wesentlichen auf die Kontrolle der Zielerreichung (Erfolgskontrolle).
Die wesentlichen Grundsätze dieses Systems sind folgende:

1. Der Prozeß der Unternehmensführung spielt sich in einem gesamtwirtschaftlichen System ab, das die Umweltbedingungen für jeden einzelnen Betrieb liefert. Aus diesem Hintergrund, der in den letzten dreißig Jahren drastischen Veränderungen unterworfen war, erwachsen den Unternehmungen und den in ihnen tätigen Führungskräften immer neue Ansprüche.
2. Management by objectives stellt eine Führungsmethode dar, mit der diesen Ansprüchen begegnet werden kann. Sie geht davon aus, daß die Grundlage der Unternehmensführung die Klärung der Unternehmensziele ist.
3. Sind die Unternehmensziele geklärt, so werden Methoden eingesetzt, mit denen sich die Verantwortlichkeiten in der Weise auf die einzelnen Führungskräfte verteilen lassen, daß ihre Anstrengungen tatsächlich der Zielerreichung dienen.
4. Management by objectives fußt auf der Auffassung, daß das Verhalten des Managers wichtiger ist als seine Persönlichkeit und daß dieses Verhalten anhand von Ergebnissen zu definieren ist, die an bestimmten Zielen gemessen werden und nicht im Hinblick auf allgemeine Ziele und Methoden des Management überhaupt.
5. Management by objectives definiert denjenigen Manager als erfolgreiche Führungskraft, der die Unternehmensziele kennt und sein Verhalten auf die Erreichung dieser Ziele abstellt. Dies bedeutet, daß „der ideale Manager“ nicht allgemein beschrieben werden kann, da sich jeder Manager anders verhalten muß – je nach den Zielen, die ihm vorgegeben sind, und nach dem ökonomischen Umfeld, in dem er sich bewegt.

Als wesentliche Vorteile dieses Systems werden insbesondere hervorgehoben:

1. Es zeigt Möglichkeiten auf, wie der tatsächliche Beitrag von Führungskräften zum Betriebserfolg ermittelt werden kann.
2. Indem es die gemeinsamen Ziele für Mensch und Unternehmen festlegt und die individuelle Leistung an deren Verwirklichung mißt, vergrößert es die Möglichkeit, koordinierte Arbeitsleistungen und Teamarbeit einzurichten, ohne daß dabei das persönliche Risiko des einzelnen verringert würde.
3. Es liefert Lösungen für das Schlüsselproblem, die Verantwortungsbereiche für jeden einzelnen innerhalb der Organisation zu umreißen, wobei gemeinschaftliche und geteilte Verantwortlichkeiten berücksichtigt werden.

4. Es räumt mit der Vorstellung auf, daß Untergebene ihre Persönlichkeit zu ändern haben und nach ihrem Persönlichkeitsbild zu beurteilen seien.
5. Es sorgt für Mittel und Wege, die Kontrollspanne (den Leistungsbereich) jedes Managers festzulegen.
6. Es beantwortet die Frage: Wie lassen sich Gehaltserhöhungen nach den erzielten Ergebnissen bemessen?
7. Es trägt dazu bei, ein sinnvolles Beförderungssystem und förderungswürdige Mitarbeiter und Mitarbeiterinnen zu finden.

Faßt man das Wesentliche dieses Systems zusammen, so ergibt sich folgendes:
Das System beruht im wesentlichen auf der gemeinsamen Erarbeitung der Gesamt- bzw. Teilziele auf allen Ebenen. Die Vereinbarungen werden jeweils zwischen dem Vorgesetzten und einem Mitarbeiter getroffen. Der Vorgesetzte übernimmt die Verantwortung für die Festlegung und Einhaltung der Zielsetzung. Jede Führungskraft innerhalb des Systems kennt ihre Ziele, Kompetenzen und Maßstäbe zur Leistungsbemessung. Jeder Manager wird anhand seiner Ergebnisse, die er beeinflussen kann, beurteilt.
Weitere Gesichtspunkte des Systems sind:

1. Jeder Manager ist verpflichtet, die notwendigen Aktionen zur Verbesserung der Position des Unternehmens auszulösen.
2. Jeder Manager ist ergebnisorientiert.
3. Eine Führungskraft ist kein Spezialist, sondern Organisator im Hinblick auf die gesetzten Ziele.

Die grundlegende Voraussetzung besteht in der gemeinsamen Erarbeitung einer klaren Zielsetzung.
Das Ziel wird in der Unternehmenshierarchie von oben nach unten in Teilziele aufgegliedert. Der Vorgesetzte ist gehalten, die Regeln des Management by objectives einzuhalten. Eine weitere Bedingung ist die ständige Anpassung an gegebene oder erwartete Situationen. Eine dauernde Verbesserung der unternehmerischen Position muß durch die Flexibilität gewährleistet sein.
Die organisatorische Gestaltung schließt die Festlegung der Verantwortungsbereiche sowie die Bestimmung der Maßstäbe zur Leistungsbemessung ein. Der Manager erhält im Rahmen seiner Bereiche die drei Kompetenzen A, B und C. Die Kompetenz A bedeutet, daß er selbständig handeln kann und den Vorgesetzten nicht über seine Entscheidung bzw. Aktion unterrichten muß. Die Kompetenz B macht eine selbständige Entscheidung möglich, verlangt jedoch eine nachträgliche Information des Vorgesetzten. Bei der Kompetenz C ist es erforderlich, die Entscheidung gemeinsam mit dem Vorgesetzten zu treffen.
Auch in diesem System wird die konsequente Verbesserung der Ergebnisse angestrebt. Hier sind folgende Möglichkeiten gegeben:

1. Förderung und Beschaffung qualifizierter Mitarbeiter.
2. Kontrolle.
3. Weiterbildung.

Im Hinblick auf die Gehaltspolitik wird eine Anpassung der Gehälter an den Unternehmenserfolg angestrebt. Wesentliche Voraussetzung ist das Leistungsprinzip, das das Einkommen eines Managers anhand der Stellenbewertung und der Leistungsbemessung auf der Grundlage der vorgegebenen Maßstäbe bestimmt.
Man kann deshalb auch im allgemeinen das Führungsprinzip „Management by objectives" als logische Fortsetzung des Systems „Management by system" ansehen.

Management by exception

Grundidee dieses Führungsstils ist es, die Führung zu entlasten und ihm die Konzentration auf diejenigen Probleme zu ermöglichen, die auch tatsächlich den Einsatz der besten Mitarbeiter des Unternehmens erfordern. Der Vorteil dieses Systems gegenüber dem Management by objectives ist, daß hier dem einzelnen Mitarbeiter eine noch weitergehende Entscheidungsbefugnis des Inhalts eingeräumt wird, daß lediglich Ausnahmefälle einer höheren Hierarchieebene mitzuteilen oder zwecks Entscheidung zu melden sind. Daraus ergibt sich für den einzelnen Mitarbeiter eine noch größere Verantwortung, und über diesen Weg ist eine bessere Motivation möglich, denn er führt zu einer sehr weitgehenden Identifikation mit der Zielsetzung des Unternehmens.
Bei Ein- und Durchführung des Systems ist daher auf folgendes größter Wert zu legen:

1. Festlegung der Maßstäbe zur Bestimmung einer Ausnahme.
2. Erarbeitung von Kriterien, die zur Soll-Ist-Kontrolle entscheidend sind.
3. Der eigentliche Soll-Ist-Vergleich.

Generell ergeben sich folgende Entscheidungsmöglichkeiten:

1. Durch neue Aktionen das ursprüngliche Ziel erreichen.
2. Festlegung eines neuen Zieles.
3. Einsatz neuer Möglichkeiten.

Die wesentlichen Vorteile dieses Konzeptes sind:

1. Zeitersparnis.
2. Höhere Effizienz der Führung durch Konzentration auf echte Führungsaufgaben.
3. Schnellere Entscheidungen durch Erleichterung und Vereinfachung.
4. Bessere Mitarbeiterbeurteilungen durch Erleichterung der objektiven Bewertung.

Darüber hinaus sind noch folgende Führungsstile bzw. Führungssysteme zu beachten:

Offensive Führungstaktik (Managerial Breakthrough)

Dieses System enthält zwei wesentliche Grundgedanken: Einmal wird die Durchführung von neuen Leistungsebenen angestrebt, zum anderen wird die Kontrolle zur Erhaltung eines erreichten Niveaus verlangt. Die Managementaufgaben der einzelnen Bereiche sind sehr differenziert. Wesentliche Voraussetzungen zur Durchführung der offensiven Führungstaktik sind:

1. Formulierung der Ziele.
2. Erarbeitung allgemeiner Richtlinien.
3. Förderung des Führungsnachwuchses.
4. Weiterbildung des Management.

Management by results

Das Hauptgewicht dieses Systems liegt auf der Steigerung der Leistungsfähigkeit des Unternehmens. Außerdem steht die Flexibilität im Mittelpunkt, die die ständige Anpassung an die externen Einflüsse fordert. Auch in diesem System sollen durch Initiative der Führungskräfte alle Möglichkeiten zur Ergebnisverbesserung ausgeschöpft werden. Es muß demnach gewährleistet sein, daß das Unternehmen im Augenblick unter Berücksichtigung der tatsächlichen Gegebenheiten so leistungsfähig wie irgend möglich und daß eine optimale Anpassung und Steigerung der Leistungsfähigkeit an veränderte Einflüsse jederzeit gewährleistet ist. Zur eindeutigen Bestimmung der Unternehmensposition im Markt ist daher eine genaue Analyse seiner Kraftquellen, der Kostenstruktur, der Absatzchancen und des Know-how erforderlich. Das Schwergewicht von Management by results ist also die ergebnisorientierte Unternehmensführung; durch Initiative der Führungskräfte sollen alle Möglichkeiten zur Ergebnisverbesserung ausgeschöpft werden.

Nachwissenschaftliche Systeme

Die sog. nachwissenschaftlichen Systeme setzen die Kenntnisse der wichtigsten o.g. theoretischen Modelle voraus. Das Ziel der in der Praxis noch nicht recht häufig angewandten Systeme ist die Integration mehrerer Systeme, um den Gesamtprozeß zu dynamisieren. Von mehreren derartigen Lösungen sind hauptsächlich drei Systeme zu nennen, und zwar:

1) DIB-System.
2) SIB-System.
3) Kybernetisches Führungsmodell.

DIB-System

Das vom Deutschen Institut für Betriebswirtschaft entwickelte System sucht im Kern das problematisch gewordene Verhältnis zwischen Vorgesetzten und Mitarbeitern zu verbessern, indem es die beiden Komponenten der Führung, nämlich die Leitung durch Apparatesteuerung und Regelkreisbenutzung, mit der Personalführung der Mitarbeiter dadurch zu vereinigen sucht, daß die Personalführung nicht mehr eine Angelegenheit der Personalfachleute, sondern wesentliche Aufgabe jedes Managers in seinem Teilbereich ist.
Dies ist nicht nur eine bloße Verbesserung und Fortentwicklung des deutschen Führungsmodells im Harzburger Stil, sondern bereits der entscheidende Beginn einer grundlegenden Wandlung. Das bedeutet für die Entwicklung von Führungskräften, daß sie nicht neue Persönlichkeiten werden müssen, sondern es geht darum, angestammte Ecken und Kanten wegzukriegen, zum Beispiel durch Erkennen. Sobald das Problem erkannt ist, existiert es nicht mehr. Angesichts eines Strukturwandels, der nicht nur technischer, wirtschaftlicher und sozialer Art ist, sondern auch die Wertvorstellungen von gestern und vorgestern in Frage stellt, ist es wichtig, Führungs- und Steuerungsprobleme zuerst einmal zu erkennen und zu analysieren, Diagnosen zu stellen und erst dann womöglich zu einer Synthese zu gelangen. Im DIB-System bedeutet demnach Führung, die Mitarbeiter auf ein gemeinsames Ziel hin zu motivieren. Management by objectives und Management by exception sind wesentliche Systembestandteile. Ständige Zielüberprüfungen sind unerläßlich. Qualitativ und quantitativ andersartige Aufgaben zwingen zu organisatorischen Strukturveränderungen. Der Wechsel gilt als das einzige Beständige. Auf ihn muß sich nicht nur der Mitarbeiter, sondern vor allem der Chef einstellen. Daher ist die Hierarchie nicht mehr zu sehen als „Transportkette für Befehle von oben herab", sondern als „Konkretisierungsprozeß zur Zielverwirklichung". Zielverwirklichung ist aber nur möglich, wenn die Zielformulierung von Chef und Mitarbeitern gemeinsam entwickelt und Prioritäten festgelegt werden: Führung ist zu begreifen als die Funktion einer Situation. Es ist also nicht mehr oben der Chef und unten der Untergebene. Derjenige führt in dem Prozeß der Entscheidungsfindung, der in der Lage ist, die Handlung auszulösen, die das Team dem angestrebten Ziel näherbringt.
Im Grunde handelt es sich um einen Versuch, in der Innenwelt des Managers und seiner Mitarbeiter nachzuvollziehen, was in der Außenwelt ständig stattfindet.

SIB-Führungsmodell

Das Schweizer Führungsmodell, welches für die praktische Anwendbarkeit ständig weiterentwickelt wird, besteht aus folgenden sieben Teilen:

- Regelkreis der Unternehmensführung.
- Führung und Arbeitstechnik.
- Mensch im Betrieb.
- Gewinn-Management.

- EDV.
- Marketing.
- Entwicklung und Planung.

Es ist – so gesehen – kein eigenes und selbständiges System, sondern ein kombiniertes System, welches einmal die wesentlichen Teile aus anderen Systemen enthält und bezüglich seiner Breite praktisch den gesamten Bereich des Management umfaßt.

Kybemetisches Führungsmodell

Bei diesem System beruht die Führungsorganisation aufgrund kybernetischer Einsichten als korrigierendes Steuerungsmittel in der kurz-, mittel- und langfristigen Zielsetzung sowie der in ihrem Funktionsbereich bei der Teilzieldurchführung (von der Leistungsfestsetzung an bis zur Selbstkontrolle) Beteiligten auf einem Mensch-Sachmittel-System. Es setzt Zielfunktionen voraus und ist zielorientiert in drei Schlüsselfunktionsteams, und zwar Unternehmenssteuerung, Management der Unternehmensmittel und Management der zyklisch ablaufenden Unternehmensprozesse-Produktion.
Das Kernstück dieses Modells ist, zwischen der zentralen Unternehmenskonzeption und der dezentralisierten (möglichst sogar in selbständige Profit-Center aufgegliedert) Aufgabendurchführung einen kybernetisch gesteuerten Regelkreis herzustellen, der eine ständige Kontrolle der einzelnen Unternehmensabläufe auf eine Optimierung auf die Soll-Ist-Werte erlaubt und diese Kontrollergebnisse den Beteiligten in ihrem Funktionsbereich zur ständigen Selbstkorrektur zur Verfügung stellt.
Bei Ein- und Durchführung des Kybernetischen Führungsmodells geht es im wesentlichen darum, die Hauptaufgaben zu bewältigen, und zwar:

1. Das Organisationsproblem.
2. Das Informationsproblem.
3. Das Motivationsproblem.

Beim Organisationsproblem geht es zunächst im wesentlichen um die Einführung neuer Organisationsformen, die kybernetischen Prinzipien entsprechen. Falsch wäre es dabei, sofort den ganzen Betrieb umzustellen, zumal mögliche Formen noch ständig in der Entwicklung begriffen sind. Weiter ist zu beachten, daß die für einen Betrieb optimale Organisationsform stets individuell entwickelt, erarbeitet und in die Praxis umgesetzt werden muß, da Modelle anderer Betriebe oder gar anderer Staaten (z.B. USA) nicht oder nicht ohne weiteres übertragen werden können, und zwar selbst dann, wenn sie sich anderswo bewährt haben.
Der Anfang muß jedoch stets der gleiche sein, nämlich die klassische Organisationsstruktur (linear-hierarchischer Aufbau mit Linie und Stab), die den einfacheren Anforderungen und Grundsätzen der Führung nach dem Prinzip der Steuerstrecke entsprach, vom Grundsätzlichen her zu verlassen und nach und

nach durch neue Organisationsformen, die dem kybernetischen Prinzip gerecht werden, zu ersetzen. Das wiederum bedeutet Unterscheidung folgender Organisationskategorien:

a) Aufbauorganisation
Aufgabe:
Abbau aller Stabsstellen und sonstiger Direktunterstellungen, Einführung verantwortlicher Querschnittsfunktionen für Organisation, Systemtechnik, Information usw., organisatorische Vorbereitung für die künftigen Entscheidungen im Team.
b) Ablauforganisation
Aufgabe:
Abbau der alten Funktionsabläufe nach dem Prinzip der Steuerstrecke, Einführung einer Prozeßdynamik nach dem Prinzip des Regelkreises, Verwendung von (horizontal) Blockschaltbildern zur Veranschaulichung und Optimierung von Ablaufsystemen „regeltechnische Planung und Steuerung" in allen Unternehmensbereichen.
c) Informationsorganisation
Aufgabe:
Abbau des Dienstweges von der Zufallinformation, Einführung eines vom Aufbau und vom Ablauf unabhängigen bedarfsorientierten Informationssystems.

Spezielle Management-Techniken

Als solche sind insbesondere zu nennen:

- Management-Techniken der Ideenfindung.
- Management-Techniken der Planung und Kontrolle.
- Management-Techniken zur Entscheidungsbildung.
- Management-Techniken zur systematischen Gewinnerzielung.
- Management-Techniken zur Planung rationeller Arbeitsmethoden.
- Management-Techniken zur Kostensenkung.
- Management-Techniken zur Investitions- und Wirtschaftlichkeitsrechnung.

Die vorgenannten Führungsstile und Management-Techniken sind weder vollständig, noch können sie ohne Modifikationen auf einen anderen Betrieb übertragen werden. Auch hier gilt, daß es keine Patentlösung geben kann. Bei Anwendung bzw. Übernahme eines bestimmten Führungsmodells auf den eigenen Betrieb sind insbesondere zu berücksichtigen: Größe, Struktur und Standort des Unternehmens, Personalstruktur, Tradition (Familienbetrieb), aber auch Fragen der Gewohnheit, Nationalität und Religion. Ein kybernetisches Regelkreismodell kann jedenfalls nie kurzfristig auf gefestigte hierarchische Strukturen, vielleicht aber bei dem „Neubau auf der grünen Wiese" angewendet werden.

Weiter ist zu berücksichtigen, daß sich die einzelnen Führungsstile nur durch ihre Gewichtung und Akzentuierung einzelner Gebiete und Schwerpunkte voneinander unterscheiden. Das zeigen schon Bezeichnungen wie z.B. Management by communications, by motivation, by participation, by control, by self-control, by innovation, by information, by planning, by coordination. Vielleicht würde hier zuviel Theorie zu dem Ergebnis kommen: Management bye bye. Nicht zufällig sind auch die vielen Karikaturen entstanden, wie z.B. Management by Champignon, Helicopter, Krokodil, Jeans oder gar flipping coins. Wichtig ist es, aus jedem Führungsstil Denkanstöße zu übernehmen und diese für den eigenen Betrieb zu modifizieren.

11.3 Management-Techniken der Ideenfindung als Bestandteile moderner Führungsstile und als Beispiel für Kreativitätstechniken

Ein Verfahren zur Ideenfindung ist das von Alex F. Osborn erfundene Brainstorming. Bei dieser Methode kommen aus verschiedenen Bereichen einige Mitarbeiter für kurze Zeit zusammen, um möglichst viele Ideen zur Lösung des anstehenden Problems zu produzieren. Es sollten ungefähr 5 – 10 Personen sein, die nicht aus verschiedenen Hierarchie-Ebenen kommen sollten und die nicht länger als etwa 30 Minuten zusammen sind, denn danach kommen keine neuen Ideen mehr.

Erste Voraussetzung für eine hohe Anzahl von Ideen ist zunächst eine genaue Definition des Problems. Wesentlich ist dann für das weitere Vorgehen, daß Quantität vor Qualität der Ideen steht. Alle Ideen sind zunächst zu Protokoll zu nehmen, und zwar ohne Rücksicht darauf, ob sie zunächst sinnvoll erscheinen oder nicht. Weiter ist zu beachten, daß an den produzierten Ideen kein Urheberrecht besteht; daraus folgt, daß die anderen Teilnehmer die von einem anderen bereits geäußerten Ideen aufgreifen und sie modifizieren und verbessern dürfen. Endlich muß auch gewährleistet sein, daß an den vorgebrachten Ideen keine Kritik geübt wird und daß den an einer Brainstorming-Sitzung Beteiligten durch ihre Ideen keine Nachteile entstehen dürfen.

Die Auswertung und Kritik der notierten Ideen erfolgt erst später.

Eine Abänderung des Brainstorming ist die von G. Donald Philips entwickelte Methode „Diskussion 66". Der Name kommt daher, weil hierbei kleinere Gruppen (6 Personen) nur 6 Minuten lang diskutieren.

Ein weiteres Verfahren auf dem Gebiet der Diskussionsmethoden ist die von J. J. Gordon erfundene Synektik. Im Gegensatz zu den o.g. Verfahren Brainstorming und Diskussion 66 kommen hier nach intensiver Schulung von etwa einem Jahr 5 – 7 hochqualifizierte kreative Personen zusammen, die in weitaus längeren Sitzungen als beim Brainstorming, also z.B. über Wochen, besonders schwierige kreative Aufgaben zu lösen haben. Wesentlich ist dabei, daß die Lösung meist nicht unmittelbar aus der aufgezeigten und definierten Problematik kommt, sondern daß sie durch Problemverfremdung über Analogien gefunden wird.

Brainstorming und andere Formen von Ideenfindungsverfahren sind wesentliche Bestandteile eines jeden modernen Führungsstils und können ebenfalls als Mittel zur Motivation, Leistungssteigerung und Qualitätsverbesserung eingesetzt werden.
Die wesentlichen Vorteile derartiger Arbeitstechniken sind insbesondere:

1. Kürzere Informationszeiten und -wege in vertikaler und horizontaler Richtung und damit bessere Information.
2. Schnellere und bessere Koordinierungsmöglichkeiten.
3. Aufhebung der Hierarchie-Unterschiede.
4. Der Vorgesetzte lernt seine Mitarbeiter besser kennen.
5. Die Mitarbeiter lernen ihren Vorgesetzten nicht nur als Chef, sondern als gleichwertiges Mitglied im Arbeitsteam kennen.
6. Abbau von persönlichen Hemmungen.
7. Entlastung der Vorgesetzten.
8. Wissenserweiterung für die einzelnen Gruppenmitglieder.
9. Das einzelne Mitglied (Chef) kann nicht die Ideen der anderen als seine eigenen ausgeben.
10. Persönlicher Leistungsanreiz durch erbrachte Leistungen anderer.
11. Optimale Entfaltungsmöglichkeiten der eigenen Fähigkeiten.
12. Steigerung des Selbstwertgefühls durch gemeinsame Erfolgserlebnisse.
13. Effizienter Einsatz der Spezialkenntnisse und des Spezialwissens der einzelnen Mitglieder.
14. Stärkung der Bereitschaft und Möglichkeiten zur Teamarbeit.
15. Verhinderung von Betriebsblindheit.
16. Bessere gegenseitige Motivation.
17. Möglichkeit, das leistungsmäßig schwächere Gruppenmitglied schnell auf die Durchschnittsleistung der Gruppe anzuheben.
18. Erhöhung der Kreativität.
19. Maximierung der Erfahrungen.
20. Horizonterweiterung der Gruppenmitglieder durch Addition der Einzelkenntnisse.
21. Ausfüllen von Lücken, die dem einzelnen Mitglied trotz intensiver Bemühungen bisher entgangen sind.
22. Kein Verrennen in Probleme, da sofortige Korrekturmöglichkeiten durch andere Mitglieder bestehen.
23. Passive Mitarbeiter werden aktiviert.
24. Abbau von persönlichen Rivalitäten durch bestehenden Zwang zur Zusammenarbeit.
25. Positive Beeinflussung des Betriebsklimas, z.B. durch den Abbau von Aggressionen.
26. Es kann nicht zum Ergebnis „Thema verfehlt“ kommen.
27. Schnellerer und besserer Ausgleich von Meinungsverschiedenheiten und gegensätzlichen Interessen.
28. Befriedigung des sozialen Bedürfnisses nach Geselligkeit.

29. Hilfsmittel zur Integration eines Neuen in eine Arbeitsgruppe.
30. Entstehen sozialer und menschlicher Kontakte.
31. Erwecken von Verständnis für andere Standpunkte.
32. Geäußerte Gedankengänge führen zu neue Denkanstößen.
33. Anhebung der Leistungsfähigkeit jedes einzelnen.
34. Anhebung der Leistungswilligkeit jedes einzelnen.
35. Entstehung von mehr und besseren Ideen.
36. Schneller zu erzielende Zwischenergebnisse.
37. Schnelleres Endergebnis.
38. Bessere Entscheidungen durch mehr Ideen, breitere Entscheidungsgrundlage, besseres Abwägen und leichtere Korrektur von Teil- oder Zwischenergebnissen.

11.4 Innerbetriebliche Vorbereitung von Führungskräften

Jeder Betrieb muß angehende Führungskräfte darauf vorbereiten, daß sie ihre komplexen und vielschichtigen Führungsaufgaben erfolgreich durchführen können. Ist die angehende Führungskraft laufend und systematisch beurteilt worden, sind diese Beurteilungen mit ihm besprochen und ist – gemeinsam – eine Laufbahnplanung besprochen worden, so müssen verschiedene Stationen festgelegt werden, die Voraussetzungen für die Besetzung von Führungspositionen sind.
Dabei ist vorab auf zweierlei zu achten, und zwar muß die Ausbildung nicht nur vertikal, sondern insbesondere auch horizontal angelegt werden, und der betreffende Mitarbeiter darf in keiner Stufe der Fortbildung nur „Lehrling“ sein, sondern in dieser Position auch bereits Verantwortung übernehmen. Das folgt daraus, daß für eine Führungskraft – je nach Größe und Organisation (Unterbau) der Abteilung – es für den Vorgesetzten letztlich nicht auf das Fach-, sondern entscheidend auf sein Führungswissen ankommt. Führungswissen heißt Kenntnisse auf dem Gebiet der Menschenführung, der Organisation, Disposition und Improvisation.
Schlagworte hierzu sind insbesondere:

- Job Rotation.
- Job Enrichment.
- Job Enlargement.
- Informationsversetzung.
- Training on the Job und of the Job.
- Learning by doing.
- Ausschußarbeit.
- Projektbearbeitung.
- Stellvertretung (Krankheit, Urlaub, kurzfristige Versetzung).
- Kreativität und Innovation nach erfolgter externer Schulung.
- Konferenzen, Besprechungen.

Job Rotation

Job Rotation ist eine Form der Arbeitsorganisation, bei der die Mitarbeiter einer bestimmten Arbeitsgruppe planmäßig und systematisch Arbeitsaufgaben und Arbeitsplätze untereinander tauschen. Dieses Verfahren bringt es mit sich, daß über kurz oder lang jeder für eine bestimmte Zeit alle Arbeiten einer Abteilung oder Gruppe selbständig und selbstverantwortlich durchführt.
Unverändert dabei bleibt – z.B. im Gegensatz zu Job Enrichment und Job Enlargement – die Aufteilung des Arbeitsprozesses und der Grad der Arbeitseinteilung und -verteilung. Auch bleiben bei diesem Verfahren der Arbeitsumfang und Arbeitszeitbedarf für die Erledigung einer bestimmten Arbeit oder Arbeitsaufgabe im Gegensatz zu Job Enrichment und Job Enlargement unverändert. Das heißt in der Praxis, daß erst durch einen mehrfach wiederholten Arbeitsplatzwechsel eine Vergrößerung des Arbeitsplatzinhaltes für den einzelnen Arbeitnehmer zustande kommt; Job Rotation ist mithin ein lang anhaltender Prozeß, der nicht von heute auf morgen zu dem gewünschten Erfolg führen kann, daß ein Arbeitnehmer in der Lage ist, selbständig – mit den dazu notwendigen Kompetenzen und Vollmachten – alle erforderlichen Arbeiten aus- und durchzuführen. Trotzdem kann man generell davon ausgehen, daß der Gesichtskreis des einzelnen Mitarbeiters in horizontaler Richtung wesentlich erweitert wird und es ihm dadurch möglich ist, seine Aufgaben effizienter wahrzunehmen.
Bezogen auf den Führungskräftebereich ist Job Rotation ein besonderer systematischer Positionswechsel zwischen verschiedenen Führungsebenen. Zielsetzung ist, ein bisher häufig vorhandenes Ressortdenken abzubauen und eine innerbetriebliche Mobilität in Form eines Führungsdenkens aufzubauen. Für neue Führungskräfte des Unternehmens wird es dabei darum gehen, systematisch umfassende Kenntnisse der wichtigsten betriebsspezifischen Funktionen zu erlangen und gleichzeitig auch ihre spezifischen Fach- und Führungsqualitäten auf bestimmten betrieblichen Gebieten zu erkennen und diese auch entsprechend fort- und weiterzubilden. So ist auch eine Sonderform in Art des systematischen Positionswechsels typisch für die Einarbeitung und innerbetriebliche Weiterbildung von Führungskräften, um ihre Mobilität zu fördern oder zu erhalten und das nach längerer Betriebszugehörigkeit typischerweise vorhandene Ressortdenken abzubauen.
Im hierarchisch unteren Bereich ist Job Rotation mit dem sog. „Springer“ zu vergleichen; eine Funktion, die einem Facharbeiter ermöglicht, in einem bestimmten Bereich in fast allen Funktionen tätig zu werden.

Job Enrichment

Job Enrichment ist „Arbeitsbereicherung“. Die Tätigkeit wird nicht nur um zusätzliche (andere) Tätigkeiten in der gleichen Ebene erweitert, sondern es werden auch unterschiedlich schwierige Arbeiten in einem anderen, neuen Aufgabenbereich übertragen, der allerdings zu dem bisherigen Aufgabenkomplex in einem Zusammenhang steht. Wesentlich ist hierbei, daß zu den reinen Ausführungsaufgaben dispositive Funktionen hinzukommen: Planen, Organisieren,

Kontrollieren. Die Schwerpunkte dieser neuen zusätzlichen Aufgaben richten sich nach dem jeweiligen Führungssystem.
Wesentlich beim Job Enrichment ist, daß nicht nur Handlungsverantwortung nach dem Harzburger Modell, sondern auch Aus- und Durchführungsverantwortung delegiert wird. Das Wesentliche des Systems Job Enrichment ist die Kombination zwischen Entscheidungs-, Durchführungs- und Kontrollaufgaben. Der Mitarbeiter ist bei diesem System deshalb auch besser motiviert als beim Harzburger Modell.
Unter dem Gesichtspunkt der Humanisierung der Arbeit soll das Job Enrichment insbesondere dazu dienen, die Arbeitsaufgabe sinnvoller, interessanter und motivierender zu machen; dem einzelnen Mitarbeiter wird mehr Selbständigkeit, Verantwortung (durch Delegation), Dispositions- und Entscheidungsfreiheit eingeräumt. In Verbindung mit dem Führungssystem „Management by self control" erhält er mehr Entscheidungsspielräume; anstelle der permanenten Chefkontrolle erhält er die Möglichkeit, vermehrt Eigenkontrollen durchzuführen (verbunden mit der Verpflichtung, in bestimmten Zeitabständen dem Vorgesetzten Zwischenergebnisse mitzuteilen). Letztere sollten dann allerdings zusammen mit dem Vorgesetzten – nicht etwa allein von diesem – kontrolliert werden.

Job Enlargement

Während beim Job Enrichment mehrere im Arbeitsablauf ähnliche oder auch strukturell gleichartige Arbeiten in eine neue Arbeitsaufgabe zusammengefaßt werden, wird beim Job Enlargement der Grad der Arbeitsteilung vermindert. Ein Vergleich zum Job Rotation: Werden hier die Vergrößerung der Tätigkeitsfelder für die an diesen beteiligten Mitarbeitern durch wechselnde Übernahme bestimmter Tätigkeiten zusammengefaßt, so werden beim Job Enlargement die Stellen als solche fachlich in horizontaler und vertikaler Hinsicht ausgeweitet (ggf. auch mit der Erteilung entsprechender (handelsrechtlicher) Kompetenzen und Vollmachten). Man spricht i.d.R. von einer horizontalen Aufgabenerweiterung, weil die Erweiterung um einen gleichrangigen Arbeitsinhalt erfolgt. Allerdings ist mit Job Enfargement im Einzelfall (nicht zwingend) eine qualitative Änderung der Arbeit verbunden, weil mit der Ausweitung der Arbeit auf andere Gebiete gleichzeitig die Anforderung (das Anforderungsprofil) an diese (beiden) Arbeiten steigt.
Aus dem Gesichtspunkt der Humanisierung der Arbeit wird man zunächst prüfen müssen, inwieweit die einseitige psychische Belastung durch zu stark spezialisierte und damit belastende Arbeit abgebaut werden kann, insbesondere wenn es darum geht, die Häufigkeit von Unfällen abzubauen, die durch Monotonie bedingt sind.

11.5 Checkliste zum Führungsverhalten

Ob das Führungsverhalten des Vorgesetzten optimal ist oder nicht, kann anhand folgender Checkliste[1] überprüft werden:

1. Delegieren Sie in sich geschlossene Aufgabenpakete mit entsprechenden Teilkompetenzen und der dazugehörenden Verantwortung?
2. Sind die Aufgaben und Kompetenzbereiche Ihrer Mitarbeiter klar umrissen und abgegrenzt?
3. Sind Sie um gegenseitiges Vertrauen als Basis für die Zusammenarbeit mit Ihren Mitarbeitern bemüht?
4. Unterstützen Sie Ihre Mitarbeiter bei neuartigen Aufgaben?
5. Geben Sie Ihren Mitarbeitern „Rückendeckung nach oben"?
6. Verstehen Sie es, Ihre Mitarbeiter zu motivieren und für ihre Aufgaben und Ziele zu engagieren?
7. Kennen Sie auch die Probleme Ihrer Mitarbeiter?
8. Führen Sie regelmäßig mit Ihren Mitarbeitern Besprechungen durch?
9. Sind Sie bereit und in der Lage, Konflikte mit und zwischen Ihren Mitarbeitern kooperativ zu analysieren und konstruktiv zu lösen?
10. Versuchen Sie, ungleiche Arbeitsbelastungen abzubauen und leistungsstarke Mitarbeiter nicht generell noch mehr zu beanspruchen?
11. Helfen Sie leistungsschwächeren Mitarbeitern in der Weise, daß diese mehr Selbständigkeit, Sicherheit und eine höhere Effektivität erreichen?
12. Respektieren Sie den Delegationsbereich Ihrer Mitarbeiter?
13. Ziehen Sie Ihre Mitarbeiter im Entscheidungsprozeß hinzu, wenn diese bessere Detailkenntnisse besitzen?
14. Beteiligen Sie Ihre Mitarbeiter an Entscheidungen, die deren Arbeits- und Aufgabenbereich betreffen?
15. Legen Sie Wert darauf, Ihre Mitarbeiter von Ihren Anweisungen zu überzeugen?
16. Setzen Sie oder besser vereinbaren Sie in periodischen Abständen mit Ihren Mitarbeitern für deren Aufgabenbereich klar formulierte, erreichbare und damit akzeptable, aber dennoch herausfordernde Ziele?
17. Kennen Ihre Mitarbeiter die Standards, an denen ihre Leistungen gemessen und beurteilt werden?
18. Geben Sie Ihren Mitarbeitern alle für die Erfüllung ihrer Aufgaben und Erreichung ihrer Ziele erforderlichen Informationen?
19. Können Ihre Mitarbeiter sich die für ihren Aufgabenbereich notwendigen Informationen direkt von anderen Stellen beschaffen?
20. Verlangen Sie von Ihren Mitarbeitern nur die für Ihre eigenen Entscheidungen wichtigen oder auch die für den Gesamtüberblick erforderlichen Informationen?

---

1 Vgl. Zeitschrift natech, Februar 1988, S. 43

21. Lassen Sie sich regelmäßig von Ihren Mitarbeitern über den Stand der Aufgabenerfüllung und Grad der Zielerreichung berichten?
22. Verlangen Sie von Ihren Mitarbeitern eine ständige Eigenkontrolle neben der von Ihnen periodisch durchgeführten Fremdkontrolle?
23. Geben Sie Ihren Mitarbeitern unverzüglich eine Rückkopplung über Leistungsergebnisse?
24. Sprechen Sie eine Anerkennung für herausragende Leistungen eines Mitarbeiters auch vor den Kollegen aus?
25. Setzen Sie sich dafür ein, daß Ihre Mitarbeiter ihrer Leistung entsprechend bezahlt werden?
26. Kritisieren Sie Leistungen Ihrer Mitarbeiter im Einzelgespräch als Korrektur und konstruktive Hilfe für Verbesserungen in der Zukunft?
27. Vertragen Sie selbst in angemessener Weise geäußerte, berechtigte und begründete Kritik von seiten Ihrer Mitarbeiter, und verstehen Sie es, diese konstruktiv umzusetzen?
28. Besprechen Sie mit jedem Ihrer Mitarbeiter in regelmäßigen Abständen, in welcher Weise dessen Fähigkeiten und Kenntnisse zukünftig gefördert und entwickelt werden können?
29. Setzen Sie sich dafür ein, daß qualifizierte Mitarbeiter soweit als möglich höherwertige Aufgaben bekommen und auch befördert werden?
30. Planen Sie zusammen mit Ihren Mitarbeitern und erarbeiten und vereinbaren Sie die Ziele gemeinsam mit ihnen?
31. Erkennen Sie gute Leistungen der Mitarbeiter an?
32. Regen Sie Ihre Mitarbeiter zur selbständigen Arbeit an?
33. Schaffen Sie laufend Leistungsanreize?
34. Fördern Sie die berufliche Weiterentwicklung Ihrer Mitarbeiter?
35. Fördern Sie das betriebliche Verbesserungsvorschlagswesen?

12 Die Konferenz als Führungsmittel

Die richtig durchgeführte Konferenz ist ein wichtiges Führungsmittel, auf das kein Vorgesetzter verzichten kann. Aber: Vor jeder Konferenz muß gründlich überlegt werden, ob diese Konferenz überhaupt notwendig ist.

12.1 Zweck, Aufgaben, Zielsetzung

- Information der Mitarbeiter.
- Motivation der Mitarbeiter.
- Koordination verschiedener Zielsetzungen und Interessen.
- Meinungsaustausch.
- Erfahrungsaustausch.
- Beratung des Vorgesetzten.
- Gegenseitiges Kennenlernen (Chef-Mitarbeiter, Mitarbeiter-Chef).
- Förderung der Diskussions-, Verhandlungs-, Argumentations- und Gesprächstechnik.
- Förderung der Persönlichkeit (Standhaftigkeit, Ehrlichkeit, Überzeugungskraft).
- Ideenfindung bei der Diskussion.
- Förderung der Wertschätzung anderer Kollegen.
- u.U. unbürokratische Erledigung bestimmter Aufgaben.
- Direkter Kontakt Chef-Mitarbeiter.
- Mitarbeiter kann den Vorgesetzten sachlich kritisieren.
- Mitarbeiter erhalten Verständnis für Probleme und Entscheidungen der Vorgesetzten.
- Denkansätze für optimale Problemlösungen.
- Entscheidungsvorbereitung.
- Entscheidungsfindung.
- Problemlösung.

12.2 Vorbereitungen

Voraussetzung dafür, daß eine Konferenz einen optimalen Erfolg haben kann. sind zunächst umfangreiche Vorbereitungen. Dazu gehören insbesondere:

- Räumlichkeiten.
- Technische Hilfsmittel.
- Bestimmung der Termine und der zeitlichen Lage und Dauer.

- Teilnehmerkreis.
- Einladung.
- Unterlagen.

12.2.1 Räumlichkeiten

- Raumgröße.
- Raumtemperatur.
- Sitzordnung.
- Tagesgetränke.
- Tischaufstellung.
- Stühle.
- Schreibzeug.
- Lichtverhältnisse.
- Lüftung.
- Verdunkelungsmöglichkeit.
- Steckdosen.
- Frei von Störungen (Telefon).
- Namensschilder.
- Hinweisschilder oder Skizze.
- Rauchordnung (Aschenbecher, Pausen).

12.2.2 Technische Hilfsmittel

- Rednerpult.
- Mikrofon.
- Overhead-Projektor mit Kabel, Ersatzlampen.
- Folien.
- Leinwand.
- Schreibstifte.
- Projektionsgerät für Filme und Dias.
- Teleskopzeigestock.
- Flip-Chart.
- Pin-Wand mit Kärtchen und Nadeln.
- Hafttafel.
- Wandtafel mit Kreide, Schwamm und Lappen.
- Vorbereitete Schaubilder.
- Modelle.

12.2.3 Termin, zeitliche Lage, Dauer

- Keine Kollision mit anderen wichtigen Terminen.
- Nicht in Urlaubsmonaten, Ferienzeiten, Wochenenden bzw. -anfang, zu früh oder zu spät am Tag.

- Günstige Tageszeiten 9.00 – 11.00 Uhr und 14.30 – 16.00 Uhr.
- Zeitbestimmung so, daß alle Mitarbeiter daran teilnehmen können (Gleitzeit, Produktion, Verwaltung).
- Dauer maximal 60 Minuten, davon etwa 20 Minuten Information und 40 Minuten Diskussion.

12.2.4 Teilnehmerkreis

- Nicht zu viel Teilnehmer (wegen Diskussion max. 12).
- Nur diejenigen, die die Informationen brauchen und die etwas zur Problemlösung beitragen können.
- Die Gruppe darf, um nicht zu einseitigen Problemlösungsvorschlägen zu kommen, nicht zu homogen sein.
- Je nach Art der Konferenz nicht alle Teilnehmer für die gesamte Zeit einladen, sondern zeitlichen Stufenplan.

12.2.5 Einladung

- Rechtzeitige Einladung (8–14 Tage).
- Tagesordnung bekanntgeben.
- Dauer bekanntgeben.
- Auf Bedeutung und Notwendigkeit der Konferenz hinweisen.
- Hinweis auf Redezeitbegrenzung.
- Evtl. Bestimmung von Referenten.
- Umfassende Unterlagen, damit sich jeder ausreichend vorbereiten kann, beifügen.

12.3 Anforderungen an den Konferenzleiter

Die Effizienz einer Konferenz hängt entscheidend von der Persönlichkeit, dem Können und der Steuerung des Konferenzablaufs durch den Konferenzleiter ab. Er benötigt dazu folgende Eigenschaften, hat bestimmte Pflichten und Rechte:

- Er muß eine Persönlichkeit sein.
- Er sollte Fachwissen haben.
- Er muß die Diskussion leiten, ohne das Ergebnis zu manipulieren.
- Er muß die Teilnehmer motivieren können.
- Er muß Energie, Aktivität und Dynamik haben, um die Mitarbeiter aktivieren zu können.
- Er muß zuhören können.
- Er muß Beiträge zunächst wertneutral zur Kenntnis nehmen und darf nicht sofort gewichten.

- Er muß ein absolutes Vertrauensverhältnis zu den Mitarbeitern haben.
- Er muß am besten vorbereitet sein.
- Er muß sich als Vorbild an die angegebenen Konferenzregeln halten, wie z.B. Redezeitbegrenzungen und Rauchverbote.
- Er muß – trotz evtl. persönlicher Emotionen – für eine sachliche Atmosphäre sorgen.
- Er muß zunächst seine eigene Meinung zurückhalten, um dadurch nicht die Diskussionsbeiträge in eine bestimmte Richtung zu lenken oder gar zu beeinflussen.
- Er muß nach der vorgegebenen Tagesordnung den roten Faden beibehalten.
- Er muß das Konferenzziel stets im Auge behalten.
- Er muß Meinungsverschiedenheiten oder gar persönliche Konflikte analysieren, bewerten, steuern und für das Unternehmen nutzbar machen können.
- Er muß den Zeitplan einbehalten.
- Er muß einzelnen Rednern evtl. das Wort entziehen oder sie zumindest auf die Redezeitbegrenzung hinweisen.
- Er muß Teil- oder Zwischenergebnisse festhalten.
- Er muß ggf. eine neue Zielsetzung bestimmen bzw. darauf hinwirken, daß die Teilnehmer eine solche vorschlagen und festlegen.
- Er muß am Ende das Ergebnis zusammenfassen.
- Er muß die Mitarbeiter für ihre Teilnahme an der Konferenz und für ihren Beitrag zur Problemlösung danken.

12.4 Durchführung

- Bedeutung der Konferenz hervorheben und begründen.
- Ziele setzen und sagen, wie diese erreicht werden sollen.
- Formalitäten und Spielregeln bekanntgeben (Vortrag, Erfahrungsaustausch, Diskussion, Redezeit, Rauchen).
- Teilnehmer motivieren und aktivieren. Denkanstöße geben.
- Denkanstöße der Mitarbeiter aufgreifen.
- Sagen, welche Probleme gelöst werden müssen.
- Erörtern, was das Problem ist, wie es entstanden ist und welche Auswirkungen es hat und welche Fakten bisher zur Lösung vorgeschlagen wurden, aber zu keinem positiven Ergebnis geführt haben.
- Sammeln und Abwägen möglicher Lösungsvorschläge mit Vorteilen, Nachteilen und notwendigen Konsequenzen.
- Erarbeitung einer optimalen Lösung.
- Festlegung, wer bis wann den Lösungsvorschlag in die Praxis umzusetzen hat und welche Kompetenzen und Vollmachten ihm hierzu erteilt werden müssen (Fragen des Führungsstils beachten!).
- Ggf. Festlegung – nach Abstimmung der Teilnehmer – eines neuen Besprechungstermines.

12.5 Weshalb sind Konferenzen häufig nicht effizient?

Allgemein könnte man sagen, daß Konferenzen dann nicht effizient sind, wenn die o.g. Punkte nicht oder nicht hinreichend berücksichtigt worden sind. Insbesondere ist auf folgende Umstände hinzuweisen:

- Der Chef (Konferenzleiter) ist nicht oder nicht genügend vorbereitet.
- Die Teilnehmer sind nicht genügend vorbereitet (zu späte Einladung, mangelhafte Unterlagen).
- Die Terminplanung war falsch (Zeitpunkt, Lage, Dauer). Die Mitarbeiter sind fachlich überfordert.
- Die Teilnehmerzahl ist zu groß.
- Die Teilnehmer sind nicht an allen Konferenzpunkten interessiert bzw. nicht kompetent, zu allen Punkten Stellung zu nehmen.
- Der Chef redet selbst zu lange.
- Der Chef hält sich nicht an die vorgegebenen Spielregeln. Der Chef handelt zu emotional.
- Der Chef läßt keine unterschiedlichen Meinungen und Auffassungen gelten. Der Chef manipuliert, statt zu motivieren.
- Die Mitarbeiter haben Angst vor dem Chef und sagen deshalb ihre wahre Meinung nicht.
- Die angesetzte Zeit ist zu knapp (Probleme können nicht ausdiskutiert werden).
- Die angesetzte Zeit ist zu lang (Ermüdung, Desinteresse, Frustration).

13 Mitarbeiterbeurteilung

Voraussetzung für einen optimalen Mitarbeitereinsatz ist es, die Mitarbeiter durch systematische und gezielte Beurteilung anhand berufstypischer Beurteilungskriterien zu kennen, ihre Schwächen abzubauen, z.B. durch gezielte Fort- und Weiterbildung, und ihre Stärken durch Personalförderungsmaßnahmen, wie z.B. Learning by doing, Job Rotation, Job Enrichment und Job Enlargement weiter auszubauen.
Regelmäßige und systematische Mitarbeiterbeurteilungen sind mithin auch Voraussetzung für eine leistungs- und verhaltensorientierte Motivation der Mitarbeiter.

13.1 Zweck, Aufgaben, Zielsetzung

Eine regelmäßige Mitarbeiterbeurteilung – beginnend mit der Auswahlbeurteilung für Neueinstellungen bis zur Beurteilung aus Anlaß einer Kündigung – hat im wesentlichen folgende Aufgaben und Zielsetzungen:

- Auswahl.
- Einstellung (Einsatz nach persönlichen Eigenschaften, Fähigkeiten und Neigungen).
- Eingruppierung.
- Umgruppierung.
- Lohn- und Gehaltspolitik, z.B. Gehaltsdifferenzierung, gerechte Entlohnung.
- Erteilung von Leistungszulagen, Gehaltserhöhungen.
- Erzielung von mehr Gehaltsgerechtigkeit und mehr sozialer Gerechtigkeit.
- Versetzungen.
- Erkennen der Fähigkeiten der Mitarbeiter.
- Job Rotation, Job Enrichment, Job Enlargement.
- Grundlage für die Fort- und Weiterbildungspolitik.
- Feststellung der Fort- und Weiterbildungsfähigkeit und -willigkeit.
- Mittel- und langfristige Personalplanung (qualitativ).
- Beförderung.
- Beratung.
- Betriebliche Meinungsforschung.
- Personalstatistiken der verschiedensten Art.
- Verwirklichung des Grundsatzes: der richtige Mann bzw. die richtige Frau am richtigen Platz.

- Disziplinarmaßnahmen.
- Abmahnungen.
- Kündigung.

Regelmäßige und systematische Mitarbeiterbeurteilungen sind mithin Voraussetzung für eine leistungs- und verhaltensorientierte Motivation und für einen bestmöglichen Arbeitseinsatz des Mitarbeiters im Betrieb.
Von der allgemeinen Mitarbeiterbeurteilung ist die sog. Förderungsbeurteilung zu unterscheiden.
Die Förderungsbeurteilung ist eine systematische schriftliche Beurteilung eines umgrenzten Kreises von ausgesuchten Nachwuchs- und Führungskräften mit spezifischen Beurteilungskriterien einer Führungskraft zum Zweck der Beseitigung vorhandener Schwächen und dem Aus- und Aufbau von Führungseigenschaften und -fähigkeiten durch gezielte in- und externe Aus-, Fort- und Weiterbildungsmaßnahmen im Rahmen der Ausbildungsplanung als wesentlicher Bestandteil der langfristigen Personalplanung, Personal- und Unternehmenspolitik.
Die Förderungsbeurteilung hat insbesondere die folgenden Ziele bzw. dient folgenden Zwecken:

1. Analyse des Ist-Potentials der Mitarbeiter.
2. Abweichung zwischen Soll und Ist festlegen.
3. Durchführung einer langfristigen Personalplanung.
4. Voraussetzung für Job Rotation, Job Enrichment und Job Enlargement.
5. Voraussetzung für Karriere-Planung.
6. Nachwuchskräfteförderung.
7. Stellenbesetzung von Führungspositionen aus den eigenen Reihen.
8. Verwirklichung des Grundsatzes: Der richtige Mann am richtigen Platz.
9. Optimaler Einsatz der Mitarbeiter.
10. Grundlage für personelle Einzelmaßnahmen (Umgruppierung, Versetzung, Beförderung).
11. Verwirklichung des Grundsatzes der sozialen Gerechtigkeit.
12. Hilfsmittel für richtige Mitarbeiterführung.
13. Hilfsmittel für systematische Fort- und Weiterbildungsmaßnahmen von Nachwuchs- und angehenden Führungskräften.
14. Voraussetzung zur Gewinnmaximierung im Unternehmen.
15. Motivation der Mitarbeiter.
16. Voraussetzung für innerbetriebliche Besetzung von Führungspositionen.
17. Verwirklichung des Prinzips der gerechten – leistungsgerechten – Entlohnung.
18. Grundlage für Disziplinarmaßnahmen.
19. Ergänzung der innerbetrieblichen Meinungsforschung.

Nach Gebieten können die Zwecke der Personalbeurteilung in vier Ziele eingeteilt werden, und zwar:

a) Pädagogische Ziele
   Auslese, Förderung, Weiterbildung
b) Betriebswirtschaftliche Ziele
   Richtiger Arbeitsplatz, Gehaltsfestsetzung, Kündigung
c) Betriebspolitische Ziele
   Personalplanung, Nachwuchs, Beförderung, Kündigung
d) Berufsstandspolitische Ziele
   Traditionserhaltung, Berufseignung, Umschulung.

Die Notwendigkeit zur Förderungsbeurteilung ergibt sich aus folgenden Gründen:

1. Die Förderungsbeurteilung schafft die Voraussetzungen, um das vorhandene Arbeitskräftepotential voll ausschöpfen zu können.
2. Ausschöpfen in diesem Sinne heißt nicht ausbeuten, da der o.g. optimale Arbeitseinsatz optimal im Sinne von Arbeitgeber und Arbeitnehmer gemeint ist.
3. Im Bereich des Personellen liegen noch erhebliche Reserven, die es gilt auszuschöpfen; diese Management-Aufgabe kann man mit Gottfried Keller wie folgt beschreiben:
   „Studiere die Menschen,
   nicht um sie zu überlisten
   und auszubeuten,
   sondern um das Gute
   in ihnen aufzuwecken
   und in Bewegung zu setzen."
4. Zu den Zielen jeder modernen Personalführung gehört es, alle Mitarbeiter entsprechend ihren Kenntnissen, Fähigkeiten, Neigungen und Wünschen einzusetzen.
5. Qualität, Konkurrenzfähigkeit und in der Rezession auch die Überlebenschance eines jeden Unternehmens hängt entscheidend von der Qualität seiner Führungskräfte ab.
6. Die Förderungsplanung, der die Förderungsbeurteilung notwendigerweise vorausgehen muß, mit den daraus zu ziehenden Konsequenzen; zusammen mit der langfristigen Personalplanung bietet sie Gewähr dafür, daß im richtigen Moment Führungskräfte mit der notwendigen Qualifikation vorhanden sind.
7. Die Förderungsbeurteilung zeigt an, ob für die demnächst frei werdenen Stellen geeignete Nachfolger im Unternehmen vorhanden sind.
8. Die Förderungsbeurteilung, laufend und systematisch durchgeführt, verhindert größere Risiken bei Versetzungen und Beförderungen und daß nicht geeignete Personen in Führungspositionen kommen.

Förderungs- und Leistungsbeurteilung können unter dem Oberbegriff Menschenbeurteilung zusammengefaßt werden. Förderungsbeurteilung ist jedoch nicht identisch und zu verwechseln mit der Leistungsbeurteilung, da insbesondere

- Personenkreis
- Zweck
- Beurteilungskriterien
- Wertung
- Vergleichsmaßstäbe und
- zu ziehende Konsequenzen aus der Beurteilung

völlig andere sind.

Im folgenden bedeutet A = Förderungsbeurteilung und B = Leistungsbeurteilung.

a) Personenkreis
A: Ausgesuchte Nachwuchs- und Führungskräfte (umgrenzter Kreis).
B: Alle Teilnehmer.

b) Zweck
A: Aufbau und Heranbildung von Nachwuchs- und Führungskräften nach konstruktiver aufbauender Kritik mit Konsequenzen in der Fort- und Weiterbildung.
B: Leistungsgerechte Entlohnung.

c) Kriterien
A: Hauptsächlich Führungseigenschaften.
B: Mehr quantifizierbares Wissen und Arbeitsausführung.

d) Wertung
A: Verbale systematische (situativ formulierte) Beurteilung zuzüglich individueller Beurteilung.
B: Prozentuale oder notenmäßige Bewertung (im Verhältnis zur „Normalleistung").

e) Vergleichsmaßstäbe
A: Soll-Ist-Vergleich, Persönlichkeitsprofil-Anforderungsprofil (ggf. Rangreihen).
B: Normalleistung (plus- oder minus-Abweichung in Prozent).

f) Konsequenzen
A: Gezielte Fort- und Weiterbildungsmaßnahmen, Versetzung, Job Rotation, Übertragung von Sonderaufgaben, befristeter Auslandseinsatz, Beförderung.
B: Einkommensregulierung.

Für die Förderungsbeurteilung ergeben sich folgende weitere Aufgaben und Zielsetzungen:

- Analyse des Ist-Potentials der Mitarbeiter.
- Abweichung zwischen Soll und Ist festlegen.
- Voraussetzung für Karriereplanung.
- Nachwuchskräfteförderung.
- Stellenbesetzung von Führungspositionen aus den eigenen Reihen.
- optimalen Mitarbeitereinsatz.
- Motivation der Mitarbeiter.
- Hilfsmittel für richtige Mitarbeiterführung.

Förderungsbeurteilung ist daher echte Führungsaufgabe aller Vorgesetzten. Diese Aufgabe ist nicht delegierbar; der Vorgesetzte muß dafür selbst Zeit haben. Förderungsbeurteilung ist nicht Selbstzweck; sie muß zu Konsequenzen führen.

Ablauf der Förderungsbeurteitung

Erarbeitung der Zielsetzung

Festlegung des begünstigten Personenkreises

Festlegung der Kriterien

Festlegung der Beurteilungs-Maßstäbe

Schulung der Beurteilenden

Systematische Beobachtungen

Beurteilung/Wertung/Vergleich

Besprechung der Beurteilung

Konsequenzen

Positive Beurteilung

Fort- und Weiterbildung.
konstruktive Kritik.
Ausbildungsplanung.
Vertreterplanung.
Nachfolgeplanung.
Beförderung.

Negative Beurteilung

Ausbildung.
Entlastung.
Versetzung.
Umorganisation.
Entlassung.

Die allgemeine Beurteilung und die Förderungsbeurteilung haben folgende Zwecke:

1. *Betriebliche Zwecke*
   Beurteilungen dienen der Förderungs- und Leistungskontrolle, deren Ziel die Leistungsverbesserung der Mitarbeiter ist. Sie dienen der Personalplanung für künftige Stellenbesetzungen. Sie ermöglichen Vergleiche zwischen verschiedenen Mitarbeitern und verschiedenen Bereichen und gewährleisten eine sachgerechte und einsichtige Nachwuchs-, Förder- und Entgeltpolitik des Unternehmens.
2. *Personalpolitische Zwecke*
   a) Eine positive Auslese guter Kräfte zum Zwecke der Förderung.
   b) Eine negative Auslese schlechter Kräfte zum Zwecke der Versetzung oder Entlassung.
   c) Besondere Anlässe (Zeugnisse, Leistungsnachweis, Stellenwechsel bei Job Rotation).
3. *Personalbeurteilung als Hilfsmittel für die Führung der Mitarbeiter*
   Sie hat im einzelnen folgende Zwecke:
   a) Die Vorgesetzten anzuregen, auf ihre Mitarbeiter zu achten und sie besser kennenzulernen.
   b) Aufschluß über die Eignung, insbesondere der neuen Mitarbeiter zu geben, um zur Beendigung der Probezeit eine Entscheidung über die Weiterbeschäftigung herbeizuführen.
   c) Hinweise für den zweckmäßigsten Arbeitseinsatz der Mitarbeiter geben
   d) Klarheit über Leistungen, Leistungsmöglichkeiten und Aufstiegschancen der Mitarbeiter zu schaffen, weiter um individuelle Leistungszulagen oder Lohn- und Gehaltsänderungen zu begründen.
   e) Anregungen für notwendige oder zweckmäßige Versetzungen oder Beförderungen zu geben.
   f) Anhaltspunkte für die Aus-, Fort- und Weiterbildung, die Beratung und die Behandlung der Mitarbeiter zu geben, die dadurch zu besseren Leistungen kommen sollen.
   g) Unterlagen über die Aufgaben und Leistungen sowie über den Werdegang der Mitarbeiter im Betrieb zu bekommen, um beim Ausscheiden des Mitarbeiters ein qualifiziertes Zeugnis ausstellen zu können.

Der Vorgesetzte muß wissen, was seine Mitarbeiter leisten und was er von ihnen erwarten kann. Der Mitarbeiter wiederum will wissen, wie sein Vorgesetzter und der Betrieb mit ihm zufrieden sind. Er will sicher sein, daß sein Können richtig anerkannt und erkannt wird, und er legt Wert darauf, seinen Fähigkeiten und Neigungen entsprechend eingesetzt und nach seinen Leistungen gefördert zu werden. Insofern liegt eine systematische und gerechte Beurteilung auch im Interesse der Mitarbeiter.

13.2 Notwendigkeit und Problemstellung

Personalbeurteilungen der verschiedensten Form, so auch insbesondere die Förderungsbeurteilung, beeinflussen sowohl die Entscheidungen der Unternehmensleitung wie auch die persönliche Entwicklung der Mitarbeiter maßgeblich.

Immer häufiger stellt sich in jedem Unternehmen im Rahmen einer langfristigen Personalplanung wie auch der leistungsgerechten Entlohnung die Frage, welchem Mitarbeiter, welcher Nachwuchskraft oder Führungskraft eine neue Aufgabe übertragen werden kann.

Die Unternehmensleitung und der Fachvorgesetzte sollten daher sowohl im Interesse des Betriebes wie auch des Mitarbeiters selbst dessen persönliche Eigenschaften und auch seine fachlichen Fähigkeiten, Führungswissen und Führungseigenschaften kennen.

Diese zweifache Verantwortung verpflichtet zu einer sorgfältigen Vorbereitung und Durchführung des Beurteilungsverfahrens; sie nötigt auch dazu, mögliche Bedenken und Widerstände ernstzunehmen mit dem Ziel, diese zum Zwecke der Erreichung des Unternehmenszieles zu überwinden (Schulungs- und Motivationsproblem).

Ein vernünftiges Beurteilungswesen, in dem die Bewertung des Mitarbeiters durch den Vorgesetzten im Vordergrund steht, ist heute trotz der dazu vorhandenen Notwendigkeit leider in vielen Unternehmen noch nicht vorhanden, was vielfach mit Schwierigkeiten, eine objektive Beurteilung durchzuführen, begründet wird.

13.3 Vorzüge regelmäßiger Beurteilungen

1. Die Unternehmensleitung erhält einen umfassenden Überblick über Leistungsgrad, Einsatzmöglichkeiten, Einsatzwilligkeit und Entwicklungsmöglichkeiten ihrer Mitarbeiter.
2. Die Personalabteilung verfügt über ein wichtiges Hilfsmittel der Personalpolitik und Personalführung, z.B. bei Versetzungen, Beförderungen, Einkommensveränderungen und Zeugniserteilungen.
3. Der Fachvorgesetzte wird zu einer konkreten, verantwortlichen Entscheidung über Haltung, Fähigkeiten und Leistungen eines Mitarbeiters veranlaßt. Die sich wiederholende Beobachtung und schriftliche Beurteilung vom Verhalten und von der Leistung fördert wesentlich auch die Qualifikation des Vorgesetzten im Umgang mit Menschen und seines Beurteilungsvermögens.

4. Der Beurteilte kann bei sinnvoller Handhabung des Beurteilungsverfahrens zu Selbsterkenntnis und besserer Leistung geführt werden (konstruktive Kritik).
5. Eine permanente Personalbeurteilung schafft für den Mitarbeiter einen Anreiz, seine Leistungen ständig zu verbessern und permanent an sich weiterzuarbeiten.

Schriftliche Beurteilungen – mittels Beurteilungsbogen – haben folgende Vorteile:

1. Einheitliche Definitionen.
2. Einheitlicher Beurteilungsrahmen (Art und Anzahl, ggf. auch Gewichtung der Kriterien).
3. Gewinnung vergleichbarer Erkenntnisse.
4. Beurteilung vom Nichtfachmann (wenig Kenntnisse und mangelhafte Schulung) ist eher möglich.
5. Alle zu Beurteilenden werden nach gleichen Kriterien beurteilt und nach gleichen Maßstäben bewertet.
6. Weitgehende Übereinstimmungen der Beurteilungen einer Person durch mehrere Beurteiler.
7. Hilfsmittel zur Objektivierung der Beurteilungen.

13.4 Mögliche Bedenken und Widerstände

Gegen eine regelmäßige Mitarbeiterbeurteilung werden in der Praxis vielfach Bedenken geäußert. Im wesentlichen sind zu nennen:

1. Die Beurteilungsschemata sind zum Teil zu umfangreich oder zu umständlich, teilweise schwer verständlich und nicht überschaubar.
2. Die vielfach propagierte Systematisierung des Beurteilungswesens könnte als Modeerscheinung Selbstzweck werden – das gilt insbesondere dann, wenn eine regelmäßige Auswertung unterbleibt.
3. Personalbeurteilung darf nicht Selbstzweck sein oder werden; sie ist Hilfsmittel zur Personalführung und dient dem Zweck, zum optimalen Arbeitseinsatz im Sinne einer produktiven Mitarbeiterlenkung zu kommen.
4. Durch die forcierte Mitarbeiterbeurteilung besteht die Gefahr, in unvertretbarem Ausmaß auch in die private Sphäre des anderen einzudringen.
5. Die Fähigkeiten, Menschen zu beurteilen, sind unterschiedlich entwickelt. Es ist denkbar, daß Beurteilungen verschiedener Vorgesetzter über denselben Mitarbeiter unterschiedlich ausfallen.
6. Die Gefahr, daß eine bewußte Tendenz in die Beurteilung einfließt, ist nicht ganz auszuschließen.
7. Es besteht die Gefahr, daß eine Beurteilung zu subjektiv ausfällt, je nachdem, welcher Vorgesetzte sie durchführt und mit welcher Tendenz sie durchgeführt wird (z.B. wegloben).

Gerade die letzten Einwände sind nicht vollständig zu entkräften. Auf längere Sicht lassen sich jedoch bei systematischer Beurteilung diese Fehler früh erkennen und korrigieren.
Es muß zweckmäßigerweise in der Hand der Geschäftsleitung und der Personalabteilung liegen, das Beurteilungsverfahren so zu handhaben, daß diese genannten Schwierigkeiten nicht in Erscheinung treten.
Widerstände gibt es häufig sowohl von der Unternehmensleitung als auch von den Vorgesetzten, die die Beurteilung durchführen müssen. Von der Unternehmensleitung wird geltend gemacht, daß freie, schriftliche oder formularmäßige Beurteilung mit der Dynamik des wirtschaftlichen Geschehens nicht vereinbar sei: „Man kenne seine Leute und solle mehr der Erfahrung und Intuition vertrauen“. Außerdem gebe es kein objektives Verfahren, Menschen richtig zu beurteilen. Die Verfahren seien teuer und haben viele Fehlermöglichkeiten.
Vom Vorgesetzten wird die zeitraubende und schwierige Beurteilung und Bewertung von Mitarbeitern vielfach als lästig und riskant empfunden. Vorgesetzte sind zur Abgabe einer Beurteilung nur schwer zu bewegen, und zwar deshalb, weil brauchbare Beurteilungsmaßstäbe oft nicht bekannt sind. Mangelnde Vertrautheit mit den Beurteilungsverfahren mindert die Bereitschaft, laufende Beurteilungen abzugeben und diese auch zu verantworten.
Der Fachvorgesetzte glaubt häufig, daß er es doch nicht richtig macht. In diesen Fällen wird er auch geneigt sein, sich mehr auf seine gute allgemeine Menschenkenntnis zu verlassen.

Sonstige Einwände, die immer wieder zu hören sind, sind insbesondere:

- Die Ziele und die Beurteilungskriterien seien unklar,
- die Arbeit sei zu zeitraubend,
- es fehle eine angemessene Schulung,
- das Verfahren sei zu kompliziert,
- man habe zu wenig Fachkenntnisse,
- man scheue die persönliche Eröffnung der Beurteilung.

Auch von den Beurteilten selbst kommen zum Teil erhebliche Widerstände. Es wird geltend gemacht, die Beurteilung erfolgt nicht nur nach objektiven Gesichtspunkten. Sie diene dem Arbeitgeber im wesentlichen dazu, negative Konsequenzen für den Beurteilten zu ziehen (keine Gehaltserhöhungen, Anrechnung von Zulagen bei Tariferhöhungen, ggf. Anlaß zu Kündigungen).
Häufige Einwände von seiten der Beurteilten sind insbesondere:

- Die Beurteilung sei ein Eingriff in die Intimsphäre,
- sie sei nicht objektiv,
- sie sei unverständlich,
- sie sei nicht überschaubar,
- sie sei zufällig,
- sie wird nicht offen besprochen.

13.5 Hilfsmittel

Die Hilfsmittel, die für die Mitarbeiterbeurteilung verwendet werden können, sind sehr zahlreich. Sie reichen von der „gesunden Menschenkenntnis" über den ersten Eindruck und reinen Äußerlichkeiten bis hin zu tiefenpsychologischen Testverfahren. Wichtig ist, daß diese berufs- und branchenspezifisch vorgenommen werden müssen. Auch ist es ein Unterschied, wie der betreffende Mitarbeiter hierarchisch eingegliedert werden soll oder bereits ist. Auch bestimmte arbeitsvertragliche Vereinbarungen, wie Länge der Probezeit, Kündigungsfristen und Höhe des Arbeitsentgelts werden entscheidenden Einfluß auf die Frage haben, welche und wieviele Hilfsmittel für die Mitarbeiterbeurteilung eingesetzt werden.
Die in der Praxis verwendeten Hilfsmittel sind insbesondere:

- Aufmachung und Stil der Bewerbung.
- Gesamteindruck der Bewerbung.
- Zeugnisse.
- Fragebogen (§ 94 BVG).
- Polizeiliches Führungszeugnis.
- Referenzen.
- Telefonische Auskünfte.
- Graphologische Gutachten.
- Psychologische Tests.
- IQ-Tests.
- Vorstellungsgespräch.
- Einstellungsgespräch.
- Mitarbeitergespräche.
- Eigene und Vorgesetztenbeurteilung.
- Menschenkenntnis.
- Lebenserfahrung.
- Auskunft über familiäre Verhältnisse (Familienstand, Herkunft, Abstammung).
- Fragen nach Hobbies und Freizeitverhalten.
- Beobachtung.
- Empfehlungen.
- Beurteilung von Stimme, Mimik und Physiognomik, Pantomimik).
- Fragen nach Mentalität und Herkunft.
- Kleidung (berufsbezogen, berufstypisch, modisch, modern).
- Körpersprache (Gestik, Mimik, Mund, Beine, Arme, Haltung, Blick).
- Typenlehre (Kretschmer).
- Lehre von den Schädelformen.
- Verhalten in Gruppen.
- Redeweise (Wortwahl, Wortschatz, Tonfall, Geschwindigkeit, Lautstärke).
- Selbstdarstellung und Selbsteinschätzung.
- Risikobereitschaft.

- Kritikfähigkeit.
- Weiterbildungswilligkeit und -fähigkeit.
- Pünktlichkeit beim Vorstellungsgespräch.
- Zukunftsorientierung.

Betriebsbedingt sind darüberhinaus insbesondere zu berücksichtigen:

1. Ausbildung (Mehrfachausbildung).
2. Berufliche Erfahrung.
3. Alter.
4. Familienstand (wenn relevant).
5. Bisheriger Werdegang.
   a) außerhalb.
   b) innerhalb der Firma.
6. Durchlaufene Bewährungsstationen.
7. Bisherige (Leistungs-)beurteilungen.
8. Betriebliche Zeugnisse.
9. Urteile von Vorgesetzten.
10. Berichte der Nachwuchskraft (z.B. über Revisionen, OG-Vorschläge, Verbesserungsvorschläge).
11. Job Rotation.
12. Bewährung bei Vertretungen (Urlaub, Krankheit).
13. Versetzungsbereitschaft - Mobilität.
14. Allgemeinbildung.
15. Bestimmte Charaktereigenschaften (Ehrgeiz, Aufstiegswille, Machtstreben, insbesondere Motivationsstruktur).
16. Auftreten (wenn relevant; berufstypische Eigenschaften).
17. Leistungskennzahl bzw. Arbeitsplatzwert.
18. Verhaltensbeobachtung.
19. Interview.

13.5.1 Tests

Tests der verschiedensten Art können ein Hilfsmittel zur Personalauswahl und Mitarbeiterbeurteilung dienen.

Es ist zu unterscheiden zwischen

1. Intelligenztests
   a) allgemein,
   b) speziell.
2. Leistungstests
   a) motorische (Prüfung der Körperbewegungen),
   b) sensorische (Prüfung der Sinne),
   c) psychische (z.B. Rechentest).

3. Persönlichkeitstests
   a) Eigenschaftstests,
   b) Interessentests,
   c) Einstellungstests,
   d) Charaktertests,
   e) Typentest (z.B. Kippfigurentest, Exnersche Scheibe, Müller-Lyersche Täuschung, Kovarianten-Phänomen, Farbschein-Versuch).

Von der Testzentrale des Berufsverbandes Deutscher Psychologen werden genannt:

Testname	**Messungsdimension**	**ungefähre Dauer in Min.**
Fragebogen zur direktiven Einstellung (F-D-E) nach Bastine	Einstellungen zu sozialen Interaktionen	20
Frankfurter Selbstkonzeptskalen (FSKN) nach Deusinger	Einstellungen zur eigenen Person	o. A.
Maudsley-Personality-Inventory (MPI) nach Eysenck	Extraversion und neurotische Tendenzen	o. A.
Freiburger Persönlichkeitsinventar (F-P-1) nach Fahrenberg	z.B. Lebenszufriedenheit, soziale Orientierung	20–25
California Psychological Inventory (CPI) nach Gough/Weinert	z.B. soziale Ausgeglichenheit, Sozialisation	45
IPC-Fragebogen zu Kontrollüberzeugungen nach Krampen	Internalität, Externalität	10
P-F Test nach Rosenzweig	Art und Intensität der Reaktion auf Vereitelungssituationen	20
Deutsche Personality Research Form (RPF) nach Stumpf/Angleitner	Aspekte des Leistungs- und Sozialverhalten	20–25
Konzentrations-Verlaufs-Test (K-V-T) nach Abels	Konzentration	15
Intelligenz-Struktur-Test (1-S-T) nach Amthauer	Intelligenz, Begabung	90
Farbe-Wort-Interferenztest (F-W-1) nach Bäumler	Fähigkeiten der Informationsverarbeitung im optisch-verbalen Funktionsbereich	10
Lern- und Gedächtnistest (L-G-T 3) nach Bäumler	Merkfähigkeit, Merkfähigkeitsschwerpunkte	30
Mannheimer Test zur Erfassung des physikalisch-technischen Problemlösens (M-T-P) nach Conrad/Baumann/Mohr	physikalisch-technisches Verständnis	30
Hamburg-Wechsler-Intelligenz-Test für Erwachsene (HAWIE) nach Hartmann/Eberhard	Intelligenz	60–75

Ein guter Test muß psychologisch und statistisch verwertbar und aufgebaut sein, denn er soll in möglichst kurzer Zeit möglichst vieles, aber nur Wichtiges erfassen, das seinerseits wieder durch andere Tests (Subtests) sich auf seine Richtigkeit nachprüfen läßt. Die einzelnen Subtests ihrerseits müssen aber so aufgebaut sein, daß sie Aufschluß geben über Einzelbezüge, die unter sich und mit dem Ganzen in Zusammenhang stehen. Sie dürfen außerdem in ihrer Verständlichkeit und ihrem Anspruch an Wissen und Bildung keine großen Unterschiede aufweisen, sie sollen ihrer Anwendung als Einzel- oder Gruppentest keine Schwierigkeiten bereiten, keinen besonderen Aufwand erfordern und sollen vor allem „geeicht“ sein, d.h. das Durchschnittsmaß, nach dem gemessen wird, muß festliegen. So müssen z.B. beim Intelligenztest 75% nachweisbar die Aufgabe lösen können. Allerdings ist diese Eichung nur möglich bei Intelligenztests und sonstigen Leistungstests, nicht dagegen bei den sogenannten Persönlichkeitstests, ganz einfach deshalb, weil es für die menschliche Persönlichkeit eben keinen Durchschnittswert und kein Normalmaß gibt. Viel Aufwand und Sorgfalt ist aber erforderlich, um die drei unabdingbaren Anforderungen an einen brauchbaren Test zu erfüllen: Stabilität, Validität und Objektivität. Man kann diese drei Methodenanforderungen sicherzustellen versuchen durch Wiederholungstests (auch Re-Test genannt), Halbierungstests und Paralleltests.
Stabilität bedeutet, daß der Test unter gleichen Bedingungen, mit den gleichen Personen das gleiche Ergebnis bringen muß (also Konstanz).
Unter Validität versteht man die Treffsicherheit oder den Findewert, also den Grad seiner diagnostischen Verläßlichkeit.
Unter Objektivität versteht man seine Unabhängigkeit von der subjektiven Wertung durch den testenden bzw. auswertenden Psychologen oder andere Kontrollpersonen.

13.5.2 Testübersicht

Persönlichkeitstests

Jeder Persönlichkeitstest versucht, die Triebrichtungen, Einstellungen, Konfliktmöglichkeiten emotionaler und vegetativer Reaktionsneigungen sowie die Selbstbewertung und Selbstkritik eines Menschen zu erfassen. Er darf dabei an Bildung und Intelligenz keine überdurchschnittlichen Anforderungen stellen, muß den statistischen Voraussetzungen genügen, soll rasch und leicht durchführbar sein und schließlich eine einfache, aber objektive Auswertung ermöglichen. Solch einen Test gab und gibt es aber noch nicht. Man ist vielmehr auf eine kombinierte Verwendung verschiedener Tests und Subtests angewiesen, die obendrein der Qualität des auswertenden Testers ebensowenig antreten können wie einer Auswertung bisheriger Verhaltensbeobachtungsergebnisse (z.B. in Schule und Beruf) sowie der vergleichenden und ergänzenden „Exploration“ (Interview, Aussprache). Auch diese stellen hohe Anforderungen an den Auswertenden.

Eine weitere, letzte Möglichkeit des Persönlichkeitstests in Form von besonders aufgebauten Fragebogentests, bei denen ihr Aussagewert ganz und gar von der Objektivität der Selbstbewertung und Selbstkritik abhängt, kann hier oft nur unzureichende Ergänzungsergebnisse bringen. Immerhin sind sie, insgesamt genommen, für primitive Grundkenntnisse brauchbar, liefern zahlreiche Anhaltspunkte und sind die bisher einzig mögliche Erkundungsweise zu uns sonst verborgen bleibenden Zonen der Persönlichkeitsstruktur.
Von den zahlreichen Testarten, die gegenwärtig bekannt sind, unterscheidet man projektive, d.h. „Reizsituationen" schaffende, bei denen nicht der Versuchsleiter, sondern die Persönlichkeit des Untersuchten die Deutung gibt, und nichtprojektierte, bei denen der zu Prüfende Fragen beantwortet, die nach bestimmten Gesichtspunkten hinterher gruppiert und statistisch ausgewertet werden. Man kann auch die projektiven Tests „Deutungstests" nennen.

Rorschach-Test

Von den projektiven Tests ist der bekannteste der inzwischen weltweit angewandte und anerkannte Rorschach-Test des Schweizers Hermann Rorschach (1884–1922), 1912 in seiner Psychodiagnostik veröffentlicht. Er hat ihn zwar nicht erfunden, aber durch sein Auswertungsschema und den Beziehungswerten zu Einzelzügen des Charakters zu einem der besten und bewährtesten Tests gemacht. Er besteht aus 10 sog. „Kleckstafeln", (die man auch leicht selbst herstellen kann, wenn man einen Tintenklecks aus roter und schwarzer Tinte zwischen zwei Papierblättern zerdrückt), die man mit den auf ihnen zu sehenden Formen und Farben mit ihren vielen Deutungsmöglichkeiten dem Prüfling vorlegt und ihn auffordert, seine Vorstellungsinhalte beim Betrachten dieses Materials anzugeben. Ein geübter Psychologe vermag daraus Anhaltspunkte für die Triebrichtungen emotionaler Einstellungen und den sich daraus ergebenden Konfliktmöglichkeiten zu ziehen. Schwächepunkte auch dieses immerhin besten Persönlichkeitstests sind nicht nur die Abhängigkeit von der Qualität des Testers, sondern auch die Unmöglichkeit einer Stabilitäts-, d.h. Wiederholungsprüfung sowie die jeweilige Verschiedenheit der „emotionalen Ausgangslage" des zu Testenden, die – wie Untersuchungen bewiesen haben – beeinflußt werden durch eine vorausgegangene günstige oder ungünstige Stimmungslage, z.B. in Form eines Intelligenztests oder durch den weißen Mantel oder Straßenanzug, ja sogar durch zustimmendes Kopfnicken oder erstauntes Augenbrauenhochziehen beim Tester.

TAT-Test

Ein anderer bekannter Projektionstest ist der 1935 von dem amerikanischen Psychologen H. A. Murray veröffentlichte Apperzeptionstest (TAT). Hierbei erhält der Proband 20 Bildtafeln, zu denen möglichst dramatische Geschichten zu erfinden sind, z.B. zeigt ein Bild einen Mann in Hut und Mantel bei Verlassen eines Zimmers. Im Hintergrund ist eine weinende Frau, oder eine andere, die Phantasie anregende Szene zu sehen. Der Proband unterliegt dabei der Neigung, diese Bilder in Übereinstimmung mit früheren Eigenerlebnissen oder gegenwärtigen Wünschen zu bringen und diese Erlebnisse oder Wünsche durch Erzählung oder Niederschrift zu offenbaren. Außer dem konkreten Material, das durch seine Deutung allein schon Aufschluß über den Probanden gibt, werden für den untersuchenden Psychologen konkrete Hinweise gegeben, die durch anschließende Exploration weiter „aufgehellt“ werden können.

Farbtests

Von den vielen Farbtests, die hinsichtlich ihrer Vorliebe oder Ablehnung durch den Probanden auf triebhafte und emotionale Anlagen Aufschluß geben sollen, ist der sog. Lüscher-Test der bekannteste, der blau, rot, grün, gelb in je vier Variationen mit violett, braun, schwarz und grau als Zusatzfarben mischt und fünf Helligkeitstöne von schwarz bis weiß verwendet.

Ihm am ähnlichsten ist der Farbpyramiden-Test von Pfister und Heß, bei dem aus quadratischen Papierblättchen in 21 Farbtönen und drei Helligkeitsgraden eine „schöne“ und eine „häßliche“ Pyramide, deren Schema vorgelegt wird, aufzukleben ist. Dabei wird nach der Häufigkeit, Reihenfolge und Anordnung der verwendeten Farben Affektion, Stimmungslage und Triebveranlagung diagnostiziert.

Scondy-Test

Alle diese zuletzt genannten Tests sind hinsichtlich der Richtigkeit ihrer Ergebnisse ebensowenig abgesichert wie der sog. Scondy-Test, der ein Mittelding zwischen einem projektiven und nichtprojektiven Test darstellt und zur Triebdiagnostik dienen soll.
Er besteht aus sechs Serien von je acht eindeutig charakterisierten Personen, aus denen der Proband je Serie zwei Personen aussuchen soll, die ihm nach ihrem Aussehen am sympathischsten bzw. am unsympathischsten sind, so daß man daraus die Identifizierung bzw. deren Gegenteil mit den dargestellten Triebpersonen feststellen kann.

Zeichentests

Ebenfalls ein Mittelding zwischen projektiven und nichtprojektiven Tests sind die sog. Zeichentests, von denen der bekannteste im deutschen Sprachgebiet der Wartegg-Test (1938 veröffentlicht) ist.
Dem Probanden wird ein Vordruck vorgelegt, der auf schwarzem Grund acht weiße, 4 cm lange quadratische Felder aufweist. Jedes Quadrat enthält das Anfangsgebilde einer Zeichnung, die nach Belieben zu vervollständigen ist.
Ausgewertet wird nach „Erlebnisbestimmtheit“ (Fülle, Druckstärke, Linienführung), Sachbestimmtheit“ (Flächengliederung, Gerichtetheit, Geschlossenheit) und „Sinngebung“ (Dringlichkeit, Statik, Abstraktion).

Eindeutiger Vorteil all dieser zuletzt genannten Tests ist der, daß sie als Gruppentests vielen Prüflingen zugleich vorgelegt werden können.
Ansonsten unterliegen sie den o.g. Problemen und Anfälligkeiten.

Nichtprojektive Tests (objektive oder Fragebogentests)

Um den schweren Mängeln der projektiven Tests, von der Qualität der Deutung abhängig zu sein, zu entgehen, hat man sich bemüht, verschiedene Tests zu entwickeln, die eine genaue statistische Auswertung – auch ohne subjektive Deutung – erlauben.
Man kann die Methode zusammenfassend so beurteilen, daß sie mehr oder weniger alle auf die Selbstbeurteilung des Probanden ausgerichtet sind, die offen oder eingekleidet durch Fragen herausgefordert wird und die er zu beantworten hat.
Z.B.: Halten Sie sich streng an Grundsätze, die Sie als richtig erkannt haben?
Der umfassendste und bekannteste Test dieser Art ist der Minnesota-Multiphasic-Personality-Inventor-Test von McKinley und Hathaway (MMPI).

Persönlichkeits-Interessen-Test (PIT)

in der Erkenntnis, daß es wegen der großen Verschiedenheit des Bildungsgrades, der Lebenseinstellung und Mentalität unmöglich ist, amerikanische Tests ohne Änderung auf europäische Verhältnisse zu übertragen, haben Mittenecker und Tomann (1951) den MMPI-Test wesentlich gekürzt, mit Interessenfragen kombiniert und versucht, auch Berufsneigungen zu erfassen. Dieser Test, PIT genannt, enthält aber immer noch 120 (!) persönliche und 94 (!) Interessenfragen, bei denen der Proband ankreuzt, stimmt – stimmt nicht – weder noch. Zu Fragen der Selbstkritik: „Ich sage immer die Wahrheit", – der sozialen Einstellung: „Alte Leute sind eine lästige Bürde", – der Extra-Intraversion: „Es ist immer besser, den Menschen nicht zu trauen", – der Triebstärke: „Mein Tempo geht leicht mit mir durch" usw.
Abschließend wird man trotz einer kritischen Einstellung zu den Persönlichkeitstests sagen können, daß ein sorgfältig und fachmännisch durchgeführter Test mit PIT, TAT oder Rorschach in Verbindung mit einer genauen Lebenslaufanalyse und einer gründlichen Exploration bei leichten und mittleren Fällen einen mittleren Wahrscheinlichkeitswert einer richtigen Beurteilung gewährleistet.
Dabei gehört es zum Geschick des Psychologen, mit Takt, Rücksicht und Diskretion vorzugehen und den Probanden mit dem Gefühl zu entlassen, daß er selbst und seine Sache durch die Offenheit der Aussprache gewonnen haben.
Das alles ist natürlich nur bei Kontakt und Vertrauen möglich, wobei sich dann auch sehr persönliche Angelegenheiten frei besprechen lassen.
Viele Eigenschaften und Fähigkeiten, die ein (künftiger) Mitarbeiter benötigt, lassen sich bereits durch einfache Tests feststellen.

Insbesondere sind zu nennen:

Eigenschaft	**Methoden**
1. Fachwissen	Fachlückentest Listenvergleichstest Karteitest (Ordnungsprinzip) Fremdworttest Formenerweiterungstest (Stichworte – Brief)
2. Planung/Organisation	Auftragstest (Ausführen eines Botenganges)
3. Merkfähigkeit/Gedächtnis	Bestelltest (Waren, Material, Termine) Figuren-Merktest (geometrische Figuren herausfinden) Auftrags-Merktest (Kopplungsauftrag mit optischen und akustischen Signalen) Merktests (Wörter, Silben, Zahlen, Reihen, Figuren, Farben)
4. Lernverhalten/Lernerfolg	Auditives Lernen (Wiedergabe eines gehörten Textes) Visuelles Lernen (Wiedergabe von gelesenen Texten und von Figuren) Motorisches Lernen (Drahtbiegetest)
5. Logisches Denken	Zahlenreihen, Merktest, Lückentest, Alternativtest, Korrekturtest (falsche Sätze nach Grammatik und/oder Begriffen sinnvoll ordnen), Gegensatztest (entgegenstehende Begriffe)
6. Kritikfähigkeit	Mehrere Behauptungen sind auf ihre Richtigkeit zu prüfen Erkennen und Begründen von widerspruchsvollen Aussagen
7. Konzentration/Aufmerksamkeit	Bourdon-Durchstreichversuch a) Jeden Buchstaben zwischen zwei Konsonanten b) Jeden Buchstaben, der auf einen gleichen folgt Zahlensortiertest Rechentest (Addition und Subtraktion einstelliger Zahlen)

8. Phantasie/Raumvorstellung	Masselon-Test: Mit fünf gegebenen Wörtern unter Beibehaltung der Reihenfolge Sätze und Geschichten bilden Grafischer Phantasie-Test: Fortzeichnung in Symbolen Raumvorstellung: Würfel, Drehung, geometrische Funktion
9. Erfassen des Wesentlichen/ der Zusammenhänge	Zeichnung eines Fahrrades

13.6 Fehlerquellen

Grundsätzlich ist davon auszugehen, daß jede Mitarbeiterbeurteilung falsch sein kann!
Je mehr Hilfsmittel eingesetzt werden und je mehr jeder Beurteiler sich über die Fehlermöglichkeiten im klaren ist, desto „richtiger" ist die Beurteilung. Die hauptsächlichen Fehler, die in der Praxis immer wieder gemacht werden und die die Beurteilung objektiv unrichtig werden lassen, sind insbesondere:

- Subjektivität (Einstellung, Meinung, Interesse, Bedürfnisse, Wünsche, Stimmung, Gefühle, Egoismus, Charakter, frühere Erlebnisse und Erfahrungen).
- Sympathie.
- Antipathie.
- Vorurteile.
- Verallgemeinerungen.
- Klischeevorstellungen.
- Gerüchte.
- Zeugnisse.
- Erster Eindruck (verbal, d.h. inhaltlich, vokal, z.B. Stimme, Sprechtempo, Modulation, Stimmhöhe, Lautstärke, Dialekt), insbesondere äußeres Erscheinungsbild, Mimik, Gestik, Körperhaltung, Gang, Kleidung, Frisur, Make-up, Schmuck.
- Gutgemeinte Referenzen.
- Beurteilung durch Dritte.
- Überstrahlungen (Halo-Effekt).
- Persönlicher Egoismus.
- Abteilungsdenken, Abteilungsegoismus (Wegloben des schlechten Mitarbeiters, Behalten des guten Nachwuchsmannes zur persönlichen Arbeitsentlastung).
- Zeitmangel.
- Tendenz zur Milde.
- Tendenz zur Strenge.

- Verschweigen unangenehmer Dinge.
- Persönlicher und Abteilungsegoismus.
- Durchschnittsbeurteilung und Verallgemeinerungen.
- Zu einfaches, nicht aussagefähiges System.
- Verwendung der Meinung Dritter.
- Zu kompliziertes System.
- Anwendung zu vieler oder zu weniger Beurteilungskriterien.
- Nicht exakte Definition der Beurteilungskriterien.
- Zu schwierige Definition der Beurteilungskriterien.
- Redegewandtheit des zu Beurteilenden.
- Allgemeine Beliebtheit oder Unbeliebtheit des zu Beurteilenden.
- Einflüsse aus dem privaten Lebensbereich.
- Eigene Maßstäbe werden auf den Beurteilten übertragen.
- Nicht jeder denkt, was er sagt.
- Fehldeutungen.
- Zufälligkeiten.
- Einmalige, statt permanente Beurteilung.
- Mangelnde persönliche Vorbereitung (Kenntnis der Anforderungen und Ziele der Stelle, Studium des Beurteilungsbogens, der Beurteilungsrichtlinien und -maßstäbe, Lesen der Beurteilungs-Erläuterungen, Prüfen der persönlichen Beziehungen zum zu Beurteilenden, wie z.B. Sympathie, Antipathie, Freundschaft oder Rivalität, Berücksichtigung des beruflichen Werdeganges vor Eintritt in das Unternehmen und im eigenen Betrieb, Kenntnisse über den familiären und sozialen Hintergrund des zu Beurteilenden).
- Falscher Einsatz des Mitarbeiters (Arbeitsaufgabe, Chef, Gruppe).
- Nichtbeachtung der momentanen persönlichen Situation des zu Beurteilenden.
- Überbewertung von Tests und Gutachten vor Erstgespräch.
- Ähnlichkeit mit anderen bekannten Personen.
- Politische und religiöse Einstellung.
- Alter, Geschlecht, Stand.
- Gemeinsamkeiten (Hobbies).
- Die äußere Situation.
- Hinzukommen von Bezugspersonen.
- Verallgemeinerungen (verbunden mit Vorurteilen).
- Herkunft, Erziehung, Milieu, Abstammung, Beruf und Stellung der Eltern und des Ehepartners.
- Bisherige Erfahrungen.
- Erwartungen.
- Mitleid (soziale Situation, körperliche und geistige Mängel).
- Zwang zur Einstellung.
- Gegenseitige Steuerung (Modifizierung des Ersturteils bis zum Endurteil).

Beurteilter		Beurteiler
1. Verhalten	→	2. Erstes Urteil ↓
4. Urteil	←	3. Handeln
5. Handeln	→	6. Urteil ↓ (gegenüber 2. abgeändert durch 3., 4., 5.)
8. Urteil	←	7. Handeln
9. Handeln	→	10. Endurteil (gegenüber 6. abgeändert durch 7., 8. und 9., gegenüber Ersturteil durch Pos. 3–9)

13.7 Leitgedanken für die Praxis

1. Die Beurteilung muß schriftlich auf einem Beurteilungsbogen erfolgen, der den betrieblichen Bedürfnissen angepaßt ist. Der Beurteilungsbogen muß die Arbeitsanforderungen, die Rangstufen und die Funktionen der Beurteilten berücksichtigen.
   Er muß die objektive Beschreibung der Leistungen und Verhaltensweisen der Mitarbeiter erleichtern und die Vergleichbarkeit der Beurteilungen gewährleisten.
2. Die Beurteilung muß von der Betriebsleitung oder von der Personalabteilung bei besonderem Anlaß (Ablauf der Probezeit, Versetzung, Ausscheiden) und in regelmäßigen Abständen nach sachlichen Erfordernissen angefordert werden, so daß die Abgabe der Beurteilung nicht im Ermessen des Vorgesetzten liegt, der sie unter Umständen verzögert oder von persönlichen Zielsetzungen abhängig machen könnte.
3. Die Beurteilung muß von dem Vorgesetzten abgegeben werden, der für den Arbeitseinsatz und für die Arbeitsleistung des Beurteilten verantwortlich ist. Andere Bearbeiter können ihn beraten, ihn durch geschickte Fragestellung oder durch die Vermittlung von Beurteilungsgesichtspunkten unterstützen. Sie können ihn jedoch nicht von dieser Aufgabe befreien oder entlasten. Der übergeordnete Vorgesetzte kann und soll die Beurteilung überprüfen und ergänzend, einschränkend oder bestätigend dazu Stellung nehmen.
4. Die Beurteilung muß sich auf einen bestimmten Zeitraum beziehen, in dem der Vorgesetzte den Mitarbeiter und seine Arbeitsleistung ständig vor Augen hatte. Dabei haben vor allem solche Beobachtungen Gültigkeit, die in verschiedenen Situationen wiederkehren (Vermeidung von „Zufallsbeurteilungen“).

5. Die Beurteilung muß sich nach den Arbeitsanforderungen richten, die der Arbeitsplatz oder das Aufgabengebiet an den Beurteilten stellen, um von daher zu prüfen, wie weit der Beurteilte den gestellten Anforderungen entspricht und ob er damit die bestmögliche Verwendung gefunden hat oder ob er sich auch oder sogar besser für andere Aufgaben eignet.
6. Die Beurteilung muß neben den Arbeitsanforderungen auch die Arbeitsumstände berücksichtigen, unter denen der Beurteilte seine Arbeit verrichtet und die seine Leistung erleichtern oder erschweren können (z.B. Arbeitsraum, Mitarbeiter und Hilfsmittel). Den sachlichen und organisatorischen Voraussetzungen kommt ähnliche Bedeutung zu wie den persönlichen Leistungsvoraussetzungen. Es muß nicht immer am Mitarbeiter liegen, wenn der Vorgesetzte mit seiner Leistung unzufrieden ist.
7. Die Beurteilung muß sich zunächst auf die Leistungen des Mitarbeiters, seine Arbeitsweise und das Verhalten am Arbeitsplatz beziehen, weil nur diese Tatbestände vom Vorgesetzten einwandfrei erkannt und durch Tatsachen belegt werden können. Erst von hierher kann nach den persönlichen Leistungsvoraussetzungen gefragt werden, deren Erkenntnis besonders wichtig ist, wenn der Mitarbeiter befördert, versetzt oder entlassen werden soll.
8. Die Beurteilung muß mit dem Beurteilten besprochen werden, am besten in der Weise, daß einzelne Arbeitsergebnisse zum Anlaß einer klärenden Aussprache gemacht werden. Dabei ist der Beurteilte auf Leistungsmängel besonders hinzuweisen. Die Stellungnahme des Beurteilten soll in die Beurteilung mit einbezogen werden. Das Urteil des Mitarbeiters über seine Arbeit, seine Leistungsfähigkeit, seine Schwierigkeiten und seine Möglichkeiten ist aufschlußreich: als Hinweis, als Erklärung oder als Ergänzung des Vorgesetztenurteils.
9. Die Beurteilung muß zu Folgerungen führen. Sie darf nicht Selbstzweck sein, sondern muß im Hinblick auf mögliche Leistungsverbesserungen des Beurteilten erfolgen. Sie muß Vorschläge für den weiteren Einsatz, für die Führung und Förderung des Mitarbeiters einschließen. Hierzu gehören insbesondere Lohn- und Gehaltserhöhungen (Leistungszulagen, Umgruppierungen), die entsprechend zu begründen sind.
   Auch wenn der Beurteilte nicht gefördert werden soll, muß die Beurteilung eine Erklärung darüber enthalten.
10. Die Beurteilung muß von der Personalabteilung ausgewertet werden im Hinblick auf den weiteren Einsatz, die Führung und die Förderung des beurteilten Mitarbeiters. Im Einvernehmen mit dem zuständigen Bereichsleiter müssen unter Berücksichtigung der betrieblichen Möglichkeiten Entscheidungen getroffen werden über Weiterbeschäftigung, Lohn- und Gehaltserhöhung, Fortbildung, Beförderung, Ernennung, Versetzung, Ermahnung, Verwarnung oder Entlassung.
11. Die Beurteilung muß von der Personalabteilung auch im Hinblick auf den Beurteiler ausgewertet werden. Die Beurteilung ist nicht nur als Aussage über den Beurteilten, sondern auch als Äußerung des Beurteilers zu ver-

stehen. Der Rückschluß auf den Beurteiler läßt mehr oder weniger deutlich auch dessen Einstellung zu dem Beurteilten erkennen. Manche Vorgesetzte neigen zu ausgesprochen strengen, andere zu ausgesprochen milden Beurteilungen, wieder andere zu farblosen Durchschnittsbeurteilungen. Manche Vorgesetzte sind einem vorgefaßten Leitbild verhaftet, das sie auch bei ihren Mitarbeitern verwirklicht sehen möchten. Der „subjektive Fehler" des Beurteilers muß bei der Auswertung der Beurteilung mitberücksichtigt werden. Es empfiehlt sich, die Angaben des Beurteilers gelegentlich durch Rücksprachen mit dem Beurteilten und weiteren Gewährspersonen zu überprüfen und die Beurteilung mit einem entsprechenden Kontrollvermerk zu versehen. Offensichtliche Beurteilungsfehler können von der Personalabteilung auch zum Anlaß genommen werden, den Beurteiler richtig einzuweisen.

Nach § 94 Abs. 2 des Betriebsverfassungsgesetzes bedarf die Aufstellung allgemeiner Beurteilungsgrundsätze der Zustimmung des Betriebsrates. Dieses Mitbestimmungsrecht soll der Objektivierung der vom Arbeitgeber aufgestellten Beurteilungsgrundsätze im Interesse der Arbeitnehmer in der Form dienen, daß die Bewertung des Arbeitnehmers nach objektiven und nach den für das Arbeitsverhältnis erheblichen Kriterien und weniger nach subjektivem Gutdünken durchgeführt werden.
Daraus ergeben sich folgende Vorteile regelmäßiger Beurteilungen:

1. Die Unternehmensleitung erhält einen umfassenden Oberblick über Leistungsgrad, Einsatzmöglichkeiten, Einsatzwilligkeit und Entwicklungsmöglichkeiten ihrer Mitarbeiter.
2. Die Personalabteilung verfügt über ein wichtiges Hilfsmittel der Personalpolitik und Personalführung, z.B. bei Versetzungen, Beförderungen, Einkommensveränderungen und Zeugniserteilungen.
3. Der Fachvorgesetzte wird zu einer konkreten, verantwortlichen Entscheidung über Haltung, Fähigkeiten und Leistungen eines Mitarbeiters veranlaßt. Die sich wiederholende Beobachtung und schriftliche Beurteilung vom Verhalten und von der Leistung fördert wesentlich auch die Qualifikation des Vorgesetzten im Umgang mit Menschen und seines Beurteilungsvermögens.
4. Der Beurteilte kann bei sinnvoller Handhabung des Beurteilungsverfahrens zu Selbsterkenntnis und besserer Leistung geführt werden (konstruktive Kritik).
5. Eine permanente Personalbeurteilung schafft für den Mitarbeiter einen Anreiz, seine Leistungen ständig zu verbessern und permanent an sich weiterzuarbeiten.

Vorteile von schriftlichen (situativ formulierten) Beurteilungen sind darüberhinaus noch:

1. Einheitliche Definitionen.
2. Einheitlicher Beurteilungsrahmen (Art und Anzahl, ggf. auch Gewichtung der Kriterien).
3. Gewinnung vergleichbarer Erkenntnisse.
4. Beurteilung vom Nichtfachmann (wenig Kenntnisse und mangelhafte Schulung) ist eher möglich.
5. Alle zu Beurteilenden werden nach gleichen Kriterien beurteilt und nach gleichen Maßstäben bewertet.
6. Weitgehende Übereinstimmungen der Beurteilungen einer Person durch mehrere Beurteiler.
7. Hilfsmittel zur Objektivierung der Beurteilungen.

Nachstehend ist ein einfaches, vielseitig verwendbares Beurteilungsschema wiedergegeben:

Beurteilungsbogen für Angestellte

	Abteilung:
1. Personalien:	
2. Tätigkeit:	
3. Leistung:	
Arbeitsmenge	o außergewöhnlich
	o überdurchschnittlich
	o zufriedenstellend
	o ausreichend
	o unzureichend
Arbeitsgüte	o erstklassig
	o überdurchschnittlich
	o zufriedenstellend
	o ausreichend
	o unzureichend
4. Leistungsvoraussetzungen:	
Kenntnisse und Fertigkeiten	o sehr gut
auf jetzigem Gebiet	o gut
	o zufriedenstellend
	o ausreichend
	o unzureichend
mündlicher Ausdruck	o äußerst gewandt und treffend
(soweit tätigkeitsbezogen)	o flüssig und klar
	o zufriedenstellend
	o Mängel
	o Sprachfehler

schriftlicher Ausdruck (soweit zur Tätigkeit gehörig)	o äußerst gewandt und treffend o flüssig und klar o zufriedenstellend o Mängel o schlechtes Deutsch
Diktieren (soweit zur Tätigkeit gehörig)	o gut verständlich o mit klaren Anweisungen o Mängel
Maschinenschreiben (bei Schreibkräften)	o sehr gut o gut o zufriedenstellend o ausreichend o unzureichend
Steno (bei Schreibkräften)	o sehr flott o schnell o zufriedenstellend o ausreichend o zu langsam
Rechtschreibung (bei Schreibkräften)	o völlig sicher o gut o im allgemeinen ohne Beanstandungen o unsicher o häufig grobe Fehler
Auffassungsgabe/ geistige Beweglichkeit	o erfaßt schwierige Sachverhalte sehr schnell o faßt schnell und sicher auf o begreift im allgemeinen gut o hat Schwierigkeiten, braucht Zeit o äußerst schwerfällig
Einsatzbereitschaft	o geht in der Arbeit auf o setzt sich stark ein o erfüllt Aufgaben bereitwillig o braucht Ansporn o trotz Ansporn unzugänglich
Gründlichkeit/Genauigkeit	o äußerst genau o sorgfältig o im allgemeinen keine Beanstanddung

	o	etwas oberflächlich
	o	nachlässig
Pünktlichkeit (Einhalten der Arbeitszeit, der Termine)	o	stets pünktlich
	o	Beanstandungen
Fleiß	o	überdurchschnittlich
	o	zufriedenstellend
	o	mangelhaft
Ausdauer/Belastbarkeit	o	normaler Beanspruchung gewachsen
	o	Schwierigkeiten bei Arbeitsspitzen, Termindruck, Mißerfolg
	o	sonstige, die Leistung beeinträchtigende Umstände
	o	Leiden/Gebrechen (% Schwerbehinderung)
	o	Fehlzeiten (Häufigkeit, Dauer)
Besondere Kenntnisse und Fertigkeiten außerhalb des jetzigen Arbeitsgebietes	o	z.B. Steuern
	o	Buchhaltung
	o	Fremdsprachen
Anmerkungen		nötigenfalls besonderes Blatt hinzufügen
5. Zusammenarbeit mit Vorgesetzten	o	aktiv und loyal verwertet Kritik positiv
	o	offen und sicher aufgeschlossen für Kritik
	o	mitunter Beanstandungen kritikempfindlich
	o	unterwürfig oder oppositionell uneinsichtig
mit Gleichgestellten	o	fördert Zusammenarbeit
	o	hilfsbereit
	o	verträglich
	o	zuweilen schwierig
	o	unverträglich (Begründung)
6. Beurteilungsmerkmale für Mitarbeiterin höheren Gehaltsgruppen		
Treffen von Entscheidungen	o	auch in schwierigen Fragen sicher und unverzüglich

	o überlegt und verantwortungsbewußt o zufriedenstellend o zögernd und voreilig o unentschlossen oder konfus
Einfallsreichtum	o viele wertvolle Ideen o öfter gute Einfälle o gelegentlich nützliche Hinweise o steuert wenig bei o einfallsarm
Aufgeschlossenheit (für Neuerungen/Änderungen)	o unterstützt tatkräftig neue Vorhaben o nimmt Neuerungen bereitwillig auf o geht mit o schwer für Neuerungen zu gewinnen o sperrt sich grundsätzlich gegen Neuerungen
Initiative/Zielstrebigkeit	o setzt sich ständig neue Ziele, verfolgt sie tatkräftig o aktiv und zielstrebig o arbeitet im vorgegebenen Rahmen selbständig o unternimmt wenig von sich aus o passiv, beschränkt sich auf Ausführung
Überzeugungskraft/ Verhandlungsgeschick	o mitreißend o kommt gut an o behauptet sich o gering o fehlt
Kontakt	o äußerst kontaktstark o findet leicht Kontakt o umgänglich o kontaktarm o abweisend
Verständnis für andere/ Eintreten für unterstellte Mitarbeiter	o plant weit und klar voraus o verfährt planvoll und systematisch o teilt sinnvoll ein o Schwächen o verworren, planlos

Aquisitorisches Geschick	Gibt es hierfür Anhaltspunkte oder liegen bereits Beobachtungen vor?

Vorkommnisse, die für oder gegen eine Qualifikation für höherwertige Aufgaben sprechen?
Ferner: Wie würden Sie die Interessenweite und Allgemeinbildung der/des Beurteilten einschätzen?
Welche Fort- und Weiterbildungsmaßnahmen werden empfohlen (Vorschläge des Mitarbeiters)?
Gut wäre auch ein – zwar anders gegliederter – Beurteilungsbogen, der außer dem Jetzt-Zustand auch die Entwicklungsfähigkeit beurteilt.

	Ist-Zustand							Entwicklungs-fähigkeit				
1. Persönlichkeitsbild												
Intelligenz, Verstandeskräfte												
Phantasie, Gefühlskräfte												
Initiative, Willenskräfte												
Selbstbewußtsein												
Selbstsicherheit												
Ausgeglichenheit												
Kontaktfähigkeit												
Aufgeschlossenheit												
Soziales Empfinden												
Persönlicher Takt												
Ausdrucksgewandtheit												
Dispositionsfähigkeit												
Pädagogik												
Durchsetzungsfähigkeit												
Beharrlichkeit												
Verschwiegenheit												
2. Erscheinungsbild												
Gesundheit												
Kleidung												
Haltung												
Benehmen												
3. Arbeitscharakter												
Ordnung												
Pünktlichkeit												
Arbeitstempo												
Sparsamkeit												
Kostenbewußtsein												
Betriebsinteresse												
Lernfähigkeit												
Entwicklungsdrang												
4. Verhalten												
Kollegialität												
Einordnung												
Unterordnung												
Führung												

13.8 Häufigkeit von Beurteilungskriterien

Arbeitsverhalten und Fähigkeiten

Fachkenntnisse.
Zuverlässigkeit, Sorgfalt.
Auffassungsgabe und geistige Beweglichkeit.
Mündlicher und schriftlicher Ausdruck.
Denk- und Urteilsfähigkeit.
Arbeits- und Einsatzbereitschaft.
Belastbarkeit und Ausdauer.
Arbeitsgüte.
Arbeitsmenge.
Arbeitstempo.
Initiative.
Selbständigkeit.
Gedächtnis.
Kostendenken.
Fremdsprachen.
Körperliche und gesundheitliche Leistungsfähigkeit.
Zielstrebigkeit.
Arbeitsinteresse.
Einfallsreichtum.
Pünktlichkeit.
Einstellung zur Arbeit.
Arbeitseinteilung.
Pflichtgefühl.
Verhandlungsgeschick.
Fleiß.
Leistungserfolg.
Umgang mit Betriebsmitteln.
Umfang der Verwaltungskenntnisse.
Erfahrung.
Beachtung der Sicherheitsvorschriften.
Ordnungsgefühl.
Sachdisziplin.
Beobachtungsgabe.
Technisches Verständnis.
Bildungsgrad.
Diktieren.

Soziales Verhalten

Auftreten und Umgangsformen.
Verhalten gegenüber Vorgesetzten.

Verhalten gegenüber Gleichgestellten.
Verhalten gegenüber Unterstellten.
Kontaktfähigkeit.
Bereitschaft zur Zusammenarbeit.
Verhalten gegenüber Außenstehenden (auch Kunden).
Anpassungsvermögen.
Annahme Kritik Dritter.

Führungsverhalten

Planungs- und Dispositionsvermögen.
Verantwortungsbereitschaft.
Vorgesetztenfähigkeiten.
Entscheidungsfähigkeit.
Entscheidungsfreudigkeit.
Durchsetzungsvermögen.
Mitarbeiterförderung.
Delegation von Aufgaben.
Planung der Arbeit anderer.
Menschenführung.
Informationsbereitschaft.
Pädagogische Fähigkeiten.
Überzeugungskraft.
Mitarbeiterkontrolle.
Gewinnen neuer Mitarbeiter.

Sonstige Kriterien

Lernwilligkeit und Fortbildungsbereitschaft.
Vertrauenswürdigkeit.
Aufgeschlossenheit für Neues.
Äußere Erscheinung.
Charakterliche Grundhaltung.
Temperament.
Ehrgeiz.
Fehlen wegen Krankheit.
Firmentreue.
Selbstvertrauen.
Aufrichtigkeit.
Zivilcourage.
Rechtsempfinden.
Ehrgefühl.
Objektive Meinungsbildung.
Selbstkritik.

Falsch wäre es, für sämtliche Bewerber bzw. Mitarbeiter alle Beurteilungskriterien abzuprüfen. Zunächst wäre der Zeitaufwand für die Schulung der Vorgesetzten und die Durchführung der Beurteilung viel zu groß. Noch wichtiger ist aber die Erkenntnis, daß für bestimmte Personen einige der genannten Kriterien überhaupt nicht relevant sind. Unterscheidet man zunächst zwischen Fach- und Führungswissen, so ergibt sich aus dem folgenden Schaubild, daß es in der unteren Ebene nur auf das Fachwissen, in der obersten Ebene dagegen fast ausschließlich auf das Führungswissen ankommt.

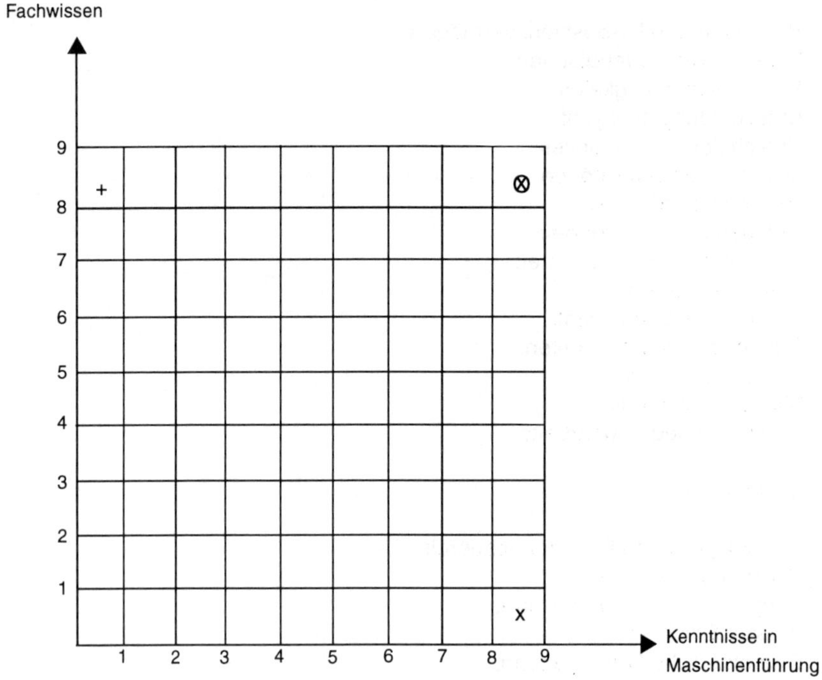

⊗ = Theoretischer Idealtyp
+ = Position, die nur Fachkenntnisse erfordert.
x = Position, die überwiegend Kenntnisse in Menschenführung erfordert.

13.9 Berufstypische Merkmale

Viel einfacher und zugleich aussagefähiger wird eine Beurteilung dann, wenn man sich darauf beschränkt, nur sog. berufstypische Merkmale zu beurteilen. Solche sog. berufstypischen Merkmale sind z.B. beim

Kassierer

Verantwortungsbewußtsein.
Ehrlichkeit.
Zuverlässigkeit.
Vertrauenswürdigkeit.
Ordnung.
Pünktlichkeit.
Sorgfalt.
Selbstvertrauen.
Einsatzbereitschaft.
Kostendenken.
Konzentration.
Umgangsformen.
Merkfähigkeit.
Gedächtnis.
Körperlicher Zustand.
Menschenkenntnis.
Gewissenhaftigkeit.
Geschicklichkeit.
Korrektheit.
Beurteilungsvermögen.
Geordnete Lebensverhältnisse/Vermögensverhältnisse.
Keine Leichtgläubigkeit.
Rechenbegabung und
Unbestechlichkeit.

Relevant wären dagegen bei der Beurteilung einer

Chefsekretärin

Dispositionsfähigkeit.
Improvisationsfähigkeit.
Zuverlässigkeit.
Loyalität.
Verschwiegenheit.
Höflichkeit.
Zuvorkommenheit.
Verbindliches Wesen.

Diskretion.
Einführungsvermögen.
Dezente Kleidung und Make up.
Wendigkeit.
Konzentration.
Verhandlungsgeschick.
Menschenkenntnis.
Umgangsformen.
Sprache.
Telefonstimme.
Ausdruck.
Fremdsprachenkenntnisse.
Auffassungsgabe.
Arbeitsbereitschaft (Anstrengungsbereitschaft).
Intelligenz.
Gedächtnis.
Geschmack.
Kontaktfähigkeit.
Vertrauenswürdigkeit.
Belastbarkeit (physische und psychische).
Organisationsgabe.
Ausgeglichenes Privatleben.
Lebenserfahrung.
Persönliche Reife.
„Blitzableiter“.
Führung des Terminkalenders.
„Vorzimmerdrachen“.

Personalleiter

Gute Allgemeinbildung.
Persönliche Integrität.
Persönliches Vorbild.
Verständnis für Probleme der Mitarbeiter.
Einfühlungsvermögen.
Toleranz.
Großzügigkeit.
Kompromißbereitschaft/Ausgleichsvermögen.
Rhetorische Fähigkeiten.
Gerechtigkeit.
Ideenreichtum.
Physische Belastbarkeit.
Psychische Belastbarkeit.
Vitalität.
Wendigkeit.

Flexibilität.
Konzentration.
Verhandlungs- und Vermittlungsgeschick.
Menschenkenntnis.
Gute Umgangsformen.
Fremdsprachenkenntnisse.
Beurteilungsvermögen.
Kombinationsfähigkeit.
Dispositionsvermögen.
Organisationsgabe.
Verantwortungsbewußtsein.
Zuverlässigkeit.
Anstrengungsbereitschaft.
Persönlichkeit.
Motivationsfähigkeit.
Kostendenken.
Loyalität.
Ausstrahlungskraft.
Sicherheit in Form und Stil.
Objektivität.
Zuhören können.

Generell könnte man Hauptbeurteilungskriterien und damit Anforderungsprofil in wenigen Kriterien zusammenfassen, wie z.B.

Wahrung der Interessen des Unternehmens.
Großzügigkeit.
Unternehmerischer Wagemut.
Arbeitsplanung.
Schöpferische Begabung.
Autorität und Weisungserfolg.
Ausdauer.
Zuverlässigkeit.
Kontaktfähigkeit und Verhältnis zum Mitmenschen.
Verhandlungsgeschick.
Organisatorische Fähigkeiten.
Fähigkeit zur Improvisation und Disposition.
Auftreten und Umgangsformen.
Bewährung als Vorgesetzter.

Etwas detaillierter wären folgende Kriterien für Führungskräftebeurteilungen entscheidend:

Fachwissen	Fachwissen.
Geistige Wendigkeit/	Ideen- und Einfallsreichtum.

Gestaltungskraft	Analytische Denkfähigkeit. Kombinationsfähigkeit. Fähigkeit zum Entwickeln neuer Konzepte. Rasche Auffassungsgabe. Vorstellungsvermögen. Umsteilfähigkeit auf neue Situationen (Flexibilität) Originalität.
Belastbarkeit	Leistungsfähigkeit bei erhöhtem Arbeitsdruck (physische und psychische Belastbarkeit). Durchstehvermögen. Stetigkeit.
Selbstsicherheit	Richtige Einschätzung der eigenen Grenzen. Selbstkritische Haltung. Selbstbewußtsein.
Organisationsfähigkeit	Systematik. Überblick. Umsicht. Dispositives Planungsvermögen. Wirtschaftliches Denken Vereinfachungsgabe. Praxisbezogenheit der Maßnahmen.
Soziales Verhalten	Teamfähigkeit. Acceptability extern. Acceptability intern. Fähigkeit, latente Sachzusammenhänge zu erkennen. Gespür für Probleme anderer.
Entscheidungsfähigkeit	Entschlußkraft und Tatkraft. Durchsetzungsfähigkeit. Zielstrebigkeit. Initiative.
Ausdrucksvermögen	Präzises mündliches Darsteilungsvermögen. Präzises schriftliches Darstellungsvermögen.

Bei angehenden Führungskräften sind insbesondere folgende persönliche Qualifikationen zu prüfen:

- Auftreten und Umfangsformen: Fähigkeit zu situationsgerechtem Verhalten.
- Auffassung: Fähigkeit, Aufgaben nach Bedeutung und Schwerpunkten richtig und schnell zu erfassen.
- Urteil, Selbsteinschätzung: Fähigkeit zu eigenem Urteil, Unabhängigkeit von Vorurteilen, Ausgewogenheit von Selbstbewußtsein und Selbstkritik.
- Sprachlicher Ausdruck: Fähigkeit, situationsgerecht und unmißverständlich zu formulieren, Sachverhalte zu erläutern, Zusammenhänge darzustellen.
- Kontakt: Fähigkeit und Bereitschaft, Verbindungen anzuknüpfen und zu pflegen.

- Selbständigkeit: Fähigkeit, im Rahmen der Befugnisse eigenständig und unabhängig zu arbeiten.
- Anpassung: Fähigkeit und Bereitschaft, sich auf wechselnde Aufgaben einzustellen.
- Belastbarkeit, Zeiteinteilung: Leistung unter Arbeitsdruck, Fähigkeit zu situationsgerechtem Arbeitstempowechsel.
- Einsatzbereitschaft: In Detail und Routine, Eigenaktivität.
- Durchsetzungsfähigkeit, Zielstrebigkeit: Motivationsfähigkeit, Verhandlungsgeschick.
- Kreativität: Einfallsreichtum, problemlösungsorientierte Phantasie, Ideen zu Verbesserung, Neuerung.
- Verhalten als Kollege, Mitarbeiter: Fähigkeit, sich einzuordnen und reibungslos zusammenzuarbeiten.
- Verantwortung: Bereitschaft, Verantwortung zu übernehmen.
- Loyalität: Bereitschaft, die Interessen des Unternehmens zu wahren.

Typische Kriterien aus dem Bereich des Führungsverhaltens sind insbesondere:

Planungs- und Dispositionsvermögen.
Verantwortungsbereitschaft.
Vorgesetztenfähigkeit.
Entscheidungsfähigkeit.
Durchsetzungsvermögen.
Mitarbeiterförderung.
Delegation von Aufgaben.
Planung der Arbeit anderer.
Menschenführung.
Informationsbereitschaft.
Pädagogische Fähigkeiten.
Überzeugungskraft.
Mitarbeiterkontrolle.
Gewinnen neuer Mitarbeiter.
Übersicht und Weitblick.

Darüberhinaus sollten Sie für bestimmte Tätigkeiten sog. berufstypische Merkmale entwickeln, die – bei weniger als sonst üblichen Kriterien – eine viel effizientere Personalbeurteilung ermöglichen.
Für angehende Führungskräfte ist dabei jedoch zu beachten, daß es mit steigender Hierarchie nicht mehr so sehr auf das Fach-, sondern vielmehr auf das oben dargestellte Führungswissen (Menschenführung, Organisation, Information, Motivation, Delegation, Koordination) ankommt.
In den meisten Beurteilungsbögen der größeren Unternehmen finden sich zwischen 12 und maximal 35 Kriterien.

13.10 Systemvergleich

Zunächst ist voranzustellen, daß kein firmeninternes System auf eine andere Firma übertragen werden kann. Insbesondere ist es nicht möglich, ausländische Systeme auf deutsche Betriebe zu übertragen. Weiter spielen eine Rolle Mentalitätsgesichtspunkte. Nachwuchskräfte sind anders zu beurteilen als bereits bewährte Führungskräfte, da bei letzteren bestimmte Eigenschaften und Fähigkeiten, die bei Nachwuchskräften noch getestet werden müssen, bereits vorhanden und in der Praxis gefestigt sind, wie z.B. Belastbarkeit, Organisationstalent, Bereitschaft zur Teamarbeit, Verhandlungsgeschick und Loyalität. Endlich sind in einzelnen Punkten Frauen anders zu beurteilen als Männer, Jugendliche anders als Erwachsene und vor allem Ältere und Gastarbeiter der verschiedensten Nationalitäten anders als Deutsche.

Hieraus ergibt sich, daß neben der Unternehmens- und Personalpolitik die Personalstruktur und die Mentalität der Mitarbeiter wichtige für das zu wählende System bestimmende Faktoren sind.

Unabhängig hiervon ist zu verschiedenen Systemen folgendes zu bemerken:

1. Definition zu einfach

   nicht aussagefähig
   zu allgemein
   Bewerber ist nur schwer einzuordnen
   zu wenig Variationen bei der Einordnung möglich

2. Definition zu kompliziert

   Sprachschwierigkeiten bei Definition
   Katalog zu umfangreich, unübersichtlich und unverständlich

3. Zu viele Kriterien

   Überschneidungen
   Unübersichtlichkeit des Systems
   Definitionsschwierigkeiten
   zu schwere sprachliche Darstellung
   Abneigung beim Beurteilenden
   Zuordnungsschwierigkeiten
   Beurteilung wird für Nichtfachmann zu schwierig, deshalb meistens falsch, nicht aussagefähig oder sogar gefährlich.

4. Zu wenig Kriterien

   Nicht aussagefähige Beurteilung
   Beurteilung ist zu allgemein

Verallgemeinerungen verfälschen das Persönlichkeitsbild
Nivellierung
Keine Erkennung von Spezialbegabungen und Fähigkeiten

Wunsch: etwa 15 – 20 Kriterien

5. Offenes System

   Klarheit und Ehrlichkeit
   Möglichkeit der Ergänzung durch Beurteilten
   Zwang zur korrekten und vollständigen Beurteilung
   Motivationsmöglichkeit
   Selbsterkennung und Möglichkeit, an sich weiterzuarbeiten
   Beurteilter kann seine Leistungssteigerung selbst erkennen und konkretisieren
   Fordert Zivilcourage beim Beurteiler !

6. Geheimes System

   Geheimniskrämerei
   Negative Beurteilung als Rache
   Mittel zum Wegloben
   Stärkt den schwachen Vorgesetzten

7. Beurteilungsskala zu schmal (Anzahl 3–4 Stufen)

   zu nivellierend
   zu wenig Streubreite (Gauss'sche Formel)
   keine Erkennungsmöglichkeit hervorragender Fähigkeiten und Eigenschaften

8. Beurteilungsskala zu breit (Anzahl 9–11 Stufen)

   zu schwer einzustufen
   Definitionsschwierigkeiten bei der Verbalbeschreibung
   unübersichtlich
   Zuordnungsschwierigkeiten

13.11 Das Beurteilungsgespräch

Da Beurteilungen nicht Selbstzweck sein dürfen, sondern zu Konsequenzen führen müssen, ist es notwendig, im Anschluß an jede Beurteilung mit dem Beurteilten ein Gespräch zu führen.

13.11.1 Ziele

Aufgaben und Ziele des Beurteilungsgespräches können sowohl von seiten des Vorgesetzten als auch des Mitarbeiters gesehen werden.

Im allgemeinen sind folgende Aufgaben bzw. Ziele festzuhalten:

- Das Beurteilungsgespräch sollte – ggf. durch entsprechende Korrektur durch den Beurteilten – zu einer Übereinstimmung des Leistungs- und Persönlichkeitsbildes führen, das der Vorgesetzte und der Mitarbeiter selbst hat.
- Durch das Beurteilungsgespräch soll der Mitarbeiter selbstkritischer werden.
- Der Mitarbeiter soll selbst erkennen, wo seine Stärken, insbesondere aber auch seine Schwächen und seine Grenzen liegen.
- Der Mitarbeiter soll selbst konstruktive Vorschläge für geeignete Fort- und Weiterbildungsmaßnahmen interner und externer Art machen.
- Der Mitarbeiter soll erkennen, daß man ihn beurteilen und nicht verurteilen will und daß die Beurteilung Voraussetzung dafür ist, daß er optimal seinen Fähigkeiten, Wünschen und Neigungen entsprechend eingesetzt werden kann.
- Das Beurteilungsgespräch soll die Zusammenarbeit fördern.
- Durch das Beurteilungsgespräch soll der Mitarbeiter seine positive Einstellung zum Unternehmen und deren Zielsetzung bekommen.
- Der Mitarbeiter soll im Laufe des Beurteilungsgesprächs erkennen, daß sich das Unternehmen und der Vorgesetzte für ihn interessieren.

13.11.2 Vorteile

Das Beurteilungsgespräch – richtig geführt – hat Vorteile für das Unternehmen, den Vorgesetzten als Beurteiler und den Beurteilten selbst.
Als wesentliche Vorteile sind hervorzuheben:

- Der Vorgesetzte lernt – als sinnvolle Ergänzung zu seinen Beobachtungen und der darauf beruhenden schriftlichen Beurteilung – seinen Mitarbeiter besser kennen, und zwar nicht nur fachlich, sondern auch menschlich.
- Der Mitarbeiter kann Einwendungen gegen seine Beurteilung vorbringen und dadurch das Bild des Vorgesetzten über ihn korrigieren bzw. vervollständigen.
- Die Beziehungen zwischen Vorgesetzten und Mitarbeitern werden versachlicht und damit verbessert.
- Der Vorgesetzte bekommt eine zusätzliche Entscheidungsgrundlage für den richtigen Einsatz des Mitarbeiters.
- Der Vorgesetzte kann besser beurteilen, ob der Mitarbeiter fort- und weiterbildungswillig und -fähig ist.

- Die vorher abgegebene schriftliche Beurteilung wird durch Erkenntnisse im Beurteilungsgespräch gerechter und damit auch objektiver.
- Die Vertrauensgrundlage zwischen Vorgesetztem und Mitarbeiter wird verbessert.
- Durch Verbesserung der Beziehungen und der Vertrauensgrundlage zwischen Vorgesetzten und Mitarbeitern wird insgesamt auch das Betriebsklima verbessert.
- Durch das Beurteilungsgespräch erhält der Vorgesetzte zusätzliche Ansatzpunkte für eine erfolgreiche Leistungsmotivation.
- Dadurch, daß der Mitarbeiter neben seinen Stärken auch seine Leistungsschwächen kennenlernt, wird insgesamt seine Leistung in Zukunft gesteigert, er wird selbstkritischer und zu notwendigen Fort- und Weiterbildungsmaßnahmen eher bereit sein.

13.11.3 Schulung der Vorgesetzten

Ein Personalbeurteilungssystem, gleich weicher Art, kann nur funktionieren, wenn jeder Vorgesetzte, der zu beurteilen hat, entsprechend geschult ist.
Im einzelnen ist dabei auf folgendes zu achten:

- Aufzeigen von Zweck, Ziel, Aufgaben und Notwendigkeit der Beurteilung.
- Motivation der Vorgesetzten, damit diese ihrerseits begründen, begeistern und motivieren können.
- Anregen zum systematischen Beobachten in verschiedenen, aber nicht atypischen Situationen.
- Schulung im Einordnen, Zuordnen und Systembewerten.
- Anregen zur Vollständigkeit und Offenheit der Beurteilung.
- Aufzeigen der Selbsterkenntnis, daß es mit der Menschenkenntnis schlecht aussieht und daß es deshalb zu einer detaillierten Beurteilung eines guten Systems bedarf.
- Vertrautmachen mit typischen und häufigen Beurteilungsfehlern, damit man sich bemüht, diese zu vermeiden.
- Bereitschaft wecken, gute Nachwuchskräfte auch positiv zu beurteilen und in der Beurteilung nicht etwa „abblocken".
- Mithelfen, Widerstände und Bedenken gegen Beurteilungen auszuräumen.
- Zeit haben für Beurteilungen und Beurteilungsgespräche.

13.11.4 Vorbereitung des Vorgesetzten

Jedes Beurteilungsgespräch kann nur effizient geführt werden, wenn der Vorgesetzte sich darauf gründlich vorbereitet hat und wenn es unter geeigneten räumlichen und sachlichen Bedingungen stattfindet.
Im einzelnen ist insbesondere auf folgendes zu achten:

- Studieren des Beurteilungsbogens und der Erläuterungen zur Beurteilung.
- Ggf. Lesen der Personalakte des Beurteilten.
- Prüfen, ob die Beurteilung weitgehend emotionslos und damit objektiv ist.
- Prüfen, ob die typischen bei der Beurteilung vielfach gemachten Fehler erkannt, berücksichtigt bzw. korrigiert sind.
- Prüfen, ob der Mitarbeiter richtig eingesetzt, über- oder unterfordert war und ob und inwieweit dies positiven oder negativen Einfluß auf die Beurteilung hatte.
- Versuchen, persönliche Besonderheiten des Mitarbeiters und deren Einflüsse auf die Beurteilung zu erkennen.
- Aufgaben und Ziele des Beurteilungsgesprächs klar machen.
- Ablauf des Gesprächs (inhaltlich, zeitlich, terminlich) planen.
- Information des Mitarbeiters und Terminabsprache mit diesem.
- Prüfen, ob die räumlichen Verhältnisse geeignet sind (runder Tisch, angemessene Bewirtung, keine Störungen).
- Für entspannte Atmosphäre sorgen.

13.11.5 Durchführung

Im einzelnen sollte auf folgendes geachtet werden:

- Den Mitarbeiter freundlich empfangen.
- Selbst eine positive Einstellung haben.
- Dem Mitarbeiter Zweck, Aufgaben und Zielsetzung eines Beurteilungsgespräches allgemein aufzeigen.
- Den Mitarbeiter „nicht überfahren“.
- Zunächst auf die positiven Seiten des Mitarbeiters eingehen, dabei Entwicklungsmöglichkeiten zur Leistungsverbesserung darlegen.
- Keine Zweifel lassen über die Bewertung der Fähigkeiten und Leistungen des Beurteilten.
- Auf erkennbare Schwächen taktvoll und verständnisvoll (nicht verletzend) hinweisen.
- Nicht ohne Anlaß und Begründung kritisieren.
- Sich in der Kunst des Zuhörens üben.
- Bereit sein, die eigene Meinung zu berichtigen (wenn von seiten der Mitarbeiter konstruktive Kritik geübt wird).
- Konstruktive Kritik üben und sich nicht darin verlieren, Kritik um der Kritik willen zu üben.
- Dem Mitarbeiter Zeit zur Selbstdarstellung und Kritik lassen.
- Den Mitarbeiter auf mögliche Konsequenzen der Beurteilung nach dem Gespräch hinweisen.
- Dem Mitarbeiter das gewonnene Ergebnis und die sich daraus ergebenden Folgerungen mitteilen.

14 Konfliktmanagement

Ein Konflikt liegt vor, wenn wenigstens zwei Personen oder auch Personengesamtheiten formeller oder informeller Art sich gegenseitig ausschließende Absichten verfolgen, sei es, daß sie das Gleiche tun wollen und somit in Konkurrenz des Inhalts treten, daß nur einer das gewünschte Ziel erreichen kann, oder daß sie verschiedene Dinge tun wollen, die nicht miteinander vereinbar sind.
Ein Konflikt ist mithin definiert als ein Geschehen, das sich zwischen fühlenden, aber nicht unbedingt rationalen Wesen abspielt. Deshalb ist ein Konflikt stets unter Berücksichtigung der Wünsche und Bedürfnisse der beteiligten Parteien definiert worden.

14.1 Entstehung, Arten und Ursachen von Konflikten

Konflikte im menschlichen Zusammenleben, innerhalb formeller und informeller Gruppen sowie zwischen den Gruppen insbesondere im Betrieb als Zweck- oder Zwangsverband sind normal und nicht etwa eine krankhafte Erscheinung. Sie sind unvermeidbar und bilden vielmehr eine „soziale Konstante". Unter dieser Voraussetzung ist es deshalb nicht etwa – wie teilweise behauptet wird – Aufgabe des Managements, diese Konflikte zu unterdrücken; sie müssen vielmehr für den Betrieb positiv nutzbar gemacht werden.
Zu unterscheiden sind Bewertungs-, Beurteilungs- und Verteilungskonflikte, wobei letztere häufig mit Bewertungs- und Beurteilungskonflikten gekoppelt sind. Geht man davon aus, daß ein Konflikt ein Indikator dafür ist, daß etwas zwischen Personen, formellen oder informellen Gruppen und in Beziehung dieser Personen oder Gruppen zum Betrieb allgemein nicht stimmt, so ergibt sich daraus bereits, daß ein Konflikt negative, aber auch positive Aspekte haben kann. Entstehen z.B. Konflikte wegen ungerechter Entlohnung im weitesten Sinne, schlechter oder unpersönlicher Arbeitsgestaltung, unüberschaubarer, fehlender oder lückenhafter Organisation, fehlenden Stellen-, Urlaubs-, Nachfolge- und Stellvertreterplänen, fehlender Konkurrenz zwischen Anforderungsprofil der Stelle und Fähigkeiten des Stelleninhabers (insbesondere bei qualitätsmäßig zu gut besetztem Arbeitsplatz), gruppensoziologisch falscher Besetzung einer Abteilung oder Arbeitsgruppe (Alter, Geschlecht, Ausbildung, Erfahrung, Motivationsverschiedenheiten, Abstammung, Nationalität, landsmannschaftliche Besonderheiten), fehlender mittel- und langfristiger Personal- und Karriereplanung mit Job Rotation, Über- oder Unterforderung, falscher oder unzurei-

chender Information, fehlender Motivation oder aus einer Rollendivergenz, so ergibt sich daraus für den Vorgesetzten eine Verpflichtung, über derartige Mängel im Betrieb nachzudenken.
Bei einer Führung nach kooperativem Führungsstil könnten Konflikte z.B. entstehen durch:

- (leichte) Überforderung der Mitarbeiter.
- Übertragung von Handlungs- und Führungsverantwortung, wenn der Mitarbeiter nicht gewillt ist, Verantwortung und auch Mehrarbeit zu übernehmen (Motivationsproblem).
- Falsche Zusammensetzung im soziologischen Sinne einer autonomen Arbeitsgruppe oder auch bei Ideenfindungsverfahren, wie z.B. Brainstorming.
- Umstellungsschwierigkeiten, wenn z.B. ein älterer Mitarbeiter, der gewohnt war, autoritär geführt zu werden, nunmehr kooperativ geführt wird und damit seinen Arbeitsstil und seine Einstellung zur Arbeit ändern muß.
- Zwangsweise Verantwortungsübertragung auf einen Mitarbeiter, der dann auch nicht die notwendigen Voraussetzungen in fachlichen und vor allem auch in persönlichen Dingen mitbringt.
- Verantwortungsübertragung auf einen an sich guten Mitarbeiter, der lebensaltersmäßig für die Arbeitsgruppe zu jung ist.
- Übertragung von Verantwortung an Mitarbeiter, die sich gegenüber der Gruppe oder anderen Vorgesetzten nicht durchsetzen können.
- Angebot von Aufstiegsmöglichkeiten an Mitarbeiter, deren Motivationsstruktur eine andere ist (Problem: fehlende, nicht systematische Personalbeurteilung).
- Überschätzung der Arbeitsmobilität.
- Nichtkenntnis der persönlichen (Familien-) Situation des Mitarbeiters (Motivationsstruktur).
- Fehlende Rückendeckung seitens des Vorgesetzten bei zu schnellen oder falschen Entscheidungen.
- Angebot von Aufstiegsmöglichkeit (eine frei werdende Stelle) an mehrere Bewerber (Konfliktsituation: mehrere wollen das gleiche, es wissen aber alle, daß nur einer das Ziel erreichen kann).

Der Konflikt ist Chance, zu Innovationen zu kommen; Innovation ist Führungsaufgabe. Der Konflikt wird häufig als „institutionelle Chance" gesehen. Bei den Chinesen setzt sich das Wort Konflikt aus den Schriftzeichen „Krise" und „Chance" zusammen.

14.2 Aufgabe der Vorgesetzten – Konfliktsteuerung als Innovation

Zwingt die Konfliktsituation, die dadurch zustande kommt, daß zwei Personen oder Personengesamtheiten über etwas verschieden denken, den Vorgesetzten zum Nachdenken, so liegt hierin eine Chance, zu Innovationen zu kommen; Innovation aber ist echte Führungsaufgabe! Bestehen zwischen oder innerhalb von formellen oder informellen Gruppen Konfliktsituationen, so hat jeder Vorgesetzte folgende Aufgaben:

- Konfliktfrüherkennung anhand sog. Konfliktsignale.
- Konfliktanalyse.
- Konfliktlenkung (Beseitigung oder Auswirkung).
- Mitarbeitergespräch.
- Einsatz von Lob und Tadel.
- Nutzbarmachung des Konflikts für den Betrieb.

Bei der Gestaltung und Steuerung von Konfliktprozessen hat jede Führungskraft im einzelnen folgende Aufgaben wahrzunehmen:

- Schließen von Konfliktlücken.
- Vermeiden von Konfliktverzerrungen.
- Aufdecken der Konfliktbereiche.
- Erkennen und Abgrenzen der Konfliktursachen.
- Deuten der Konfliktdimensionen.
- Beurteilen der Konfliktreaktionen.
- Beherrschen des Konfliktverhaltens.
- Durchführung eines Mitarbeitergesprächs.
- Minimierung des Konfliktpotentials (hauptsächlich durch richtige Information, Motivation, regelmäßige Personalbeurteilungen, Beachtung gruppensoziologischer Probleme, Verbesserung der Chef – Mitarbeiterbeziehungen und des Betriebsklimas).

14.3 Konfliktsignale

Voraussetzung dafür, daß eine Konfliktsituation positiv für den Betrieb ausgenutzt werden kann, ist, daß der Konflikt bereits im Entstehungsstadium, also so früh als möglich, erkannt wird. Manifestiert sich diese Konfliktsituation, z.B. durch zunehmende Schlechtleistungen (Quantität, Qualität), erhöhte Fehlzeiten, Krankfeiern oder echtes Kranksein, erhöhte Unfallhäufigkeit, Dienst nach Vorschrift, Streik oder zunehmend erhöhte zwischenbetriebliche beeinflußbare Fluktuation, ist er nicht mehr positiv für den Betrieb auszunutzen. Vorgesetzte müssen daher die sogenannten Konfliktsignale kennen, anhand derer eine Konfliktfrüherkennung möglich ist. Vielfach kann eine Konfliktentstehung im nonverbalen Bereich beobachtet werden, wie z.B. Stimmlage, Mimik, Gestik. Es sind –

isoliert betrachtet – oft sehr viele Belanglosigkeiten. Weitere Konfliktsignale können – je nach den betrieblichen Gegebenheiten und der Persönlichkeitsstruktur der betroffenen Mitarbeiter - z.B. sein:

- Taktisches Verhalten eines oder mehrerer Mitarbeiter (Gruppe),
- Förmlicher Verkehr (Ton, Begrüßung, im Verhältnis zu anderen Abteilungen).
- Unhöflicher Ton.
- Barscher Ton und barsches Auftreten.
- Übereifriges bzw. nachlässiges Auftreten und Erledigung der übertragenen Aufgaben.
- Dienst nach Vorschrift
- Anrede mit Titel, statt bisher mit Namen.
- Siezen statt Duzen
- Unterbindung der zwischenmenschlichen Beziehungen
- Mißtrauen
- Abteilungsegoismus.
- starke Absicherungstendenzen (z.B. durch Aktennotizen).
- Arroganz.
- übertriebener Ehrgeiz.
- schlechtes Betriebsklima.
- hoher Krankenstand
- häufiges Krankfeiern
- hohe Fehlzeiten, insbesondere an nur wenigen Tagen oder gar Stunden
- Unpünktlichkeit.
- hohe beeinflußbare Fluktuation
- Nichtbeteiligung am betrieblichen Vorschlagswesen.
- Keine Bereitschaft zu Informationen (der Kollegen oder des Chefs).
- Häufige Falschinformationen.
- Viele Betriebsunfälle.
- Nichtbereitschaft zur Ableistung von Überstunden.
- Nichtbereitschaft zur Vertretung.
- Häufiger Streit.
- Destruktive statt konstruktive Kritik.
- Überbewertung der eigenen Person.
- Ausspielen von bestehenden Kompetenzkonflikten.
- Berufung auf organisatorische Lücken oder Unzulänglichkeiten.
- Vernachlässigung des Kostendenkens (private Telefongespräche, unachtsamer Umgang mit Arbeitgebereigentum).
- Keine Bereitschaft zu kooperativer Mitarbeit.
- Unterlaufen der Anordnungen der Vorgesetzten.
- Bummelei.
- Aufkommen von Cliquen.
- Abkapseln der informellen Gruppen gegenüber der formalen Organisation des Betriebes.

- Uninteressiertheit.
- Widersprüche aus Prinzip.
- Ständiges Suchen nach Schlechtleistungen oder Fehlern bei Kollegen und Vorgesetzten.
- Umdrehen oder bewußt falsche Interpretation eines Wortes, Satzes oder einer Anordnung.
- Anlegen zu strenger Maßstäbe.
- Tendenz zur Strenge.
- Zu starke subjektive Steuerung.
- Aufkommen starker Emotionen.
- Zu stark gefühlsbetontes Handeln.
- Zu spontanes Handeln.
- Unangemessenheit beim Tadeln und Strafen.
- Einsatz unverhältnismäßiger Mittel.
- Arbeitsqualität, hoher Ausschuß.
- Arbeitsquantität.
- Unkollegiales Verhalten.
- Steigende Kosten in Produktion und Verwaltung.
- Schlechte Arbeitsmoral.
- Unpünktliches Erscheinen zur Arbeit.
- Eine einer Kündigung sofort nachfolgende „Krankmeldung".
- Vorhandensein von radikalen Gruppen.
- Grundsätzliches Mißtrauen gegen Vorgesetzte.
- Sinkende Leistung trotz steigender Löhne.
- Steigende Unzufriedenheit trotz guter Entlohnung und überdurchschnittlich hoher freiwilliger Sozialleistungen.
- Betonung der betrieblichen Hierarchie.
- Berufung auf Statussymbole.
- Überbetonung von Statussymbolen.
- Ausnutzen bestimmter Sondervergünstigungen.
- Viele Arbeitnehmerkündigungen.
- Nichtbereitschaft zur Angabe des wahren Austrittsgrundes beim Abgangsinterview.
- Übertragung persönlicher Dinge auf die Arbeit bzw. das Verhalten zu Kollegen und Vorgesetzten.
- Zunehmende unsachliche Entscheidungen.
- Fehlende Entscheidungsfreudigkeit.
- Fehlende Risikobereitschaft.
- Unpersönliche Anrede der Mitarbeiter.
- Jede Äußerung gleich auf die Goldwaage legen.
- Jemanden vor der Gruppe tadeln.
- Ungerechtigkeit bzw. Bevorzugung.
- Fehlende Hilfsbereitschaft.

Zusammengefaßt sind derartige Konfliktsignale jedes Abweichen vom „Normalverhalten“ eines Mitarbeiters in einer bestimmten Situation. Es ist deshalb für jeden Vorgesetzten auch von besonderer Bedeutung, seine Mitarbeiter und ihr „Normalverhalten“ oder ihr spezifisches Verhalten in bestimmten Situationen genau zu kennen. Forderung: „richtige“ Personalbeurteilung!
Wird der Konflikt rechtzeitig erkannt, ist es Aufgabe des Vorgesetzten, anhand der Konfliktsignale diesen möglichst frühzeitig zu erkennen, in einem Mitarbeitergespräch zu analysieren und zu versuchen, daraus für den Betrieb Nutzen zu ziehen (Konfliktmanagement). Hat sich der Konflikt allerdings manifestiert, ist er als Innovationsmöglichkeit nicht mehr geeignet: die Konfliktsituation wirkt sich fortan nur noch negativ aus.

14.4 Das Mitarbeitergespräch

Das Mitarbeitergespräch ist wesentlicher Bestandteil eines jeden kooperativen Führungsstils. Es setzt voraus, daß der Vorgesetzte Zeit hat. Zeit für die Mitarbeiter zu haben, ist unverzichtbare Vorgesetztenaufgabe. Diese Aufgabe kann deshalb auch nicht an den Vertreter oder einen Dritten delegiert werden.
Da alle Menschen ein Bedürfnis haben, mit anderen zu sprechen, zu kommunizieren und sich zu informieren, dient das Mitarbeitergespräch zugleich der Befriedigung eines elementaren menschlichen Grundbedürfnisses.
Wozu dient das Mitarbeitergespräch im einzelnen?

1. Der Vorgesetzte kann den Mitarbeiter zunächst generell informieren, ihm Zusammenhänge aufzeigen, Arbeiten oder Vorstellungen begründen und erklären, ihm neue Einsichten vermitteln, evtl. Widerstände beseitigen und neue bzw. andere Standpunkte klarmachen.
2. Es können Probleme auch persönlicher Art besprochen werden, die für einen größeren Kreis nicht geeignet sind.
3. Eine Besprechung unter vier Augen kann – für beide Seiten – ein Ventil sein, ein Puffer für Emotionen.
4. Man erfährt, was der andere – wirklich – denkt.
5. Konstruktive Kritik wird am besten unter vier Augen ausgesprochen; richtig durchgeführt, gehört konstruktive Kritik zu jedem modernen Führungsstil, sie schafft Leistungsanreize und damit im Ergebnis auch eine Leistungsverbesserung.
6. Auch der – nur in seltenen Fällen notwendige – bloße Tadel ist Gegenstand eines Mitarbeitergesprächs, und er verfolgt im wesentlichen die gleichen Zwecke wie die konstruktive Kritik.
7. Lob kann sowohl unter vier Augen als auch vor einer Gruppe ausgesprochen werden, z.B. um auch die anderen Gruppenmitglieder zu motivieren. Da aber hierbei auch das Gegenteil erreicht werden kann, nämlich daß die Gruppe einen ständig Gelobten schneidet und ausschließt, sollte auch das Lob grundsätzlich im Mitarbeitergespräch durchgeführt werden.

8. Das nach einer Mitarbeiterbeurteilung notwendige offene Gespräch über Leistungsschwächen, Leistungsstärken und den sich daraus ergebenden Konsequenzen zeigt dem Mitarbeiter, wie der Vorgesetzte über ihn denkt, wo er im Betrieb steht und wie er angesehen ist.
9. Im Mitarbeitergespräch können Vorurteile, Voreingenommenheit, Verallgemeinerungen und Gerüchte beseitigt werden.
10. Das Mitarbeitergespräch dient weiter der Erkennung, Analyse und Beseitigung von Konfliktsituationen und schafft damit notwendige Voraussetzungen für betriebliche Innovationen.
11. Im Mitarbeitergespräch erhält der Mitarbeiter die Möglichkeit, neue Ideen und Denkanstöße unbürokratisch vorzubringen.
12. Das Mitarbeitergespräch fördert endlich den Kontakt und stärkt das Zusammengehörigkeitsgefühl zwischen Vorgesetzten und Mitarbeiter.

Diese genannten Vorteile des Mitarbeitergesprächs können nur genutzt werden, wenn bestimmte Voraussetzungen gegeben sind und folgende Spielregeln eingehalten werden:

1. Das Mitarbeitergespräch muß i.d.R. unter vier Augen geführt werden.
2. Die Besprechung erfolgt am besten am runden Tisch (Aufhebung der Hierarchie-Unterschiede; im Sitzen schimpft es sich viel schwerer!).
3. Das Gespräch darf von außen nicht unterbrochen werden (Telefon, Besuch der Sekretärin).
4. Der Vorgesetzte muß zuhören können.
5. Der Vorgesetzte sollte den Mitarbeiter beim Reden nicht unterbrechen.
6. Der Vorgesetzte sollte den Mitarbeiter ansehen, Interesse am Gespräch zeigen, Reaktionen zeigen und sich bei längeren Gesprächen ggf. Notizen machen (bei letzterem dem Mitarbeiter aber Vertraulichkeit garantieren).
7. Der Vorgesetzte darf keine falschen Versprechungen machen, die nicht gehalten werden können.
8. Der Vorgesetzte soll in persönlichen Fragen (Ehe, Familie) keine Ratschläge geben, wenn er das Problem nicht auch von der anderen Seite kennt. Vielen Mitarbeitern genügt es, wenn der Vorgesetzte für ihn Zeit hat und er ihm einmal „sein Herz ausschütten“ kann.

Das Mitarbeitergespräch dient im wesentlichen aber auch dazu, Konfliktsituationen zu bereinigen bzw. Konflikte für den Betrieb nutzbar zu machen. Dazu sollten folgende Ratschläge beachtet werden: [1]

- *Schaffen Sie eine Atmosphäre, in der die Anwesenden sich frei fühlen,* Einwände zu erheben.
- *Zeitdruck vermeiden,*
  denn Zeitdruck wird als Bedrohung erlebt und führt zu aggressiven Reaktio-

1 Vgl. Uhlmann, Manuskript zum Seminar „Konflikte im Betrieb“ an der TAE Esslingen

nen. Drängen Sie nicht auf eine Entscheidung, lassen Sie dem Partner Zeit zum Überdenken.

- *Das Selbstwertgefühl des Partners achten.*
  Jeder Mensch strebt ständig danach, sein Selbstwertgefühl zu erhalten und zu vergrößern. Wann immer sein Selbstwertgefühl in Gefahr ist, wird er sich wehren; wenn sein Selbstwertgefühl bestätigt oder sogar aufgebaut wird, fühlt er sich wohl. Auch durch die Körpersprache können wir das Selbstwertgefühl eines Partners unterstützen oder verletzen!
- *Greifen Sie Ihren Partner nicht an*
  und lassen Sie sich nicht zu aggressiven Reaktionen verleiten. Sorgen Sie dafür, daß Ihr Partner sich aus der aggressiven Haltung lösen kann, weil sonst seine Wahrnehmung und damit auch Lösungskooperation stark eingeschränkt ist! Wer aus dem Stammhirn reagiert, denkt nicht mehr klar!
- *Bringen Sie Ihrem Partner Vertrauen entgegen.*
  Informieren Sie rechtzeitig und vollständig.
  Jeder „berechtigte" Anlaß zu Mißtrauen führt zu einer Verschärfung des Konflikts! So hat das erste Mißverständnis oder der erste Ansatz von Mißtrauen zur Folge, daß man weniger Informationen gibt, da oder dort etwas unausgesprochen läßt, was man sonst sagen würde. Dieser Informationsvorbehalt erhöht auf der anderen Seite das Mißtrauen, so daß der ‚Gegner-Partner' nun seinerseits Informationen zurückhält, was wiederum unser Mißtrauen erhöht.
- *Die Beziehung ist immer wichtiger als der Konflikt!*
- *Akzeptieren Sie, daß der Partner eine andere Sichtweise hat als Sie.*
  Handeln Sie nach dem Prinzip: „Ich bin o.k. und Du bist o.k."
- Respektieren Sie das Recht des anderen auf eine eigene Meinung und seine freie Meinungsäußerung.
- Vermeiden Sie bloße Streitgespräche; denken Sie daran, daß es bei einem Streitgespräch nur Verlierer gibt.
- Zwingen Sie Ihrem Partner nicht Ihre Meinung auf. Mahatma Gandhi sagte, daß alle Konflikte dieser Welt nur deshalb entstehen, weil einer dem anderen seine Ansichten aufzwingen will.
- *Lernen Sie die Sichtweise des Partners so unvoreingenommen wie möglich kennen.*
- Fragen Sie zuallererst nach dem Grund für eine Forderung oder Ablehnung und Haltung (Warum ist das für den anderen von Bedeutung?).
  Lernen Sie den geistigen Schaltkreis des anderen kennen – aber nicht durch ein Hineininterpretieren von Beweggründen, die Ihnen wahrscheinlich vorkommen. Wichtig ist, wie der andere tatsächlich denkt, handelt, bewertet, und nicht, wie Sie an seiner Seite denken, handeln und bewerten würden!.
- *Seien Sie offen für neue Informationen.*
- *Stellen Sie eindeutig fest, was Sie und die anderen tatsächlich wollen.*
  Oft lassen sich Lösungen auf ganz anderen Ebenen und Wegen erzielen als ursprünglich angenommen.
- *Werfen Sie möglichst nicht Ihre Macht in die Waagschale.*

Der Erfolg könnte nur kurzfristig sein. Damit würden Sie langfristig Ihren Partner zur Sabotage auffordern, denn Sabotage ist die Reaktion (= Angriff) des Machtlosen auf den Mächtigen.
Sabotagehandlungen sind ein Symptom für Unzufriedenheit.

- *Lassen Sie den Partner seine Meinung sagen, und lassen Sie offen, welche Ereignisse Sie erwarten.*
- *Setzen Sie die verschiedenen Interessen in den Mittelpunkt Ihrer Verhandlung.*
  Das Feilschen um Positionen führt zu einem Kräftemessen, zu einer Verlierer-Gewinner-Situation.
- *Legen Sie vor der Verhandlung Ihren Spielraum fest.*
  - Was ist das Mindeste, auf das ich mich einlassen kann?
  - Was ist das Äußerste, das ich verlangen kann, ohne daß ich mich lächerlich mache?
  - Worauf kann ich maximal verzichten?
  - Was ist das Mindeste, was ich anbieten kann, ohne daß ich ausgelacht werde?
- *Berücksichtigen Sie die Grundsätze von Carl Rogers:*
  - Dem anderen wirklich zuhören.
  - Den anderen akzeptieren.
  - Selbst authentisch sein.

14.5 Lob und konstruktive Kritik als Führungsmittel

Auf den richtigen Einsatz von Lob und Tadel als Führungsmittel und Aktivierungstechnik sowie zur Motivation der Mitarbeiter kann nicht verzichtet werden. Dabei sind hauptsächlich folgende Gesichtspunkte zu beachten:

Warum	(Grund)
Wie	(Mittel)
Wo	(Ort)
Wie oft	(Häufigkeit)
Wann	(Zeitpunkt).

Beim Warum ist zu beachten, daß Lob und Tadel nicht für Selbstverständlichkeiten oder Belanglosigkeiten im positiven oder negativen Sinne erfolgen dürfen. In jedem Fall muß also ein wichtiger Grund zum Tätigwerden vorhanden sein.
Beim Mitteleinsatz ist zum einen stets die Angemessenheit zu prüfen, und zum anderen müssen die Mittel der jeweiligen Situation in Art und Schwere angepaßt sein, sich aber auch differenzieren lassen, so daß kein Gewöhnungsprozeß stattfinden kann. Es gibt so unendlich viele Mittel, wie es Tatbestände zum Loben oder Tadeln gibt; jeder Vorgesetzte sollte eine große Anzahl dieser Mittel ständig zur Verfügung haben.

Schwieriger zu beurteilen ist die Frage, wo gelobt oder getadelt werden soll: am Arbeitsplatz oder im Chefbüro, vor der Gruppe oder unter vier Augen?
Geht der Chef bei einem positiven Anlaß zu dem Mitarbeiter an dessen Arbeitsplatz, so ist die Wirkung des dort ausgesprochenen Lobes sicher größer, als wenn es im Chefbüro ausgesprochen würde. Wird jemand vor einer Gruppe gelobt, so kann die Wirkung eines derartigen Lobes größer sein als die unter vier Augen. Es ist aber dabei nicht auszuschließen, daß die anderen Mitglieder der Gruppe den Gelobten „schneiden" und ihn aus ihrer Gemeinschaft ausschließen. In diesem Fall würde sich für den Gelobten das Lob praktisch als Tadel darstellen; deshalb sollte genau geprüft werden, ob das Lob vor der Gruppe angebracht ist. In Zweifelsfällen sollte der Vorgesetzte den Betreffenden lieber unter vier Augen loben.

Tadel sollte grundsätzlich nicht vor der Gruppe erfolgen, es sei denn, es handelt sich praktisch um die allerletzte Möglichkeit der ernsten Ermahnung oder um eine insgesamt zu tadelnde Gruppenleistung.
Bei der Häufigkeit von Lob und Tadel ist zu berücksichtigen, daß jedes Zuviel abstumpft und ohne Wirkung ist. Dennoch: lieber einmal zuviel loben, im Zweifel dagegen lieber einmal weniger tadeln.
Vom Loben sollte aber auch bewußt und gezielt Gebrauch gemacht werden-, es darf nicht vorkommen, daß ein Mitarbeiter, der eine ganze Woche nicht getadelt worden ist, dies schon als höchstes Lob empfindet.
Wichtig ist endlich die richtige Auswahl des Zeitpunktes, an dem zu loben oder zu tadeln ist. Sollte man Lob oder Tadel sofort, unverzüglich erteilen, sollte man die Sache überschlafen oder auf die lange Bank schieben und mehrere Tatbestände sammeln? Sofortiges Tätigwerden ist sicher, von Einzelfällen abgesehen, verfrüht, und zwar insbesondere deshalb, weil die Gefahr besteht, daß man zu emotionell und deshalb über das durch die Situation gebotene Maß hinaus handelt (positiv oder negativ); schlimm ist hier zwar insbesondere die Unangemessenheit beim Tadeln, aber auch durch unangemessenes Lob kann auf Dauer keine motivierende Wirkung erzielt werden, weil dann irgendwann kaum noch sinnvolle Steigerungsmöglichkeiten zur Verfügung stehen. Ideal, was den Zeitpunkt anbetrifft, wäre sicher ein unverzügliches Tätigwerden. Jeder Vorgesetzte muß daher für sich persönlich einen Weg finden, um schnellstmöglichst emotionslos handeln zu können; dazu ist es nicht unbedingt notwendig, die Sache zu überschlafen. Ganz verkehrt wäre es dagegen, Lob oder Tadel „auf die lange Bank zu schieben" und mehrere Tatbestände zu sammeln: Die Wirkung wäre dann nicht mehr mit motivierender Kraft vorhanden.
Der Begriff des Tadels sollte übrigens ganz anders als im üblichen Sinne gebraucht und ausgestaltet werden.
Der Tadel sollte immer dreistufig sein:

1. Objektives Feststellen des Tatbestandes (Verhalten, das einer Korrektur bedarf).
2. Konstruktive Kritik als Hilfe (Aufzeigen, wie man es besser machen kann).

3. Aufforderung zum Nachdenken, wie der eigene Vorschlag noch besser werden könnte (Motivation).

So aufgestellt, ist auch der Tadel im üblichen Sprachgebrauch Hilfsmittel zur Motivation der Mitarbeiter.
Verbinden Sie Lob und Tadel! Bitte aber nicht in der Form „Zuckerbrot und Peitsche!", sondern wie folgt:[2]

1. Beginnen Sie mit Lob und aufrichtiger Anerkennung.
2. Machen Sie den anderen nur indirekt auf seine Fehler aufmerksam.
3. Sprechen Sie zuerst von Ihren eigenen Fehlern, ehe Sie den anderen tadeln.
4. Machen Sie Vorschläge anstatt Befehle.
5. Geben Sie dem anderen die Möglichkeit, das Gesicht zu wahren.
6. Loben Sie jeden Erfolg, auch den geringsten. Seien Sie herzlich in ihrer Anerkennung und großzügig mit Lob.
7. Zeigen Sie dem anderen, daß Sie eine gute Meinung von ihm haben, und er wird sich entsprechend benehmen.
8. Ermutigen Sie den anderen! Geben Sie ihm das Gefühl, daß er seine Fehler spielend leicht verbessern kann.
9. Es muß dem anderen eine Freude sein, Ihre Wünsche zu erfüllen.

2 Zitiert aus: Dale Carnegie: Wie man Freunde gewinnt, Scherz-Verlag 1988.

15 Betriebsklima

Unter Betriebsklima versteht von Friedeburg das Resultat der Übereinstimmung oder des Konflikts zwischen den Erwartungen der Arbeitenden und den objektiv vorgefundenen Arbeitsbedingungen. Woraus die Erwartungen der Arbeitenden resultieren, ist unerheblich: sie können z.B. durch richtige oder falsche Informationen seitens des Betriebes oder von Dritten entstanden sein. Besteht Kongruenz zwischen den gleich wie entstandenen Erwartungen, Hoffnungen und Vorstellungen und den vorgefundenen Arbeitsbedingungen im weitesten Sinne, so wird ein positives Betriebsklima vorhanden sein bzw. entstehen; besteht dagegen eine Differenz zwischen Erwartungen und tatsächlichen Gegebenheiten, wird sich ein schlechtes Betriebsklima entwickeln.
Götte versteht unter Betriebsklima den Gesamtausdruck der durch soziale Integrationsprozesse miteinander verwobenen Einstellungen im Betrieb.
Einfacher ausgedrückt, kann man unter Betriebsklima die Stimmung und Arbeitsfreude verstehen, mit der die Mitarbeiter zur Erfüllung ihrer arbeitsvertraglichen Pflichten und darüber hinaus zu freiwilligen Mehr- und Zusatzleistungen sowie zur Zusammenarbeit mit ihren Vorgesetzten und Kollegen bereit sind.

15.1 Einflußfaktoren

Das Betriebsklima wird hauptsächlich durch folgende Faktoren geprägt:

- Allgemeine Umwelteinflüsse.
- Allgemeine und persönliche Arbeitsplatzgestaltung sowie Umgebung des Arbeitsplatzes.
- Soziale Betreuung (Gewährung zeitgemäßer betrieblicher freiwilliger Sozialleistungen).
- Informationswesen.
- Kommunikationsstruktur.
- Gleitende Arbeitszeit (Freizeit für persönliche Belange).
- Führungsstil und Führungsverhalten
- Motivation.
- Zusammensetzung der Arbeitsgruppe.
- Personalpolitik (Aufstiegsmöglichkeiten, Personalförderung).
- Organisation (Kompetenzen, Vollmachten, Organigramm).
- Stellenbeschreibungen (Stellvertreter- und Nachfolgepläne).

15.2 Diagnose des Betriebsklimas

Wenn in einem Betrieb die folgenden Verhaltensweisen zu beobachten sind, dann läßt das auf ein schlechtes Betriebsklima schließen:

1. Taktisches Verhalten gegenüber Vorgesetzten und Mitarbeitern.
2. Abteilungsegoismus.
3. Starke Absicherungstendenzen.
4. Grundsätzliches Mißtrauen gegen die Führung.
5. Cliquenbildung.
6. Zahlreiche destruktive informelle Kanäle.
7. Unstimmigkeiten zwischen Vorgesetzten und Mitarbeitern.
8. Zu starke und unkontrollierbare Spannungen zwischen Vorgesetzten und Mitarbeitern und der Mitarbeiter untereinander.
9. Sinkende Leistungen trotz steigender Löhne.
10. Überdurchschnittliche Krankmeldungen, „Krankfeiern".
11. Sonstige hohe Fehlzeiten.
12. Überdurchschnittlich viele Kündigungen seitens der Arbeitnehmer.
13. Ein Führungsstil, der die Hierarchie und die soziale Distanz betont und bei dem die Mitarbeiter nur als Befehlsempfänger angesehen werden.

Ein schlechtes Betriebsklima kann demzufolge mitursächlich sein für:

1. Rückläufige Produktionszahlen.
2. Schlechte Qualität.
3. Hohen Ausschuß.
4. Steigende Kosten in Produktion und Verwaltung.
5. Steigende Gemeinkosten.
6. Überdurchschnittlich hohen Krankenstand.
7. Überdurchschnittlich hohe beeinflußbare Fluktuation.
8. Schlechtes Ergebnis im betriebswirtschaftlichen Sinne.

Ein gutes Betriebsklima kann an folgenden Faktoren erkannt werden:

1. Kollegialität, Hilfsbereitschaft.
2. Gegenseitiges Vertrauen.
3. Vertrauen auf gerechte Behandlung seitens des Vorgesetzten.
4. Konstruktive informelle Gruppierungen.
5. Überwiegen des offiziellen Informationssystems.
6. Gute Zusammenarbeit (kooperativ) mit Vorgesetzten und anderen Abteilungen.
7. Reibereien sind selten und haben meist individuelle Ursachen.
8. Gute Arbeitsmoral.
9. Hohe Leistungsbereitschaft.
10. Fehlzeiten, die unter dem Durchschnitt der Branche und des Standorts liegen.

11. Fluktuation unter dem Durchschnitt der Branche, kaum Kündigungen seitens der Arbeitnehmer.
12. Gute, überschaubare Organisation.
13. Klare Kompetenzen und Vollmachten, Verwendung von Arbeitsplatzbewertungen und Stellenbeschreibungen.

Am einfachsten läßt sich die Frage nach dem Betriebsklima durch Betrachtung der wichtigsten Faktoren beantworten, als da sind:

1. Zahl der Fehlschichten.
2. Anzahl der Kündigungen seitens der Arbeitnehmer.
3. Leistungs- und Qualitätsminderungen.
4. Unfallhäufigkeit.
5. Anzahl der von den Arbeitnehmern eingehenden Verbesserungsvorschläge.
6. Bereitschaft zur Ableistung von Überstunden.
7. Bereitschaft zur gründlichen Einarbeitung eines neuen Mitarbeiters.
8. Arbeitsmoral.

15.3 Auswirkungen des Betriebsklimas

Die Auswirkungen eines guten oder schlechten Betriebsklimas sind zahlreich. Hauptsächlich sind zu nennen:

1. Die allgemeine Einstellung des Mitarbeiters zum Betrieb.
2. Das Verhalten des Mitarbeiters gegenüber Vorgesetzten und Arbeitskollegen.
3. Die Arbeits- und Leistungsbereitschaft des Mitarbeiters.
4. Die Arbeitsmoral des Mitarbeiters, insbesondere das unbegründete Fernbleiben von der Arbeit, „krank“ feiern, aber auch „echte Neurosen“.
5. Die Leistungskurve des Mitarbeiters (unabhängig von arbeitsphysiologischer Kurve).
6. Die vom Mitarbeiter erbrachten Ausschußquoten.
7. Das pünktliche Erscheinen zur Arbeit (An- und Auskleiden).
8. Die Unfallhäufigkeit.
9. Die grundsätzliche Neigung, im Betrieb zu bleiben oder diesen bald wieder zu verlassen.
10. Die Bereitwilligkeit, nach der Kündigung bis zum Schluß des Arbeitsverhältnisses zu arbeiten und nicht etwa „krank zu feiern“. Einsatz bis zur letzten Stunde.
11. „Richtige“ Einarbeitung des Nachfolgers.
12. Vorhandensein von radikalen Gruppen und Cliquen.

15.4 Möglichkeiten zur Verbesserung des Betriebsklimas

Die gesamte Personal- und Sozialpolitik eines Unternehmens sowie die eingesetzten Führungs- und Arbeitstechniken wirken sich entscheidend auf das Betriebsklima aus. Entsprechend vielfältig sind die Möglichkeiten zu seiner Verbesserung.
Bereits behandelt wurden die folgenden Ansatzpunkte: Einführung neuer Mitarbeiter, Führungsstil auf Delegationsbasis, Führungsverhalten, Motivation, Informationswesen und Kommunikation sowie die zwischenmenschlichen Beziehungen.
Weitere Möglichkeiten zur Verbesserung des Betriebsklimas bestehen auf folgenden Gebieten:

- Anwerbungsgrundsätze.
- Auswahlgrundsätze.
- Arbeitsplatzgestaltung und Arbeitsbedingungen.
- Aufstiegschancen und Weiterbildungsmöglichkeiten.
- Organisation.
- Chef-Mitarbeiterbeziehungen.
- Entgeltpolitik.
- Betriebliche Sozialpolitik.

Anwerbungsgrundsätze

Im wesentlichen sollte bei der Anwerbung neuer Mitarbeiter auf folgende Punkte geachtet werden:

1. Die Anwerbung soll nicht mit Mitteln oder zu Zwecken erfolgen, die gegen gute kaufmännische Sitten verstoßen.
2. Die Anwerbung soll nicht zur Abwerbung werden,
3. Der Arbeitgeber soll sich weder durch persönliche Werbung noch durch Mittelspersonen an Arbeitnehmer wenden, die sich noch in anderer ungekündigter Stellung befinden, mit dem Ziel, sie zum Eintritt in seinen Betrieb – ggf. sogar zum Arbeitsvertragsbruch – zu veranlassen.
4. Das Versprechen einer „Kopfprämie“ für jeden Angeworbenen ist unzulässig.
5. Stellenausschreibungen sollen keine anreißerische Aufmachung haben. Die Anzeige soll sich auf die sachliche Beschreibung der zu besetzenden Stelle beschränken. Besondere soziale Leistungen des Betriebes können in angemessener Form erwähnt werden.
6. Eine suggestive und psychologische Beeinflussung der Bewerber ist zu unterlassen.
7. Die Anforderungen an das fachliche Können und die persönlichen Fähigkeiten sind offen und klar darzulegen.

8. In jedem Fall muß vermieden werden, den Bewerber durch falsche, nicht einzuhaltende Versprechungen in den Betrieb zu locken. Das gilt insbesondere für Aufstiegsmöglichkeiten.
9. Ausführliche Unterrichtung der zuständigen Vermittler beim örtlichen Arbeitsamt über die fachlichen und persönlichen Voraussetzungen, die für die Besetzung des offenen Arbeitsplatzes notwendig sind.
10. Den Vermittlern des Arbeitsamtes sollte Gelegenheit gegeben werden, die zu besetzenden Arbeitsplätze zu besichtigen und kennenzulernen.
11. Es sollen nur solche Personen angeworben werden, bei denen zu erwarten ist, daß sie längere Zeit im Betrieb bleiben werden.
12. Die Gründe, die zur Bewerbung und zu einem früheren Stellenwechsel geführt haben, sollten genau überprüft, analysiert und bewertet werden.
13. Es ist weiter zu prüfen, wie oft der betreffende Bewerber in den letzten drei Jahren seinen Arbeitsplatz gewechselt hat. Sogenannte „Zugvögel" sollten grundsätzlich nicht eingestellt werden.
    Bei jüngeren Bewerbern wird ein mehrfacher Wechsel jedoch dann nicht negativ zu bewerten sein, wenn ihm ein persönlicher „Karriereplan" zugrunde liegt.
14. Einstellungen sollten aufgrund einer langfristigen, mit der Produktion abgestimmten quantitativen und qualitativen Personalplanung erfolgen, bei der die Auswirkungen der Automation und Rationalisierung auf die Arbeitsanforderungen und das Entstehen neuer sowie der Wegfall bisheriger Berufe zu berücksichtigen sind.
15. Eingehende Bewerbungen sollten sofort beantwortet werden (Zwischenbescheid), damit durch Verzögerung beim Bewerber nicht der Eindruck entsteht, daß er nicht zur ersten, sondern zur zweiten Garnitur gehört.

Auswahlgrundsätze

Die Personalauswahl sollte so sorgfältig als möglich vorgenommen werden, um zu gewährleisten, daß der richtige Mitarbeiter auf den richtigen Arbeitsplatz kommt. Es müßten sich das Anforderungsprofil der Stelle mit den Kenntnissen und Fähigkeiten, wenn möglich auch mit den Neigungen des Bewerbers dekken. Allerdings ist zu beachten, daß ein Bewerber nicht 100 % der gestellten Anforderungen mitbringen sollte, denn ihm wird bald jegliches Erfolgserlebnis fehlen, und infolge dieses Fehlens wird seine Leistung schon nach kurzer Zeit meßbar nachlassen. Nur eine geringe Überforderung wird ihn deshalb auf Dauer zur Höchstleistung führen.
Wesentlich erleichtert wird die richtige Personalauswahl dann, wenn für alle Arbeitsplätze des Betriebes Stellen- und Arbeitsplatzbeschreibungen vorhanden sind, aus denen sich die Anforderungsprofile exakt ergeben.

Bei der Personalauswahl sollte man sich nicht nur auf seine gute Menschenkenntnis, Erfahrung und Fingerspitzengefühl verlassen, sondern so viele Hilfsmittel als irgend möglich einsetzen. Dazu können auch psychologische Tests

und graphologische Gutachten gehören, obwohl man diese einmal nicht überbewerten, zum anderen auch keinesfalls auf den persönlichen Eindruck beim Vorstellungsgespräch verzichten sollte. Daraus ergibt sich auch, daß man grundsätzlich vor Lesen des Gutachtens den persönlichen Eindruck gewinnen und mithin „unbelastet" an die Person des Bewerbers gehen sollte. In jedem Fall sollten die angesprochenen Hilfsmittel zur Bewerberauswahl nie selbst eine Entscheidung über die Einstellung oder Nichteinstellung herbeiführen; sie sollten vielmehr immer nur eine Entscheidungshilfe sein.
Im einzelnen sollte – je nach Art der betrieblichen Stellung – auf folgendes geachtet werden:

1. Bewerbungsschreiben
   (Stil, Inhalt, Form, Aufbau, Gliederung, Vollständigkeit, Anlagen).
2. Lebenslauf
   (Schreibweise. Vollständigkeit, Lückenlosigkeit, Stil).
3. Lichtbild
   (Art, Größe).
4. Zeugnisse
   (Art, Anzahl, Formulierungen, Inhalt, Auswahl, Reihenfolge).
5. Ausbildung
   a) Schulausbildung
   b) Sonstige Ausbildung (Kurse, Lehrgänge, Seminare, sonstige Fort- und Weiterbildungsmaßnahmen)
   c) Praktische Ausbildung (Lehre, Praktikantenzeit, Trainee-Ausbildung)
   d) Job Rotation, Job Enrichment, Job Enlargement.
6. Praktische Erfahrungen
   (einschlägige Tätigkeit, Beschäftigung in Konkurrenzunternehmen).
7. Kongruenz des Anforderungsprofils mit vorhandenen Kenntnissen, Eigenschaften, Erfahrungen und Erwartungen.
8. Ärztliche Untersuchung.
9. Frage nach Schwangerschaft, Krankheiten, Vorstrafen, Schwerbehinderteneigenschaft, Lohnpfändungen, bisherigem Einkommen.
10. Äußere Erscheinung
    (modern, modisch, konservativ, korrekt, salopp).
11. Mentalität.
12. Herkunftsbedingte Eigenarten
    (Sprache, bestimmte Verhaltensweisen, Charakter, Kontaktfähigkeit, Geselligkeit, Zuverlässigkeit).
13. Überzeugungskraft, Motivationsfähigkeit.
14. Rhetorische Begabung.
15. Kontaktfreudigkeit.
16. Verhandlungsgeschick.
17. Bodenständigkeit
    (Haus- und Grundbesitz, Herkunft, Familie, Beruf der Ehefrau).
18. Häufigkeit und Art des Stellenwechsels.

19. Grund für den letzten Stellenwechsel.
20. Prüfung der Kündigungsgründe
    (auf Zeugnisformulierungen achten, zweifelhafter Zeugnis-Code).
21. Höhe und Zusammensetzung der Gehaltswünsche im Verhältnis zu Mitarbeitern in vergleichbarer Position im eigenen Unternehmen.
22. Intelligenz
    (ggf. Feststellung des Intelligenzquotienten).
23. Allgemeinwissen.
24. Gesellschaftliches Verhalten.
25. Organisationstalent.
26. Entscheidungsfreudigkeit.
27. Einstellungstests
    (graphologisches Gutachten, psychologische Tests, Geschicklichkeitstests).
28. Introvertierte oder extrovertierte Persönlichkeit.
29. Erkenntnis aus der Typenlehre (Körperbau).
30. Physische und psychische Belastbarkeit.

In Betrieben mit mehr als 1000 Arbeitnehmern kann der Betriebsrat nach § 95 Abs. 2 BVG die Aufstellung von Auswahlrichtlinien und die dabei zu beachtenden fachlichen und persönlichen Voraussetzungen und sozialen Gesichtspunkte verlangen. Kommt eine Einigung zwischen Arbeitgeber und Betriebsrat über die Richtlinien oder ihren Inhalt nicht zustande, so entscheidet hierüber die betriebliche Einigungsstelle, deren Spruch die Einigung zwischen Arbeitgeber und Betriebsrat ersetzt.

Arbeitsplatzgestaltung und Arbeitsbedingungen

1. Schaffung von Stamm-Arbeitsplätzen.
2. Sicherung der Stamm-Arbeitsplätze durch ein System von speziell ausgebildeten Springern. Dadurch soll das „Herumfliegen“ an verschiedenen Arbeitsplätzen ausgeschaltet werden. Erfahrungen haben gezeigt, daß durch eine geschickte Steuerung des Systems keine Mehrkosten zu entstehen brauchen – mit Ausnahme der Ausbildungskosten.
3. Vermeidung häufiger innerbetrieblicher Umsetzung (Ausnahmen: Ausbildung und Information von Nachwuchs- und Führungskräften).
4. Betriebliche Versetzung junger, aufstrebender Mitarbeiter.
5. Gestaltung des Arbeitsplatzes mit dem Ziel, den Mitarbeitern eine eigenverantwortliche Tätigkeit zu ermöglichen.
6. Verbesserung der allgemeinen Bedingungen am Arbeitsplatz sowie bessere Arbeitsplatzgestaltung:
   a) Sauberkeit.
   b) Ruhige und gepflegte Arbeitsumgebung.
   c) Keine zu großen Arbeitsräume.
   d) Vermeidung von Störungen in großen Räumen.
   e) Verbesserte Unfallsicherung am Arbeitsplatz.

f) Hebung des Ansehens auch der wenig prestigebehafteten Arbeitsplätze, wie z.B. Pförtner und Telefonistin.

7. Schaffung eines gewissen betrieblichen Ansehens für jeden Arbeitsplatz.
8. Farbpsychologische Gestaltung des Arbeitsplatzes und Arbeitsraumes sowie der Geräte und Maschinen.
9. Rechtzeitige Versetzung an einen anderen Arbeitsplatz, sofern sich herausstellt, daß der betreffende Arbeitnehmer sich für den ursprünglich vorgesehenen Einsatz nicht eignet (sofern zu erwarten ist, daß er sich auf einem anderen Arbeitsplatz bewähren wird).
10. Kein „Wegloben" von Arbeitnehmern zu anderen Abteilungen.
11. Einführung der gleitenden oder variablen Arbeitszeit.

Auch rein soziologische Aspekte sind bei der Gestaltung der Arbeitsbedingungen mit zu berücksichtigen, wenn man an Fragen der Größe, der gruppensoziologischen Zusammensetzung einer Arbeitsgruppe sowie an die Einflüsse der informellen Gruppen auf die Einstellung der Arbeitnehmer zum Betrieb und ihren Kollegen und damit zusammenhängend, an die Menge und Güte ihrer Arbeitsleistung denkt.
Spezielle Probleme können bei der Zusammenarbeit älterer und jüngerer Mitarbeiter entstehen. Im einzelnen ist hierbei folgendes zu berücksichtigen:

1. Es sollte auf eine richtige lebensaltersmäßige Zusammensetzung einer Arbeitsgruppe geachtet werden.
2. Der Abteilungsleiter sollte nicht zu jung sein, wenn in der betreffenden Abteilung viele ältere Mitarbeiter tätig sind.
3. Neueingestellte verfügen oft über das bessere theoretische Wissen, langjährige Mitarbeiter über die größeren praktischen Erfahrungen. Diese Unterschiede sind durch entsprechenden Einsatz der einzelnen Belegschaftsmitglieder und richtige Verteilung der Arbeitsaufgaben auszugleichen.
4. Jungen und neueingestellten Mitarbeitern sollten keine größeren Zugeständnisse als den älteren gemacht werden; das gilt insbesondere für die Einstellungsgehälter, aber auch für die Nebenleistungen, wie z.B. Wohnungsbeschaffung, Wohnungsbaudarlehen, sonstige Darlehen, Trennungsentschädigungen, Dienstwagen und Kilometergeld.
5. Sind bestimmte Vorgesetztenstellen durch ältere Mitarbeiter „blockiert", dann sollte den jüngeren und neuen Mitarbeitern wenigstens ein finanzieller Ausgleich für die eingeschränkten Aufstiegsmöglichkeiten gegeben werden.
6. Stellvertretern sollte klar gesagt werden, ob sie echte Chancen haben, bei Ausscheiden ihres Chefs dessen Position zu erlangen oder nicht. Wurde hier etwas versäumt, und konnte sich ein Stellvertreter berechtigte Aufstiegshoffnungen machen, so wird er resignieren, wenn ihm dann doch ein anderer – womöglich noch ein jüngerer – Bewerber vorgezogen wird.

Die Arbeitsbedingungen im weiteren Sinne umfassen außer den Fragen der Arbeitsplatzgestaltung auch die Fragen der immateriellen und materiellen Arbeitsbedingungen. Zu ersteren gehören z.B. das Betriebsklima, zum zweiten die Lohn- und Gehalts- sowie die betriebliche Sozialpolitik.
Die Arbeitsbedingungen lassen sich auch ohne hohe Investitionen günstig gestalten, denn oft sind es Kleinigkeiten, die die Mitarbeiter erfreuen. Oft trägt schon eine Verbesserung des Betriebsklimas sehr viel zur Verbesserung der allgemeinen Arbeitsbedingungen im Betrieb bei. Darüber hinaus ist natürlich das Geld, das für eine bessere Arbeitsplatzgestaltung aufgewendet wird, gut angelegt, denn diese Investitionen schlagen sich in meßbaren Verbesserungen des Leistungsausstoßes und der Qualität nieder, verringern die Unfallhäufigkeit und verbessern die Gesundheit der Arbeitnehmer.
Die Schaffung guter Arbeitsbedingungen im weitesten Sinne ist also Voraussetzung dafür, daß die Arbeitnehmer zufrieden sind und eine hohe Arbeitsleistung erbringen, daß die beeinflußbare Fluktuation auf ein Minimum reduziert wird und daß eine zufriedene Stammbelegschaft entstehen kann.

Aufstiegschancen und Weiterbildungsmöglichkeiten

Insbesondere für junge und qualifizierte Mitarbeiter ist folgendes zu beachten:

1. Echte Aufstiegschancen für jeden Interessierten bieten.
2. Schaffung innerbetrieblicher Aufstiegsmöglichkeiten.
3. Besetzung gehobener Stellungen mit innerbetrieblich bewährten Mitarbeiten.
4. Innerbetriebliche Stellenausschreibungen zur Besetzung von Führungspositionen der verschiedenen Ebenen.
5. Vermeidung von Stellenbesetzungen durch bloße Beziehungen und Protektion.
6. Systematisches An- und Umlernen.
7. Schaffung inner- und außerbetrieblicher Aus-, Fort- und Weiterbildungsmöglichkeiten.
8. Mehrfachausbildung angehender qualifizierter Führungskräfte im eigenen Unternehmen (Job Rotation, Job Enrichment, Job Enlargement) sowie durch externe Kurse, Seminare und andere Fort- und Weiterbildungsmöglichkeiten.
9. Interne oder externe Schulung auf benachbarten Wissensgebieten.

Organisation

Aus dem weiten Bereich der Organisation sollte folgendes beachtet werden:

1. Schaffung einer überschaubaren und verständlichen Organisation.
2. Klare Abgrenzung der Kompetenzen und Vollmachten.
3. Vermeidung von Kompetenzkonflikten.

4. Schaffung klarer Über- und Unterordnungsverhältnisse.
5. Schaffung klarer Dienstwege.
6. Schaffung von Urlaubs- und Stellvertreterplänen.
7. Delegation von Verantwortung.
8. Förderung der Eigenverantwortung des einzelnen Mitarbeiters.
9. Gleichmäßige Verteilung der Arbeitslast.
10. Vernünftige Pausenregelung. Dabei sollen Länge und Lage der Arbeitszeit sowie die Tatsache berücksichtigt werden, daß mehrere kürzere Pausen eine bessere und schnellere Erholung und damit eine höhere Arbeitsleistung gewährleisten als wenige längere.
11. Schaffung von Beschwerdemöglichkeiten. Dabei muß gewährleistet sein, daß dem Beschwerdeführer keine Nachteile entstehen.
12. Einrichtung ständiger Sprechstunden des Personalleiters, Werkarztes, Fürsorgers und des Betriebsrates, in denen die Belegschaftsmitglieder ohne vorherige Anmeldung den betreffenden Stellen ihre Wünsche und Sorgen vortragen können.

Chef – Mitarbeiterbeziehungen

Gute Chef – Mitarbeiterbeziehungen tragen wesentlich dazu bei, das Betriebsklima zu verbessern. Hierzu sollen folgende Grundsätze dienen:

1. Die Mitarbeiter im richtigen Moment in angemessener Form informieren. Betrieblicherseits ist dazu der Aufbau eines systematischen Informationswesens notwendig, das eindeutige Informationswege und Informationsmedien festlegt. Der Vorgesetzte hat seinerseits darauf zu achten, daß seine Mitarbeiter rechtzeitig, in der richtigen Art, Form und umfassend informiert werden, denn richtige Information ist Voraussetzung dafür, daß die Mitarbeiter mitdenken können, und das Mitdenken wiederum ist entscheidend dafür, daß eine gute Arbeitsleistung erreicht wird; wer nicht hinreichend informiert ist, setzt sich auch nicht für den Betrieb ein.
2. Aufträge und Anordnungen richtig, klar und eindeutig übermitteln. Dazu ist erforderlich, daß die Bekanntgabe rechtzeitig und mit Begründung erfolgt. Es ist erwiesen, daß die sachgerechte Erfüllung eines Auftrages nur dann möglich wird, wenn die Mitarbeiter den Sinn und die Zusammenhänge der Arbeit verstehen.
3. Den richtigen Mann an den richtigen Platz stellen.
   Die Mitarbeiter sind nach ihren Fähigkeiten einzusetzen, aber auch nach ihren Interessen und Neigungen, die meistens die Fähigkeit erkennen lassen, aber nicht mit diesen identisch sein brauchen.
4. Die Mitarbeiter durch angemessene Anerkennung, Korrektur und konstruktive Kritik fördern.
   Zu beachten ist, daß alle Maßnahmen berechtigt sein müssen. Zuviel Anerkennung stumpft ab; zuviel Tadel und Korrektur führt zur Verbitterung. Kritik um der Kritik willen ist zu vermeiden, es sollte – bei Anerkennung

erbrachter Leistungen – konstruktive Kritik geübt und dadurch dem Mitarbeiter aufgezeigt werden, wie er es noch besser machen kann.

5. Mehr Kontakt zu den Mitarbeitern unterhalten und Verständnis für sie aufbringen.
   Das Gefühl der Zugehörigkeit zum Betrieb wird gestärkt, wenn der Mitarbeiter merkt, daß der Vorgesetzte auch für ihn da ist. Ein Vorgesetzter, der imstande ist, sich in die Lage seiner Mitarbeiter zu versetzen, wird in deren Behandlung weniger Fehler machen. Es ist nicht nur der materielle Lohn, sondern auch die Befriedigung durch die Arbeit, durch die der Mitarbeiter eine innere Beziehung zum Betrieb bekommt.
6. Auch die Meinung der Mitarbeiter anhören.
   Auch die Mitarbeiter haben eine eigene Meinung und gute Ideen! Übrigens ist manches Problem einfacher und leichter zu lösen, wenn es von einer anderen Warte aus betrachtet wird. Außerdem fühlt sich der Mitarbeiter anerkannt, was seine Leistungsbereitschaft und Leistungsfähigkeit positiv beeinflußt.
7. Bei Meinungsverschiedenheiten stets sachliche Entscheidungen treffen.
   Das ist bei weitem nicht so selbstverständlich, wie man meint. Immer beide Seiten anhören, die im Widerstreit stehen, und danach erst urteilen. Das hat schon manches voreiliges Handeln verhindert. Übrigens: wenn Tadel notwendig ist, dann nicht in Gegenwart der anderen Mitarbeiter.
8. Jeden Mitarbeiter mit seinem Namen anreden.
   Das ist eine wichtige Voraussetzung, die oft nicht beachtet wird. Ein „Untergebener", der stets nur mit „Sie" angeredet wird, muß auf die Dauer das Gefühl bekommen, er sei nicht vollwertig. Daher sollte man auch bei der Begrüßung keinen Unterschied machen. Vorgesetzte sollten ruhig einmal mit ihrem Mitarbeiter einige Worte reden. Das bedeutet noch nicht, vertraulich zu werden.
9. Als verantwortlicher Mitarbeiter Ruhe ausstrahlen.
   Es ist eine der wichtigsten Eigenschaften eines guten Vorgesetzten, nicht nervös zu werden. Schwierigen Situationen ist dadurch viel einfacher zu begegnen. Sollte sich dabei ein Vorgesetzter doch einmal falsch verhalten haben, so muß er sich anschließend bei dem betreffenden Mitarbeiter entschuldigen.
10. Nicht jede Äußerung eines Mitarbeiters gleich auf die Goldwaage legen.
    Jeder Mensch hat eine unterschiedliche Denkungsart. Mit Alter, Beruf, Stellung und Erfahrung ändert sich auch seine Betrachtungsweise.
11. Zuständigkeiten und Befugnisse organisatorisch klar abgrenzen, und zwar auch für den Vertreter bei Abwesenheit des Vorgesetzten.
12. Schwierigkeiten und „heiße Eisen" in aller Offenheit erörtern.
13. Einem Mitarbeiter nichts nachtragen, wenn einmal etwas schief gegangen ist.
14. Auf die richtige Zusammensetzung der Arbeitsgruppe achten.

Der Vorgesetzte beeinflußt also das Betriebsklima positiv, wenn er

- Vertrauen in seine Mitarbeiter hat,
- die Mitarbeiter gut informiert und in seine Überlegungen mit einbezieht,
- Verständnis für ihre Lage hat, und zwar in dienstlichen wie auch in privaten Angelegenheiten,
- gerecht ist,
- jedem das Gefühl gibt, gleich wichtig zu sein,
- für seine Entscheidung die Verantwortung nach außen übernimmt und eigene Fehler eingesteht, und zwar auch gegenüber seinen Mitarbeitern,
- stets sachlich (konstruktiv) kritisiert und belehrt und nicht etwas nachträgt,
- sein besseres Wissen und Können für seine Mitarbeiter voll einsetzt,
- hilfsbereit ist,
- jeden Mitarbeiter seinen Fähigkeiten entsprechend einsetzt und fördert,
- persönliche Anliegen persönlich behandelt,
- Vorbild ist.

Entgeltpolitik

Oberster Grundsatz für jede Entgeltpolitik muß es sein, eine leistungsbezogene, gerechte Entlohnung zu verwirklichen. Das gilt für alle Mitarbeiter des Unternehmens, also sowohl für die gewerblichen Arbeitnehmer als auch für die Tarifangestellten, die übertariflich Entlohnten, die AT-Angestellten und die leitenden Angestellten bis zur Unternehmensspitze.
Im einzelnen ergeben sich daraus folgende Forderungen:

1. Ständige Überprüfung der Löhne und Gehälter im gesamten Unternehmen, getrennt nach Abteilungen, mit dem Ziel, eine betriebliche Lohngerechtigkeit zu verwirklichen und den Mitarbeitern ein marktgerechtes Einkommen zu ermöglichen.
2. Einführung einer analytischen Arbeitsbewertung zum Zweck der Beachtung und Einhaltung betrieblicher Lohngerechtigkeit.
3. Schaffung von Lohnanreizsystemen.
4. Materielle Anerkennung individueller Leistungen.
5. Schaffung verschiedener Personalbeurteilungs- und Leistungsbewertungssysteme.
6. Evtl. Klassifizierung der Löhne in
   a) Einstellungslohn.
   b) Lohn nach 1 (3) Monaten (Probezeitablauf).
   c) Lohn nach einem Jahr.
7. Transparenz der Entgeltpolitik (jedoch nicht Anschlag der Löhne am Schwarzen Brett).
8. Durchführung gerechter Differenzierungen nach objektiven Kriterien im Hinblick auf die Anwendung des Gleichbehandlungsgrundsatzes.
9. Angemessene Prämierung von betrieblichen Verbesserungsvorschlägen.

10. Verwirklichung des Grundsatzes einer klaren und überschaubaren Lohn- und Gehaltspolitik.
11. Schaffung eines für alle Mitarbeiter verständlichen Prämienlohnsystems.
12. Funktions- und stellenbezogene Entlohnung.
13. Gewährung zeitgemäßer zusätzlicher freiwilliger betrieblicher Sozialleistungen.
14. Gewährung einer echten (am Ergebnis der Arbeit und des Betriebes orientierten) Ergebnisbeteiligung.
15. Gewährung von Lohngarantien bei einem durch den Betrieb veranlaßten Arbeitsplatzwechsel.
16. Gewährung von Lohngarantien und Arbeitsausfallvergütungen für ältere Belegschaftsmitglieder, z.B. Monatslohnvertrag.
17. Gewährung von Treueprämien nach mehreren Dienstjahren.
18. Einräumung des Wahlrechts an ältere Belegschaftsmitglieder mit mehreren Dienstjahren, anstatt wie bisher im Akkord künftig bei gleichem Einkommen im Zeitlohn zu arbeiten.
19. Allgemeine Gehaltserhöhungen in die Zeit vor die Hauptkündigungstermine legen. Dadurch kann in vielen Fällen eine Kündigung zwar nicht aufgehoben, zumindest aber aufgeschoben werden, falls dies im Einzelfall sinnvoll erscheint.
20. Sonderzahlungen, Ergebnisbeteiligungen und sonstige Gratifikationen evtl. vierteljährlich gewähren, sofern die auszuschüttenden Beträge dann noch attraktiv sind.
21. Sonderzahlungen, Ergebnisbeteiligungen und Gratifikationen mit Rückzahlungsklauseln versehen.

Betriebliche Sozialpolitik

Die Beschäftigung mit Fragen der betrieblichen Sozialpolitik gewinnt in der heutigen Zeit erheblich an Bedeutung, weil zahlreiche gesellschaftspolitische Veränderungen ihren Niederschlag im Betrieb finden, wie auch andererseits in unserer Industriegesellschaft die betriebliche Sozialpolitik über den Betrieb hinaus wirkt und dadurch die gesellschaftspolitische Situation beeinflußt.
Es ist deshalb notwendig, daß jeder Betrieb die neuen Entwicklungstendenzen der staatlichen Sozialpolitik im In- und Ausland kennt, ihre teilweise durch Regierungswechsel bedingten grundlegenden Änderungen genau verfolgt und daraus Schlußfolgerungen für die eigene Sozialpolitik zieht, z.B. um bestimmte freiwillige Sozialleistungen abzuschaffen, wenn diese aufgrund der veränderten gesellschaftspolitischen Situation nicht mehr erforderlich sind, oder neue Sozialleistungen einzuführen, falls eine Notwendigkeit hierzu besteht und der Staat keine entsprechenden Leistungen gewährt.
Auch kann sich aus einer veränderten gesellschaftspolitischen Situation die Notwendigkeit ergeben, bestimmte Sozialleistungen umzustrukturieren, andere Anspruchsgrundlagen zu schaffen oder den bezugsberechtigten Personenkreis neu abzugrenzen. Das erfordert Flexibilität und ständiges Überprüfen der gel-

tenden staatlichen sozialpolitischen Grundsätze. Dabei muß beachtet werden, daß es nicht Aufgabe des Betriebes ist, dem Staat sozialpolitische Aufgaben – und die damit verbundenen Ausgaben – abzunehmen; vieles, was man heute den Unternehmen in dieser Hinsicht aufbürden will, gehört zur Verpflichtung des Staates. Diese Gebiete sind deshalb nicht Gegenstand der betrieblichen Sozialpolitik. Letztere hat sich vielmehr damit zu befassen, freiwillige Sozialleistungen in angemessenem Umfang zu gewähren, die in einer bestimmten Zeitperiode als zeitgemäß angesehen werden, bei der Belegschaft bekannt sind und von ihr auch entsprechend geschätzt und gewürdigt werden.
Die Schaffung zeitgemäßer freiwilliger Sozialleistungen ist ein wichtiges Instrument der Unternehmensführung. Eine gute oder schlechte betriebliche Sozialpolitik wirkt sich, zusammen mit anderen Einflußfaktoren, massiv auf die Mitarbeiter und deren Arbeits- und Leistungsbereitschaft sowie ihre Zufriedenheit aus. Das schlägt sich z.B. im Betriebsklima mit all seinen positiven – oder auch negativen – Einflüssen auf Produktivität und Rentabilität des Unternehmens nieder.
Die betriebliche Sozialpolitik als Mittel der Führung ist somit auch für den Betrieb notwendig, um einen Mitarbeitereinsatz im Sinne einer produktiven Mitarbeiterlenkung zu gewährleisten.
Aufgabe der betrieblichen Sozialpolitik ist es, betriebliche Sozialleistungen zu schaffen, die unter Berücksichtigung der jeweiligen Wirtschaftslage und des Standortes des Betriebes als zeitgemäß anzusehen sind. Überholte Sozialleistungen müssen in solche umfunktioniert werden, die heute eine motivierende Wirkung haben. Im einzelnen heißt das:

1. Die ständige Beobachtung der staatlichen Sozialpolitik und der gewerkschaftlichen Sozialpolitik und der gewerkschaftlichen Forderungen auf diesem Gebiet.
2. Studium der Sozialpolitik des Staates, der Gewerkschaften und Verbände sowie bestimmter großer Konkurrenzbetriebe im Inland und im benachbarten Ausland.
3. Anpassen der bisherigen Grundsätze der betrieblichen Sozialpolitik an die neuen Umstände, die sich aus der Änderung der Gesetzgebung auf sozialem Gebiet sowie aus der Wirtschafts- und Arbeitsmarktsituation und den daraus resultierenden veränderten Bedürfnissen und Ansprüchen der Belegschaft ergeben; Ziel ist die Erbringung zeitgemäßer, aktueller freiwilliger Sozialleistungen.
4. Eine gute betriebliche Sozialpolitik führt zur Leistungssteigerung und verdient deshalb die Aufmerksamkeit der Geschäftsführung. Sie muß dem für die betriebliche Sozialpolitik Zuständigen eine angemessene Stellung mit entsprechender Verantwortung und Befugnis in der betrieblichen Organisation und Hierarchie einräumen.

Gründe für die Gewährung von freiwilligen Sozialleistungen sind unter anderem:

1. Erhaltung und Steigerung der Leistungsfähigkeit der Mitarbeiter, z.B. durch betriebliche Gesundheitspflege, Werksarzt, Zuschüsse zu Kuren, Heilverfahren und Urlaubsbeihilfen.
2. Steigerung des Leistungswillens (freiwillige Sozialleistungen als Motivationsmittel).
3. Förderung der Selbstverantwortung, z.B. durch werksgeförderten Eigenheimbau, Prämiierung der eigenverantwortlichen Zukunftssorgen des einzelnen und der Familie durch Gewährung von Zuschüssen zu bestimmten Versicherungen.
4. Schaffung eines seßhaften Mitarbeiterstammes, z.B. durch zusätzliche Altersversorgung, Wohnbaudarlehen, Sozialzulagen, Treueprämien.
5. Förderung und Schutz der Familie, z.B. durch Sozialzulagen, Familienzuschläge, zusätzliches Kindergeld, Wohnungsbau, Hinterbliebenenversorgung durch zusätzliche Beiträge zur gesetzlichen Sozialversicherung oder durch Firmenpensionen.
6. Hilfsbereitschaft des Unternehmens als menschliches Anliegen - nicht als Begleiterscheinung einer patriarchalischen Führungsordnung, sondern als Merkmal und zunächst als gewisse Vorleistung zu einer echten betrieblichen partnerschaftlichen Zusammenarbeit.
7. Förderung des Gemeinschaftsgedankens im Betrieb, z.B. durch betriebliche Veranstaltungen sportlicher, kultureller oder geselliger Art innerhalb und/oder außerhalb der üblichen Arbeitszeit.
8. Förderung der Persönlichkeitsbildung, z.B. durch interne und externe Ausbildung, Begabtenförderung, Werksbücherei und kulturelle Veranstaltungen, Stipendien und Studienzuschüsse für Kinder von Belegschaftsangehörigen.
9. Anerkennung stetig erbrachter Leistungen, z.B. durch Treueprämien und Jubiläumsgaben, Angebot des Wahlrechts für länger dem Betrieb angehörige Belegschaftsmitglieder zum Zeitlohn auf der Basis der bisherigen durchschnittlichen Akkordentlohnung.
10. Nützung von Steuerbegünstigungen.
11. Schaffung besserer, unfallsicherer und menschenwürdigerer Arbeitsbedingungen, z.B. um dadurch das Betriebsklima zu verbessern.
12. Bessere Beschaffungsmöglichkeiten neuer Arbeitskräfte, z.B. durch attraktivere Entlohnung im weitesten Sinne.
13. Förderung des Betriebsklimas und damit verbunden Verbesserung der Arbeitsmoral.
14. Der (verpflichtende) Ruf, ein sozialer Betrieb zu sein.
15. Gewährung gleicher oder ähnlicher Leistungen in Konkurrenzbetrieben oder anderen Unternehmen am gleichen Ort oder in der gleichen Branche (praktischer Zwang).
16. Bekämpfung der beeinflußbaren Fluktuation.

Überholte freiwillige Sozialleistungen

Als überholt werden hauptsächlich folgende freiwillige Sozialleistungen angesehen:

- Maigeld.
- „Wiesengeld"
- Kartoffelgeld.
- Kohlengeld.
- Aufwendungen für Freizeitgestaltung (außer Aufwendungen für Freizeitgestaltung der Gastarbeiter).
- Kleiderfürsorge.
- Aufwendung zur Erhaltung bzw. zum Kauf eigener Altersheime.
- Ausgleichszulagen.
- Theaterabonnements.
- Zuschüsse zu Kuren und Heilverfahren.
- Werkseigene Wohnungen.
- Zusätzliche Leistungen bei Arbeitsunfähigkeit durch Betriebsunfall.
- Freiwillige Beihilfen bei Hochzeiten, Geburten und Sterbefällen.
- Hausstandszulagen.
- Kinderverschickungen.
- Zuschüsse an eigene Wohnungsbaugesellschaften.
- Besuch außerbetrieblicher Sportveranstaltungen.
- Gewährung von Mietzuschüssen.
- Zuschüsse an fremde Wohnungsbaugesellschaften.
- Aufwendungen für betriebliche Musik- und Theatergruppen.
- Fernsehraum.
- Kino.
- Betriebliches Kindergeld und betriebliche Familienzuschläge.
- Müttererholungsheime.
- Kindergärten (branchenbedingt).

Zeitgemäße freiwillige Sozialleistungen

Als zeitgemäße freiwillige Sozialleistungen können heute – sofern sie nicht bereits tarifvertraglich vorgesehen sind – insbesondere angesehen werden:

- Pensionen.
- Erfolgsbeteiligungen.
- Weihnachtsgeld.
- Werksküche.
- Kantine.
- Aufwendungen für Auszubildende.
- Erwachsenenaus-, Fort- und Weiterbildung.
- Gehälter für Werksarzt.

- Gehälter für Sanitäter und Krankenschwestern sowie der entsprechende Sachaufwand für Sanitätsstationen und Verbandsstellen, d.h. Instrumente, Medikamente, Verbandsstoffe und Raumkosten.
- 13. Monatsgehalt.
- Darlehen für persönliche Belange in Notfällen.
- Aufwendungen für die Betriebskrankenkasse.
- Zuschüsse zur betrieblichen Pensionskasse.
- Pensionsrückstellungen.
- Erfinderbelohnungen.
- Prämien für Verbesserungsvorschläge.
- Treueprämien für längere Betriebszugehörigkeit.
- Jubiläumsgelder.
- Jubiläumsgeschenke.
- Zusatzurlaub für längere Betriebszugehörigkeit.
- Personaldarlehen für Wohnungsbau.
- Zahlungen an den betrieblichen Unterstützungsfonds.
- Fahrgelderstattung.
- Fahrgeldzuschuß.
- Schichtzulagen.
- Wechselschichtprämien.
- Zuschüsse zu Lebensversicherungen leitender Angestellter.
- Aufwendungen für Maßnahmen, die der Unfallverhütung und dem Unfallschutz dienen.
- Aufwendungen für die Werkszeitschrift als wichtigstes Medium zur Einführung neuer Mitarbeiter sowie zur Information der Belegschaft.

Welche freiwilligen Sozialleistungen erfordern den größten finanziellen Aufwand?
Den größten finanziellen Aufwand erfordern, nach der Häufigkeit der Nennungen, folgende freiwillige Sozialleistungen:

- Pensionsrückstellungen.
- Erfolgsbeteiligungen.
- Weihnachtsgeld.
- Pensionen.
- Abschlußprämien.
- Darlehen.
- Abschluß von Lebensversicherungsverträgen.
- Aufwendungen für Sporteinrichtungen.

Welche freiwilligen Sozialleistungen sind bei der Belegschaft am bekanntesten? Erstaunlicherweise haben Untersuchungen ergeben, daß es oft kleinere und vom finanziellen Aufwand nicht so bedeutende Leistungen sind, die bei der Belegschaft am bekanntesten sind. Hier spielen oft andere Einflußfaktoren eine Rolle, wie z.B. Tradition, Art der Gewährung, örtliche oder branchenmäßige Besonderheiten oder verschiedene Auffassungen bei gewerblichen Arbeitnehmern und Angestellten, bei männlichen und weiblichen Angestellten, bei älteren und jüngeren Arbeitnehmern sowie im Tarifkreis und bei Angestellten mit außertariflicher Bezahlung. Läßt man Besonderheiten der Ergebnisse einzelner Betriebe, die wieder durch die o.g. Einflußfaktoren bedingt sind, außer Betracht, so ergibt sich im wesentlichen eine Konzentration auf fünf freiwillige Sozialleistungen, die in allen Branchen und in Betrieben mit den verschiedensten Größen, Organisationsformen und Belegschaftsstrukturen praktisch bei allen Arbeitnehmern bekannt sind. Im einzelnen handelt es sich dabei um folgende Leistungen:

1. Weihnachtsgeld.
2. Urlaubsgeld.
3. Werksküche und Kantine.
4. Pensionen.
5. Erfolgsbeteiligung.

Welche freiwilligen Sozialleistungen werden von der Belegschaft am meisten geschätzt?
Der Idealfall in der betrieblichen Sozialpolitik sollte sein, daß diejenigen Leistungen, für die der Betrieb den größten Aufwand erbringen muß, auch von der Belegschaft am meisten geschätzt werden.
Nach der Häufigkeit der Nennung der einzelnen Sozialleistungen ergibt sich, daß folgende Sozialleistungen am meisten geschätzt werden:

1. Weihnachtsgeld.
2. Urlaubsgeld.
3. Werksküche und Kantine.
4. Pensionen.
5. Erfolgsbeteiligung.
6. Aus- und Fortbildung der Erwachsenen.
7. Fahrgelderstattung.
8. 13. Monatsgehalt.
9. Pensionsrückstellungen.

15.5 Checkliste für die Zufriedenheit der Mitarbeiter

Ob Ihre Mitarbeiter mit ihrer Arbeitsaufgabe, der Organisation, dem Führungsstil, den Vorgesetzten und Mitarbeitern und dem Betriebsklima zufrieden sind, können Sie anhand des folgenden Fragebogens prüfen:

1. Sind Sie mit Ihrer Arbeitsaufgabe und dem Arbeitsinhalt zufrieden?
2. Ist die Arbeit für Sie nach wie vor interessant?
3. Ist Ihnen der Sinn der Arbeit klar?
4. Haben Sie zur Durchführung der Arbeit genügend Kompetenzen und Vollmachten?

5. Bekommen Sie von Ihren Vorgesetzten die für Ihre Arbeit notwendigen Informationen?
6. Sind Sie bei der Arbeitsplanung ausreichend gehört worden?
7. Dürfen Sie bei der Planung und Durchführung der Arbeit ausreichend mitbestimmen?
8. Können Sie weitgehend selbständig arbeiten?
9. Sind Sie mit der Arbeitszeit (Länge, Lage, Verteilung, Pausen) zufrieden?
10. Ist die Arbeitsmenge zu bewältigen?
11. Ist Ihr Verhältnis zum Vorgesetzten in Ordnung?
12. Stimmt Ihr Verhältnis zu den Arbeitskollegen?
13. Ist die Arbeitsgruppe, in der Sie arbeiten, im soziologischen Sinne richtig zusammengesetzt?
14. Sind die äußeren Arbeitsbedingungen, wie z.B. Raum, Belüftung, Beheizung, Größe, Farbpsychologie, Arbeits- und Pausenmusik, optimal?
15. Haben Sie genügend und moderne Arbeitsmittel und Werkzeuge?
16. Finden Sie Ihre Entlohnung angemessen?
17. Haben Sie Entwicklungsmöglichkeiten
    a) für Ihren Aufstieg
    b) für Ihre Entlohnung?
18. Können Sie Verbesserungsvorschläge einreichen?
19. Werden Verbesserungsvorschläge angemessen honoriert?
20. Weiche Verbesserungen können Sie vorschlagen?

16 Betriebliches Vorschlagswesen

Kein Unternehmen kann es sich heute mehr leisten, an dem durch Automatisierung und Rationalisierung bedingten technischen Fortschritt mit seinen qualitativen und quantitativen Auswirkungen auf die Arbeitnehmer vorbeizugehen, wenn es leistungs- und wettbewerbsfähig sein und bleiben will. Neben einer Anpassung der technischen Vorgänge im Betrieb und den dazu erforderlichen Investitionen ist zur Erreichung dieses Zieles auch eine Mobilisierung der Geisteskräfte aller Arbeitnehmer des Betriebes notwendig, da die Unternehmensleitung diese Aufgaben allein nicht mehr bewältigen kann. Ein entscheidender Faktor zur Erhöhung der Produktivität und zugleich der Entwicklung der betrieblichen Partnerschaft ist ein gut eingeführtes, organisiertes und funktionierendes Vorschlagswesen. Für die Unternehmensleitung ergibt sich daraus die Verpflichtung, sich für das Vorschlagswesen zu interessieren, geschlossen hinter ihm zu stehen, bereit zu sein, alle zur Einführung und Durchführung des Systems erforderlichen Maßnahmen, einschließlich der Werbung, wirkungsvoll zu unterstützen und es zum integrierenden Bestandteil der Unternehmens- und Personalpolitik zu machen. Wenn dies vielfach noch nicht geschehen ist, so liegt das hauptsächlich daran, daß die Bedeutung und die Auswirkungen eines gut funktionierenden betrieblichen Vorschlagswesens von den Unternehmensleitungen noch nicht voll erkannt worden sind.

16.1 Auswirkungen und Bedeutung des betrieblichen Vorschlagswesens

a) Das Vorschlagswesen ist ein bedeutendes Hilfsmittel zur permanenten Rationalisierung in allen Zweigen der Produktion und Verwaltung.
b) Das Vorschlagswesen dient mithin der Steigerung und Erweiterung der Produktivität und Rentabilität.
c) Aufgrund brauchbarer Verbesserungsvorschläge kann das Geschäftsergebnis verbessert werden.
d) Bestimmte Verbesserungsvorschläge erhöhen die Arbeitssicherheit und senken damit die Unfallhäufigkeit.
e) Das Vorschlagswesen gibt zahlreichen Belegschaftsangehörigen die Möglichkeit zur geistigen Mitarbeit.
f) Es ist mithin zugleich ein wertvolles Hilfsmittel der Personalbeurteilung, Personalauslese und der Personalbeförderung.

g) Das Vorschlagswesen ist auch ein Mittel zur Förderung der Mitverantwortung jedes Einzelnen am Betriebsgeschehen und am Gesamterfolg des Unternehmens und somit zur Erreichung einer echten betrieblichen Partnerschaft.
h) Als System gibt das Vorschlagswesen die Möglichkeit, außerordentliche Leistungen der Mitarbeiter zu erfassen und zu honorieren.
i) Durch ein gut organisiertes, eingeführtes und funktionierendes Vorschlagswesen ergeben sich positive Beeinflussungsmöglichkeiten des für den Erfolg eines jeden Unternehmens so wichtigen Betriebsklimas.

16.2 Begriff des Verbesserungsvorschlages

Als Verbesserungsvorschlag gilt jede aus eigenem Antrieb ohne besonderen Auftrag der Geschäftsleitung gegebene Anregung aus dem Kreis der Belegschaft, die geeignet ist, die im folgenden genannten Gebiete zu beeinflussen, zu verbessern, zu vereinfachen, zu erleichtern, um- oder neu zu organisieren. Eine bloße kritische Beschreibung des Ist-Zustandes genügt nicht. Es muß vielmehr eine Lösung des behandelten Problems gegeben werden.
Erwartet werden im allgemeinen vorwiegend kleinere Beiträge zur Verlustquellenforschung und technische Änderungen in der Serienfertigung, zu Materialeinsparungen, Ersetzung von Werkstoffen durch andere sowie zur Verbesserung des Arbeitsplatzes, zur Arbeitserleichterung, Arbeitssicherheit und Unfallverhütung. Im allgemeinen ist daher unter einem Verbesserungsvorschlag eine technische Anregung zur Erhöhung der Rentabilität des Unternehmens oder der Sicherheit des Arbeitsplatzes anzusehen.
Im Gegensatz zur Erfindung braucht die Idee des Verbesserungsvorschlages nicht absolut neu zu sein; entscheidend ist und es genügt vielmehr, daß die Anregung für den speziellen Verwendungsbereich in diesem Betrieb für dieses bestimmte Verfahren neu ist. Auf die Schutzfähigkeit der Erfindung kommt es ebenfalls nicht an.
Abzugrenzen sind die Verbesserungsvorschläge daher auch von den Erfindungen im Sinne des Gesetzes über Arbeitnehmererfindungen. Erfindungen im Sinne dieses Gesetzes sind nämlich nur solche, die patent- oder gebrauchsmusterfähig sind.

16.3 Gebiete des betrieblichen Vorschlagswesens

Die Gebiete des betrieblichen Vorschlagswesens richten sich vor allem nach Branche, Organisation, Standort, Produktion, Art, Umfang und Fortschritt der Rationalisierung und Automation sowie der Zusammensetzung und Struktur der Belegschaft.
Im einzelnen sind zu nennen:

1. Verbesserung der Arbeitssicherheit und Unfallverhütung sowie Aufdekkung der diesbezüglichen Gefahren.
2. Verbesserung des Gesundheitsschutzes.
3. Arbeitserleichterung und -vereinfachung.
4. Vereinfachung in der Verwaltung.
5. Verschiedene Kostensenkungsmaßnahmen, z.B. durch Einsparungen von Material, Werk- und Kraftstoffen, Arbeitszeit und Arbeitskräften.
6. Organisatorische und technische Verbesserungen des Arbeitsablaufes.
7. Verbesserung der Arbeitsmethoden.
8. Verringerung von Leerlauf in Produktion und Verwaltung.
9. Vereinfachung komplizierter Konstruktionen.
10. Typenbereinigung.
11. Verbesserung der Qualität.
12. Steigerung der produzierten Menge.
13. Bessere Ausnutzung, Schonung und Erhaltung der vorhandenen Einrichtungen und Anlagen.
14. Verbesserung der Organisation und des organisatorischen Ablaufs in Produktion und Verwaltung.
15. Bessere und schönere Gestaltung des Arbeitsplatzes und der Betriebsanlagen.
16. Förderung der Betriebssauberkeit und Betriebshygiene.
17. Verbesserung an Arbeitsmitteln, insbesondere an Werkzeugen, Maschinen und maschinellen Anlagen.
18. Vereinfachung des innerbetrieblichen Transportwesens.
19. Verbesserung der Lagerhaltung und Lagermöglichkeiten.
20. Zügigere Bereitstellung von Material, Werkzeugen und Werkstücken.
21. Verringerung oder gar Verhütung des Ausschusses.
22. Senkung der Gemeinkosten in Produktion und Verwaltung.
23. Verfahren zur Sicherung der Einhaltung der Termine und Lieferverbindlichkeiten.
24. Förderung der zwischenmenschlichen Beziehungen.
25. Förderung des Betriebsklimas.
26. Förderung der Arbeitsmoral und der Arbeitsfreudigkeit.
27. Verbesserung des innerbetrieblichen Informationswesens.
28. Verbesserung der Sozialeinrichtungen.
29. Hinweise für eine erfolgreiche Einführung neuer Mitarbeiter.
30. Hinweise für eine erfolgreiche Ausbildung kaufmännischer und technischer Auszubildender und Anlernlinge.
31. Hinweise für eine erfolgreiche Weiterbildung (extern und intern) von Belegschaftsmitgliedern.
32. Entwicklung neuer Erzeugnisse.
33. Werbeideen.
34. Verkaufsideen.

16.4 Analyse der eingereichten Vorschläge

Eine Analyse der eingereichten Vorschläge zeigt, daß sich diese nur auf wenige der o.g. Gruppen beziehen und daß der Schwerpunkt bei den Vorschlägen liegt, die sich mit Fragen der Unfallverhütung und Arbeitserleichterung befassen.
Im einzelnen entfielen von den eingereichten Vorschlägen

23 % auf Unfallverhütung,
21 % auf Arbeitserleichterung, Arbeitsvereinfachung und Arbeitsbeschleunigung,
18 % auf Kostenersparnis und Reparaturverringerung,
18 % auf Vermeidung von Betriebsstörungen und Schadensverhütungen,
9 % auf Arbeitsrationalisierung, Produktions- und Leistungssteigerung sowie Qualitätserhöhung,
6 % auf den Schutz der Gesundheit und nur
5 % auf Ordnung, Sauberkeit und Pünktlichkeit im Betrieb sowie Werbung und Kundendienst.

16.5 Einstellung der Mitarbeiter zum Vorschlagswesen und Anzahl der eingereichten Vorschläge

Über die Einstellung der Mitarbeiter zum Vorschlagswesen sowie über die Zahl der von ihnen eingereichten Verbesserungsvorschläge liegen sehr unterschiedliche Ergebnisse vor.
Aus einer Betriebsbefragung, die das Emnid-Institut durchgeführt hat, ergibt sich, daß etwa zwei Drittel aller Mitarbeiter eine positive Einstellung zum betrieblichen Vorschlagswesen haben. Nach einer Untersuchung der Firma Lanz sind sogar 80 % der Mitarbeiter der Meinung, daß ein richtig aufgezogenes Vorschlagswesen die Arbeitsstimmung und das Betriebsklima, also zwei für den Erfolg des Unternehmens wesentlichen Punkte, günstig beeinflussen kann. Dagegen lehnten nur 9 % der Befragten generell eine Beteiligung am Vorschlagswesen ab, und nur 3 % hielten es für eine überflüssige Einrichtung mit dem immer wieder gehörten Argument, im wesentlichen würde nur der Arbeitgeber die Vorteile aus dem Vorschlagswesen haben. Nach einer von der IG Metall durchgeführten Untersuchung steht in 66 % der Betriebe die Belegschaft dem Vorschlagswesen ohne besonderes Interesse gegenüber. Nur von 20 % wird es günstig beurteilt, wogegen bei 14 % aller Betriebe das Vorschlagswesen ungünstig beurteilt wird. Die effektive Beteiligung der Mitarbeiter am Vorschlagswesen ist jedoch noch viel geringer, als sich aus diesen Angaben vermuten läßt. Im Durchschnitt aller Industrieunternehmen ist davon auszugehen, daß pro Jahr nur 1–19 % aller Belegschaftsangehörigen Verbesserungsvorschläge eingereicht haben, im Mittel sind es etwa nur 5 %. Am niedrigsten ist der Prozentsatz bei Firmen des Bergbaus und der eisenschaffenden Industrie, was größtenteils durch die Organisation, das Produktionsprogramm und die

besondere Verfahrenstechnik bedingt ist, am höchsten bei Firmen der chemischen Industrie und des Maschinenbaus. Interessant ist noch, daß der Anteil der von Frauen eingereichten Verbesserungsvorschläge in den meisten Betrieben sehr gering ist und erheblich unter dem Prozentsatz der von den männlichen Belegschaftsangehörigen eingereichten Vorschläge liegt.
Bezogen auf bestimmte Arbeitnehmergruppen teilen sich die gesamten eingereichten Verbesserungsvorschläge wie folgt auf:

36 % von angelernten und ungelernten Arbeitern,
32,6 % von Handwerkern und Facharbeitern,
16,6 % von Vorarbeitern und Kolonnenführern und lediglich
14,8 % von Angestellten des technischen und kaufmännischen Bereichs.

16.6 Gründe für den bisherigen Mißerfolg des Vorschlagswesens

Verschiedene Untersuchungen haben ergeben, daß sich die Beteiligung am Vorschlagswesen trotz seiner wichtigen Auswirkungen leider kaum verändert hat, obwohl auf diese in letzter Zeit, auch verstärkt von den Gewerkschaften, immer wieder hingewiesen worden ist.
Die Gründe für den bisherigen Mißerfolg sind sowohl in der Einstellung der Unternehmensleitung als auch der Mitarbeiter zu suchen.

Gründe, die durch die Geschäftsleitung bedingt sind

1. Mangelndes Interesse und gleichgültiges Verhalten des Managements.
2. Verkennung der Auswirkungen des Vorschlagswesens.
3. Mangelnde Werbung für das Vorschlagswesen bei Einführung und Durchführung des Systems.
4. Fehlender Anstoß an die Mitarbeiter, auf akuten Engpässen in Produktion oder Verwaltung Verbesserungsvorschläge einzureichen.
5. Mangelnde Unterrichtung der Belegschaft.
6. Widerstand der Vorarbeiter, Meister und Führungskräfte der mittleren Ebene.
7. Mangelnde Abstimmung des Systems auf die betrieblichen Gegebenheiten.
8. Mangelndes Vertrauen der Belegschaft zum System sowie den mit seiner Durchführung betrauten Personen und Organen.
9. Zu unübersichtliches, umständliches und bürokratisches Verfahren.
10. Keine objektiven Maßstäbe bei der Prämienentscheidung und -gewährung.
11. Unzureichende Prämien in Art und Höhe.
12. Fehlende oder mangelhafte Einspruchsmöglichkeiten gegen die Entscheidungen des Ausschusses für Verbesserungsvorschläge.
13. Ausschluß bestimmter Arbeitnehmergruppen von der Teilnahme am Vorschlagswesen.

Gründe, die in der Person der Arbeitnehmer liegen
Die Arbeitnehmer fürchten

1. die Kritik ihrer Vorgesetzten und Mitarbeiter,
2. bei ihren unmittelbaren Vorgesetzten „ins Fettnäpfchen zu treten", weil diese nicht selbst auf den gleichen Einfall kamen und sich somit beschämt fühlen,
3. in ihrer Gruppe als Streber angesehen zu werden und sich durch die Einreichung eines Vorschlages unnötig zu exponieren,
4. daß durch ihren Vorschlag, insbesondere bei Verbesserungen der Verfahrenstechnik, der Akkord für sie oder ihre Arbeitskollegen verschlechtert werden könnte oder aber daß unbequeme Arbeitsumstellungen eintreten könnten,
5. daß es durch ihren Verbesserungsvorschlag, aufgrund dessen Arbeitszeit eingespart wird, sogar zu Entlassungen von Kollegen kommen könnte,
6. daß den Hauptvorteil der Betrieb habe. Diese Befürchtung ist insbesondere dann verständlich, wenn die Prämien der Höhe nach beschränkt sind, das Verfahren langwierig und umständlich und für den Einzelnen mit vielen schriftlichen Arbeiten verbunden ist.

16.7 Werbung und Werbemittel

Wesentlich für das Gelingen und den guten Erfolg des betrieblichen Vorschlagswesens ist eine gute Vorbereitung und eine laufende Werbung. Dabei ist von besonderer Bedeutung, den Mitarbeitern eine Begründung dafür zu geben, weshalb sie mitdenken sollen und weshalb sich dieses für sie persönlich und für den Betrieb auch lohnt.
Ein für alle Betriebe gültiges Patentrezept gibt es für die Werbung nicht; die Maßnahmen, die zur Einführung und Durchführung des Systems zu ergreifen sind, müssen von Betrieb zu Betrieb verschieden sein. Wesentlich ist für alle Betriebe, daß das Interesse der Belegschaft am Vorschlagswesen immer wieder geweckt wird. Für bestimmte Gebiete oder Engpässe, z.B. in der Fertigung, müssen gezielte Werbemaßnahmen nach einem vorher aufgestellten Werbeplan durchgeführt werden.

Als Werbemittel kommen vornehmlich in Betracht:

1. Vorschlagsfibel.
2. Broschüren und Faltblätter.
3. Persönlicher Brief.
4. Plakate.
5. Hinweise in der Werkszeitschrift.
6. Anschläge am Schwarzen Brett.
7. Beilagen in Lohntüten oder bei Lohnabrechnungen.
8. Ausstellungen von durchgeführten Verbesserungsvorschlägen im Modell mit Beschreibungen.

9. Wettbewerbe und Preisausschreiben.
10. Filme.
11. Vorträge seitens der Unternehmensleitung und der Vorgesetzten.
12. Hinweise auf Betriebsversammlungen.

Ist eine spezielle Vorschlagsfibel vorhanden, so sollten in ihr hauptsächlich die folgenden Fragen beantwortet werden:

1. Wer kann am Vorschlagswesen teilnehmen?
2. Wie muß der Vorschlag beschaffen sein, damit es sich um einen für das Unternehmen verwertbaren Vorschlag handelt?
3. Wie muß der Vorschlag eingereicht werden?
4. Wie und durch wen werden die Vorschläge bearbeitet?
5. Nach welchem System werden die Vorschläge bewertet?
6. Wie setzt sich der Prüfungsausschuß zusammen?
7. Weiche Möglichkeiten gibt es, die Entscheidungen des Prüfungsausschusses anzufechten?
8. Welche Belohnungen und Prämien (Arten und Höhen) werden gewährt?

16.8 Teilnehmer am Vorschlagswesen

Grundsätzlich ist davon auszugehen, daß alle Betriebsangehörigen sich am Vorschlagswesen beteiligen dürfen und sollten. Die betriebliche Praxis zeigt dagegen immer wieder, daß dieses Prinzip in den meisten Fällen durchbrochen wird. Die Betriebsvereinbarungen über das betriebliche Vorschlagswesen sind deshalb auch recht unterschiedlich. Generell sind Regelungen anzutreffen, die bereits die Meisterebene und Angestellte mit bestimmten Weisungsbefugnissen im technischen und kaufmännischen Bereich, jedenfalls aber leitende Angestellte im Sinne des Betriebsverfassungsgesetzes sowie Angehörige des Top-Management von der Teilnahme am Vorschlagswesen ausschließen. Der Erfolg davon kann nur sein, daß ein wichtiger Personenkreis seine guten Ideen dem Unternehmen nicht zur Verfügung stellen wird, denn grundsätzlich sind auch leitende Angestellte kraft ihres Arbeitsvertrages nicht verpflichtet, Verbesserungsvorschläge einzureichen. Erfreulicherweise haben in den letzten Jahren einige Betriebe derartige Ausschlüsse beseitigt oder doch wenigstens reduziert.
Ganz andere Wege geht das Vorschlagswesen dagegen in den USA: dort werden die leitenden Angestellten nicht von der Beteiligung am Vorschlagswesen ausgeschlossen. Im Gegenteil: man erwartet Vorschläge von ihnen und honoriert diese auch. Allerdings werden für diesen Personenkreis besondere Systeme geschaffen, ein Verfahren, das in den USA zu großen Erfolgen geführt hat und das im Prinzip nachzuahmen wäre. Gerechtfertigt erscheint es vielmehr, nur drei Personengruppen von der Beteiligung am Vorschlagswesen auszuschließen, und zwar

1. Arbeitnehmer, die allgemein zur Behebung bestimmter Fehler oder Mängel eingesetzt bzw. mit speziellen Organisationsaufgaben betraut sind oder von Fall zu Fall mit derartigen Aufgaben beauftragt werden.
2. Mitglieder des Prüfungsausschusses für das betriebliche Vorschlagswesen.
3. Leiter und Sachbearbeiter der Abteilung „Betriebliches Vorschlagswesen".

16.9 Bewertungssysteme

Voraussetzung für die Anerkennung eines Vorschlages ist, daß dieser geeignet ist, die Wirtschaftlichkeit des Unternehmens zu steigern, d.h. die Kosten zu senken und/oder die Leistung zu erhöhen, auch wenn diese Beeinflussung im Einzelfall keine exakt meßbare Zahl darstellt, wie das z.B. bei einer positiven Beeinflussung des komplexen Gebietes des Betriebsklimas der Fall ist.
Die Bewertungssysteme sind produktions-, branchen- und organisationsbedingt verschieden. Im allgemeinen sollten die eingereichten Vorschläge in Vorschlagsklassen eingeteilt werden, und zwar in

1. Vorschläge, die wertlos und daher abzulehnen sind.
2. Vorschläge, die zwar keine Verbesserung bringen, bei denen aber ein starkes persönliches Bemühen des Einsenders anzuerkennen ist.
3. Vorschläge, die brauchbar sind, die aber aus Gründen, die der Einsender aus seiner Sicht nicht übersehen kann, im eigenen Betrieb keine Verwendung finden können.
4. Vorschläge, die zwar brauchbar sind, deren Wirtschaftlichkeit jedoch nicht exakt erfaßbar ist, wie z.B. Vorschläge für bessere Arbeitssicherheit, Arbeitserleichterung und Qualitätsverbesserung.
5. Vorschläge, deren Wirtschaftlichkeit zwar voraussichtlich nachweisbar ist, die aber nur der Idee nach richtig sind und erst entwickelt werden müssen.
6. Vorschläge, deren wirtschaftlicher Wert sofort nachweisbar ist und die ohne weiteres in die Praxis umgesetzt werden können.
7. Vorschläge, die voraussichtlich schutzfähig und die nach dem Gesetz über Arbeitnehmererfindungen vom 25.7.1957 zu behandeln sind.

Außer diesen sog. Vorschlagsklassen, die in der Bewertung des Verbesserungsvorschlages in verschieden hohen Punktzahlen Berücksichtigung finden, sind für die Bewertung des Vorschlages noch zwei weitere Korrektive zu beachten, und zwar personenbezogene Korrekturen, wie z.B. Lebensalter und Berufsausbildung und die Stellung des betreffenden Arbeitnehmers im Betrieb. Hier kann zum Beispiel differenziert werden zwischen

1. Ungelernte und angelernte Arbeiter.
2. Lohn- und Gehaltsempfänger ohne Anweisungsbefugnis.
3. Lohn- und Gehaltsempfänger mit Anweisungsbefugnis.

4. Facharbeiter und selbständig arbeitende Angestellte.
5. Vorarbeiter, Gruppenführer und Hilfsmeister.
6. Meister oder Sachbearbeiter mit verantwortlicher Tätigkeit.
7. Techniker, Ingenieure und gleichrangige Angestellte.
8. Betriebs- und Werkleiter.

Weiter ist zu berücksichtigen, ob der Vorschlag aus einem berufsfremden, benachbarten oder aus dem eigenen Arbeitsgebiet kommt, ob es sich um eine dienstliche oder private Erfindung handelt und wie intensiv die geistige schöpferische Arbeit für den Vorschlag war.
Endlich sind durch verschiedene Punktbewertungen noch zu berücksichtigen:

1. Das Verwendungsgebiet des Verbesserungsvorschlages, und zwar differenziert danach, ob die Verwendbarkeit besteht
   a) im gesamten Wirtschaftsgebiet,
   b) im gesamten eigenen Unternehmen,
   c) im gesamten eigenen Unternehmen, aber programmgebunden,
   d) nur im eigenen Betrieb oder gar
   e) nur in der eigenen Betriebsabteilung.
2. Der ideelle Nutzen, den der Verbesserungsvorschlag bringt, wie z.B.
   a) Beseitigung von bestehenden Unfallgefahren,
   b) Arbeitserleichterung,
   c) Überbrückung besonderer produktionshindernder Notstände,
   d) Weiterentwicklungsmöglichkeit,
   e) Einsparung, Erhaltung und Schonung von Betriebsmitteln,
   f) Qualitätsverbesserungen und
   g) Nutzen auf sozialem und betriebsfortschrittlichem Gebiet.

Die einzelnen Vorschlagsklassen werden nun mit Punkten bewertet, und zwar, da ihre Wertigkeit mit steigender Klasse erheblich gewinnt, nicht linear, sondern progressiv, also z.B. mit den Wertziffern 1, 2, 3, 5, 7, 11 und 16. Bei der Dienststellung sollte umgekehrt vorgegangen werden, da ein Vorschlag eines Mitgliedes der Geschäftsleitung nicht so hoch zu bewerten ist wie der eines Hilfsarbeiters. Es wird deshalb also eine degressive Punktbewertung vorgeschlagen, z.B. 16, 12, 9, 7, 5, 3, 2, 1. Das Verwendungsgebiet muß nach dem aufgezeigten Gliederungsschema ebenfalls degressiv bewertet werden, z.B. mit den Punktwerten 12, 8, 5, 3 und 1.
Beispiel: Macht ein ungelernter Arbeiter einen Verbesserungsvorschlag, der in Klasse 6 einzustufen und der im gesamten Wirtschaftsgebiet zu verwerten ist, so erhält er

1. aus Klasse 6		11 Punkte
2. nach seiner Dienststellung		16 Punkte
3. nach dem Verwendungsgebiet		12 Punkte
	insgesamt	39 Punkte

Wird der gleiche Vorschlag dagegen vom technischen Direktor eingereicht, so erhält dieser

1. aus Klasse 6		11 Punkte
2. nach seiner Dienststellung nur		1 Punkt
3. nach dem Verwendungsgebiet ebenfalls		12 Punkte
	insgesamt	24 Punkte

Jeder Punkt kann nun mit einem bestimmten Prozentsatz der aufgrund des Verbesserungsvorschlages erzielten Ersparnis eines Jahres, im vorliegenden Fall z.B. 1 %, bewertet werden. Danach würde der Hilfsarbeiter bei einer angenommenen jährlichen Ersparnis von 10.000 DM 39 % = 3.900 DM, der technische Direktor dagegen nur 24 % = 2.400 DM Prämie erhalten.
Weiter ist auch eine Punktbewertung mit Festbeträgen möglich, wodurch jedoch keine direkte Leistungs- bzw. Ersparnisabhängigkeit gegeben ist.

16.9.1 Höhe der Prämie

Die Höhe der Prämie sollte m.E. etwa 25 % der durch den Verbesserungsvorschlag erzielten Ersparnis des 1. Jahres betragen. Sie liegt z.Zt. im Durchschnitt der deutschen Industrieunternehmen bei 15 – 20 %. In den USA dagegen werden Prämien bis zu einer Höhe von 50 % gewährt. Für jeden anzuerkennenden Vorschlag sollte eine Mindestprämie festgelegt werden. Nach oben sollte die Prämie m.E. dagegen nicht beschränkt werden, und zwar allein deshalb, um den Mitarbeitern nicht den Anreiz zum Einreichen von Verbesserungsvorschlägen zu nehmen und bei ihnen nicht den Eindruck entstehen zu lassen, daß sich das Unternehmen auf Kosten ihrer geistigen Leistung ungerechtfertigt bereichern will (ein Grund, der von Arbeitnehmern auch vielfach gegen die Beteiligung am Vorschlagswesen geltend gemacht wird). Die Prämienkurve braucht jedoch nicht unbedingt linear zu verlaufen, wie dies im allgemeinen in deutschen Betrieben geschieht; sie könnte von einer gewissen Prämienhöhe an (vielleicht 10.000 DM) auch mehr oder weniger stark degressiv gestaltet werden. In den USA verlaufen die Prämienkurven mancher Unternehmen dagegen sogar progressiv.

16.9.2 Mitwirkung des Betriebsrates

Bei der Durchführung von Verbesserungsvorschlägen ergeben sich arbeits- und betriebsverfassungsrechtlich gesehen teilweise Tatbestände, die unter die allgemeinen Aufgaben des Betriebsrates sowie unter sein spezielles Mitbestimmungsrecht in sozialen und personellen Angelegenheiten fallen. Es sind insbesondere folgende Vorschriften zu beachten:

1. Gem. § 87 Abs. 1 Ziff. 12 hat der Betriebsrat mitzubestimmen bei der Aufstellung der Grundsätze über das betriebliche Vorschlagswesen.
2. Gem. § 80 Abs. 1 Ziff. 2 BVG hat der Betriebsrat Maßnahmen, die dem Betrieb und der Belegschaft dienen, was in den meisten Fällen bei Verbesserungsvorschlägen der Fall sein wird, beim Arbeitgeber zu beantragen. Dabei dürfen allerdings nicht einseitig die Interessen der Belegschaft berücksichtigt werden, was z.B. bei Arbeitserleichterungen häufig der Fall sein könnte.
3. Gem. § 80 Abs. 1 Ziff. 1 BVG hat der Betriebsrat darüber zu wachen, daß die zu Gunsten der Arbeitnehmer geltenden Gesetze, Verordnungen, Unfallverhütungsvorschriften, Tarifverträge und Betriebsvereinbarungen durchgeführt werden. Hier kann es sich insbesondere um Betriebsvereinbarungen über das Verfahren und die Vergütung für Verbesserungsvorschläge handeln.
4. Gem. § 80 Abs. 1 Ziff. 3 BVG hat der Betriebsrat Anregungen von Arbeitnehmern und der Jugendvertretung entgegenzunehmen und, falls sie berechtigt erscheinen, durch Verhandlungen mit dem Arbeitgeber auf eine Erledigung hinzuwirken.
5. Gem. § 87 Abs. 1 Ziff. 11 BVG hat der Betriebsrat mitzubestimmen bei der Festsetzung der Akkord- und Prämiensätze und vergleichbarer leistungsbezogener Entgelte, einschließlich der Geldfaktoren.
6. Gem. § 87 Abs. 1 Ziff. 10 BVG hat er mitzubestimmen bei Fragen der betrieblichen Lohngestaltung, insbesondere bei der Aufstellung von Entlohnungsgrundsätzen und der Einführung und Anwendung von neuen Entlohnungsmethoden sowie deren Änderung. Das gilt insbesondere dann, wenn durch Verbesserungsvorschläge neue Grundsätze oder Methoden eingeführt oder bereits bestehende abgeändert worden sind.
7. Gem. § 88 Ziff. 1 BVG gehören die Maßnahmen zur Verhütung von Arbeitsunfällen und Gesundheitsschädigungen zu einem wesentlichen Tätigkeitsgebiet des Betriebsrates.
8. Gem. § 89 BVG hat der Betriebsrat bei der Bekämpfung von Unfall- und Gesundheitsgefahren die für den Arbeitsschutz zuständigen Behörden, die Träger der gesetzlichen Unfallversicherung und die sonstigen in Betracht kommenden Stellen durch Anregung, Beratung und Auskunft zu unterstützen sowie sich für die Durchführung der Vorschriften über den Arbeitsschutz und die Unfallverhütung im Betrieb einzusetzen.
9. Gem. § 99 Abs. 1 BVG hat der Betriebsrat mitzubestimmen bei Einstellungen, Eingruppierungen, Umgruppierungen und Versetzungen.
10. Gem. § 102 Abs. 1 BVG ist der Betriebsrat vor jeder Kündigung zu hören.

Zusammenfassend ist folgendes festzuhalten:

1. Ein gut funktionierendes Vorschlagswesen ist Voraussetzung für die Erhaltung der Konkurrenzfähigkeit eines jeden Unternehmens.
2. Das betriebliche Vorschlagswesen muß daher Kernstück jeder Unternehmens- und Personalpolitik sein.

3. Voraussetzung für ein gutes Funktionieren des betrieblichen Vorschlagswesens ist eine intensive Vorbereitung des Systems, dessen genaue Abstimmung auf die betrieblichen Belange, umfangreiche Information der Belegschaft, wiederholte, nachhaltige und begründete Werbung sowie Beseitigung der Widerstände bei Meistern und Vorgesetzten.
4. Das Vorschlagswesen ist ein wesentliches Instrument zur positiven Beeinflussung des für die Arbeitsleistung und Arbeitsmoral der Arbeitnehmer so wichtigen Betriebsklimas und zur Förderung der betrieblichen Partnerschaft; ein Umstand, der durch den ständigen Ausbau der Mitbestimmung und dadurch bedingt dem weiteren Vordringen der Arbeitnehmer in die Unternehmensleitungen noch erheblich an Bedeutung gewinnen wird.

17 Typische Führungsfehler

Typische, in der Praxis immer wieder vorkommende Führungsfehler sind insbesondere:

1. Anwendung eines für diesen Mitarbeiter (diese Gruppe, Abteilung, Betrieb) „falschen" Führungsstils (autoritär, patriarchalisch, kooperativ; Beachtung von Tradition, Größe und Struktur des Betriebes, Quantität und Qualität der Mitarbeiter).
2. Nicht für den Betrieb modifizierte Übernahme eines ausländischen (USA, Japan) Führungsmodells.
3. Unzureichende Delegation von Arbeit und Verantwortung (Management-Systemfehler, unzureichende Mitarbeiterschulung, unzureichende Information der Mitarbeiter, falsche Personal- und Ausbildungsplanung und damit falsche Rollenbesetzung, unqualifizierte Chefpersönlichkeit).
4. „Falsche" Information (Zielsetzung, Inhalt, Intensität, Zweck, Weg, Zeitpunkt, Art, Mittel, Sprache, Niveau).
5. Fehlende Informationsbereitschaft (Wille, Fachkompetenz),
6. Fehlende eigene Motivation des Vorgesetzten und damit mangelnde Motivation der Mitarbeiter.
7. Unkenntnis der typischen Konfliktsignale und deshalb zu späte Konflikterkennung.
8. Nichtausnutzung von Konflikten im Mitarbeitergespräch und damit Entstehen eines Informationsverlustes.
9. Zu starke Über- oder Unterforderung der Mitarbeiter (Streß, fehlende Motivation und Erfolgserlebnisse).
10. Ungerechtigkeit und Bevorzugungen (Alter, Geschlecht, Herkunft, Religion, politische Einstellung, Hobbies).
11. Sinn für „Zuträgerei" und „Radfahrer".
12. Fehlende oder falsche Mitarbeiterbeurteilung (System, Art und Anzahl der Beurteilungskriterien, Beurteilungszeitraum, Häufigkeit, Bewertungsmaßstäbe, mangelnde Vorgesetztenschulung, fehlende Beurteilungsgespräche und -konsequenzen).
13. Unterbindung sachlicher Kritik von unten und oben (Chefkritik).
14. Ignorieren von berechtigter Kritik seitens der Mitarbeiter.
15. Kein Einsehen und Eingestehen eigener Fehler.
16. Keine Entschuldigung gegenüber Mitarbeitern, wenn falsch angeordnet oder entschieden worden ist, insbesondere dann, wenn sich daraus (negative) personelle Konsequenzen ergeben haben.

17. Verantwortung für unangenehme Dinge und Entscheidungen auf höhere Vorgesetzte abwälzen.
18. Angenehme (positive) Entscheidungen allein, unangenehme (negative) Entscheidungen durch ein Team fällen lassen (sich „situativ kooperativ“ im negativen Sinn zeigen).
19. Keine Werbung für seine Mitarbeiter „nach oben“.
20. Kein Einstehen für seine Mitarbeiter im Außenverhältnis.
21. Keine Weitergabe von erhaltenem Lob an die Mitarbeiter (in der Regel ist ein Erfolg des Vorgesetzten eine Gesamtleistung seines Teams).
22. Fehlen bzw. falscher Einsatz von Lob und Tadel (besser: konstruktive Kritik): Inhalt, Zweck, Art, Mittel, Zeitpunkt, Ort.
23. Keine Zeit für die Mitarbeiter haben (für dienstliche und private Angelegenheiten).
24. Keine Zeit haben für die persönlichen Belange der Mitarbeiter (Ausnahme: Intimsphäre).
25. Fehlende oder unzureichende Hilfe bei der Einführung eines neuen Mitarbeiters.
26. Nichtbeachten von gruppensoziologischen Gesichtspunkten bei der Zusammensetzung einer neuen oder bestehenden Arbeitsgruppe.
27. Schlechte Urlaubsplanung (System, Abstimmung, Prioritätenliste, Zeitraum, Übertragung, Stückelung, Gleichbehandlung).
28. Ungleiche Arbeitszuweisung (Menge, Leichtigkeit/Schwere, Lage, Art und Höhe der Entlohnung, Wertigkeit).
29. Bloßes Anordnen, statt zu begründen (Informationsproblem, Frage des Führungsstils, Motivationsproblem).
30. Mangelnder (kein) Einsatz moderner Ideenfindungsverfahren (Diskussion 66, Brainstorming, Synektik) und damit Minimierung von Innovationen.
31. Keine Förderung des betrieblichen Vorschlagswesens (Werbung, Ausschluß von Mitarbeitern, Abblocken von Ideen der Mitarbeiter, zu lange Entscheidungszeiträume für Prüfung und Prämierung, unzureichende Prämierung, fehlerhaftes Prämiensystem).
32. Überbetonung des eigenen dienstlichen Status.
33. Überbetonung von Statussymbolen (Zimmereinrichtung, Vorzimmer, Telefon, Dienstwagen, Parkplatz, Titel).
34. Fehlendes eigenes Kostenbewußtsein (für den Chef ist das Beste gerade gut genug).
35. Fehlendes Vorbild in dienstlichen und privaten Angelegenheiten.

18 Der „ideale Vorgesetzte“

Nur Persönlichkeiten, die über hervorragende Kenntnisse, Fähigkeiten und Führungseigenschaften verfügen, können den zahlreichen und komplexen Führungsaufgaben gerecht werden. An einen „idealen Manager“ wären folgende Forderungen zu stellen:

1. Hohe Intelligenz, also Zugehörigkeit zu den 15 v.H. der Bevölkerung, die dem Intelligenzgrad nach an der Spitze stehen. Zu den für Führungskräfte besonders wichtigen Merkmalen der Intelligenz gehören vor allem ein reicher Wortschatz, Verständnis für andere, Rechenbegabung, gutes vielseitiges Informiertsein und Unterscheidung zwischen Wichtigem und Unwichtigem.
2. Fähigkeit zur Abstraktion und gleichzeitig ausgewogener Urteilsbildung.
3. Entscheidungsfreudigkeit.
4. Fähigkeit, die eigenen Gedanken klar und überzeugend zum Ausdruck zu bringen.
5. Verhandlungsgeschick.
6. Psychologisches Einfühlungsvermögen, verbunden mit spontaner Reaktionsfähigkeit.
7. Gedankliche Beweglichkeit und Fähigkeit zum schnellen Umschalten.
8. Schöpferische Phantasie.
9. Klare Zielsetzung und Zielformulierung.
10. Auf praktische Ergebnisse ausgerichtete Zielstrebigkeit.
11. Zielsetzungen, die realistisch bleiben.
12. Die Kraft zu produktiven Problemlösungen, die auch aus unterschiedlichen Auffassungen erarbeitet werden müssen. Die konstruktive Lösung muß dabei mehr als ein Kompromiß sein.
13. Eine dem Intelligenzgrad angemessene Energie. Wer viel Intelligenz, aber wenig Energie hat, eignet sich nicht als Führungskraft, sondern nur als Stabsmann, d.h. für die analytische Arbeit. Gefährlich ist ein Vorgesetzter, der viel Energie, aber wenig Intelligenz hat; er bringt dauernd Unordnung in den Betrieb.
14. Schöpferischer Einsatz der Energie.
15. Sinn für Details, um deren dauernde Integration man sich bemühen muß.
16. Fähigkeit zum Alleingang, wo dies erforderlich ist.
17. Bereitschaft zur Teamarbeit, wenn hieraus ein größerer Erfolg für den Betrieb und/oder den einzelnen zu erwarten ist.
18. Fortbestehende Leistungsfähigkeit auch bei starkem zeitlichen Druck, physischer und psychischer Belastung.

19. Gute körperliche Gesundheit.
20. Kontaktfreudigkeit.
21. Ausstrahlung der Persönlichkeit, besonders im Verhältnis zu den Mitarbeitern.
22. Aufrichtigkeit und Ehrlichkeit, auch bei Kritik der Mitarbeiter, denen man Unangenehmes sagen muß.
23. Keine Erstarrung in festen Gewohnheiten.
24. Bereitschaft, jederzeit den Mitarbeitern bei der Lösung ihrer Probleme zu helfen.
25. Guter Familiensinn.
26. Gutes Familienleben.
27. Keine ernsthaften Eheprobleme.
28. Fähigkeit, auch persönliche Dinge mit anderen zu besprechen.
29. Fähigkeit zur Selbstkritik und zur Selbsterkenntnis.
30. Anerkennung berechtigter Kritik an der eigenen Arbeit.
31. Selbstbeherrschung.
32. Ein gutes Maß an Hingabe und Selbstaufopferung, um jederzeit seine persönlichen Interessen hintenan zu setzen.
33. Inspiration eines Teams.
34. Koordination eines Teams.
35. Fähigkeit, eine Arbeitsgruppe zu mobilisieren.
36. Genaue Kenntnis seiner Arbeitsgruppe, und zwar fachlich, sachlich und menschlich. Verwirklichung des Grundsatzes: „Der richtige Mann an den richtigen Arbeitsplatz".
37. Persönliche, nicht nur vom Status innerhalb der betrieblichen Hierarchie begründete Autorität.
38. Fähigkeit und Bereitschaft, einen Teil (der statuären) Autorität zu delegieren, um dadurch bei den Bedachten Initiative und Verantwortung hervorzurufen.
39. Äußere Disziplin.
40. Lebendiges Vorbild mit allen Eigenschaften, die die Untergebenen nötig haben, denn „das Beispiel steckt an": es ruft den Wetteifer hervor, es weckt den eigenen Antrieb und macht Kommandieren überflüssig.
41. Ehrgeiz.
42. Härte.
43. Mut zum Risiko.
44. Verantwortungsbewußtsein.
45. Fundierte Menschenkenntnis.
46. Motivationsfähigkeit.
47. Breites Wissen und Erfahrung.
48. Analytische Begabung und analytisches Denkvermögen.
49. Schnelle Reaktionsfähigkeit.
50. Anpassungsfähigkeit.
51. Zeit haben für betriebliche und private Probleme der Mitarbeiter.
52. Menschliche Ausstrahlung.

53. Großzügigkeit.
54. Delegationswilligkeit und -fähigkeit.
55. Informations- und Kommunikationsbereitschaft.
56. Zukunftsorientierte Planung.
57. Verpflichtung der Mitarbeiter zur Selbstkontrolle mit Berichterstattungsverpflichtung und damit Einschränkung der unmittelbaren Kontrollmöglichkeit.
58. Lernfähigkeit.
59. Aufgeschlossenheit für Neuerungen und Verbesserungsvorschläge.

Zusätzlich sind aber auch diejenigen Wunschvorstellungen zu berücksichtigen, die die Mitarbeiter von einem idealen Chef haben.
Die Mitarbeiter möchten einen Chef haben, der

- die Mitarbeiter selbständig arbeiten läßt,
- Autorität besitzt,
- entscheidungsfreudig ist,
- keine Angst hat, weder vor seinem Chef noch vor seinen Mitarbeitern, weder vor einer schwierigen Aufgabe noch vor möglichen Fehlschlägen,
- von der Wichtigkeit seiner Arbeit und von der Wichtigkeit aller, die mit ihm arbeiten, überzeugt ist,
- Freude an seiner Arbeit hat und seinen Mitarbeitern hilft, auch Freude an der ihren zu haben,
- für seine Mitarbeiter eintritt, wenn er glaubt, daß sie im Recht sind und der sich durchsetzen kann,
- ihnen auch einmal die Meinung sagt, wenn es nötig ist, aber auch dabei nie seine Selbstbeherrschung verliert,
- fachlich gut Bescheid weiß, aber auch zugibt, was er nicht weiß,
- zuverlässig ist, bei dem man immer weiß, woran man ist und der klare Standpunkte bezieht,
- auch einmal ein Auge zudrückt, wenn etwas schief gelaufen ist,
- sie versteht, zu dem sie immer kommen können, wenn sie einen Fehler gemacht haben, wenn sie Sorgen haben oder wenn sie ihn sonst brauchen,
- aufrecht und ehrlich ist und jede Unredlichkeit und Kriecherei durchschaut,
- ihnen eine Arbeit erklären kann, ohne dabei seine Überlegenheit fühlen zu lassen,
- ihnen auch manchmal Gelegenheit gibt, etwas Schwieriges zu versuchen, was sie noch nie vorher getan haben,
- ihnen aufmerksam zuhört, wenn sie etwas zu sagen haben,
- ihren Stolz respektiert und keinen Mitarbeiter vor den anderen kritisiert oder lächerlich macht,
- genau weiß, was vorgeht, aber für Klatsch und Zuträgerei taub ist.

Gruppieren könnte man diese Fähigkeiten wie folgt:

1. Verantwortung, Urteilsfähigkeit, Wahrung der Firmeninteressen und unternehmerischer Wagemut:
   a) Bereitschaft zu Verantwortung.
   b) Selbständigkeit des Urteils.
   c) Wahrung der Interessen des Arbeitgebers.
   d) Großzügigkeit.
   e) Unternehmerischer Wagemut.
2. Intelligenz, Konzentration, Kombinationsvermögen und Arbeitsplanung:
   a) Auffassung.
   b) Gedächtnis.
   c) Intelligenz.
   d) Konzentration.
   e) Vorstellungsvermögen.
   f) Kombinationsvermögen
   g) Arbeitsplanung.
3. Interesse, Initiative und schöpferische Begabung
   a) Interesse an Neuartigem.
   b) Zusammenarbeit in der Verwirklichung neuer Ideen.
   c) Initiative.
   d) Schöpferische Begabung.
4. Unterweisung und Weisungserfolg
   a) Gerechtigkeitssinn.
   b) Geduld mit Mitarbeitern.
   c) Kontrolle der Arbeitsausführung.
   d) Unterweisung der Untergebenen und Delegation von Arbeitsaufgaben.
   e) Wecken des Arbeitseifers bei Mitarbeitern.
   Autorität und Weisungserfolg.
   g) Wecken des Verständnisses für wirtschaftliche Arbeitsweise.
   h) Förderung der Zusammenarbeit, Hilfsbereitschaft und Kameradschaftlichkeit.
5. Arbeitsbelastung und Leistung
   a) Ausdauer.
   b) Arbeitsgenauigkeit.
   c) Arbeitsschnelligkeit und Termineinhaltung.
   d) Arbeitsbelastung.
6. Öffentlichkeitswirkung, Wirkung auf Bekannte und Verhandlungsgeschick
   a) Äußere Erscheinung.
   b) Umgangsformen.
   c) Publikumswirksamkeit.
   d) Allgemeine Beliebtheit.
   e) Kontaktfähigkeit und Verhältnis zu Menschen.
   f) Verhandlungsgeschick.

Hätte ein Vorgesetzter all diese Eigenschaften und Fähigkeiten, wäre er sicher ein guter „Roboter“, aber nicht ein idealer Chef. Der Vorgesetzte muß eine Persönlichkeit sein – und deshalb darf er auch ein paar kleine menschliche Schwächen und Eigenarten haben, über die die Mitarbeiter auch mal schmunzeln können. Stellt man die Anforderungen und Qualifikationen des Managers von heute denen des Managers von morgen gegenüber, ergibt sich folgendes:[1]

Herkömmliche Schlüsselqualifikationen

- Sich von anderen motivieren lassen und können: teamfähig werden;
- realistisch bleiben: an vorhandenen Perspektiven arbeiten;
- Sachverhalte instrumentell erfassen: am Informationsfluß teilhaben;
- Arbeitsökonomie beachten: sich nicht zu stark verausgaben;
- diszipliniert arbeiten: Loyalität gegenüber Unternehmenszielen;
- rollenkonformes Verhalten: Kompetenzen nicht überschreiten;
- abwarten können: Entwicklungen analysieren;
- planen können: sich Wissen systematisch erarbeiten können;
- Dienstwege einhalten: Entscheidungen verzögern können;
- Kenntnisse verbreiten: das Produkt repräsentieren;
- taktisch vorgehen: Wechselwirkungen ausschalten;
- Safety first: Risiken minimieren.

Zukünftige Elitequalifikationen

- Sich selbst motivieren: Eigeninitiative zeigen;
- phantasievoll führen: Visionen entwickeln;
- Sachverhalte intuitiv erfassen: Wichtiges herausfiltern;
- aufopferungsbereit sein: sich für nichts zu schade sein;
- kreativ arbeiten: über den Horizont des Unternehmens blicken;
- sensibel sein: zukünftige Entwicklungen erspüren;
- improvisieren können: Wissen stets präsent haben;
- spontan sein: Entscheidungen schnell treffen;
- Glaubwürdigkeit verbreiten: hinter dem Produkt stehen;
- strategisch denken: Wechselwirkungen erkennen und ausnutzen;
- Mut haben: Risiken eingehen.

---

1 Management Wissen 10/88, S. 95

19 Ist unsere Mitarbeiterführung optimal? (zusammenfassende Checkliste)

Der ständig steigende Anteil der Lohn- und Gehaltskosten und damit verbunden die Erhöhung des sogenannten unsichtbaren Lohnes an den Gesamtkosten eines jeden Unternehmens zwingt die Arbeitgeber mehr denn je, darüber nachzudenken, ob alle Mitarbeiter optimal eingesetzt und die dazu notwendigen Hilfsmittel auch angewandt werden.
Die folgende Prüfliste soll hierzu einige ausgewählte Anregungen geben.

Analyse des Mitarbeiterbestandes

1. Sind unsere Mitarbeiter qualifiziert genug, um die Zielsetzungen des laufenden und kommenden Geschäftsjahres zu erreichen?
2. Können die zu erwartenden Abgänge von Führungskräften aus den eigenen Reihen gedeckt werden? Werden Abgangsinterviews gemacht? Gibt es eine detaillierte Fluktuationsstatistik?
3. Besteht durch den Arbeitsmarkt ein entsprechendes Führungskräfteangebot, oder können qualifizierte Nachwuchskräfte mittels Job Rotation, Job Enrichment oder Job Enlargement zu Führungskräften herangebildet werden?
4. Läßt sich der künftige Personalbedarf quantitativ und/oder qualitativ durch weitere Automatisierung und Einsatz von Datenverarbeitung der künftigen Nachfrage anpassen?
5. Ist für die Nachfolge der wichtigsten Führungsstellen gesorgt?
6. Entsprechen die Mitarbeiter dem Anforderungsprofil an ihre Stelle, oder sind sie über- oder unterqualifiziert?
7. Wie ist die Alterspyramide der Mitarbeiter?
   Welche Folgerungen sind daraus für die mittelfristige Personalplanung zu ziehen?

Personalplanung

1. Besteht überhaupt eine kurz-, mittel- und langfristige quantitative und qualitative Personalplanung? Halten wir uns auch daran?
2. Sind für die Planung alle verfügbaren Vergangenheits- und Zukunftsdaten berücksichtigt?
3. Sind unsere personalpolitischen Grundsätze bei der Personalplanung berücksichtigt?
4. Sind die Strukturveränderungen durch Automation, Rationalisierung, Einführung moderner Führungsstile und moderner Organisationsformen in der Personalplanung enthalten?

5. Könnten auch Teilzeitbeschäftigte eingestellt oder befristete Arbeitsverträge abgeschlossen werden?
6. Ist die Übernahme von Auszubildenden in ein festes Arbeitsverhältnis vorgesehen?
7. Sind die Maßnahmen der firmeninternen Aus-, Fort- und Weiterbildung mit der Personalplanung abgestimmt?

Personalanwerbung

1. Betreiben wir planmäßiges Personalmarketing?
2. Haben unsere Arbeitsaufgaben ein entsprechendes Ansehen?
3. Ist unser Unternehmen für Bewerber attraktiv? Kommt dies auch in Inseraten zum Ausdruck?
4. Funktioniert die interne Stellenausschreibung? Hat sie Erfolg?
5. Ersetzen wir, wenn irgend möglich, ausscheidende Führungskräfte durch Betriebsangehörige und suchen nur für nachgeordnete Funktionen neue Mitarbeiter?
6. Ist unsere Personalwerbung „integriert" und mit den Geschäftszielsetzungen koordiniert?
7. Wird darauf geachtet, daß keine falschen Versprechungen gemacht werden?

Personalauswahl

1. Werden moderne Personalauswahlverfahren eingesetzt?
2. Sind die Mitarbeiter, die die Einstellung vorbereiten, entsprechend geschult? Können Sie z.B. Zeugnisse „richtig" lesen?
3. Sichert das Auswahlverfahren, daß der jeweils geeignete Bewerber eingestellt wird?
4. Erfolgt die Auswahl nur nach den Kriterien Eignung und Neigung oder werden auch gruppensoziologische Gesichtspunkte gebührend berücksichtigt?
5. Wird darauf geachtet, daß keine überqualifizierten Bewerber eingestellt werden? Gibt es für die zu besetzende Position eine vollständige Stellenbeschreibung und ein Anforderungsprofil?
6. Wird darauf geachtet, daß keine sogenannten „Zugvögel" eingestellt werden?
7. Erfolgt eine kritische Beurteilung rechtzeitig vor Ablauf der Probezeit, damit hieraus noch rechtliche Konsequenzen gezogen werden können?

Einführung neuer Mitarbeiter

1. Sind Arbeitsmittel, Werkzeuge und sonstige Hilfsmittel vorhanden?
2. Kennt der neue Mitarbeiter bereits die Arbeitsgruppe, oder muß er vorgestellt werden?
3. Ist die Arbeitsgruppe über den neuen Mitarbeiter informiert?

4. Erfolgt die Einführung nach einem festgelegten System in Form einer Checkliste oder mehr intuitiv?
5. Wird der Neue auch mit den ungeschriebenen Gesetzen und Gepflogenheiten im Betrieb bekannt gemacht?
6. Erhält der Neue zur Eingliederung in den Betrieb einen Paten?
7. Erfolgt nach ca. vier Wochen eine Befragung des Neuen, welche Einführungsmaßnahmen er für gut oder für überflüssig hielt und welche seines Erachtens fehlten?

Personalorganisation

1. Gibt es für jeden Mitarbeiter eine Arbeitsplatz- bzw. Stellenbeschreibung und eine Stellen- bzw. Tätigkeitsbezeichnung mit zugehöriger Rangstufe?
2. Ist die Aufgabengliederung und Stellenbildung für alle Mitarbeiter im Betrieb optimal gelöst?
3. Sind zugleich mit den Aufgaben auch die entsprechenden Kompetenzen an die Mitarbeiter delegiert?
4. Ist jemand in der Unternehmensleitung für den Bereich Personal verantwortlich?
5. Sind die Unterstellungsverhältnisse für alle Mitarbeiter eindeutig geregelt?
6. Ist zwischen „Stab" und „Linie" eine klare Aufgaben- und Verantwortungsabgrenzung festgelegt?
7. Gibt es einen Stellenbesetzungsplan als Grundlage für die Kostenbudgetierung?

Führungsorganisation und Führungsstile

1. Sind die Grundideen des Unternehmens und dessen Ziele sowie die Grundsätze der Unternehmenspolitik schriftlich fixiert und allen Führungskräften und Mitarbeitern bekannt?
2. Sind handelsrechtliche Vollmachten an diejenigen Mitarbeiter verliehen, die sie als Arbeitsmittel benötigen?
3. Entlasten Dienstanweisungen und Richtlinien die Vorgesetzten von Einzelanordnungen und Rückfragen?
4. Wie ist die ständige Koordination der Führungskräfte auf das gemeinsame Unternehmensziel in den verschiedenen Abteilungen organisatorisch sichergestellt?
5. Wird die betriebliche Konferenz als Mittel der Entscheidungsfindung und Koordination richtig eingesetzt?
6. Wie ist die Zusammenarbeit zwischen Arbeitgeber und Betriebsrat, zum Wohle des Betriebes und der Belegschaft, organisiert?
   Werden Wirtschaftsausschuß, Betriebs- und Belegschaftsversammlung als Mittel der Information der Belegschaft genutzt?
7. Wird nach einem modernen Führungsstil geführt, der weitgehend eine Chefentlastung gewährleistet und die Mitarbeiter durch Delegation von Verantwortung motiviert?

Mitarbeiterbeurteilung

1. Haben Sie ein schriftlich niedergelegtes Beurteilungssystem?
2. Sind die Mitarbeiter darüber informiert, warum und wozu regelmäßige Mitarbeiterbeurteilungen notwendig sind?
3. Ist Ihr Beurteilungssystem von einem anderen Betrieb übernommen oder für Ihr Unternehmen „maßgeschneidert"?
4. Sind die Beurteilungskriterien verbal definiert?
5. Erfolgt die Mitarbeiterbeurteilung regelmäßig in bestimmten Zeitabständen oder zu bestimmten Anlässen?
6. Ist gewährleistet, daß viele subjektive Einflüsse nicht in die Beurteilung gelangen können?
7. Werden die Beurteilungen mit den Mitarbeitern besprochen und werden daraus auch Konsequenzen gezogen?

Entlohnung

1. Streben wir bewußt eine gerechte Entlohnung an?
2. Bewerten wir Leistungen nach objektiven Kriterien, systematisch und regelmäßig?
3. Werden die Löhne und Gehälter periodisch (mindestens einmal jährlich) geprüft?
4. Gibt es ein wirkungsvolles Prämiensystem, um Sonderleistungen zu honorieren?
5. Kennen unsere Mitarbeiter auch unsere indirekten, lohnähnlichen Leistungen (z.B. betriebliche Zuzahlungen zur Altersversorgung, Kranken- und Unfallversicherung, Kantine, Mitarbeiteraktien, verbilligten Einkauf?
6. Werden Männer und Frauen bei gleicher Leistung auch gleich entlohnt?
7. Kennen die Mitarbeiter unser Entlohnungssystem und die Möglichkeiten, den Lohn zu beeinflussen?

Betriebliche Sozialpolitik

1. Welche Sozialleistungen werden überhaupt gewährt?
2. Sind diese Sozialleistungen noch zeitgemäß oder bereits überholt?
3. Welche Sozialleistungen sind bei der Belegschaft bekannt?
4. Weiche Sozialleistungen werden von den Mitarbeitern geschätzt?
5. Können verschiedene – vom Aufwand her gesehen geringfügige – Sozialleistungen abgeschafft und zu wenigen attraktiven zusammengefaßt werden, um dadurch eine bessere Motivationserwartung zu erreichen?
6. Wie haben sich die Sozialleistungen im Verhältnis zur Lohn- und Gehaltssumme entwickelt?
7. Ist das System der betrieblichen Altersversorgung so gewählt, daß es einerseits die wirtschaftliche Freiheit des Unternehmens nicht einengen kann, andererseits dennoch eine hohe motivierende Wirkung hat?

Arbeitsplatz und Arbeitsumgebung

1. Genügen unsere Arbeitsplätze neuzeitlichen arbeitsphysiologischen Erkenntnissen?
2. Sind die Arbeitsplätze hervorragend gegen Unfälle gesichert?
3. Hat jeder Mitarbeiter die Möglichkeit, seinen Arbeitsplatz in bestimmtem Umfang auch persönlich zu gestalten?
4. Sind die Grundsätze über die Humanisierung am Arbeitsplatz verwirklicht?
5. Sind Arbeitsplätze, Arbeitsumgebung, Aufenthalts- und Pausenräume sauber, gepflegt und ansprechend?
6. Sind Maschinen, Arbeitsmittel und Werkzeuge modern?
7. Hat jeder Arbeitsplatz ein bestimmtes Ansehen?

Aus-, Fort- und Weiterbildung

1. Haben wir innerhalb unserer Unternehmung genügend Weiterentwicklungsmöglichkeiten?
2. Gibt es ein systematisches Aus- und Weiterbildungsprogramm unter Ausnützung externer Schulungsmöglichkeiten?
3. Schulen wir unsere Mitarbeiter im Hinblick auf die Anforderungen der Zukunft?
4. Werden – wo immer sinnvoll – die Methoden des programmierten Unterrichts angewendet?
5. Sind alle Möglichkeiten moderner unterrichtstechnischer Hilfsmittel (audiovisuelle Schulungsgeräte) ausgeschöpft?
6. Sind Schulungsaufwand und -erfolg kostenoptimal?
7. Sind sämtliche Aus-, Fort- und Weiterbildungsmaßnahmen mit der Personalplanung koordiniert?

Besondere Personalpolitik für AT-Angestellte

1. Sind unsere Arbeitsverträge individuell gestaltet?
2. Gibt es eine spezielle Personalbeurteilung und Leistungsbewertung?
3. Werden andere freiwillige Sozialleistungen als im Tarifbereich gewährt, wie z.B. Gesundheitsvorsorge, Pensionszusagen, Tantiemen, Abfindungsregelungen bei Kündigungen?
4. Ist eine permanente Fort- und Weiterbildung, insbesondere auf dem Gebiet Menschenführung, gewährleistet?
5. Gibt es spezifische Regelungen über zulässige Nebentätigkeiten (Vorträge, Seminare, Veröffentlichungen)?
6. Sind genügend Leistungsanreize vorhanden (Motivationsproblem)?
7. Haben die AT-Angestellten ein entsprechendes Ansehen im Betrieb?

Sind die Forderungen der Zukunft berücksichtigt?

1. Sind Umschulungsprogramme für die geänderten Anforderungsprofile vorbereitet?
2. Ist die fortschreitend notwendige Angleichung von Arbeitern und Angestellten in der gesamten Personalpolitik berücksichtigt?
3. Sind an die Auswirkungen der erweiterten gesetzlichen und freiwilligen Mitbestimmung der verschiedenen Arbeitnehmervertretungsorgane gedacht?
4. Ist bei Personalplanung, -beschaffung und -fortbildung berücksichtigt, daß höhere Anforderungen an viele Arbeitsplätze gestellt werden?
5. Sind die voraussichtlichen quantitativen und qualitativen Auswirkungen der Automation und Rationalisierung auf Beschaffung, Einsatz und Motivation des Mitarbeiters berücksichtigt?
6. Werden zunehmend moderne Arbeits- und Führungstechniken eingesetzt?
7. Ist an die Einführung eines kybernetischen Führungsmodells gedacht?
8. Sind die Probleme der Arbeitszeitverkürzung gelöst?

Die Führungsaufgaben werden sich folgendermaßen ändern:

	Heute	**Zukunft**
1.	Ständige Überlastung durch fallweise Entscheidungen	Entlastung durch generelle, programmierbare Entscheidungen
2.	Zielerreichung durch Improvisation	Zielerreichung durch feste Strategien (entstanden und unterstützt durch moderne Verfahrens- und Führungstechniken)
3.	Intuitive Steuerungen	Steuerung durch a) Schaffung von Regelkreisen b) Verwendung von Operations-Research-Modellen c) Anwendung von Simulationsverfahren
4.	Denken in Abteilungsverantwortlichkeiten	Denken in überbetrieblichen Zusammenhängen
5.	Viel Verwaltungsarbeit	Mehr aufgabenbezogene Arbeit
6.	Die EDV befindet sich in der Stabsisolierung	Ständige Mitarbeit der Auftraggeber an der EDV-Organisation
7.	Das Handeln nach Management by exception und objectives wird zwar gewünscht, ist aber noch nicht möglich, da notwendige Sollvorgaben fehlen, falsch oder überholt sind	Das Handeln nach diesen Management-Techniken ist in kybernetischen Prozessen notwendig
8.	Vorhandensein einer Informationsflut	Beschränkung auf gezielte und ausgewählte, nur notwendige Informationen
9.	Delegation von Arbeit	Delegation von Aufgaben, Kompetenzen und Verantwortungen
10.	Hierarchische Stab-Linien-Organisation	Funktionale Matrix-Organisation
11.	Keine fixierten Ziele	Zielvorgabe aus Politik und Strategie

	Heute	Zukunft
12.	Individuelle Einzelfallentscheidungen	Programmierbare Grundsatzentscheidungen
13.	Hierarchische Gelegenheitsinformationen	Regelmäßiger Informationsaustausch aller Bereiche in horizontaler und vertikaler Sicht
14.	Abteilungs- und Ressort-Denken	Unternehmensdenken
15.	Skepsis bei der Entwicklung von Eigeninitiative	Mobilisierung und Förderung des Initiativpotentials der Mitarbeiter, Praktizierung von Verfahren zur Ideenfindung, z.B. Brainstorming
16.	Ständig größer gewordene Verwaltungsarbeit	Ständig abnehmende Verwaltungsarbeit, mehr fachbezogene Arbeit (Spezialisten-Komponente)
17.	Sporadischer Kontakt mit EDV-Spezialisten	Engste Zusammenarbeit mit EDV-Spezialisten.

20 Mitwirkung des Betriebsrats in personellen und sozialen Angelegenheiten

Bei vielen Entscheidungen in personellen und sozialen Angelegenheiten hat der Betriebsrat nach dem Betriebsverfassungsgesetz ein Mitwirkungsrecht, d.h. der Arbeitgeber kann derartige Entscheidungen nicht allein aufgrund seines Direktionsrechts treffen.

20.1 Arten der Mitwirkung

Generell ist bei den vorgenannten Gebieten nicht von einer „Mitbestimmung" des Betriebsrats auszugehen, wie das nach vielfacher Meinung und z.T. aus falscher Gesetzestextüberschrift zu entnehmen ist. Es ist vielmehr ein unjuristischer Begriff der „Mitwirkung" des Betriebsrates festzulegen. Dieser unterteilt sich in sieben verschiedene Mitwirkungsarten, und zwar in:

- Informationsrechte.
- Beratungsrechte und Ansprüche auf Hinzuziehung.
- Anhörungsrechte.
- Vetorechte.
- Initiativrechte.
- Überwachungsrechte.
- Mitbestimmungsrechte

20.2 Gebiete der Mitwirkung

(Alle im folgenden genannten Paragraphen sind solche des Betriebserfassungsgesetzes.)

Zu den Gebieten der Mitwirkung gehören insbesondere

- Personelle Angelegenheiten.
- Fragen der Berufsbildung.
- Soziale Angelegenheiten.
- Wirtschaftliche Angelegenheiten.

Zu den sog. personellen Angelegenheiten gehören insbesondere:

- Personalplanung (§ 92).
- Innerbetriebliche Ausschreibung von Arbeitsplätzen (§93).

- Inhalt des Personalfragebogens (§ 94).
- Auswahlrichtlinien (§ 95).
- Eingliederung Schwerbehinderter und anderer schutzbedürftiger Personen (§ 80 Abs. 1 Ziff. 4).
- Förderung älterer Arbeitnehmer im Betrieb (§ 80 Abs. 1 Ziff. 6).
- Eingliederung ausländischer Arbeitnehmer (§ 80 Abs. 1 Ziff. 7).
- Einstellung (§ 99).
- Eingruppierung (§ 99).
- Umgruppierung (§ 99).
- Einblicksrecht in Bruttolohn- und Gehaltslisten (§ 80 Abs. 2).
- Versetzung (§ 95 Abs. 3).
- Einsicht in die Bewerbungsunterlagen (§ 99).
- Information bei Kündigungen (§ 102).
- Behandlung von Beschwerden (§§ 84 und 85).

Zu Fragen der Berufsbildung gehören:

- Förderung der Berufsbildung (§ 96).
- Einrichtungen und Maßnahmen der Berufsbildung (§ 97).
- Durchführung betrieblicher Bildungsmaßnahmen (§ 98).

Zu den sozialen Angelegenheiten gehören:

- Ordnung im Betrieb und Verhalten der Arbeitnehmer (§ 84 Abs. 1 Ziff. 1).
- Betriebsbußen (§ 87 Abs. 1 Ziff. 1).
- Beginn und Ende von Arbeitszeiten und Pausen (§ 87 Abs. 1 Ziff. 2).
- Änderung der betrieblichen Arbeitszeit (§ 87 Abs. 1 Ziff . 3).
- Auszahlung des Arbeitsentgelts (§ 87 Abs. 1 Ziff. 4).
- Urlaubsfragen (§ 87 Abs. 1 Ziff. 5).
- Technische Einrichtungen zur Leistungsüberwachung (§ 87 Abs. 1 Ziff. 6).
- Verhütung von Arbeitsunfällen und Berufskrankheiten (§ 87 Abs. 1 Ziff. 7).
- Sozialeinrichtungen (§ 87 Abs. 1 Ziff. 8).
- Zuweisung und Kündigung von Wohnräumen (§ 87 Abs. 1 Ziff. 9).
- Lohngestaltung (§ 87 Abs. 1 Ziff. 10 und 11).
- Betriebliches Vorschlagswesen (§ 87 Abs. 1 Ziff. 12).
- Arbeitsschutz (§ 91).

Zu den wirtschaftlichen Angelegenheiten gehören nach § 106 Abs. 1:

- Die wirtschaftliche und finanzielle Lage des Unternehmens.
- Die Produktions- und Absatzlage.
- Das Produktions- und Investitionsprogramm.
- Rationalisierungsvorhaben.
- Fabrikations- und Arbeitsmethoden, insbesondere die Einführung neuer Arbeitsmethoden.
- Die Einschränkung oder Stillegung von Betrieben oder von Betriebsteilen.

- Die Verlegung von Betrieben oder Betriebsteilen.
- Der Zusammenschluß von Betrieben.
- Die Änderung der Betriebsorganisation oder des Betriebszwecks.
- Sonstige Vorgänge oder Vorhaben, welche die Interessen der Arbeitnehmer wesentlich berühren können.

20.3 Beispiele für einzelne Mitwirkungsarten

Informationsrechte

Informationsrechte des Betriebsrats bestehen insbesondere auf folgenden Gebieten:

1. Personalplanung (quantitativ und qualitativ) nach § 92.
2. Planung von Neu-, Um- und Erweiterungsbauten nach § 90 Ziff. 1.
3. Planung von technischen Anlagen nach § 90 Ziff. 2.
4. Planung von Arbeitsverfahren und Arbeitsabläufen nach § 90 Ziff. 3.
5. Planung von Arbeitsplätzen nach § 90 Ziff. 4.
6. Bekämpfungsmaßnahmen gegen Gesundheits- und Unfallgefahren nach § 89 Abs. 1.
7. Unterrichtung über die Behandlung von Beschwerden nach § 85 Abs. 3.
8. Förderung der Berufsbildung nach § 96 Abs. 1.
9. Einstellung oder personelle Veränderung bei leitenden Angestellten nach § 105.

Beratungsrechte und Ansprüche auf Hinzuziehung

1. Einrichtungen und Maßnahmen der Berufsbildung nach § 97.
2. Betriebsänderungen nach § 111.
3. Wirtschaftliche Angelegenheiten nach § 106.
4. Personalplanung nach § 92.

Anhörungsrechte

Kündigungen nach § 102 Abs. 1.

Vetorechte

1. Widerspruchsrechte bei sog. personellen Einzelmaßnahmen, das sind Einstellungen, Eingruppierungen, Umgruppierungen und Versetzungen (§ 95 Abs. 3) nach § 99 Abs. 2.
2. Ordentliche Kündigungen nach § 102 Abs. 3.
3. Betriebsänderungen nach § 112 Abs. 3.

Initiativrechte

1. Innerbetriebliche Stellenausschreibungen nach § 93.
2. Aufstellung von Auswahlrichtlinien nach § 95 Abs. 2.
3. Maßnahmen des Arbeitsschutzes nach § 89 Abs. 1.
4. Förderung der Eingliederung Schwerbehinderter und sonstiger besonders schutzbedürftiger Personen nach § 80 Abs. 1 Ziff. 4.
5. Förderung der Beschäftigung älterer Arbeitnehmer nach § 80 Abs. 1 Ziff. 6.
6. Abruf einer mit der Durchführung der betrieblichen Berufsbildung beauftragten Person nach § 98 Abs. 2.
7. Entlassung oder Versetzung betriebsstörender Arbeitnehmer nach § 104.

Überwachungsrechte

1. Überwachung der Durchführung von Gesetzen, Verordnungen, Tarifverträgen, Unfallverhütungsvorschriften und Betriebsvereinbarungen nach § 80 Abs. 1 Ziff. 1. Dazu gehört insbesondere auch das Bundesdatenschutzgesetz.
2. Einblicksrechte in Bruttolohn- und -gehaltslisten nach § 80 Abs. 2.
3. Eingliederung und Förderung Schwerbehinderter und sonstiger besonders schutzbedürftiger Personen nach § 80 Abs. 1 Ziff. 4.
4. Förderung der Beschäftigung älterer Arbeitnehmer nach § 80 Abs. 1 Ziff. 6.
5. Eingliederung ausländischer Arbeitnehmer nach § 80 Abs. 1 Ziff. 7.
6. Einsichtsrecht in die Personalakten nach § 83 Abs. 1 Satz 2.
7. Unterstützung der Arbeitnehmer bei Ausübung ihres Beschwerderechts nach § 88 Abs. 1 Satz 2.
8. Überprüfung der Anwendung des Gleichbehandlungsgrundsatzes nach § 75.

Mitbestimmungsrechte

Mitbestimmungsrechte des Betriebsrats bestehen insbesondere auf folgenden Gebieten:

1. Aufstellung von Auswahlrichtlinien nach § 95 Abs. 1 und 2.
2. Gestaltung des Personalfragebogens nach § 95 Abs. 1.
3. Aufstellung allgemeiner Beurteilungsgrundsätze nach § 94 Abs. 2.
4. Vorlage der Bewerbungsunterlagen nach § 99 Abs. 1.
5. Einstellung nach § 99 Abs. 1.
6. Eingruppierung nach § 99 Abs. 1.
7. Umgruppierung nach § 99 Abs. 1.
8. Versetzung nach §§ 95 Abs. 3 und 99 Abs. 1.
9. Fragen der Ordnung des Betriebes und des Verhaltens der Arbeitnehmer nach § 87 Abs. 1 Ziff. 1.
10. Länge, Lage und Verteilung von Arbeitszeit und Pausen nach § 87 Abs. 1 Ziff. 2.

11. Vorübergehende Verkürzung oder Verlängerung der betriebsüblichen Arbeitszeit nach § 87 Abs. 1 Ziff. 3.
12. Zeit, Ort und Art der Auszahlung der Arbeitsentgelte nach § 87 Abs. 1 Ziff. 4.
13. Aufstellung von Urlaubsgrundsätzen und Urlaubsplänen sowie Festsetzung der zeitlichen Lage des Urlaubs für einzelne Arbeitnehmer nach § 87 Abs. 1 Ziff. 5.
14. Einführung und Anwendung von technischen Einrichtungen, die dazu bestimmt sind, Verhalten oder Leistung der Arbeitnehmer zu überwachen nach § 87 Abs. 1 Ziff. 6.
15. Verhütung von Arbeitsunfällen, Berufskrankheiten und Gesundheitsschutz nach § 87 Abs. 1 Ziff. 7.
16. Form, Ausgestaltung und Verwaltung von Sozialeinrichtungen nach § 87 Abs. 1 Ziff. 8.
17. Zuweisung und Kündigung von Wohnräumen nach § 87 Abs. 1 Ziff. 9,
18. Betriebliche Lohngestaltung, Aufstellung von Entlohnungsgrundsätzen sowie Einführung, Anwendung und Änderung von Entlohnungssystemen nach § 87 Abs. 1 Ziff. 10.
19. Festsetzung von Akkord- und Prämiensätzen sowie Geldfaktoren nach § 87 Abs. 1 Ziff. 11.
20. Betriebliches Vorschlagswesen nach § 87 Abs. 1 Ziff. 12.
21. Änderung von Arbeitsplatz, Arbeitsumgebung und Arbeitsablauf gegen arbeitswissenschaftliche Erkenntnisse oder menschengerechte Gestaltung nach § 91.
22. Durchführung betrieblicher Berufsbildungsmaßnahmen nach § 98 Abs. 1 und 2.
23. Streitigkeiten über die Berechtigung von Beschwerden nach § 85.
24. Mitbestimmung bei Kündigungen nach § 102 Abs. 6.
25. Mitbestimmung bei fristlosen Kündigungen von Mitgliedern des Betriebsrats nach § 103 Abs. 1.
26. Interessenausgleich über die Betriebsänderung, Sozialplan nach § 112.

20.4 Chronologische tabellarische Übersicht der Mitwirkung des Betriebsrats von der Planung bis zur Kündigung

Im folgenden bedeuten:

U	=	Unterrichtungsrechte	I	=	Initiativrechte
B	=	Beratungsrechte	Ü	=	Überwachungsrechte
A	=	Anhörungsrechte	M	=	Mitbestimmungsrechte
V	=	Vetorechte			

1. (U) Wirtschaftliche und finanzielle Lage des Unternehmens (Wirtschaftsausschuß) (§ 106 Abs. 3 Ziff. 1).
2. (U) Produktions- und Absatzlage (Wirtschaftsausschuß)

(§ 106 Abs. 3 Ziff. 2).

3. (U) Produktions- und Investitionsprogramm (Wirtschaftsausschuß) (§ 106 Abs. 3 Ziff. 3).
4. (U) Rationalisierungsvorhaben (Wirtschaftsausschuß) (§ 106 Abs. 3 Ziff. 4).
5. (U) Fabrikations- und Arbeitsmethoden, insbesondere die Einführung neuer Arbeitsmethoden (Wirtschaftsausschuß) (§ 106 Abs. 3 Ziff. 5).
6. (U) Einschränkung oder Stillegung von Betrieben oder von Betriebsteilen (Wirtschaftsausschuß) (§ 106 Abs. 3 Ziff. 6).
7. (U) Verlegung von Betrieben oder Betriebsteilen (Wirtschaftsausschuß) (§ 106 Abs. 3 Ziff. 7).
8. (U) Zusammenschluß von Betrieben (Wirtschaftsausschuß) (§ 106 Abs. 3 Ziff. 8).
9. (U) Änderung der Betriebsorganisation öder des Betriebszwecks (Wirtschaftsausschuß) (§ 106 Abs. 3 Ziff. 9).
10. (U) Sonstige Vorgänge und Vorhaben, weiche die Interessen der Arbeitnehmer des Unternehmens wesentlich berühren können (Wirtschaftsausschuß) (§ 106 Abs. 3 Ziff. 10).
11. (U) Planung von Neu-, Um- und Erweiterungsbauten von Fabrikations-, Verwaltungs- und sonstigen betrieblichen Räumen (§ 90 Ziff. 1).
12. (U) Planung von technischen Anlagen (§ 90 Ziff, 2).
13. (U) Planung von Arbeitsverfahren und Arbeitsabläufen (§ 90 Ziff. 3).
14. (U) Planung von Arbeitsplätzen (§ 90 Ziff. 4).
15. (I+U) Personalplanung (§ 92).
16. (M+I) Auswahlrichtlinien (§ 95).
17. (M) Gestaltung des Personalfragebogens (§ 94 Abs. 1).
18. (M) Aufstellung von Beurteilungsgrundsätzen (§ 94 Abs. 2).
19. (Ü+I) Innerbetriebliche Stellenausschreibung (§ 93).
20. (U+M) Vorlage der Bewerbungsunterlagen (§ 99 Abs. 1).
21. (M) Einstellung (§ 99 Abs. 1).
22. (Ü+I) Förderung der Eingliederung Schwerbehinderter und sonstiger besonders schutzbedürftiger Personen (§ 80 Abs. 1 Ziff. 4).
23. (Ü+I) Förderung der Beschäftigung älterer Arbeitnehmer im Betrieb (§ 80 Abs. 1 Ziff. 6).
24. (Ü+I) Förderung der Eingliederung ausländischer Arbeitnehmer in den Betrieb und des Verständnisses zwischen ihnen und den deutschen Arbeitnehmern (§ 80 Abs. 1 Ziff. 7).
25. (M) Eingruppierung (§ 99 Abs. 1).
26. (M) Umgruppierung (§ 99 Abs. 1).
27. (M) Versetzung (§ 99 Abs. 1 und § 95 Abs. 3).
28. (M) Fragen der Ordnung des Betriebes und des Verhaltens der Arbeitnehmer im Betrieb (§ 87 Abs. 1 Ziff. 1).

29. (M) Beginn und Ende der täglichen Arbeitszeit einschließlich der Pausen sowie Verteilung der Arbeitszeit auf die einzelnen Wochentage (§ 87 Abs. 1 Ziff. 2).

30. (M) Vorübergehende Verkürzung oder Verlängerung der betriebsüblichen Arbeitszeit (§ 87 Abs. 1 Ziff. 3).

31. (M) Zeit, Ort und Art der Auszahlung der Arbeitsentgelte (§ 87 Abs. 1 Ziff. 4).

32. (M) Aufstellung allgemeiner Urlaubsgrundsätze und des Urlaubsplans sowie die Festsetzung der zeitlichen Lage des Urlaubs für einzelne Arbeitnehmer, wenn zwischen dem Arbeitgeber und den beteiligten Arbeitnehmern kein Einverständnis erzielt wird (§ 87 Abs. 1 Ziff. 5).

33. (M) Einführung und Anwendung von technischen Einrichtungen, die dazu bestimmt sind, das Verhalten oder die Leistung der Arbeitnehmer zu überwachen (§ 87 Abs. 1 Ziff. 6).

34. (M) Regelungen über die Verhütung von Arbeitsunfällen und Berufskrankheiten sowie über den Gesundheitsschutz im Rahmen der gesetzlichen Vorschriften oder der Unfallverhütungsvorschriften (§ 87 Abs. 1 Ziff. 7).

35. (M) Form, Ausgestaltung und Verwaltung von Sozialeinrichtungen, deren Wirkungsbereich auf den Betrieb, das Unternehmen oder den Konzern beschränkt ist (§ 87 Abs. 1 Ziff. 8).

36. (M) Zuweisung und Kündigung von Wohnräumen, die dem Arbeitnehmer mit Rücksicht auf das Bestehen eines Arbeitsverhältnisses vermietet werden, sowie die allgemeine Festlegung der Nutzungsbedingungen (§ 87 Abs. 1 Ziff. 9).

37. (M) Fragen der betrieblichen Lohngestaltung, insbesondere die Aufstellung von Entlohnungsgrundsätzen und die Einführung und Anwendung von neuen Entlohnungsmethoden sowie deren Änderung (§ 87 Abs. 1 Ziff. 10).

38. (M) Festsetzung der Akkord- und Prämiensätze und vergleichbarer leistungsbezogener Entgelte, einschließlich der Geldfaktoren (§ 87 Abs. 1 Ziff. 11).

39. (M) Grundsätze über das betriebliche Vorschlagswesen (§ 87 Abs. 1 Ziff. 12).

40. (Ü+I) Bekämpfung von Unfall- und Gesundheitsverfahren (§ 89 Abs. 1).

41. (M) Änderungen der Arbeitsplätze, des Arbeitsablaufs oder der Arbeitsumgebung gegen die gesicherten arbeitswissenschaftlichen Erkenntnisse über die menschengerechte Gestaltung der Arbeit (§ 91).

42. (Ü) Einsichtsrecht in die Bruttolohn- und Gehaltslisten (§ 80 Abs. 2).

43. (Ü) Durchführung der zugunsten der Arbeitnehmer geltenden Gesetze, Verordnungen, Unfallverhütungsvorschriften, Tarifverträge und Betriebsvereinbarungen (§ 80 Abs. 1 Ziff. 1).

44. (Ü) Einsichtsrecht in die Personalakten(§ 83 Abs. 1 S. 2).
45. (Ü) Unterstützung der Arbeitnehmer bei der Ausübung ihres Beschwerderechts (§ 84 Abs. 1 S. 2).
46. (U) Behandlung von Beschwerden (§ 85 Abs. 3).
47. (U+Ü) Anwendung des Gleichbehandlungsgrundsatzes (§ 75).
48. (I+Ü+U) Förderung der Berufsbildung (§ 96).
49. (U) Einrichtungen und Maßnahmen der Berufsbildung (§ 97).
50. (M) Durchführung betrieblicher Bildungsmaßnahmen (§ 98).
51. (M) Kündigungen (§ 102 Abs. 6).
52. (M) Fristlose Kündigung von Betriebsratsmitgliedern (§ 103 Abs. 1)

20.5 Verschiedene Rechtsfolgen bei Nichtbeachtung der Mitwirkung des Betriebsrats

Informationsrechte

Nach § 92 kann der Betriebsrat auf Feststellung seiner Rechte klagen.
Bei der Verletzung von Informationsrechten des Betriebsrats kann nach § 121 i.V. mit §§ 117, 35 OWiG durch die Verwaltungsbehörde eine Geldbuße bis DM 20.000,- festgesetzt werden. Dies gilt z.B. für die Fälle der §§ 90 Ziff. 1–4 und 92. Ferner kann der Betriebsrat nach § 23 Abs. 3 beim Arbeitsgericht beantragen, dem Arbeitgeber aufzugeben, eine Handlung zu unterlassen, die Vornahme einer Handlung zu dulden oder eine Handlung vorzunehmen. Bei streitigen Fragen entscheidet das Arbeitsgericht im Beschlußverfahren (§ 2a ArbGG).
Im Falle der Weigerung ist der Arbeitgeber vom Arbeitsgericht zu einem Ordnungsgeld zu verurteilen.
Nach rechtskräftiger Entscheidung kann ein Zwangsgeld bis DM 20.000,- festgelegt werden.

Beratungsrechte und Ansprüche auf Hinzuziehung

Der Betriebsrat kann bei einem Verstoß des Arbeitgebers gegen § 97 ein Verfahren nach § 23 Abs. 3 beantragen. Eine Ordnungswidrigkeit nach § 121 liegt nicht vor.
Bei einer Verletzung des Unterrichtungsrechtes des Betriebsrats nach § 111 kann dieser vom Arbeitgeber die Aufstellung eines Sozialplanes (§ 112) verlangen.

Anhörungsrechte

Nach § 102 Abs. 1 ist der Betriebsrat vor jeder Kündigung zu „hören“. Der Arbeitgeber hat ihm die Gründe für die Kündigung mitzuteilen. Eine ohne Anhörung des Betriebsrats vom Arbeitgeber ausgesprochene Kündigung ist unwirksam.

Entgegen vielfacher Auffassung hat der Betriebsrat bei der Kündigung kein Mitbestimmungs-, sondern nur ein Anhörungsrecht (= Mitteilungspflicht des Arbeitgebers). Insoweit ist auch die Überschrift im Gesetzestext zu § 102 falsch!
Allerdings kann – was in der Praxis sehr selten ist – dem Betriebsrat vom Arbeitgeber nach § 102 Abs. 6 freiwillig ein Zustimmungsrecht zu Kündigungen eingeräumt werden.
Soll einem Mitglied des Betriebsrats fristlos gekündigt werden, so muß der Betriebsrat als Gremium dieser Kündigung allerdings nach § 103 zustimmen.

Vetorechte

Nach § 99 Abs. 2 kann der Betriebsrat unter den Voraussetzungen der Ziff. 1–6 zu einer personellen Maßnahme des § 99 Abs. 1 (Einstellung, Eingruppierung, Umgruppierung oder Versetzung) seine Zustimmung verweigern.
Der Arbeitgeber kann in diesen Fällen beim Arbeitsgericht nach § 99 Abs. 4 beantragen, die fehlende Zustimmung des Betriebsrats zu ersetzen.

Initiativrechte

In den Fällen der Versetzung (§ 95 Abs. 3) entscheidet die betriebliche Einigungsstelle verbindlich. Darüber hinaus kann bei Nichtbefolgung des Beschlusses durch den Arbeitgeber gegen ihn nach § 23 Abs. 3 ein Ordnungsgeld festgelegt werden, nach Rechtskraft des Beschlusses ein Zwangsgeld bis DM 20.000,-.
Bei Nichtberücksichtigung älterer Arbeitnehmer bei der Einstellung hat der Betriebsrat ein Widerspruchsrecht nach § 99 Abs. 2 Nr. 1.

Überwachungsrechte

1. Bei Verletzung der Ausschreibung von Arbeitsplätzen (§ 93) kann der Betriebsrat sein Zustimmungsverweigerungsrecht nach § 99 Abs. 2 Nr. 5 geltend machen.
2. Nach einem Ordnungsstrafverfahren (§ 121) kommt gegen den Arbeitgeber ein Verfahren nach § 23 Abs. 3 in Betracht.
3. Der Betriebsrat kann im arbeitsgerichtlichen Beschlußverfahren nach § 2a ArbGG auf Feststellung seines Rechts klagen.
4. Wenn der Betriebsrat von seinem Überwachungsrecht keinen Gebrauch macht, kann er nach § 23 Abs. 1 von seinem Betriebsratsamt ausgeschlossen werden; es ist sogar eine fristlose Kündigung möglich (§ 103).
5. Verstößt der Arbeitgeber gegen seine Pflicht aus § 75 (Gleichbehandlung), kann der benachteiligte Arbeitnehmer Schadensersatzansprüche aus § 823 BGB geltend machen und der Betriebsrat ein Verfahren nach § 23 Abs. 3 anstrengen.

Mitbestimmungsrechte

1. Bei Fragen des Inhalts der Mitbestimmungsrechte ist nach § 87 Abs. 2 immer die betriebliche Einigungsstelle anzurufen. Diese ersetzt die fehlende Einigung zwischen Arbeitgeber und Betriebsrat und entscheidet verbindlich.
2. Bei Fragen, ob ein Mitbestimmungsrecht überhaupt besteht oder nicht, entscheidet das Arbeitsgericht nach § 2a ArbGG im Beschlußverfahren.
3. Da in allen Fällen des § 87 Abs. 2 ein echtes Mitbestimmungsrecht besteht, gibt es kein Direktionsrecht des Arbeitgebers. Einseitige, von ihm getroffene Anordnungen sowie Maßnahmen (Zuweisung anderer Arbeit, Versetzungen, Anordnen von Oberstunden, Ablehnung von Urlaub) sind unzulässig.

Zusammenfassung

1. Die „Mitwirkung" des Betriebsrats auf personellem und sozialem Gebiet wird durch Gesetzgebung und Rechtsprechung immer mehr zugunsten der Gewerkschaften, des Betriebsrats und der Mitarbeiter ausgedehnt.
2. Die „Mitwirkung" des Betriebsrats in personellen und sozialen Angelegenheiten ist sehr verschieden im bezug auf Art, Intensität und Rechtsfolgen.
3. Die Rechtsfolgen der Nichteinschaltung des Betriebsrats sind – je nach Tatbestand – insbesondere:
   1. Feststellungsklagen (§§ 2a ArbGG mit § 93).
   2. Wirksamkeitsvoraussetzungen für Maßnahme des Arbeitgebers (§ 102).
   3. Verlangen der Durchführung von Maßnahmen (§ 95).
   4. Aufstellung eines Sozialplanes (§§ 111, 112).
   5. Festsetzung einer Geldbuße gegen den Arbeitgeber nach OWG.
   6. Festsetzung eines Zwangsgeldes gegen den Arbeitgeber.
   7. Nichtigkeit einer Maßnahme des Arbeitgebers (§ 102 Abs. 1 S. 3).
   8. Zwang zur Vornahme einer Handlung des Arbeitgebers nach § 23.
   9. Verhinderung einer personellen Maßnahme (§99).
   10. Schadensersatzansprüche eines Arbeitnehmers (§§75, 823 BGB).
   11. Ausschaltung des Direktionsrechts des Arbeitgebers.
   12. Bei Fällen echter Mitbestimmung (§ 87)
   Entscheidung durch die betriebliche Einigungsstelle.

21 Weiterführende Literatur (Auswahl)

Affemann, Rudolf: Führen durch Persönlichkeit, 2. Aufl. Leonberg 1997, Rosenberger Fachverlag

Aigner, Gottfried: Mitarbeiter richtig motivieren, Düsseldorf, Econ-Verlag

Aigner, Gottfried: Berufserfolg durch Kreativität. Düsseldorf, Econ-Verlag

Altmann, Hans Christian: Positives Denken, 8. Aufl. München 1997, Verlag Beck

Andersch, Bernd: Karriereplanung und Bewerbungsstrategie. Düsseldorf, Econ-Verlag.

Antons, Klaus: Praxis der Gruppendynamik. Göttingen, Verlag für Psychologie

Apitz, Klaas: Konflikte, Krisen, Katastrophen. Wiesbaden 1987, Verlag Dr. Gabler

Arndt, Norbert: Betriebliches Personalwesen, Wiesbaden 1993, Verlag Dr. Gabler

Assig/Beck: Frauen revolutionieren die Arbeitswelt, München 1996, Verlag Vahlen

Audehn, Dieter: Systematische Ideenfindung, Renningen 1995, expert verlag

Ausfelder, Trude: Mobbing – Schikane am Arbeitsplatz. München, Heyne Verlag

Autenrieth, Christine: Wandel im Personalmanagement, Wiesbaden 1996, Verlag Dr. Gabler

Bähringer/Spiegelhalter: Kurzarbeit. 11. Aufl. Bergisch-Gladbach 1987, Heider-Verlag

Bach, Odilo: Abbau von Hierarchien, Heidelberg 1996, Sauer-Verlag

Balzereit, Bernd: Betriebspsychologie. München 1980, Verlag Olschläger

Balzereit, Bernd: Personalwirtschaft. 2. Aufl. München 1988, Verlag Ölschläger

Barner, Robert W.: Erfolgreich Führen unter Druck. Landsberg 1995, Verlag Moderne Industrie

Batz, Manfred: Erfolgreiches Personalmarketing. Heidelberg 1996, Sauer-Verlag

Bauer/Gartlacher u.a.: Aus- und Weiterbildung von Führungskräften in der Unternehmenspraxis. Ehningen 1987, expert verlag

Bayer, Hermann: Meister in der Industrie. Heidelberg 1985, Sauer-Verlag

Bayer, Jürgen u.a.: Kompetenz 2000. Ehningen 1992, expert verlag

Bechinie, E.: Wege zur optimalen Führungskräfteentwicklung. Wiesbaden 1993, Verlag Dr. Gabler

Becker, Fred: Lexikon des Personalmanagements, München 1994, Verlag Beck

Becker, Helmut L.: Selbstmanagement, Renningen 1996, expert verlag

Becker, Helmut L.: Ganzheitliche Management-Methodik. 3. Aufl. Renningen 1994, expert verlag

Becker, Helmut L.: Die Unternehmenspersönlichkeit. Ehningen 1993, expert verlag

Becker, Hellmut: Lexikon des Personalmanagements. München 1994, Verlag dtv

Becker, Herman: Führung, Motivation und Leistung. Düsseldorf, Econ-Verlag

Becker/Becker: Psychologisches Konfliktmanagement. München 1991, Verlag Beck

v. Beckerat/Sauermann: Handwörterbuch der Betriebspsychologie und Betriebssoziologie. Stuttgart 1981, Enke Verlag

Behrens/Merkel: Erfolgreiche Personalauswahl. Köln 1989, Verlag TÜV-Rheinland

Bellgardt, Peter: Datenschutzpraxis im Personalbereich. Heidelberg 1992, Sauer-Verlag

Bellgardt, Peter: Recht und Taktik des Bewerbergespräches. 2. Aufl. Heidelberg 1992, Sauer-Verlag

Bellgardt, Peter: EDV-Einsatz im Personalwesen. Heidelberg 1990, Sauer-Verlag
Bellgardt, Peter: Flexible Arbeitszeitsysteme. Heidelberg 1987, Sauer-Verlag
Bennett, Dudley: Im Kontakt gewinnen durch Transaktions-Analyse, 2. Aufl. Heidelberg 1986, Sauer-Verlag
Berchtold, Marlene M.: Erfolgreiche Personaleinstellung mit Herz und Verstand, Niederkassel 1996, WWP Verlag
Bergemann/Sourisseaux: Qualitätszirkel. Heidelberg 1988, Sauer-Verlag
Berkel/Herzog: Unternehmenskultur und Ethik, Heidelberg 1997, Sauer-Verlag
Berkel, Karl: Konflikttraining. 5. Aufl. Heidelberg 1997, Sauer-Verlag
Bernan, Gerhard: Reorganisation der Informationsverarbeitung, Wiesbaden 1996, Verlag Dr. Gabler
Berndt, Günther: Personalentwicklung. Köln 1986, Karl-Heymanns-Verlag
Berschin, Herbert: Unternehmen erfolgreich führen. 3. Aufl. Sindelfingen 1990, expert verlag
Berthel/Koch: Karriereplanung und Mitarbeiterförderung. Sindelfingen 1985, expert verlag
Bigalke, Helmut: Taschenbuch für Ausbilder. 5. Aufl. Heidelberg 1991, Sauer-Verlag
Birkenbihl, Michael: Train the Trainer. 12. Aufl. Landsberg 1995, Verlag Moderne Industrie
Bisani, Fritz: Personalführung. 3. Aufl. Wiesbaden 1985, Verlag Dr. Gabler
Biasini, Fritz: Personalwesen und Personalführung, 4. Aufl. Wiesbaden 1995, Verlag Dr. Gabler
Bitzer, Bernd: Fehlzeiten als Chance. Renningen 1995, expert verlag
Blaser, Hans-Otto: Fachwörterbuch der Personalarbeit. 2. Aufl. Köln 1994, Datakontext-Verlag
Böhm/Justen: Bewerberauswahl und Einstellungsgespräch. 5. Aufl. Berlin 1996, Erich Schmidt Verlag
Bösenberg/Metzen: Lean Management, Landsberg 1995, Verlag Moderne Industrie
Bohlen, Fred N.: Schnell und effizient arbeiten, Renningen 1995, expert verlag
Bolten/Pulte: Aufbewahrungsnormen und -fristen im Personalbereich. 3. Aufl. Köln, Datakontext-Verlag
de Bono, Edward: Konflikte. Düsseldorf, Econ-Verlag
Bordemann, Günther H.: Verhaltensregeln im Führungsalltag. Heidelberg 1978, Sauer-Verlag
Borg, Ingwer: Mitarbeiterbefragungen. Göttingen, Verlag für Angewandte Psychologie
Bosch/Kohl: Handbuch Personalplanung. Köln 1995, Bund-Verlag
Brehler, Reiner: Management-Methoden. Heidelberg 1979, Sauer-Verlag
Breisig, Thomas: Steigerung der Arbeitsmotivation. Neuwied 1990, Luchterhand-Verlag
Breisig, Thomas: Personelle Veränderungen. Neuwied 1990, Luchterhand-Verlag
Brinkmann, Ralf D.: Mobbing, Bullying, Bossing. Heidelberg 1995, Sauer-Verlag
Brinkmann, Ralf D.: Personalpflege. Heidelberg 1993, Sauer-Verlag
Brinkmann, Ralf D.: Mitarbeiter-Coaching. 2. Aufl., Heidelberg 1997, Sauer-Verlag
Brommer, Ulrike: Mobbing. München 1995, Wilhelm Heyne Verlag
Buchholz, Gerd: Erprobte Management-Techniken, Renningen 1996, expert verlag
Buchner, D.: Team-Coaching. Wiesbaden 1994, Verlag Dr. Gabler
Büdenbender/Strutz: Gabler Lexikon Personal. Wiesbaden 1996, Verlag Dr. Gabler
Bühner, Rolf: Mitarbeiter mit Kennzahlen führen. Landsberg 1996, Verlag Moderne Industrie
Bundesministerium für Arbeit und Sozialordnung: Mobilzeiten. Bonn 1995
Burkhardt/Stobbe: Das erfolgreiche Einstellungsinterview. Ehningen 1993, expert verlag
Buzan, Tony: Kopftraining. Hamburg, Goldmann-Verlag

Byham/Willins: Power-Teams. Landsberg 1992, Verlag Moderne Industrie
Clermont/Schmeisser: Internationales Personalmanagement, München 1997, Verlag Vahlen
Comelli/von Rosenstiel: Führung durch Motivation, München 1995, Verlag Beck
Conradi, W.: Personalentwicklung. Stuttgart 1983, Enke-Verlag
Copermann, George: Die 12 Gebote der Unternehmensführung. München 1966, Verlag Moderne Industrie
Cox/Hoover: Führungsqualität in Kriesenzeiten, München 1995, Hanser Verlag
Crisand, Ekkehard: Psychologie der Persönlichkeit. 7. Aufl. Heidelberg 1996, Sauer-Verlag
Crisand, Ekkehard: Psychologie der Gesprächsführung. 5. Aufl. Heidelberg 1994, Sauer-Verlag
Crisand/Herrle: Psychologische Grundlagen im Führungsprozeß. Heidelberg 1993, Sauer-Verlag
Crisand/Kiepe: Das Gespräch in der betrieblichen Praxis. Heidelberg 1991, Sauer-Verlag
Crisand/Lyon: Anti-Streß-Training. 2. Aufl. Heidelberg 1991, Sauer-Verlag
Crisand/Pitzek: Das Fachgespräch als Führungsinstrument, Heidelberg 1993, Sauer-Verlag
Crisand/Reinhard: Methodik der Konfliktlösung. Heidelberg 1995, Sauer-Verlag
Crisand/Stephan: Personalbeurteilungssysteme. Heidelberg 1994, Sauer-Verlag
Dahlems, Rolf: Handbuch des Führungskräfte-Managements. München 1994, Verlag Beck
Damain-Knight, Guy: IGing für Manager, 1995, Wilhelm Heyne Verlag
Deep/Sussmann: Erfolgsmanagement. Düsseldorf, Econ-Verlag
Deibl, Maria: Motivation als Führungsaufgabe, Renningen 1991, expert verlag
dies.: Kommunikation im Betrieb, Wien 1995, Linde Verlag
dies.: Managerinnen, Wien 1993, Linde Verlag
dies.: Sind Sie ein idealer Chef?, 2. Aufl. Wien 1990, Linde Verlag
dies.: Karriereplanung für Aufsteiger, Wien 1992, Linde Verlag
Dichter, Ernest: Erfolgsfaktoren für Führungskräfte. Düsseldorf, Econ-Verlag
Diehl, Rolf: Zeit, Intelligenz & Leadership. Paderborn 1992, Junfermann Verlag
Dirks, Heinz: Bessere Menschenkenntnis. Sindelfingen 1985, expert verlag
Dobner, Elke: Frauen führen anders, Heidelberg 1997, Sauer-Verlag
Dörr, Wolfgang: Kreative Alternativen zur Personalanpassung, Renningen 1997, expert verlag
Dries, Gerd-Manfred: Kreativität. Heidelberg 1982, Sauer-Verlag
Dunkel, Dieter: Mitarbeiterbeurteilung und Mitarbeitergespräch. Ehningen 1988, expert verlag
Eberhardt, Stefan: Mitarbeiterführung in schlanken Unternehmen, Leonberg 1995, Rosenberger Fachverlag
Endres, Alfred: Motivation trotz Bürokratie. Stuttgart 1993, Dr. Raabe Verlag
v. Eckardstein, Dudo: Betriebliche Personalpolitik. 4. Aufl. München 1995, Verlag Vahlen
Esser/Wolmerath: Mobbing, Köln 1996 Bund Verlag
Faix, Werner G.: Führung und Persönlichkeit. Landsberg 1995, Verlag Moderne Industrie
Fauth, W.: Praktische Personalarbeit als strategische Aufgabe. 2. Aufl. Wiesbaden 1992, Verlag Dr. Gabler
Feix, W. E.: Personal 2000. Wiesbaden 1991, Verlag Dr. Gabler
Feser, Herbert: Umgang mit suchtgefährdeten Mitarbeitern, Heidelberg 1997, Sauer-Verlag
Feyler, Günther: Schluß mit der Zeitnot. Ehningen 1990, expert verlag

Fiedler-Winter, Rosemarie: Flexible Arbeitszeiten. Landsberg 1994, Landsberg Verlag
Fischer/Lesser: Konzentrationstraining. 2. Aufl. Ehningen 1990, expert verlag
Fischer/Ott: Leistungsfördernde Mitarbeiterbeurteilung. Sindelfingen 1987, expert verlag
Fischer/Weitbrecht: Aggressionsbewältigung im Betrieb. Ehningen 1988, expert verlag
Fisher/Rayner/Belgard: Tips für Teams. Landsberg 1995, Verlag Moderne Industrie
Fisséni/Fennekels: Das Assessment Center. Göttingen, Verlag für Angewandte Psychologie
Franke, J.: Sozialpsychologie des Betriebes. Stuttgart 1980, Enke-Verlag
Franz, Astrid: Personalinformationssysteme und Betriebsverfassung. Köln 1983, Bund-Verlag
Freund/Knoblauch/Racke: Praxisorientierte Personalwirtschaftslehre. 2. Aufl. Stuttgart 1988, Verlag W. Kohlhammer
Frey, Helmut: Personalkosten – Management, München 1997, Verlag Beck
Friede/Sonntag: Berufliche Kompetenz durch Training. Heidelberg 1993, Sauer-Verlag
Friedrich, H.: Die ersten Tage am neuen Arbeitsplatz. Niederhausen, Falken-Verlag
Fröhlich, Werner: Kooperationspartner Personaimanagement. Heidelberg 1990, Sauer-Verlag
Fröhlich, Werner: Quantitative Personalplanung. Frankfurt 1984, Kommentator-Veriag
Fröhlich, Werner: Strategische Personalanpassung, Heidelberg 1997, Sauer-Verlag
Gabele/Liebel/Oechsler: Führungsgrundsätze und Mitarbeiterführung. Wiesbaden 1992, Verlag Dr. Gabler
Gätjens-Reuter, Margit: Effizient arbeiten. Wiesbaden 1993, Verlag Dr. Gabler
Gaugler, Eduard: Betriebliche Weiterbildung als Führungsaufgabe. Wiesbaden 1986, Verlag Dr. Gabler
Gebhardt, E.: Abschied in der Autorität. Wiesbaden 1991, Verlag Dr. Gabler
Gerbitz, Günter: Weniger ist mehr. 2. Aufl., Renningen 1996, expert verlag
Gernet, Erich: Das Informationssystem in der Unternehmung. München, 1987, Hanser Verlag
Gmelin, Volker: Effizientes Personalmanagement durch Personalcontrolling. Renninge 1995, expert verlag
Göpfert, Georg: Die argumentative Bewerbung. 2. Aufl. München 1992, Verlag Beck
Gonschorrek, Ulrich: Personalmanagement, Berlin 1997, Berlin-Verlag
Goos, Wolfgang: Teilzeitarbeit und ihre Sonderformen, Bergisch Gladbach 1995, Heider Verlag
Goossens, Franz: Konferenz, Verhandlung, Meeting. München 1988, Wilhelm Heyne Verlag
Gründefeld, Hans-Günther: Personalberichterstattung mit Informationssystemen. Wiesbaden 1987, Verlag Dr. Gabler
Grünefeld, Hans-Günther: Personalkennzahlen. Wiesbaden 1981, Verlag Dr. Gabler
Grünefeld/Langemeyer: Personalinformationssystem. Wiesbaden 1991,Verlag Dr. Gabler
Gunia, Paul-Gerhard: Mehr Effizienz und mehr Erfolg im Personalkostenmanagement, Renningen 1995, expert verlag
Gutschelhofer/Schaff: Paradoxes Management, Wien 1996, Linde Verlag
Haberkorn, Kurt: Effizient führen, Renningen 1996, expert verlag
ders.: Über Inhalt und Aufmachung von Einführungsschriften für neue Mitarbeiter, Wirtschafts-Praxis Oktober 1965, B 1
ders.: Merkpunkte zur Einführung neuer Mitarbeiter, MuA 1964, 145 ff.
ders.: Die Bekämpfung der Fluktuation, Essen 1965
ders.: Der Sozialbericht, Essen 1965

ders.: Über Inhalt und Aufmachung von Einführungsschriften für neue Mitarbeiter, MuA 1965, 114 f.
ders.: Einführung neuer Mitarbeiter in den Betrieb, in Einführung neuer Mitarbeiter, Düsseldorf 1965, S. 25 ff.
ders.: Aufgaben und Gestaltung von Sozialberichten, ArbSozPol 1964, 10
ders.: Zur Vergleichbarkeit von Fluktuationskennziffern, ArbSozPol 1961, 272
ders.: Zum Austrittsgrund auf eigenen Wunsch, ArbSozPol 1964, 147
ders.: Gutes Betriebsklima – wichtiger als hoher Lohn, Gesundes Volk 1966, 36
ders.: Bezahlte Freistellung von Betriebsratsmitgliedern, MuA 1966, 20
ders.: Rationalisierung und langfristige Personalplanung, Der Arbeitgeber 1964, 187
ders.: Auswirkungen der Rationalisierung und Automatisierung auf die Arbeitsanforderungen, Arbeit, Beruf und Arbeitslosenhilfe 1966 Heft 6 S. 130
ders.: Langfristige Personalplanung und Rationalisierung, Wirtschafts-Praxis Teil-Lieferung 218 Juli 1966 B1
ders.: Aufgaben und Gliederung des Sozialberichts, Wirtschafts-Praxis Sept. 1966 Lieferung 220 B
ders.: Betriebliches Informationsmaterial für die Belegschaft, Bundesarbeitsblatt 1966 Nr. 19 S. 553
ders.: Die Weihnachtsgratifikation, Dr. Gabler-Verlag, Wiesbaden 1966
ders.: Betriebsklima, Wirtschafts-Praxis Januar 1967, Lieferung 224
ders.: Betriebliche Informationsmaterial für die Belegschaft, Sozial- und Arbeitsrecht 1967 Nr. 2 S. 19
ders.: Zur Bekämpfung der Fluktuation, Sozial- und Arbeitsrecht 1967 Nr. 3 S. 36
ders.: Zur Bekämpfung der Fluktuation (Forts.). Sozial- und Arbeitsrecht 1967 Nr. 4 S. 52
ders.: Auswirkungen der Automation auf die Arbeitsanforderungen, Sozial- und Arbeitsrecht 1967 Nr. 6 S. 82
ders.: Abgangsinterview, Wirtschafts-Praxis Juli 1967 Lieferung 230
ders.: Einführung neuer Mitarbeiter mit Hilfe der Betriebszeitschrift, Sozial- und Arbeitsrecht 1968 Nr. 5 S. 66
ders.: Der Sozialbericht in der Betriebszeitschrift, Sozial- und Arbeitsrecht 1968 Nr. 6 S. 82
ders.: Automation, Arbeitsanforderungen, Personalplanung, Zeitung für Betriebs- und Marktwirtschaft 1968 Nr. 3 S. 21
ders.: Betriebsklima – nur ein Modewort? Zeitung für Betriebs- und Marktwirtschaft 1968 Nr. 4 S. 7
ders.: Wie sollte der ideale Vorgesetzte sein? Zeitung für Betriebs- und Marktwirtschaft 1968 Nr. 4 S. 11
ders.: Grundsätze produktiver Mitarbeiterlenkung, Zeitung für Betriebs- und Marktwirtschaft 1968 Nr. 1 S. 18
ders.: Grundsätze produktiver Mitarbeiterlenkung, Sozial- und Arbeitsrecht 1969 Nr. 2 S. 18
ders.: Betriebliches Informationswesen, Wirtschafts-Praxis 1969 Nr. 252
ders.: Sind freiwillige Sozialleistungen noch zeitgemäß? Sozial- und Arbeitsrecht 1969 Nr. 7 S. 100
ders.: Informationsmaterial für die Belegschaft, Wirtschafts-Praxis 1969 Nr. 254
ders.: Erfolgsbeteiligung ist begehrt, Betrieb und Meister 1969 Nr. 4 S. 12
ders.: Bedeutung und Aufbau des betrieblichen Vorschlagswesens, Blätter für Steuerrecht, Sozialversicherung und Arbeitsrecht 1970 Heft 2 S. 27
ders.: Einführung neuer Mitarbeiter, Das Personalbüro 1970 Heft 3 Gruppe 9 S. 41

ders.: Keiner ist so klug wie alle – Bedeutung des betrieblichen Vorschlagswesens, Betrieb und Meister 1970 Nr. 2 S. 9
ders.: Untersuchung freiwilliger Sozialleistungen, Industrieuntersuchung Mai 1970
ders.: Freiwillige Sozialleistungen in Stellenangeboten, Wirtschafts-Praxis 1970 Nr. 264 S. 146
ders.: Aufgaben und Kosten einer Werkszeitschrift, Wirtschafts-Praxis 1970 Nr. 265
ders.: Das innerbetriebliche Informationswesen im Überblick, Personal 1970 Nr. 5 S. 141
ders.: Grundsätze produktiver Mitarbeiterlenkung, Wirtschafts-Praxis 1970 Nr. 266 S. 222
ders.: Bekämpfung der Fluktuation, Das Personal-Büro 1970 Heft 7 S. 107
ders.: Welche freiwilligen Sozialleistungen sind aktuell, welche überholt? Wirtschafts-Praxis 1970 Nr. 271 S. 382
ders.: Wichtige Grundsätze für eine produktive Mitarbeiterlenkung I, Wirtschaft und Leben von morgen, 1971 S. 967
ders.: Wichtige Grundsätze für eine produktive Mitarbeiterlenkung II, Wirtschaft und Leben von morgen, 1971 S. 987
ders.: 600 Fragen und Antworten aus dem Arbeitsrecht, 3. Aufl. Renningen 1995, expert verlag
ders.: Betriebsverfassungsrecht. 3. Aufl. Ehningen 1993, expert verlag
ders.: Management. München 1975, Verlag V. Florentz
ders.: Die Einführungsschrift für neue Mitarbeiter. Neuwied 1972, Luchterhand-Verlag
ders.: Personalpolitik. 2. Aufl. München 1978, Verlag V. Florentz
ders.: Grundlagen der Betriebssoziologie. Gernsbach 1981, Deutscher Betriebswirte-Verlag
ders.: Zeitgemäße betriebliche Sozialleistungen. München 1978, Verlag Vahlen
ders.: So bewerbe ich mich erfolgreich. 7. Aufl. Ehningen 1993, expert verlag
ders.: Arbeitsrecht. 8. Aufl. Renningen 1995, expert verlag
ders.: 88 Tips für erfolreiche Redner. 6. Aufl. Ehningen 1992, expert verlag
Hagemann, Gisela: Die Hohe Schule der Führung. Landsberg 1991, Verlag Moderne Industrie
Haug/Haug: Erfolgreich im Team, München 1995, Verlag Beck
Haupt/Welslau: Checklisten für die Personalarbeit, Neuwied 1997, Luchterhand-Verlag
Heinold, Erhardt: Erfolgreich durch methodisches Arbeiten. Düsseldorf 1989, Econ-Verlag
Heintel/Krainz: Projektmanagement. 2. Aufl. Wiesbaden 1990, Verlag Dr. Gabler
Heinzel, Hellwig: Mitarbeiter zielwirksam auswählen und periodisch beurteilen. Ehningen 1989, expert verlag
Heinzel, Friederike: Management für die Entwicklung von Führungskräften und Organisationen, Renningen 1996, expert verlag
dies.: Management ist nicht nur Menschenführung, Renningen 1996, expert verlag
Heinzel, Regula: Von Absenzen bis Zeugnisse. Zürich, Verlag Organisator
Heinzel/Heinzel: Zielwirksam führen aus transaktionsanalytischer Sicht. 2. Aufl. Ehningen 1990, expert verlag
Hellmann, P.: Wie verärgere ich meine Mitarbeiter? Stuttgart, Taylorix Fachverlag
Hentschel/Goldenbohm/Laicher: Auskunfts-, Bescheinigungs- und Meldevorschriften im Personalwesen. 3. Aufl. Köln, Datakontext-Verlag
Hentze/Brose: Personalführungslehre. Bern 1986, Verlag Paul Haupt
Hentze u.a.: Praxis der Managementtechniken, München 1989, Hanser Verlag
Herber, Hans-Jörg: Motivationsanalyse. Wien 1997, Linde Verlag
Herbst, Hartwig Martin: Positiv managen. 4. Aufl. Planegg 1991, WRS Verlag
Herkommer/Bierbaum: Industriesoziologie. Stuttgart 1979, Enke Verlag

Hermann, Jörg. Personalorganisation und Personaleinsatz, Wiesbaden 1996, Verlag Dr. Gabler
Hermann, Roger E.: So erhalten Sie Ihre besten Mitarbeiter. Landsberg 1993, Verlag Moderne Industrie
Heymann/Seiwert: Job-Sharing. Sindelfingen 1981, expert verlag
Heymann/Striening: Zielwirksam entscheiden leicht gemacht. Ehningen 1982, expert verlag
Hilb, Martin: Integriertes Personalmanagement. 3. Aufl. Neuwied 1995, Luchterhand Verlag
Hille, Hans Eduard: Personalanpassung in Krisenzeiten. Bonn 1994, Stofffluß Verlag
Hirzel, Matthias: Managementeffizienz. 4. Aufl. Wiesbaden 1989, Verlag Dr. Gabler
Hobbs, Charles R.: Time Power, Heidelberg 1989, Sauer-Verlag
Hölterhoff/Becker: Aufgaben und Organisation der betrieblichen Weiterbildung, München, Hanser Verlag
Hönig, Wolf: Personalabbau. Zürich 1994, Verlag Organisator
Hönig, Wolf: Zukunftsorientierte Pesonalbeschaffung. Zürich, Verlag Organisator
Hofmann/Linneweh/Streich: Erfolgsfaktor Persönlichkeit, München 1997, Verlag Beck
Hoffmann/Regnet: Innovative Weiterbildungskonzepte. Göttingen, Verlag für Angewandte Psychologie
Hoffmann, Rüdiger: Human Capital im Betrieb. Heidelberg 1991, Sauer-Verlag
Hoff/Knebel/Schwedes: Praxis-Handbuch der Arbeitszeitgestaltung. Freiburg 1987, Rudolf Haufe Verlag
Holland, Jürgen: Teilzeitarbeit. München 1988, Verlag Beck
Hornung-Draus, Renate: Mitarbeiterbeteiligungen. Bergisch-Gladbach 1989, Heider-Verlag
Hoss/Jansen: Gezielte Personalanpassung. Landsberg 1994, Verlag Moderne Industrie
v. Hoyningen-Huene/Püttner: Der psychologische Test im Betrieb, Heidelberg 1997, Sauer-Verlag
Hromadka, Wolfgang: Führungskräftebrevier. München 1987, Verlag Beck
Hugo-Becker/Becker: Psychologisches Konfliktmanagement. München 1992, Verlag dtv
Hunold, Wolf: Personalanpassung in Recht und Praxis. München 1982, Verlag Beck
Hunold, Wolf: Führungstraining für Meister. 2. Aufl. Heidelberg 1996, Sauer-Verlag
Hunold, Wolf: Optimieren Sie Ihren Personaleinsatz. Ehningen 1993, expert verlag
Hunold, Wolf: Lean Production. München 1993, Verlag Beck
Jacobi, Jens-Martin: 13 Leitbilder des Managers von morgen. Wiesbaden 1989, Verlag Dr. Gabler
Jandt, Fred: Konflikt-Management. 1988, Albert Müller Verlag
Jenschede, G.: Grundlagen der Führung. Wiesbaden 1994, Verlag Dr. Gabler
Jeserich, Wolfgang: Mitarbeiter auswähen und fördern. München, Hanser Verlag
Jeserich, Wolfgang: Personal-Förderkonzepte. München 1996, Hanser Verlag
Jost, Peter-J.: Flexible Arbeitszeiten für Klein- und Mittelbetriebe des Handels, Neuwied 1997, Luchterhand-Verlag
Jung/Klein: Management, München 1993, Hanser Verlag
Kador, Fritz-Jürgen: Einkommenspolitik für leitende Angestellte. Bergisch-Gladbach, Heider-Verlag
Kador/Kempe: Checklisten für die tägliche Personalarbeit. 3. Aufl. Bergisch-Gladbach 1994, Heider-Verlag
Kador/Müller/Hagen: Fehlzeiten senken. Bergisch-Gladbach 1981, Heider-Verlag
Kälin/Burkhardt u.a.: Captain oder Coach? Thun 1995, Ott Verlag
Kaiser, Thomas: Personalwirtschaft. Wiesbaden 1994, Verlag Dr. Gabler
Käppeler, Franz: Teamwork. Grafenau 1984, expert verlag

Kastner, Michael: Personalmanagement heute. Landsberg 1990, Verlag Moderne Industrie
Kempe/Huth: Personalbeschaffung. Bergisch-Gladbach 1990, Heider-Verlag
Kempe/Kramer: Tips für Mitarbeitergespräche. 5. Aufl. Bergisch-Gladbach 1993, Heider-Verlag
Kempe/Kramer: Mitarbeiter-Motivation. Bergisch-Gladbach 1993, Heider-Verlag
Kern/Schumann: Das Ende der Arbeitsteilung? 4. Aufl. München 1990, Verlag Beck
Kets de Vries, M. F. R.: Chef-Typen. Wiesbaden, Verlag Dr. Gabler
Kettgen, Gerhard: Moderne Personalentwicklung in der Wirtschaft. Ehningen 1989, expert verlag
Kieser/Nagel/Krüger/Hippler: Die Einführung neuer Mitarbeiter in das Unternehmen. 2. Aufl. Frankfurt 1990, Verlagsgruppe Luchterhand
Kirckhoff, Magens: Mind Mapping. Berlin 1988, Synchron-Verlag
Kitzmann, A.: Persönliche Arbeitstechniken und Zeitmanagement. 2. Aufl. Renningen 1994, expert verlag
Kleine-Doepke, Rainer: Management-Basiswissen, München 1993, Verlag Beck
Knaack, Rolf W.: Management-Erfolg ist planbar, München 1995, Verlag Beck
Knebel, Heinz: Das Vorstellungsgespräch, 15. Aufl. Freiburg 1995, Haufe Verlag
Knebel, Heinz: Taschenbuch für Bewerberauslese. 7. Aufl. Heidelberg 1996, Sauer-Verlag
Knebel, Heinz: Taschenbuch für Leistungsbeurteilung und Leistungszulagen. 2. Aufl. Heidelberg 1982, Sauer-Verlag
Knebel, Heinz: Taschenbuch für Personalbeurteilung, 9. Aufl. Heidelberg 1995, Sauer Verlag
Knebel/Schneider: Taschenbuch für Führungsgrundsätze, 2. Aufl. Heidelberg 1994, Sauer Verlag
Knebel/Schneider: Die Stellenbeschreibung. 6. Aufl. Heidelberg 1997, Sauer Verlag
Knebel/Zander: Kleine Führungspraxis. 2. Aufl. Heidelberg 1996, Sauer-Verlag
Knebel/Zander: Führungslehre für Ingenieure und Techniker. Heidelberg 1985, Sauer Verlag
Knebel/Zander: Arbeitsbewertung und Eingruppierung. 2. Aufl. Heidelberg 1989, Sauer Verlag
Knevels/Lindena: Gleitende Arbeitszeit. Bergisch-Gladbach 1987, Heider-Verlag
Kniess, Michael: Kreatives Arbeiten. München 1995, Verlag Beck
Koczkas, Susanne: Betriebspsychologisches Taschenbuch. 6. Aufl. Heidelberg 1985, Sauer-Verlag
König, Hans-Joachim: Management – praktisch. München 1989, Verlag Beck
Köster, Rudolf: Streßgefahren – erkennen, überwinden. Ehningen 1988, expert verlag
Kompa, A.: Personalbeschaffung und Personalauswahl. Stuttgart 1984, Enke-Verlag
Konegen-Grenier, Christiane: Trainerprogramme. Köln 1989. Deutscher Instituts-Verlag
Korff/Schmidt: Menschen beurteilen und Menschen führen. 5. Aufl. Heidelberg 1983, Sauer-Verlag
Korff/Schmidt: Menschenführung als Aufgabe. 6. Aufl. Heidelberg 1981, Sauer-Verlag
Korff/Reineke: Arbeitstechnik für Vielbeschäftigte. 5. Aufl. Heidelberg 1980, Sauer-Verlag
Kraus/Kraus: Mobbing. 2. Aufl. Renningen 1996, expert verlag
Krauss/Gross: Wer verdient wieviel? 8. Aufl. Renningen 1995, expert verlag
Kraus/Scheff/Gutschelhofer: Neue Ansätze in der Personalarbeit, Wien 1993, Linde Verlag
dies.: Personalmanagement in der Krise, Wien 1994, Linde Verlag
Kreikebaum, Herbert: Humanisierung der Arbeit, Wiesbaden 1988, Verlag Dr. Gabler
Krüger, Wilfried: Konfliktsteuerung als Führungsaufgabe. München 1973, Verlag Moderne Industrie

Krug, Jürgen: Das autogene Training. München 1991, Verlag Beck
Kübel, Rolf: Ressource Mensch. München 1990, Verlag Beck
Kühn, Gundolf: Mitarbeiterführung für Ingenieure. 2. Aufl. Berlin 1989, vde-Verlag
Kunz, Hans Ulrich: Spitzenleistung im Team. 2. Aufl. Heidelberg 1994, Sauer-Verlag
Kumar/Wagner: Handbuch des Internationalen Personalmanagements, München 1998, Verlag Beck
Ladensack, Klaus: Kreativität im Management. Heidelberg 1992, Sauer-Verlag
Lang/Ohl: Lean production, 2. Aufl. Köln 1994, Bund-Verlag
Lattmann, Charles: Personalfunktion in der Unternehmung. 1995, Huber Verlag
Lauster, Peter: Menschenkenntnis. Düsseldorf, Econ-Verlag
Laske/Gorbach: Personalentwicklung. Wiesbaden 1993, Verlag Dr. Gabler
Lehmann, Rolf G.: Weiterbildung und Management. Landsberg 1994, Verlag Moderne Industrie
Leibfried/Mc Nair: Benchmarking. Freiburg 1993, Rudolf Haufe Verlag
Leicher, Rolf: So führt man Kritikgespräche richtig, 2. Aufl. Renningen 1995, expert verlag
Leiter, Reinhard: Der Weiterbildungsbedarf im Unternehmen, München, Hanser Verlag
Lemke, Stefan G.: Transfermanagement. Göttingen, Verlag für Angewandte Psychologie
Lenfers, Henner: Alkohol am Arbeitsplatz. 2. Aufl. Neuwied 1993, Luchterhand Verlag
Leonhardt, Walter: Personal- und Managemententwicklung. Heidelberg 1984, Sauer-Verlag
Liebel/Oechsler: Personalbeurteilung. Wiesbaden 1992, Verlag Dr. Gabler
Liedtke, Günter: Führungskraft Meister, Renningen 1996, expert verlag
Lindholz, Heinz: Wie Chefs Konflikte meistern. Wiesbaden 1990, Verlag Dr. Gabler
Linnenkohl/Rauschenberg: Arbeitszeitflexibilisierung, 3. Aufl. Heidelberg 1996, Verlag Recht und Wirtschaft
List, Karl-Heinz: So finden Sie die richtigen Mitarbeiter. Köln, Datakontext-Verlag
List, Karl-Heinz: Freie Mitarbeiter, Aushilfen und Leiharbeitnehmer richtig einsetzen. Köln, Datakontext-Verlag
List, Karl-Heinz: Der faire Chef. Köln, Datakontext-Verlag
Lobscheid, Hans: Mitarbeiter einvernehmlich führen. München 1994, Verlag Beck
Loos, Wolfgang: Coaching für Manager. 3. Aufl. Landsberg 1993, Verlag Moderne Industrie
Lücke, Wolfgang: Arbeitsleistung und -entlohnung. Wiesbaden 1988, Verlag Dr. Gabler
Lüscher, Max: Signale der Persönlichkeit. Düsseldorf 1989, Econ-Verlag
Lumma, Klaus: Die Teamfibel. Hamburg 1994, Windmühle Verlag
Lung, Matthias: Betriebliche Weiterbildung, Leonberg 1996, Rosenberger Fachverlag
Maasch, Jürgen: Strategische Personalplanung, Wiesbaden 1996, Verlag Dr. Gabler
Macharzina, Klaus: Informationspolitik. Wiesbaden 1990, Verlag Dr. Gabler
Mackenzie, Alec: Zeit für Erfolg. Heidelberg 1990, Sauer-Verlag
Mackenzie, R. Alec: Die Zeitfalle. 11. Aufl. Heidelberg 1995, Sauer-Verlag
Mackenzie/Waldo: Die doppelte Zeitfalle. 3. Aufl. Heidelberg 1992, Sauer-Verlag
Maier, W.: Arbeitsanalyse und Lohngestaltung. Stuttgart 1983, Enke-Verlag
Maier/Fröhlich: Personaimanagement für Klein- und Mittelbetriebe. Heidelberg 1992, Sauer-Verlag
Maier/Fröhlich: Personalmanagement in der Praxis. Wiesbaden 1991, Verlag Dr. Gabler
Marv, Rainer: Arbeitszeitmanagement, 2. Aufl. Berlin 1993, Erich Schmidt Verlag
Mayer, Horst: Umgang mit Fehlzeiten in Wirtschaftsunternehmen, Renningen 1997, expert verlag
Meier, Harald: Handbuch Personalentwicklung für Klein- und Mittelbetriebe. Wiesbaden 1991, Verlag Dr. Gabler
Mall, Georg: Alkoholprobleme im Betrieb sicher lösen. Renningen 1993, expert verlag

Mambert, W. A.: Taschenbuch für effektive Kommunikation. Heidelberg 1975, Sauer-Verlag
Marat, Fred: Wie ich meinen Chef erziehe. Verlag Bastei Lübke
Menz, Adrian P.: Menschen führen Menschen. Wiesbaden 1989, Verlag Dr. Gabler
Merk, Richard: Kommunikatives Management. Neuwied 1993, Luchterhand Verlag
Merk, Richard: Weiterbildungsmanagement. Neuwied 1992, Luchterhand Verlag
Merz, Eberhard: Betriebliches Vorschlagswesen. Landsberg 1988, Verlag Moderne Industrie
Merz/Biehler: Betriebliches Vorschlagswesen. 2. Aufl. Landsberg 1994, Verlag Moderne Industrie
Moser, Klaus u.a.: Personalmarketing. Göttingen, Verlag für Angewandte Psychologie
Müller-Klement/Seiwert: Zielwirksam arbeiten. 11. Aufl. Renningen 1997, expert verlag
Müller-Seitz, Peter: Erfolgsfaktor Arbeitszeit, München 1996, Verlag Beck
Mulder/Seibt: Methoden- und computergestützte Personalplanung. 2. Aufl. Köln 1994, Datakontext-Verlag
Murphy, Kevin: Führen mit gesundem Menschenverstand, 2. Aufl. Freiburg 1993, Haufe Verlag
Neuhäuser-Metternich: Kommunikation im Berufsalltag. München 1994, Verlag Beck
Obermann, Christof: Assessment-Center. Wiesbaden 1992, Verlag Dr. Gabler
Odiorne, George S.: Arbeits- und Führungstechnik der Chefs. 8. Aufl. München 1971, Verlag Moderne Industrie
Oechsler, Walter A.: Konfliktmanagement. Wiesbaden, Verlag Dr. Gabler
Oechsler, Walter A.: Human-Ressource-Mariagement. Wiesbaden 1993, Verlag Dr. Gabler
Oehme, Wolfgang: Führen durch Motivation. Essen 1979, Verlag Giradet
Oess, Attila: Total Quality Management. Wiesbaden 1989, Verlag Dr. Gabler
Oertig, Marcel: Dynamisches Personal-Management, Neuwied 1995, Luchterhand-Verlag
Olesch, Günther: Praxis der Personalentwicklung. 2. Aufl. Heidelberg 1992, Sauer-Verlag
Olesch, Günther: Schwerpunkte der Personalarbeit, Heidelberg 1997, Sauer-Verlag
Oppermann, Klaus: Kurzarbeit. 12. Aufl. Bergisch-Gladbach 1993, Heider-Verlag
Ornstein, Robert: Multimind. Paderborn 1989, Junfermann-Verlag
Ott, Heinz Karl: Gespräche mit Bewerbern sinnvoll führen. Sindelfingen 1986, expert verlag
Pätzold, Günter: Didaktisches Handeln des betrieblichen Ausbildungspersonals. Heidelberg 1993, Sauer-Verlag
Papmehl, André: Personal-Controlling. Heidelberg 1990, Sauer-Verlag
Papmehl/Walsh: Personalentwicklung im Wandel. Wiesbaden 1991, Verlag Dr. Gabler
Papmehl/Walsh/Ehmann: Zukunftsorientierte Personalentwicklung. Wiesbaden 1991, Verlag Dr. Gabler
Pawlowsky/Bäumer: Betriebliche Weiterbildung, München 1996, Verlag Becker
Petersen, Willi: Betriebliche Fortbildung im Kontext neuer Produktionstechnologien. Ehningen 1991, expert verlag
Pfeiffer/Weis: Lean Management, 2. Aufl. Berlin 1994, Erich Schmidt Verlag
Pfützner, Robert: Kooperativ führen. 3. Aufl. München 1986, Robert Pfützner GmbH
Pieper/Rostowski: Personalmanagement. Wiesbaden 1994, Verlag Dr. Gabler
Pillat/Wilke: Probleme bei krankheitsbedingten Fehlzeiten. Köln 1990, Deutscher Instituts Verlag
Pillat, Rüdiger: Neue Mitarbeiter, 6. Aufl. Freiburg 1994, Haufe Verlag
Pohen/Esser: Fehlzeiten senken. 2. Aufl. Heidelberg 1995, Sauer-Verlag
Popp, Gerfried J.: Rechtsgrundlagen der Personalarbeit, Heidelberg 1967, Sauer-Verlag
Posé, Ulf D.: Führen durch überzeugen. Düsseldorf, Econ-Verlag

Prollius, Günter: Das Personalhandbuch als Führungsinstrument. Heidelberg 1987, Sauer Verlag
Pullig, Karl-Klaus: Personalwirtschaft. München 1980, Carl Hanser Verlag
Pullig, K.-K.: Personalmanagement, München 1993, Carl Hanser Verlag
Pulte, Peter: Kapazitätsorientierte variable Arbeitszeit. Heidelberg 1987, Verlag Recht und Wirtschaft
Pulte, Peter: Musterschreiben für die tägliche Personalarbeit. 2. Aufl. Bergisch-Gladbach 1993, Heider-Verlag
Rahn, Horst: Führen von Gruppen. 3. Aufl. Heidelberg 1995, Sauer-Verlag
Raschke/Knebel: Taschenbuch für Bewerberauslese. 4. Aufl. Heidelberg 1983, Sauer-Verlag
Raschke/Knebel: Taschenbuch für Personalbeurteilung. 6. Aufl. Heidelberg 1983, Sauer-Verlag
Rationalisierungs-Kuratorium der Deutschen Wirtschaft e. V.: Personalplanung. 2. Aufl. Neuwied 1990, Luchterhand-Verlag
Reed, Stanley Faster: Kollege Querulant, Freiburg 1994, Haufe Verlag
Regner, Erika: Konflikte in Organisationen. Göttingen, Verlag für Angewandte Psychologie
Reineke, Wolfgang: Optimal arbeiten und führen. 6. Aufl. Heidelberg 1992, Sauer-Verlag
Reineke/Gollub/Schunk: Gesamtkommunikation, Heidelberg 1996, Sauer-Verlag
Richenhagen, Gottfried: Bildschirmarbeitsplätze. Neuwied 1994, Luchterhand-Verlag
Richenhagen, Gottfried: Bildschirmarbeitsplätze. 2. Aufl. Neuwied 1996, Luchterhand-Verlag
Richter, Manfred: Personalführung. 3, Aufl. Stuttgart 1994, Verlag Schäffer-Poeschel
Richter, Manfred: Aktivieren von „good will". Bergisch-Gladbach 1988, Heider-Verlag
Riekhof, Hans-Christian: Strategien der Personalentwicklung. 3. Aufl. Wiesbaden 1992, Verlag Dr. Gabler
Rischar, Klaus: Spielregeln für den Umgang mit Chefs. 2. Aufl. Wiesbaden 1987, Verlag Dr. Gabler
Rischer/Titze: Qualitätszirkel. 3. Aufl. Ehningen 1994, expert verlag
Rodgers/Levey: Mein Schlüssel zum Erfolg. Heidelberg 1989, Sauer-Verlag
Röschlau, Manfred: Who's who für die Personalarbeit. Frankfurt 1989, Kommentator Verlag
v. Rosenstiel. Lutz: Motivation im Betrieb, 9. Aufl. Leonberg 1996, Rosenberger Fachverlag
v. Rosenstiel/Nerdinger u.a.: Führungsnachwuchs im Unternehmen. München 1989, Verlag Beck
v. Rosenstiel/Regnet/Domsch: Führung von Mitarbeitern. Stuttgart 1991, Schäffer Verlag
Rosner, Ludwig: Führungslehre: Grundlagen und Anwendungen. Ehningen 1991, expert verlag
Rudolf, F.: Chefsache Mobbing. Wiesbaden 1994, Verlag Dr. Gabler
Rückle, Horst: Körpersprache für Manager. Landsberg, Verlag Moderne Industrie
Rüttinger, Bruno: Konflikt und Konfliktlösungen, 3. Aufl. Renningen 1997, expert verlag
Rüttinger, Rolf: Transaktions-Analyse. 6. Aufl. Heidelberg 1996, Sauer-Verlag
Rumstig, Jürgen: Die Herausforderung. Renningen 1995, expert verlag
Saamann, Wolfgang: Effizient führen. Wiesbaden 1990, Verlag Dr. Gabler
Sanborn, Mark: Teamarbeit. München, Heyne-Verlag
Sarges, Werner: Management-Diagnostik, 2. Aufl. Göttingen, Verlag Hogrefe
Sauer, Angelika: Betriebskultur. Heidelberg 1989, Sauer-Verlag
Sauermann, Peter: Betriebspsychologie. Stuttgart 1979, Enke-Verlag
Schaal, Werner: Die ganzheitliche Personalarbeit. Heidelberg 1992, Sauer-Verlag
Schall, Dieter: Personalwirtschaft. Wiesbaden 1994, Verlag Dr. Gabler
Schanz, Günther: Personalwirtschaftslehre. 2. Aufl. München 1993, Verlag Vahlen

Schanz, Günther: Mitarbeiterbeteiligung. München 1985, Verlag Vahlen
Schauer, Renate: Mobbing, Wiesbaden 1998, Universum Verlagsanstalt
Scheben, Mathias: Die erfolgreichen Methoden zur Konfliktvermeidung und Konfliktbewältigung im Unternehmen. Kissing, WEKA-Verlag
Scheer, August W.: Betriebliche Informationssysteme. Wiesbaden 1996, Verlag Dr. Gabler
Schireks, Arnulf D.: Management Development und Führung. Göttingen, Verlag für Angewandte Psychologie
Schlicksupp, Helmut: Führung zu kreativer Leistung. Renningen 1995, expert verlag
Schmidt, Josef: Erfolgspotential Mitarbeiter. 2. Aufl. Planegg 1991, WRS-Verlag
Schmidt, Walter: Führungsethik. Heidelberg 1986, Sauer-Verlag
Schmidt, Walter: Verantwortung übernehmen im Betrieb. Heidelberg 1992, Sauer-Verlag
Schmidt, Walter: Akzeptiertes Führungsverhalten. Heidelberg 1996, Sauer-Verlag
Schmitt, Roman: Streß erkennen und bewältigen. München 1992, Verlag Beck
Schneider, Helmut: Team und Teamarbeit. Bergisch-Gladbach 1991, Heider-Verlag
Schneider, Wolfgang: Arbeitssicherheit und Unfallverhütung als Führungsaufgabe. Ehningen 1988, expert verlag
Scholz, Christian: Personalmanagement. 4. Aufl. München 1995, Verlag Vahlen
Schuhmacher, Bernd: Personalplanung in der Praxis. 2. Aufl. Heidelberg 1992, Sauer-Verlag
Schuler/Stehle: Assessment Center als Methode der Personalentwicklung- Göttingen, Verlag für Angewandte Psychologie
Schulte, Christof: Personal-Controlling mit Kennzahlen. München 1989, Verlag Vahlen
Schultheiss, Wilhelm: Lean Management. Renningen 1995, expert Verlag
Schuppert, D.: Kompetenz zur Führung. Wiesbaden 1993, Verlag Dr, Gabler
Schuppert/Lukas: Lust auf Leistung. Wiesbaden 1993, Verlag Dr. Gabler
Schwan/Seipel: Personalmarketing für Mittel- und Kleinbetriebe. München 1994, Verlag Beck
Schwarz, Gerhard: Konfliktmanagement. 2. Aufl. Wiesbaden 1995, Verlag Dr. Gabler
Schwarz/Purtschert/Giroud: Das Freiburger Management-Modell. Bern 1995, Verlag Paul Haupt
Schweiger/Papanfuss: Human Resource Planning. Wiesbaden 1992, Verlag Dr. Gabler
Seibt/Mülder: Methoden- und computergestützte Personalplanung. Köln, Datakontext-Verlag
Seifert, Hartmut: Jenseits der Normalarbeitszeit. Köln 1993, Bund-Verlag
Seiling, H.: Der neue Führungsstil, München 1994, Carl Hanser Verlag
Siegert, Werner: Wie führe ich meinen Vorgesetzten? Wien 1997, Linde Verlag
Siegert/Lang: Führen ohne Konflikte. Rerininingen 1994, expert verlag
Siemers, Wolfgang: Management auf dem Prüfstand. Wiesbaden 1995, Verlag Dr. Gabler
Sievert, Ulrich: Mehr Zeit für das Wichtige. Düsseldorf, Econ-Verlag
Siller, Ewald: Führen und Verantworten. Köln 1986, Verlag TÜV Rheinland
Simbrunner, Josef: Das 50-Punkte-Programm für Führungskräfte. 2. Aufl. Ehningen 1994, expert verlag
Simon/Sebastian: Strategisches Personalmanagement. Wiesbaden 1995, Verlag Dr. Gabler
Skirl/Schwalb: Das Ende der Hierarchien. Wiesbaden 1994, Verlag Dr. Gabler
Sonntag, Karlheinz: Personalentwicklung in Organisationen. Göttingen, Verlag Hogrefe
Sprenger, Reinhard K.: Das Prinzip Selbstverantwortung – Wege zur Motivation. Frankfurt 1996, Campus Verlag
Spie, Ulrich: Personalwesen als Managementaufgabe. Stuttgart 1988, Schäffer-Verlag
Spie, Ulrich: Personalwesen als Organisationsaufgabe. Heidelberg 1988, Sauer-Verlag
Staehle/Conrad/Sydow: Management. 7. Aufl. München 1994, Verlag Vahlen

Stähli, Albert: Managementweiterbildung Ziele. Neuwied 1993, Luchterhand-Verlag
Stahlhacke/Wolny u.a.: Personalmanagement in der Praxis, 5. Aufl. Neuwied, Luchterhand-Verlag
Steinmann/Schreyögg: Management. Wiesbaden 1992, Verlag Dr. Gabler
Stoewer, Günter: Motivierungshilfen aus der Praxis. Heidelberg 1986, Sauer-Verlag
Stiefel, Rolf Th.: Innovationsfördernde Personalentwicklung in Klein- und Mittelbetrieben. Neuwied 1991, Luchterhand-Verlag
Stopp, Udo: Betriebliche Personalwirtschaft, 21. Aufl. Ehningen 1997, expert verlag
Stopp, Udo: Praktische Betriebspsychologie. 8. Aufl. Ehningen 1997, expert verlag
Strauss/Kleinmann: Computersimulierte Szenarien in der Personalarbeit, Göttingen, Verlag für angewandte Psychologie
Stroebe/Stroebe: Situatives Führen und Management by Objectives. 4. Aufl. Heidelberg 1994, Sauer-Verlag
Stroebe/Stroebe: Motivation. 6. Aufl. Heidelberg 1994, Sauer-Verlag
Stroebe/Stroebe: Führungsstile. 5. Aufl. Heidelberg 1996, Sauer-Verlag
Stroebe/Stroebe: Grundlagen der Führung. 9. Aufl. Heidelberg 1996, Sauer-Verlag
Stroebe, Guntram H.: Gezielte Verhaltensänderung. 3. Aufl. Heidelberg 1994, Sauer-Verlag
Stroebe, Rainer W.: Arbeitsmethodik 1. 7. Aufl. Heidelberg 1996, Sauer-Verlag
Stroebe, Rainer W.: Arbeitsmethodik 11. 6. Aufl. Heidelberg 1995, Sauer-Verlag
Stroebe, Rainer W.: Kommunikation 1. 5. Aufl. Heidelberg 1996, Sauer-Verlag
Stroebe, Rainer W.: Kommunikation 11, 6. Aufl. Heidelberg 1995, Sauer-Verlag
Strutz, Hans: Hanbuch Personalmarketing. 2. Aufl. Wiesbaden 1993, Verlag Dr. Gabler
Strutz, Hans: Strategien des Personalmarketings. Wiesbaden 1991, Verlag Dr. Gabler
Strutz/Wiedemann: Internationales Personalmanagenent. Wiesbaden 1992, Verlag Dr. Gabler
Strutz/Wiedemann: Ergebnisorientierte Stellenbeschreibung und Funktionsdiagramme im Führungsbereich. Sindelfingen 1980, expert verlag
Tannen, Deborah: Job-Talk. 1995, Ernst Kabel Verlag
Tepperwein, Kurt: Kraftquelle Mentaltraining. Genf 1986, Verlag Ariston
Then/Denkhaus: Zeitarbeit. München 1994, Verlag Beck
Thom, Norbert: Personalentwicklung als Instrument der Unternehmensführung. Stuttgart 1987, Poeschel Verlag
Thomae, Hans: Konflikt, Entscheidung, Verantwortung. Stuttgart 1974, Verlag Kohlhammer
Thomas, Rudolf F.: Mobbing. Wiesbaden 1994, Verlag Dr. Gabler
Töpfer/Poersch: Aufgabenfelder des betrieblichen Personalwesens für die 90er Jahre. Frankfurt 1989, Kommentator-Verlag
Toelstede, Bodo G.: Zielwirksam kommunizieren, Renningen 1995, expert verlag
Tsifidaris, Michael: Management der Innovation. Renningen 1994, expert verlag
Urban, Dieter: Persönlichkeitsentfaltung. Heidelberg 1994. Sauer-Verlag
Ury/Brett: Konfliktmanagement. München, Heyne Verlag
Vatterroth, Hans-Christian: PPS und computergestützte Personalarbeit. Köln 1994, Datakontext-Verlag
Vollmer, Günther R.- Ursachen von Erfolg und Mißerfolg im Betrieb. Heidelberg 1991, Sauer-Verlag
Vollmer, Günther R.: Verhaltensmanagement im Beruf. Renningen 1994, expert verlag
Voss, Bärbel: Kommunikations- und Verhaltenstraining. Göttingen, Verlag für Angewandte Psychologie
Wagner, Abe: Besser führen mit Transaktionsanalyse. 2. Aufl. Wiesbaden 1992, Verlag Dr. Gabler

Wagner, D.: Personalfunktion in der Unternehmensleitung. Wiesbaden 1994, Verlag Dr. Gabler
Wagner, Peter: Kontrolle – Beurteilung – Kritik. Bergisch-Gladbach 1981, Heider-Verlag
Wagner, Peter: Personalbeschaffung. Heidelberg, Sauer-Verlag
Wagner, Peter: Streitkultur, Renningen 1995, expert verlag
Wagner-Link: Angelika: Aktive Entspannung und Streßbewältigung. 4. Aufl. Renningen 1996, expert verlag
Wagner/Grawert: Sozialleistungsmanagement. München 1993, Verlag Beck
Wagner/Zander/Hauke: Handbuch der Personalleitung. München 1992, Verlag Beck
Wall, Friederike: Organisation und betriebliche Informationssysteme. Wiesbaden 1996, Verlag Dr. Gabler
Walsh, John: Erfolgreiches Management. Düsseldorf, Econ-Verlag
Waszekewitz, Bernhard: Personalführung. Gernsbach 1974, Deutscher Betriebswirte Verlag
Watson, Gregory H.: Benchmarking. München 1993, Verlag Moderne Industrie
Weber/Weinmann: Strategisches Personal-Management. Stuttgart 1989, Poeschel-Verlag
Weede, Erich: Konfliktforschung. Wiesbaden 1986, Westdeutscher Verlag
Weinberger, Georg: Emotionales Management. Heidelberg 1996, Sauer-Verlag
Weiss/Kirchner: Selbst-Coaching. 2. Aufl. Paderborn 1991. Junfermann-Verlag
Weissmann, Arnold: Management-Strategien. 3. Aufl. Landsberg 1994, Verlag Moderne Industrie
Wellmann/Zelms: Professionelles Zeitmanagement. Wiesbaden 1994, Verlag Dr. Gabler
Weuster, Arnulf: Personalauswahl und Personalbeurteilung mit Arbeitszeugnissen. Göttingen, Verlag für Angewandte Psychologie
Wildenmann, Bernd: Professionell führen. 3. Aufl. Neuwied 1996, Luchterhand-Verlag
Wimmer, P.: Personalplanung. Stuttgart 1985, Enke-Verlag
Wirth, E.: Mitarbeiter im Auslandseinsatz. Wiesbaden, Verlag Dr. Gabler
Withauer, Klaus F.: Menschen führen. 6. Aufl. Sindelfingen 1992, expert verlag
Wolf, J.: Internationales Personalmanagement. Wiesbaden 1994, Verlag Dr. Gabler
Wolff/Göschel: Erfolgsfaktor Führung. Wiesbaden 1980, Verlag Dr. Gabler
Wolff/Göschel: Führung 2000. Wiesbaden 1987, Verlag Dr. Gabler
Wolff/Göschel: Erfolg durch motivierte Mitarbeiter. Wiesbaden 1991, Verlag Dr. Gabler
Wolfin/Schmidt: Schwerbehinderte im Betrieb. Heidelberg 1993, Sauer-Verlag
Wunderer, Rolf: Personalmanagement. Wiesbaden 1992, Verlag Dr. Gabler
Wunderer/Fröhlich: Personalentwicklungscontrolling. München 1996, Verlag Vahlen
Wunderer/Kuhn: Innovation Personal-Management. Neuwied 1995, Luchterhand-Verlag
Wunderer/Schlagenhaufer: Personal-Controlling. Stuttgart 1994, Verlag Schäffer-Poeschel
Zand, Dale E.: Wissen, Führen, Überzeugen. Heidelberg 1983, Sauer-Verlag
Zander, Ernst: Taschenbuch für Führungstechnik. 6. Aufl. Heidelberg 1982, Sauer-Verlag
Zander, Ernst: Mitarbeiter informieren. 3. Aufl. Heidelberg 1982, Sauer-Verlag
Zander/Hoppe: Handbuch der Gehaltsfestsetzung. 5. Aufl. München 1990, Verlag Beck
Zander/Ernst: Praxis des Führens. 7. Aufl. Heidelberg 1990, Sauer-Verlag
Zander/Glaubrecht: Personalpolitik. München 1987, Verlag Beck
Zander/Knebel: Praxis der Leistungsbeurteilung. 3. Aufl. Heidelberg 1993, Sauer-Verlag
Zander/Knebel: Taschenbuch für Arbeitsbewertung. Heidelberg 1978. Sauer-Verlag
Zeira/Shenkar: Human Resources. Wiesbaden 1990, Verlag Dr. Gabler
Zickendraht, Veronika: Persönlichkeitsprofile. 2. Aufl. Landsberg 1993, Verlag Moderne Industrie
Zielke, Wolfgang: Informiertsein ist alles. Düsseldorf, Econ-Verlag
Zuschlag/Thielke: Konfliktsituationen im Alltag. Göttingen 1989, Verlag für Angewandte Psychologie

Sachregister